Travaux
d'Humanisme et Renaissance

N° CCCXII

JAN MIERNOWSKI

SIGNES DISSIMILAIRES

La quête des noms divins
dans la poésie française de la Renaissance

LIBRAIRIE DROZ S.A.
11, rue Massot
GENÈVE
1997

ISBN: 2-600-00216-2
ISSN: 0082-6081

Copyright 1997 by Librairie Droz S.A., 11, rue Massot, Genève.

All rights reserved. No part of this book may be reproduced or translated in any form, by print, photoprint, microfilm, microfiche or any other means without written permission.

rodzicom

REMERCIEMENTS

Le travail sur ce livre n'aurait pas pu être accompli sans la chaleureuse amitié de mes collègues et de mes étudiants du Département de Français et d'Italien de l'Université du Winsconsin-Madison. J'ai eu surtout la chance d'y rencontrer mon ami, Ullrich Langer. Il m'est difficile de dire combien de profit et de plaisir j'ai tiré de nos discussions.

Je voudrais aussi remercier chaleureusement Yvonne Ozzello et Elaine Marks, les deux grandes dames des études françaises aux Etats-Unis, qui ont dirigé notre Département pendant la période de mon travail sur ce livre. Je les admire pour le talent avec lequel elles ont su susciter et maintenir dans ce milieu de chercheurs et d'étudiants un débat intellectuel souvent acharné, mais toujours très cordial.

Mes recherches ont aussi bénéficié de multiples conseils de mes amis, spécialistes du Moyen Age et de la Renaissance française. Je suis particulièrement reconnaissant à Jean Céard, qui a bien voulu, avec sa générosité coutumière, me faire part de son immense érudition. Je remercie chaleureusement Gérard Defaux, qui reste pour moi l'inégalable modèle de la rigueur et de la passion des études. Ma reconnaissance va aussi à François Cornilliat, Marie-Luce Demonet, Daniel Ménager et Douglas Kelly qui ont bien voulu m'apporter le secours de leurs connaissances.

A diverses étapes de mes recherches, je me suis tourné vers mes collègues en leur demandant des informations ou des documents sans lesquels je ne pouvais continuer mes recherches. Parmi ceux qui m'ont aidé, je voudrais tout particulièrement remercier Gilbert de Botton, Gilles Bousquet, Martine Debaisieux, Robert Cottrell, William Courtenay, John Dillon, Leszek Filipczyński, Christopher Kleinhenz, Józef Kwaterko, Frank Lestringant, David Lindberg, Marc Hanrez, Josué Harari, Michel Jeanneret, Ilona Okęcka, Norman Roth, François Roudaut, Michael A. Screech et John Tedeschi.

Enfin, j'exprime ma profonde gratitude envers les institutions qui ont bien voulu apporter leur soutien financier à ce projet: the Graduate School of the University of Wisconsin-Madison, the Institute for Research in the Humanities at the University of Winsconsin-Madison, the Newberry Library, the National Endowment for the Humanities.

J.M.

LES NOMS DIVINS
COMME "SIGNES DISSIMILAIRES":
PSEUDO-DENYS L'ARÉOPAGITE

Comment nommer le divin? Ou, plus précisément: pourquoi l'Ecriture désigne-t-elle les intelligences célestes par des images ignobles, hautement scandaleuses: lions et chevaux polychromes, trônes et guerriers féroces? Pourquoi Dieu est-il dépeint comme un aigle, un homme ivre et même comme un ver de terre? Voilà les questions d'herméneutique biblique que pose Denys l'Aréopagite, longtemps considéré comme le disciple direct de saint Paul, converti par l'apôtre sur l'Aréopage, fondateur de l'évêché d'Athènes et celui de Paris où, selon la légende mémorable, sa vocation fut couronnée par le martyre. La réponse qu'il fournit à ces questions théologiques dans le corpus des textes qui lui furent traditionnellement attribués demeure, cependant, d'ordre poétique: c'est justement par des symboles sans ressemblance qu'il convient de signifier les mystères de Dieu. Nommer Dieu par des "dissimilitudes", des "signes dissimilaires" (ἀνόμοιοι ὁμοιότητες, *dissimilia signa*[1]) fait partie de la fiction poétique sacrée, du décor théâtral par lequel l'auteur inspiré tente de symboliser la transcendance.

---

[1] *Hiérarchie céleste*, 2, 136C-145C. Cette dernière expression provient de l'édition des œuvres de Denys préparée par Jacques Lefèvre d'Etaples et reproduisant la traduction latine d'Ambroise Traversari du corpus dionysien: Denys l'Aréopagite, *Opera*, Paris, Jean Higman, 1498/99. Pour la traduction française, v. l'édition de Maurice de Gandillac, *Œuvres complètes*, Paris, Aubier, 1943. Les diverses versions latines sont utilement rassemblées dans l'édition synoptique de Dom Chevallier: *Dionysiaca*, S.l.: Desclée de Brouwer, 1937 et 1949, 2 vol.

La double motivation de cette stratégie littéraire annonce déjà les deux façons d'aborder les "signes dissimilaires" de Denys l'Aréopagite mises en œuvre ensuite par ses lecteurs médiévaux et renaissants. D'une part, l'approche conciliatrice: il est licite de désigner les réalités spirituelles par des images matérielles même les plus basses, car la matière a reçu sa substance de la Beauté absolue dont elle garde encore quelques vestiges. Les "signes dissimilaires" renvoient donc vers la transcendance en dépit de leur dissimilarité et en vertu de leur connivence, aussi lointaine soit-elle, avec le monde des archétypes.

D'autre part, l'approche négative: la présence des signes monstrueux du divin est justifiée par leur monstruosité même. C'est justement parce que les images zoo- ou anthropomorphiques sont tellement éloignées de la transcendance qu'elles deviennent des symboles sacrés particulièrement précieux. Il en est ainsi, parce que leur bassesse empêche le croyant de les prendre fautivement pour des images véridiques de Dieu, qui, Lui, demeure au-delà de toute représentation. Les "signes dissimilaires" sont donc supérieurs aux noms divins plus nobles, tels que "Beauté", "Bonté", "Intelligence". Certes, aussi bien les uns que les autres sont totalement inadéquats à la Théarchie divine. La différence qui, néanmoins, les sépare, est la franchise avec laquelle les "signes dissimilaires" proclament leur négativité. Du point de vue de la Vérité transcendante, cette différence demeure totalement négligeable. Perçue dans la perspective de l'homme, elle est capitale: la monstruosité des images dissimilaires pousse le croyant à abandonner les reflets trompeurs des signes pour désirer d'autant plus ardemment l'Absolu dépassant toute beauté, toute bonté et toute intelligence imaginables. C'est dans ce sens que les "signes dissimilaires", les négations sont, selon Denys, plus "vraies" que les affirmations, car elles ne tentent pas d'occulter leur foncière inadéquation.

Il est donc clair que Denys n'apprécie pas dans une commune mesure les désignations nobles et les "signes dissimilaires" de Dieu. La complaisance de l'Aréopagite pour la tératologie[2] découle de ses préoccupations théologiques: le croyant ne devrait pas se laisser bercer par les formes chatoyantes des images sensibles. Tout au contraire, choqué par leur inconvenance, leur absurdité, il est appelé à passer outre, vers ce

---

[2] V. René Roques, "Tératologie et théologie chez Jean Scot Erigène", *Mélanges offerts à M.-D. Chenu*, Paris, Vrin, 1967, pp. 419-437; "Symbolisme et théologie négative chez le Pseudo-Denys", *Bulletin de l'Association Guillaume Budé*, 1 (1957), pp. 97-112; *L'univers dionysien. Structure hiérarchique du monde selon le Pseudo-Denys*, Paris, Aubier, 1954.

Principe qu'aucun nom ne peut exprimer. Dans ce geste de transgression du sensible, il ressemble au sculpteur équarrant un bloc de pierre, éliminant la masse de matériau inutile, pour en dégager une forme pure et parfaite. Il nous importe de suivre cette démarche ablative et soumettre les attributs divins à la négation, en vertu de l'absolue transcendance de Dieu par rapport au créé[3].

Ce postulat fonde la supériorité de la théologie négative, apophatique, sur la théologie affirmative, cataphatique. Cette dernière multiplie les noms de Dieu, en commençant par l'affirmation de l'Etre, le "Je suis qui suis" biblique. Empruntant la voie des perfections sacrées telles que la Sagesse ou la Bonté, elle descend plus bas, vers les merveilles de la Création, même celles les plus infimes. La *via negativa* inverse cette démarche. Débutant par les "signes dissimilaires" monstrueux et abjects, car bassement matériels, elle s'élève progressivement, en niant tout attribut de Dieu, jusqu'à l'Etre même, pour déboucher sur le Néant[4]. Evidemment, dire que Dieu est Néant ne signifie nullement nier son existence. Il s'agit uniquement de signifier qu'il dépasse l'Etre. La négation n'est pas privative, elle est transcendante[5].

Dieu est donc l'Etre en tant que Créateur de toute chose, Non-Etre, en tant que Transcendance, "tout en tout" et "rien en rien" (*in omnibus omnia et in nihilo nihil*). Une telle métaphysique ouvre d'immenses possibilités d'énonciation poétique: si la théologie affirmative désigne Dieu par tout nom, la théologie négative s'acharne à les nier tous. Si la démarche apophatique se plonge dans des noms de plus en plus monstrueux, elle les considère néanmoins comme autant de "signes dissimilaires" de la Vérité. Dieu est en même temps omninommable et ineffable[6]. Non pas qu'il soit intérieurement contradictoire, mais parce qu'il dépasse la contradiction, libérant ainsi les ressources de la fiction poétique. Le discours humain accumule les dissonances et les négations, incapable d'atteindre le Dieu-Néant, mais aussi condamné à réaffirmer indéfiniment cette incapacité, à s'enrichir poétiquement, ne fût-ce que pour dire son éloignement, son aliénation par rapport à l'Absolu transcendant. Il semble que cette

---

[3] *Théologie mystique*, 2, 1025B

[4] *Théologie mystique*, 1, 1, 997B; 3, 1032D-1033D; *Noms divins*, 1, 3, 589B, etc.

[5] *Noms divins*, 7, 2, 869A.

[6] *Noms divins*, 1, 6, 596A; 5, 8, 824B.

sémiotique négative du sacré ait grandement influencé la poétique des humanistes évangéliques de la première moitié du XVIe siècle en France. Par là même elle a déterminé dans une large mesure ce puissant courant de la poésie renaissante française qui était préoccupé, tant soit peu, par la recherche des "noms divins", autrement dit par la poursuite des vérités métaphysiques.

Toutefois, avant d'insister sur l'importance historique de la pensée de Denys pour le culture de la Renaissance en France, force est de noter l'étroite relation qui relie la théologie négative de l'Aréopagite avec la poésie, aussi bien que la diversité des interprétations auxquelles le corpus dionysien a été soumis avant de parvenir aux mains des premiers humanistes français.

Le lien privilégié entre la théologie négative et la réflexion sur la nature du discours poétique est déjà clairement manifeste chez Proclus qui est la source majeure de la pensée dionysienne. L'apologie d'Homère que le philosophe néo-platonicien insère dans son *Commentaire sur la République* est de ce point de vue particulièrement symptomatique[7]. Proclus entreprend de répondre au reproche d'immoralité formulé à l'encontre des mythes homériques[8]. Le moyen traditionnel de justifier le comportement scandaleux des dieux était d'évoquer le caractère allégorique des mythes, censés receler sous le voile de la fiction un riche enseignement de philosophie morale et naturelle[9]. L'originalité de Proclus consiste à mettre en valeur la laideur

[7] Le maître texte en est ici la critique à laquelle Socrate livre les mythes poétiques dans la *République* de Platon (II, xvii, 377-378). Pour le *Commentaire* de Proclus, v. l'édition d' A. J. Festugière, Paris, Vrin, 1970, surtout 71. 21 - 86. 23. Sur ce texte, v. aussi James A. Coulter, *The Literary Microcosm. Theories of Interpretation of the Later Neoplatonists*, Leiden, E. J. Brill, 1976, p. 47 et suivantes. Le *Commentaire sur la République* de Proclus est publié pour la première fois en 1534. En 1542 Gesner publie un recueil de traités sur l'allégorisation des mythes contenant la sixième dissertation du commentaire de Proclus vouée à la défense des mythes homériques. Philip Ford insiste sur l'importance de ce recueil pour Ronsard ["Conrad Gesner et le fabuleux manteau", *Bibliothèque d'Humanisme et Renaissance*, 47 (1985), pp. 305-320].

[8] Sur le débat concernant la valeur des mythes homériques v. Félix Buffière, *Les mythes d'Homère et la pensée grecque*, Paris, Les Belles Lettres, 1956; Robert Lamberton, *Homer the Theologian. Neoplatonist Allegorical Reading and the Growth of the Epic Tradition*, Berkeley - Los Angeles - London, University of California Press, 1986, surtout p. 180 et suivants; ainsi que Jean Pépin, *La tradition de l'allégorie. De Philon d'Alexandrie à Dante*, Paris, Etudes Augustiniennes, 1987, p. 211 et suivantes.

[9] A titre d'exemple, v. le Pseudo-Héraclite, *Allégories d'Homère*, éd. Félix Buffière, Paris, Les Belles Lettres, 1962.

morale de la fable comme un moyen particulièrement efficace d'accéder aux vérités métaphysiques. Il reconnaît donc avec le Socrate de la *République* que les mythes poétiques ne sont pas appropriés à l'édification de la jeunesse. Toutefois il ajoute que s'il en est ainsi, c'est parce que les turpitudes des dieux d'Homère et d'Hésiode sont en fait des allégories mystiques qui permettent à une étroite élite d'initiés de s'unir avec le divin. L'apparence scandaleuse des mythes sert à démontrer la suréminence des dieux.

Le caractère initiatique de l'enseignement fourni par la laideur et l'irrationalité des "fictions poétiques"[10] sera retenu aussi par Denys, et surtout hautement apprécié parmi ceux de ses exégètes renaissants qui tenteront d'utiliser la théologie dionysienne dans leur entreprise de christianisation de l'hermétisme ou de la cabale. Ces tenants de divers ésotérismes remarqueront avec satisfaction la ressemblance entre la réflexion de Proclus sur les mythes homériques et la théorie dionysienne des "signes dissimilaires", qui, en effet, est visiblement inspirée par ce néo-platonicien païen. Toutefois, prompts à chercher une *prisca theologia* partagée par la tradition judéo-chrétienne et la pensée des gentils, et surtout convaincus, comme l'étaient presque tous les lecteurs renaissants de Denys, que ses traités ont été rédigés au Ier siècle de notre ère, et non, comme cela a été ensuite démontré par la critique textuelle, à la fin du Ve ou au début du VIe siècle, ils inversèrent la chronologie réelle en considérant Proclus comme l'imitateur - infidèle d'ailleurs - du théologien chrétien.

La filiation qui unit l'Aréopagite à Proclus demeure, cependant, autrement importante. Elle intègre la théologie de "saint Denys" dans le débat séculaire sur la valeur de la fable poétique. En mettant en rapport la révolte babélienne et la gigantomachie, ce néo-platonicien chrétien rejoint Origène et Celse, Porphyre, Lactance et saint Augustin, dans leur polémique sur l'allégorie, autrement dit sur les capacités du discours humain à signifier le sacré transcendant. En approuvant l'utilisation en théologie des fictions poétiques afin de signifier les intelligences sans figure, Denys deviendra une autorité très précieuse pour ceux qui, à l'aube de la Renaissance, entreprendront de défendre la dignité, mais aussi la spécificité du discours poétique.

Or les relations de la poésie avec la philosophie et la théologie sont en fait bien plus difficiles que l'on ne pourrait le juger d'après les topoï de

---

[10] *Poeticae fictiones* selon la traduction de Traversari (*Hiérarchie céleste*, 2, 1, 137A). C'est Jean Scot Erigène qui utilise le terme d'"allégorie" dans ses *Expositiones* accompagnant sa traduction de la *Hiérarchie céleste* de Denys.

la fureur poétique ou de la poésie primitive comme "théologie allégorique",
tellement courants au XVIᵉ siècle. Comme le rappelle Macrobe, la fable, cet
indice de littérarité par excellence, demeure un mensonge sincèrement
reconnu comme tel[11]. De cette ambivalence troublante découle son projet de
distinguer les fictions qui conviennent à la philosophie de celles qui lui sont
inutiles, voire nuisibles. Ce geste discriminatoire est encore plus brutal chez
Boèce: sa Philosophie commence par chasser les muses poétiques, ces
"courtisanes de comédie" (*scenicae meretriculae*), inaptes à fortifier les
capacités rationnelles de l'homme et donc à le consoler dans les malheurs
qui l'accablent[12]. Vu une telle critique de la poésie, il devient important de
justifier sa valeur morale ou métaphysique.

Le rôle que va jouer dans cette entreprise Denys l'Aréopagite reflète
soit l'approche conciliatrice, soit l'approche négative caractérisant sa
motivation des "signes dissimilaires" que sont les fictions poétiques.

L'approche optimiste est visible dans les commentaires sur Virgile
de Landino. En associant "la plus agréable erreur" (*gratissimus error*) de la
poésie avec la fureur divine, ce platonicien insiste sur l'harmonie entre les
images sensibles des fables et les vérités métaphysiques[13]. Ainsi Vénus, la
protectrice d'Enée, peut susciter la discussion sur l'amour divin, puisque non
seulement les philosophes païens, mais aussi saint Paul, suivi de son disciple
Denys l'Aréopagite, désiraient percevoir les choses célestes à travers celles
qui tombent sous les sens[14]. L'autorité de Denys sert donc ici à démontrer

---

[11] "Fabulae, quarum nomen indicat falsi professionem, ..." - *Commentaire du songe de Scipion*, I, 2.

[12] *Consolatio philosophiae*, I, 1.

[13] Chez Ronsard, l'"erreur" est "ingenieuse" (*Hymne de l'Automne*, v. 56) ou "gentille" (*Elegie à Christophle de Choiseul*, éd. Paul Laumonier, t. VIII, p. 354, v. 51) et elle rime immanquablement avec "fureur" pour évoquer l'initiation originaire du poète par les Muses. V. aussi *A Tres-Illustre prince Charles, cardinal de Lorraine* (t. XIII, p. 19, vv. 49-50). Philip Ford fait remonter l'expression au *fantasticus error* de l'*Art poétique* d'Horace ("Ronsard and the Theme of Inspiration", in *The Equilibrum of Wit. Essays for Odette de Mourgues*, éd. Peter Bayley, Dorothy Gabe Coleman, Lexington, Ky., French Forum, 1982, p. 64).

[14] Christophori Landini Florentini, *P. Virgilii Aeneidos Libros allegoriae platonicae...*, Basileae, per Sebastianum Hernicpetri, 1577, pp. 3001 et 3007. Les éditions des commentaires de Landino sur Virgile sont accessibles dès le début du XVIᵉ siècle. Sur l'importance grandissante de la lecture chrétienne de Virgile à la Renaissance v. Craig Kallendorf, "From Virgil to Vida: the *Poeta Theologus* in Italian Renaissance Commentary", *Journal of the History of Ideas*, 1 (1995), pp. 41-62. Je remercie Kees

l'accord du platonisme avec la pensée chrétienne, tous les deux confiants, selon Landino, en l'efficacité des signes visibles de la transcendance, autrement dit en la traduction allégorique des fictions poétiques. Cette confiance est le motif essentiel du commentaire que Jacques Charpentier ajoutera à la version ficinienne du *Ad Platonis doctrinam institutio* d'Albinus. Certes, la lecture de Denys proposée par le philosophe florentin rappelle d'une façon opportune que la nature de Dieu échappe aux noms que nous Lui attribuons. Cependant, appuyée par des références au *Cratyle* et au *De Mundo* pseudo-aristotélicien, elle sert aussi à souligner que les noms divins manifestent les diverses perfections en lesquelles s'épanche la Bonté du Seigneur: Pallas est sa Sagesse, Mercure son Intelligence, Venus l'Amour divin etc[15].

Les humanistes qui demeurent sous l'influence du ficinisme auront donc tendance à souligner la portée métaphysique de la poésie en dépit du caractère profane, voire païen de ses mythes. Ils le feront en vertu de l'émanation universelle des perfections divines, perceptibles même dans les recoins les plus lointains et les plus obscurs de la pensée humaine. De toute évidence une telle approche conciliatrice tend à négliger l'insistance sur le caractère négatif des "signes dissimilaires" de la poésie, si caractéristique pour la théologie dionysienne. En revanche, la négativité des fictions poétiques devient particulièrement précieuse pour ces poéticiens renaissants qui, tout en se proposant de défendre la dignité du discours poétique, voudront insister aussi sur sa foncière altérité.

Tel semble être le cas de la *Généalogie des dieux* de Boccace[16]. L'association de la poésie avec la théologie, conçue particulièrement comme exégèse biblique, y sert l'apologie de l'art des poètes. Il n'est point condamnable de composer des récits fictionnels, puisque la fable vient de la

---

Meerhoff de m'avoir suggéré cette dernière référence.

[15] Jacques Charpentier, *Platonis cum Aristotele in universa philosophia comparatio (...) Alcinoi Philosophi, ad Platonis doctrinam institutio...*, Paris, Jacques du Puys, 1573, p. 266.1.

[16] Sur la réception de ce traité dans la poétique renaissante v. Guy Demerson, *La mythologie classique dans l'œuvre de la "Pléiade"*, Genève, Droz, 1972, p. 29 et suivantes. V. aussi Geneviève Demerson, "Dorat, commentateur d'Homère", in *Etudes seiziémistes offertes à M. le professeur V.-L. Saulnier*, Genève, Droz, 1980, p. 231. Selon Jean Seznec, Dorat utilisait la *Genealogia deorum*, (*La survivance des dieux antiques: essai sur le rôle de la tradition mythologique dans l'humanisme et dans l'art de la Renaissance*, London, The Warburg Institute, 1940, p. 274).

"conversation" (*confabulatio*), qui, elle, reçoit une caution prestigieuse dans les devis échangés par le Christ et ses disciples sur le chemin d'Emmaüs[17]. Certes, si les anciens poètes étaient des théologiens, ils ne pouvaient prétendre au titre de "saints", puisque, à la différence des prophètes bibliques, ils n'étaient pas inspirés par le Saint Esprit[18]. Pourtant les théologiens les plus prestigieux, sans oublier le Christ lui-même dans ses paraboles, recourent volontiers au langage poétique. Et comme argument de cette thèse, Boccace cite le passage du second chapitre de la *Hiérarchie Céleste*, 137A-B, où Denys loue les théologiens qui appliquent l'imagerie poétique aux intelligences célestes, afin de ménager à leurs auditeurs le moyen d'une élévation spirituelle en adaptant à leurs possibilités intellectuelles les passages de l'Ecriture qui doivent être compris anagogiquement[19]. Grâce à l'autorité de Denys, l'association entre la poésie et la théologie peut donc se nouer dans le domaine du langage figuré qui sert, de toute évidence, aussi bien les lettres humaines que les lettres sacrées. Une telle solution a l'avantage de préserver l'autonomie de la parole bibliq ie et celle de la poésie, tout en renforçant le prestige de cette dernière.

Lorsque, en outre, il s'agit d'expliquer pourquoi les poètes assignent à Jupiter des noms multiples, Boccace utilise l'enseignement de Denys d'une manière encore différente. En évoquant manifestement la conception des signes dissimilaires de la divinité, il rappelle que l'Esprit Saint représente Dieu sous la forme de soleil, de feu, ou même comme un lion, un serpent, un agneau, un ver de terre et une pierre. La plupart de ces symboles viennent des *Noms divins* et de la *Hiérarchie céleste*, où ils illustrent le caractère omninommable d'un Dieu qui, quels que soient les efforts de l'homme, reste ineffable[20]. Ils permettent de suggérer à Boccace que les "épithètes"

---

[17] Giovanni Boccaccio, *Genealogie deorum gentilium libri XV*, XIV, ix, 145d, p.706 dans l'édition de Vicenzo Romano, (Bari, Gius. Laterza & figli, 1951): "Fabula igitur ante alia a for faris honestam summit originem, et ab ea confabulatio, que nil aliud quam collocutio sonat; quod satis per Lucam in Evangelio demonstratur,..."

[18] *Ibidem*, XV, viii, 159a; XIV, viii, 145d.

[19] *Ibidem*, XIV, xviii, 152b: "Insuper perscrutentur, quid scripserit Dyonisius Areopagita Pauli discipulus et Christi martir egregius, in suo Ierarchie celestis libro. Ex intentione quippe dicit, prosequitur atque probat divinam theologiam poeticis fictionibus uti, inter alia ita dicens..." (p. 737).

[20] Respectivement 1, 6-7, 596A-C et 2, 5, 144D-145A. Boccace évoque ces symboles, sans d'ailleurs citer sa source, dans le livre XIV, xiv, 149d -150a: "Verum ut aliquid his responsoribus nostris particule obiectionis altere responsum sit, dico, si ante

employées par les poètes pour désigner les déités mythologiques peuvent être porteuses d'un sens mystique, tout comme le sont indéniablement les dénominations apparemment monstrueuses utilisées par l'Ecriture pour signifier les choses les plus saintes.

En ayant recours à la théologie négative, Boccace ne voit donc pas en Denys simplement un platonicien chrétien qui cautionne les figures poétiques comme des moyens légitimes d'accéder au sens à travers le voile de la lettre. Les signes dissimilaires évoqués dans le contexte de la discussion des noms divins établissent une connivence bien plus profonde entre la théologie et la poétique, puisqu'ils suggèrent que la poésie peut inciter ses lecteurs à une élévation religieuse non seulement en dépit, mais aussi en quelque sorte à cause même de son caractère profane. Manifestement, fondée sur la théologie négative de Denys, l'apologie boccacienne de la poésie reprend le débat séculaire sur le comportement scandaleux des dieux homériques[21].

Cependant la théologie dionysienne peut cautionner une vision encore plus négative des rapports entre le poétique et le sacré. Dans ses *Historiae deorum gentilium* Giraldi est fort réservé quant aux possibilités d'une lecture allégorique des bassesses morales des dieux mythologiques[22]. Il n'est donc point étonnant que, contrairement aux platoniciens Landino ou Charpentier, il retienne de la théologie dionysienne son aspect purement

---

initam pugnam prudentes, quibus in locis feriri possent, acutius inspexissent, vidissent profecto, quod ipsi poetis gentilibus obiciunt, in se retorqueri telum, nec Iovem nunc celi deum, nunc etheris ignem, nunc aquilam, nunc hominem, seu quibus mavis formis a poetis descriptum mirarentur, si meminissent ipsum verum et unicum deum nunc solem, nunc ignem, nunc leonem, nunc serpentem, nunc agnum, nunc vermem, nunc etiam lapidem a sacris describi licteris.(...) De nominum multiplicitate, quod dicam, habeo istud idem! Innumerabilia fere apud nostros deo attribuuntur, et totidem Marie virgini atque ecclesie, et hec non absque misterio facta sunt, sicuti nec poete fecerunt" (pp. 724-725).

[21] Tel est d'ailleurs le contexte dans lequel Boccace intègre la théorie des signes dissimilaires de Denys (le chapitre où il en est question est symptomatiquement intitulé *Stulte damnatur, quod minus sane intelligitur*).

[22] *Operarum quae extant omnium*, Basileae, per Thoma Guarinum, 1580, p. 13. Giraldi suit aussi dans sa critique saint Augustin, *De Civitate Dei*, ainsi que la *Préparation évangélique*, II, 7, 4 d'Eusèbe de Césarée. Sur la critique chrétienne de l'allégorisme païen v. le classique Jean Pépin, *Mythe et allégorie. Les origines grecques et les contestations judéo-chrétiennes*, Paris, Aubier, Editions Montaigne, 1958. Il faut noter cependant que dans la préface à *Pythagorae symbolorum interpretatio*, Giraldi évoque la possibilité d'une interprétation allégorique des mœurs des dieux mythologiques de même qu'il mentionne la théologie dionysienne.

négatif, sans se laisser tenter par la perspective d'une motivation mystique
du langage poétique comme le fait Boccace.

Comme cela est traditionnel dans les ouvrages mythographiques,
Giraldi met en valeur le rôle des noms divins dans la connaissance des déités
antiques. La multiplicité de ces "épithètes" ne met évidemment point en
doute l'existence d'un Dieu unique. Elle manifeste cependant le relativisme
culturel qui disperse le culte divin en rendant superflues les tentatives d'une
interprétation chrétienne des noms des déités antiques. Les noms divins sont
les fruits de la nomination humaine, tout comme le sont les appellations du
ciel, de la lune ou du soleil qui diffèrent de langue en langue. Il est donc
ridicule de rechercher "Iahve" dans le "Iovis" des anciens[23]. Le nom de Dieu
nous échappe, tout comme son essence nous reste inconnue. Par conséquent,
il est bien plus sage de reconnaître avec Denys que Dieu demeure ineffable[24].

Dans cette perspective, la polynomie des dieux mythologiques de la
fable poétique n'est ni un tremplin de l'interprétation mystique comme le
suggérerait Boccace, ni, comme le voudrait Charpentier, le codage des
diverses vertus divines distribuées graduellement dans l'univers. Elle
apparaît coupée de la transcendance, fruit du désespoir des hommes face à
l'ineffable, plutôt que résultat d'une herméneutique du sacré. Ce pessimisme
épistémologique sous lequel transparaît la conscience que les païens étaient
étrangers à la grâce, prend une forme simplifiée dans les *Fictions Poëtiques*
d'Innocent Egaré[25]. Désespérés de connaître la déité, les anciens renoncèrent
à s'enquérir "que c'estoit que de Dieu". Ils se tournèrent donc vers les
"ouvrages indicibles et incompréhensibles de nature" pour forger autant de
divinités qu'elle comporte d'éléments. Ainsi la négation des "signes
dissimilaires" de la poésie ne doit pas mener vers la recherche mystique de

---

[23] *Op. cit.*, pp. 1-2 et 6: "Cum igitur Deorum Gentilium nomina et cognomina non
tam interpretari, quam ridere vanitatem meditarer, variae eorum opiniones sese mihi
offerebant..." La position de Giraldi est donc opposée à celle d'Origène. Si celui-ci refuse
aussi d'attribuer le nom de Zeus au Dieu chrétien, c'est parce qu'il souligne la valeur
incantatoire des noms bibliques de Dieu (*Contre Celse*, I, 24).

[24] Giraldi convoque à l'appui de cette thèse aussi l'autorité de Lactance et
d'Eusèbe, ainsi que celle du Platon du *Parménide* et d'Hermès (pp. 1-2 et 16).

[25] Innocent Egaré [Gilles d'Aurigny], *Fictions Poëtiques colligées des bons et
meilleurs autheurs...*, Lyon, Benoist Rigaud, Jean Saugrain, 1557, épître liminaire.

Dieu. Elle peut être suffisamment importante pour couper la communication avec la transcendance[26].

Le témoignage de Denys l'Aréopagite a donc été diversement mis à profit dans le débat renaissant sur la valeur métaphysique de la poésie. La négativité des "signes dissimilaires" a été tantôt exposée, tantôt prudemment occultée, selon que les participants de cette polémique désiraient insister sur la faiblesse des facultés cognitives de l'homme, sur l'aliénation du discours humain par rapport au sacré, ou bien, au contraire, tenaient à souligner les liens épistémologiques et ontologiques unissant la création avec son Créateur. Cette diversité reflète tout d'abord les potentialités cachées dans les paradoxes mêmes du néo-platonisme chrétien de Denys, fasciné par Dieu "tout en tout" et "rien en rien". Elle manifeste cependant aussi la variété des fortunes philosophiques qui ont marqué la réception du corpus dionysien en Occident.

Celle-ci commence en 827, lorsque le manuscrit des œuvres de "saint Denys" arrive de Byzance à la cour de Louis le Débonnaire[27]. Transféré à Saint-Denis, le texte grec est traduit en latin par l'abbé Hilduin pour devenir l'objet d'un culte religieux, de même qu'une source doctrinale d'une autorité quasi-apostolique. La première fonction de cette relique de l'"apôtre des Gaules" est surtout importante pour la constitution de la mystique de la monarchie française. La seconde va peser sur toute la théologie médiévale:

---

[26] L'interprétation mystique des aberrations morales des mythes est réduite à une plate moralisation dans *La muse chrestienne*, anthologie qui entend familiariser "le jeune homme" avec les poètes français, en restant explicitement fidèle à l'esprit du Concile de Trente (Paris, Gervais Malot, 1582, "Avant-propos de l'auteur"). L'aspect déroutant des mythes y est reconverti en une leçon morale positive (ainsi par exemple Junon attifée des robes de Vénus doit prévenir contre la coquetterie féminine). Il est curieux de constater que cette interprétation édifiante est cautionnée par le fragment de l'*Hymne de la Justice* de Ronsard (VIII, 69, vv. 473-476) consacré à la polynomie divine. L'interprétation mystique des scandales des dieux poétiques subit une laïcisation encore plus poussée dans le *Traité du poème épique* du père Le Bossu. L'auteur y rappelle que les mœurs des dieux mythologiques doivent obéir à un vraisemblable qui, quoiqu'il soit "d'une très-vaste étendue", reste fondamentalement similaire à celui des personnages humains: "Tout ce que nous disons ici des Mœurs des Dieus, doit être accommodé à ce que nous avons dit des Mœurs des hommes" (fac-similé de l'édition de 1714, Hambourg, Helmut Buske Verlag, pp. 407-422).

[27] L'existence des œuvres dionysiennes est aussi signalée à Rome au VIIe siècle. Sur la réception de la théologie dionysienne au Moyen Age, v., par exemple, Barbara Faes de Mottoni, *Il 'Corpus Dionysianum' nel Medioevo. Rassegna di studi: 1900-1972*, S. l., Società Editrice il Mulino, 1977; H. F. Dodaine, O. P., *Le corpus dionysien de l'université de Paris au XIIIe siècle*, Roma, Edizioni di Storia e Letteratura, 1953.

les œuvres de Denys seront à plusieurs reprises traduites et commentées, entre autres par Jean Scot Erigène, Hugues de Saint-Victor, Robert Grossetête, Albert le Grand, Thomas d'Aquin, Jean Gerson. Intégrée aux programmes universitaires, confrontée aux exigences de la philosophie à proprement parler scolastique, la mystique dionysienne verra sa charge de négativité considérablement désamorcée.

Cela est clairement visible dans l'interprétation des écrits de Denys par Thomas d'Aquin, plus intéressé par le savoir sur Dieu - aussi limité soit-il - fourni par notre connaissance du sensible, qu'attaché à explorer notre incapacité à nommer le divin[28]. Celle-ci, d'ailleurs incontestable aux yeux de Thomas tout comme l'est l'autorité de "saint Denys", demeure strictement circonscrite par une série de distinctions conceptuelles, telles que l'opposition entre la chose signifiée et le mode de signification. La théologie négative se voit ainsi limitée au profit de la prédication analogique associant à Dieu des attributs affirmatifs. Le discours théologique positif se fonde sur la causalité et la participation comme principes régissant les relations entre le Créateur et ses créatures, tandis que le non-être est éliminé de la transcendance et accepté seulement comme être en puissance.

La dissimilarité des noms divins est aussi fortement atténuée à l'aube de la Renaissance dans l'interprétation des écrits dionysiens fournie par Ficin[29]. Le philosophe florentin est particulièrement attentif à tout ce qui rappelle dans la théologie dionysienne les processions et les retours graduels mais harmonieux caractérisant l'univers métaphysique du néo-platonisme païen; il insiste sur ces motifs de la pensée de Denys qui autorisent la communication verticale des divers échelons de la hiérarchie des êtres. Ainsi, le jeu des métaphores, auxquelles déjà Jean Scot Erigène voulait

---

[28] Les possibilités intellectuelles offertes à la philosophie médiévale et renaissante par la théologie dionysienne méritent, bien évidemment, une étude séparée. Les pages qui suivent n'ont pour but que de signaler la diversité des lectures philosophiques des œuvres de Denys, afin d'indiquer les options qui, me semble-t-il, étaient particulièrement chères aux humanistes français. Pour la lecture thomiste de Denys v. surtout, à côté de la *Somme théologique* et de la *Somme contre les gentils* les commentaires de l'Aquinate aux *Noms divins*, ainsi que, Fran O'Rourke, *Pseudo-Dionysius and the Metaphysics of Aquinas*, Leiden, New York, Köln, E. J. Brill, 1992; J. Durantel, *Saint Thomas et le Pseudo-Denys*, Paris, Félix Alcan, 1919.

[29] Les commentaires ficiniens de Denys sont facilement accessibles dans les *Opera omnia* du philosophe florentin (Basileae, 1576, fac-similé publié par Oskar Kristeller, Torino, Bottega d'Erasmo, 1959). Il n'existe pas de monographie consacrée spécialement à la lecture de l'Aréopagite par Ficin. On peut, toutefois utilement consulter, outre les travaux de Kristeller, aussi ceux de Raymond Marcel et de Michael J. B. Allen.

ramener les noms affirmatifs de Dieu tout en soulignant leur inadéquation, peut en fait, aux yeux de Ficin, apporter les reflets d'un savoir positif sur la divinité. Il en est ainsi parce que, contrairement à la *via negativa* dionysienne, l'ascension vers le Dieu ficinien, le Bien-Beau suprême, ne consiste pas en l'ablation de la matérialité du monde, mais, au contraire en la comparaison du sensible à l'intelligible, processus par lequel l'acte de connaissance et de nomination tend à se sacraliser comme recherche des rayons divins dispersés dans les perfections des créatures.

Il est donc tout à fait possible, malgré l'estime en laquelle on garde "saint Denys", d'opter pour une sémiotique diamétralement opposée à la théologie négative de l'Aréopagite, tout en se référant explicitement à certains motifs de sa théologie. C'est ainsi du moins que l'on doit comprendre les références au corpus dionysien chez certains passionnés d'hermétisme et de cabale. Par exemple, aussi étrange que cela puisse paraître, les encouragements de Denys à lire les images bassement matérielles comme des "signes dissimilaires" des intelligences célestes sont utilisés par Lazzarelli comme un argument en faveur de l'allégorisation chrétienne forcée et parfaitement aberrante des textes hermétiques[30]. Déjà dans cet exemple limité on aperçoit combien la pratique herméneutique présupposée par Lazzarelli s'éloigne de la théorie dionysienne des "signes dissimilaires". En effet, l'objectif de l'Aréopagite demeure en dernière instance éminemment négatif. Même si les images sensibles sont multipliées en vertu du caractère omninommable de Dieu, leur monstruosité doit éveiller chez le croyant la conscience de l'ineffable. L'abandon des signes qui s'ensuit, la négation du discours humain en tant que tel font partie de l'ascension spirituelle visant le Néant transcendant. En revanche, par sa christianisation arbitraire de l'imagerie hermétique - en convertissant, par exemple, le nom de Pimandre en Verbe de Dieu -, Lazzarelli semble admettre en fait non pas que les signes sensibles doivent être abandonnés, mais, au contraire, qu'ils peuvent être indéfiniment multipliés en vertu du nombre illimité des correspondances et des sympathies qui les relient entre eux. Il en résulte une sémiosis à proprement parler infinie, où toute chose est signe d'une autre, qui, à son tour, doit être conçue comme signe dans la

---

[30] V. Lodovico Lazzarelli, *Crater Hermetis*, publié pour la première fois par Jacques Lefèvre d'Etaples en 1505, traduit en français et publié par Gabriel du Préau en 1549 (seconde édition, 1557). Sur la prudence manifestée par Jacques Lefèvre d'Etaples dans sa propre lecture des textes hermétiques, v. Isabelle Pantin, "Les 'commentaires' de Lefèvre d'Etaples au *Corpus Hermeticum*", in *Cahiers de l'Hermétisme. Présence d'Hermès Trismégiste*, Paris, Albin Michel, 1988, pp. 189-214.

recherche d'une cohérence absolue rassemblant les parties éparpillées du discours, du ciel et du monde humain en un seul accord final sacré[31].

Certains cabalistes chrétiens partagent une confiance similaire en le pouvoir des signes, une volonté analogue à "remarier le ciel et la terre". La spécificité de ce courant de l'ésotérisme renaissant consiste cependant en le rôle qui est attribué dans cette tâche à l'hébreu conçu en même temps comme instrument de la création et fondement de l'herméneutique mystique de la Tora. Les passerelles qui, en apparence, relient la pensée cabalistique et la mystique dionysienne sont tellement nombreuses que les deux traditions intellectuelles furent encore longtemps confondues: la conviction que l'enseignement essentiel devrait être transmis oralement à un nombre restreint d'initiés, l'intérêt pour l'angélogie, la fascination avec le problème des noms de Dieu, dont certains, tels que le *En-sof* (le "Sans-fin") témoignent de l'inaccessibilité du Principe divin[32]. Il importe toutefois de garder à l'esprit que la signification cosmologique et mystique de l'hébreu pousse les cabalistes chrétiens à sonder la structure de l'univers de même que la lettre biblique à la recherche des secrets divins cachés dans leurs formes. La prolifération interprétative qui en résulte est exactement inverse à la mystique apophatique caractérisant la théorie dionysienne des "signes dissimilaires". En fait, la sémiotique cabaliste et celle qui est propre à la théologie négative de Denys sont tellement peu compatibles que les humanistes chrétiens inspirés par la mystique dionysienne - tel Jean Thenaud, le précepteur de François Ier - utilisèrent la cabale juste comme une

---

[31] V. les analyses éclairantes d'Umberto Eco, *The Limits of Interpretation*, Bloomington, Indiana University Press, 1991; Umberto Eco, Richard Rorty, Jonathan Culler, Christine Brooke-Rose, *Interpretation and Overinterpretation*, Cambridge, Cambridge University Press, 1992. Toutefois, il importe d'introduire des distinctions historiques indispensables dans la notion de "hermetic drift" proposée par Eco.

[32] V. Pic de la Mirandole, *De hominis dignitate. Heptaplus. De ente et uno*, éd. Eugenio Garin, Firenze, Vallechi Editore, 1942, pp. 580-581. V. aussi le fragment de l'*Heptaplus* traduit par Nicolas Le Fèvre de la Boderie in *Harmonie du monde, divisee en trois cantiques. Œuvre singulier, et plain d'admirable erudition: Premierement composé en latin par Francois Georges Vénitien, et depuis traduict et illustré par Guy Le Fevre de la Boderie (...) plus L'Heptaple de Iean Picus Comte de la Mirandole translaté par Nicolas Le Fevre de la Boderie*, Paris, Jean Macé, 1578, p. 847. Sur la cabale v. les travaux classiques de Gershom Scholem, François Secret, Charles Mopsik, Moshe Idel ainsi que, tout particulièrement sur Pic, l'excellente étude de Chaim Wirszubski, *Pico della Mirandola's Encounter with Jewish Mysticism*, Cambridge-London, Harvard University Press, 1989.

métaphore littéraire servant à présenter à leurs lecteurs l'apologétique religieuse qui leur était chère[33].

Néanmoins, face aux lectures scolastiques, ficiniennes ou ésotériques du corpus dionysien, il existe d'autres interprétations insistant sur la négativité propre à la philosophie de l'Aréopagite. Parmi elles, on doit compter avant tout la mystique intellectuelle de Nicolas de Cues qui va jouer un rôle essentiel pour les humanistes français.

En effet, les spéculations de Cusanus suivent avec une prédilection particulière le versant apophatique de la théologie dionysienne, en y associant les lectures de saint Augustin et de maître Eckhart. Dépassant aussi bien l'Etre que le Non-Etre, Dieu demeure au-delà du tout et du rien. Une transcendance aussi absolue force l'intellect humain à abandonner la logique de la raison, à résorber ses contradictions dans des coïncidences des contraires qui propulsent la pensée vers la vision mystique, vers le silence de l'ignorance suprême. Entre Dieu et l'homme, plus question de construire prudemment les passerelles de l'analogie, comme se l'était proposé le thomisme, puisque l'infini divin échappe à toute relation proportionnelle ou comparative avec la finitude du créé. Point, non plus, de gradation harmonieuse parcourue par le rayonnement de l'amour divin, comme le voudrait le ficinisme. A sa place, la recherche de la sagesse ineffable qui, escaladant les échelons épistémologiques consécutifs, procède par transgressions brutales, pendant lesquelles les oppositions du niveau inférieur se retrouvent compliquées au niveau supérieur pour mener vers la déification du croyant, identique à son auto-annihilation. Cette fuite en avant de la pensée n'a, d'ailleurs, aucune chance d'aboutir, puisque, disjoint de l'essence des choses tout comme il est éloigné de l'essence de Dieu, l'intellect humain produit des images qui ne sont que des conjectures imparfaites, des énigmes obscures de la vérité. Rien n'empêche, en effet, de leur substituer des images encore plus précises, tandis que la Vérité même reste, fatalement, inaccessible à toute représentation. C'est justement parce qu'il est infiniment transcendant, que Dieu demeure ineffable et omninommable. N'importe quel nom lui convient, à condition que l'on

---

[33] Jean Thenaud est l'auteur d'une *Cabale métrifiée* de 1519 (Bibliothèque Nationale, ms. fr. 882) et d'une *Cabale et l'estat du monde angélic ou spirituel* (Arsenal, ms. 5061), toutes les deux restées manuscrites à ce jour. Sur ce franciscain de l'entourage des Angoulême v. surtout les articles de J. Engels dans *Vivarium*, 1970, 1972 et 1973.

n'essaye pas de limiter son infinie potentialité, d'oublier que tout nom étant l'image du Nom précis, toute image reste infiniment distante de l'original[34].

Ce type d'interprétation radicale de la théologie négative dionysienne a manifestement formé la pensée de Charles de Bovelles. Elle lui a légué la conviction que l'"assurection" l'emporte sur l'"analogie", car elle convient mieux à l'absence de proportion entre l'infini divin et la nature finie de l'homme; c'est l'influence de Cusanus qui a persuadé Bovelles que la docte ignorance, reposant sur la coïncidence des contraires, doit être dépassée par l'extase. Cependant le théologien français semble utiliser les ressources offertes par la négation encore mieux que le cardinal allemand. Sur le frontispice de son *De Nihilo* (1511), Bovelles place l'image du Dieu-verrier, insufflant son esprit dans l'immense globe de l'univers (fig. 1)[35]. Ce faisant, le Créateur repousse le Néant vers les limites inférieures de l'image, comme si Rien était une substance concurrente par rapport à Dieu. Une telle conclusion serait pourtant abusive: *nihil nihil est* - le rien est vraiment rien, rien n'est rien. Ce qui compte avant tout est l'acte même de poser le Rien dans le discours. Il en est ainsi parce que le Néant, inexistant dans la nature, possède une extraordinaire fécondité logique. A l'exemple du feu qui, de lui-même, s'élève pour rejoindre son "lieu naturel", l'affirmation ravalée des hauteurs ontologiques et jointe si artificiellement au Néant, gravit la hiérarchie des êtres pour retrouver Dieu, tout en impliquant l'existence de l'univers sur son parcours. Ainsi, grâce à la disparité entre l'ordre culturel du discours humain et l'ordre naturel de la création divine, affirmer le Néant devient la meilleure façon de signifier l'Etre suréminent, Celui qui dépasse

---

[34] "Non refert igitur quomodo deum nomines, dummodo terminos sic ad posse esse intellectualiter transferas" - Cusanus, *De possest*, 11. V. aussi *De Beryllo*, 27, ainsi que *Idiota de sapientia*, II: "...deus in omni terminorum significtione significatur: licet sit insignificabilis". Cusanus n'a pas laissé à proprement parler de commentaire des écrits dionysiens, toutefois toute sa pensée est largement influencée par Denys. Sur Nicolas de Cues, outre les travaux de Maurice de Gandillac, Edward F. Cranz et Pauline Moffitt Watts, il est très utile de consulter les patientes éditions critiques de Jasper Hopkins.

[35] Charles de Bovelles, *De Nihilo*, III (éd. critique présentée par Pierre Magnard, Paris, Vrin, 1983); Nicolas de Cues *De Genesi*, III, 163; *Idiota de mente*, 13, 146-147.

l'Etre même au point de pouvoir être appelé Non-être[36]. Bref, la négation permet d'unir la créature à son Rédempteur[37].

Bovelles n'est point isolé dans son intérêt pour la théologie négative de Denys, lue à travers les spéculations mystiques de Cusanus. Bien au contraire, il fait partie de tout un milieu de théologiens de la première Renaissance française, dont le patron intellectuel demeure indubitablement Jacques Lefèvre d'Etaples. C'est lui qui édite en 1514 les œuvres du cardinal allemand, en collaborant avec une équipe d'érudits parmi lesquels Bovelles[38]. Cette édition suit logiquement celle du corpus dionysien, de 1499: en effet, pour Lefèvre, Denys l'Aréopagite et Nicolas de Cues sont les meilleurs guides vers la contemplation qui doit couronner les études des lettres[39]. D'une part, Denys n'est pas tout simplement un philosophe aristotélicien, épicurien, stoïcien, ni même platonicien, mais un théologien chrétien, fournissant aux croyants le *cibus solidus* de l'épître aux Hébreux (5, 14)[40]. D'autre part, Cusanus est le meilleur guide vers la pensée

[36] Sur Bovelles, v. surtout les travaux de Jean-Claude Margolin, Maurice de Gandillac, Joseph M. Victor, de même que les éditions critiques de Pierre Magnard.

[37] Il y a là une différence fondamentale entre la théologie négative de tradition dionysienne et celle qui découle de la pensée augustinienne. Bien que les humanistes français aient été très attentifs aux enseignements de saint Augustin, il importe de noter que celui-ci identifie l'anéantissement de la créature à sa complaisance pour le péché, sans oser projeter Dieu au-delà du domaine de l'être. V. à ce propos Emilie Zum Brunn, *Le Dilemme de l'Etre et du Néant chez saint Augustin. Des premiers dialogues aux "Confessions"*, Paris, Etudes Augustiniennes, 1969.

[38] *Haec Accurata Recognitio Trium Voluminum, Operum Clariss. P. Nicolai Cusae*, Paris, Badius Ascensius, 1514. Cette édition fournie par Lefèvre sera remplacée ensuite par celle de Bâles, imprimée par Henricus Petri en 1565. Lefèvre, de même que Bovelles, recherche personnellement des manuscrits en Allemagne. Il demande aussi à ses collaborateurs d'étendre cette quête par des échanges épistolaires (V., par exemple, les lettres de Beatus Rhenanus à Reuchlin: Robert Walter, *Beatus Rhenanus. Citoyen de Sélestat, ami d'Erasme. Anthologie de sa correspondance*, Strasbourg, Librairie Oberlin, 1986, pp. 83-99).

[39] *Politicorum libri octo*, Paris, Henri Estienne, 1506, fᵒ 123 vᵒ - 124 rᵒ, cité par Eugene F. Rice,"Jacques Lefèvre d'Etaples and the Medieval Christian Mystics", in *Florilegium Historiale. Essays Presented to Wallance K. Ferguson*, Toronto, University of Toronto Press, 1971, pp. 90-91.

[40] V. l'épître liminaire à la *Theologia vivificans...*, l'édition de Denys l'Aréopagite par Lefèvre d'Etaples (v. *The Prefatory Epistles of Jacques Lefèvre d'Etaples and Related Texts*, éd. Eugene F. Rice, New York, London, Columbia University Press, 1972, p. 63). Il

dionysienne et en même temps le maître de la théologie intellectuelle, bien supérieure à celle de la raison et des sens, car menant vers le silence de l'ignorance suprême[41]. Vu le prestige de la théologie négative aux yeux des humanistes chrétiens français, il est évident que Lefèvre et son entourage n'étaient pas prêts à tolérer les doutes sur la datation du corpus dionysien qui sont apparus déjà dans l'esprit de Valla et dans celui d'Erasme[42].

Cet intérêt pour Denys et Cusanus doit être considéré sur un fond idéologique plus large, de même qu'il convient d'insister sur son impact social possible. En effet, l'on sait que le règne de François Ier est une période d'âpres discussions théologiques en France, de même que le temps de la réévaluation du fonctionnement et de la valeur des signes poétiques. Certes, ce questionnement sur les possibilités de connaître les mystères divins ainsi que sur les moyens de les signifier ne disparaîtra pas dans la seconde moitié

---

y a là une polémique implicite avec Ficin qui ne sera pas appréciée par les partisans du philosophe florentin tels que Symphorien Champier. V. Silvano Cavazza, "Platonismo e riforma religiosa: la 'Theologia vivificans' di Jacques Lefèvre d'Etaples", *Rinascimento*, 22 (1982), pp. 99-149; de même que D. P. Walker, *The Ancient Theology. Studies in Christian Platonism from Fifteenth to the Eighteenth Century*, London, Duckworth, 1972, surtout pp. 81-82. Eugène F. Rice recense 12 rééditions de l'édition Lefèvre de Denys jusqu'en 1556.

[41] "Ut intelligas, sapientissime pater, theologiam Cusae ad primam illam intellectualem theologiam totam pertinere, et qua nulla magis iuvamur ad sacra Dionysii Areopagitae adyta et eorum, qui generosius, augustius et sublimius de Deo philosophati sunt, dicta conquirenda" - v. Eugene F. Rice, *The Prefatory Epistles...*, p. 346. Sur l'influence de Nicolas de Cues sur le langage théologique de Lefèvre v. Guy Bedouelle, *Lefèvre d'Etaples et l'intelligence des écritures*, Genève, Droz, 1976, surtout pp. 60-70, où Bedouelle note que la tripartition de la théologie par Lefèvre vient du *Béryl*, IV, de Cusanus.

[42] V. à ce propos l'apologie de Denys, écrite en 1517 par l'un des disciples de Lefèvre, Josse Clichtove. Clichtove est aussi le commentateur de l'édition de la théologie négative de Jean Damascène, fournie, elle aussi, par Lefèvre: *Contenta. Theologia Damasceni. I. De ineffabili divinitate...*, Paris, Henri Estienne, 1507 (le commentaire de Clichtove est ajouté à la traduction de Lefèvre d'Etaples dès la seconde édition de 1512). V. Jean-Pierre Massaut, *Critique et tradition à veille de la réforme en France*, Paris, Vrin, 1974, pp. 179-229. Quoiqu'il n'ait jamais vraiment douté de l'authenticité de Denys l'Aréopagite, Cusanus s'étonne de ce que cet auteur ne soit cité ni par saint Ambroise, ni par saint Augustin, ni par saint Jérôme (John Monfasani, "Pseudo-Dionysius the Areopagite in Mid-Quattrocento Rome", in *Supplementum Festivum. Studies in Honor of Paul Oskar Kristeller*, éd. James Hankins, John Monfasani, Frederick Purnell, Jr., Binghamton, New York, Medieval and Renaissance Texts and Studies, 1987, pp. 190-219, surtout, pp. 205-206).

du siècle. Au contraire, il est possible de dire que le débat gagnera en urgence politique, ce qui ne sera pas sans influencer ses formulations. Il semble pourtant qu'au début de la Renaissance en France, lorsque les positions idéologiques, quoique déjà fortement antagonistes, ne sont pas encore à ce point retranchées et consolidées, l'intérêt pour la théologie dionysienne, et particulièrement pour sa théorie des "signes dissimilaires", témoigne de toute une aspiration spirituelle d'un large milieu d'intellectuels portés vers la recherche mystique de la Vérité, de même que préoccupés par les limitations du discours de la culture. C'est dans ce contexte mental qu'il importe de situer l'attention de Lefèvre pour la mystique germanique: son édition des *Noces spirituelles* de Ruysbroeck dans la traduction de Gerard Groote, celle du recueil comportant les textes de Hildegard de Bingen, Elisabeth de Schönau et Mechthild de Hackeborn[43]. C'est dans une telle atmosphère intellectuelle que certains événements historiques particuliers révèlent leur importance: le fait que l'édition des œuvres de Cusanus soit dédiée par Lefèvre à Denis Briçonnet, évêque de Toulon et, ensuite, de Saint-Malo; que le frère de Denis, Guillaume entreprend la réformation de l'abbaye de Saint-Germain-des-Prés à l'aide des moines de Chezal-Benoît, eux-mêmes formés auparavant par des Frères de la Vie Commune; que ce même évêque Guillaume Briçonnet se fera le protecteur du groupe d'intellectuels entourant Lefèvre d'Etaples, d'abord à Saint-Germain-des-Prés, et ensuite dans son diocèse, à Meaux.

Ainsi, à l'aide des textes précis, tels que la correspondance entre Guillaume Briçonnet et Marguerite de Navarre[44], les traités didactiques de

---

[43] *Liber trium virorum et trium spiritualium virginum...*, Paris, Henri Estienne, 1513. Pour une liste complète des mystiques publiés par Lefèvre et son cercle v. Eugene F. Rice, "Jacques Lefèvre d'Etaples ..." A consulter aussi, sur ce sujet: Augustin Renaudet, *Préréforme et Humanisme à Paris pendant les premières guerres d'Italie (1494-1517)*, Paris, Champion, 1916, pp. 600-601; Louise C. Salley, "Jacques Lefèvre d'Etaples: Heir of the Dutch Reformers of the Fifteenth Century", in *The Dawn of Modern Civilization. Studies in Renaissance, Reformation and Other Topics. Presented to Honor Albert Hyma*, Ann Arbor, University of Michigan Press, 1962, pp. 75-124; Philip Edgcumbe Hughes, *Lefèvre, Pioneer of Ecclesiastical Renewal in France*, Grand Rapids, William B. Eerdmans Publishing Company, 1984, surtout p. 40 et suivantes.

[44] Sur l'impact de Cusanus sur la correspondance de Briçonnet et de Marguerite de Navarre v. Glori Capello, "Nicolò Cusano nella corrispondenza di Briçonnet con Margherita di Navarra", *Medioevo*, 1 (1975), pp. 97-128; v. aussi Viviane Mellinghoff-Bourgerie, "Echange épistolaire entre Marguerite d'Angoulême et Guillaume Briçonnet: discours mystiques ou direction spirituelle?", in *Marguerite de Navarre. 1492-1992. Actes du colloque international de Pau (1992)*, éd. Nicole Cazauran et James

Jean Thenaud, les compilations des mythographes, il est possible de tracer le cheminement de la théologie dionysienne vers le monde de la poésie. La tâche de ce livre ne sera toutefois pas celle de dresser le bilan de la réception littéraire de Denys l'Aréopagite en France. Il importe plutôt de suivre les changements du discours poétique de la Renaissance française dans son aspiration à signifier la transcendance. Il s'agira donc de capter le rêve de la Vérité absolue confronté à la conscience critique des réalités propres à la fiction littéraire[45]. Il importera en outre d'esquisser l'évolution que subit cette confrontation au cours du siècle: l'abandon progressif des rêves métaphysiques conjugué à la conscience de plus en plus aiguë des limites de la littérature, la compréhension de plus en plus approfondie de la dissemblance de ses signes. Cette évolution se manifeste dans les orientations diverses que les poètes particuliers imposent à la quête des noms divins, selon les engagements idéologiques et les objectifs artistiques qui leur sont propres. Chez Marguerite de Navarre, le désir de nommer Dieu demeure profondément mystique et fidèle à l'esprit de ses sources théologiques. La recherche des noms divins adopte un cheminement en quelque sorte oblique déjà chez Clément Marot, poète de Dieu et poète du roi, soucieux de préserver son être particulier et relatif entre les extrêmes ontologiques absolus, jaloux de sa liberté d'écrivain parmi les exigences politiques de son temps. Nommer le divin est pour Ronsard, certes, la vocation digne du poète, mais à condition que l'exégèse de la transcendance fasse place à la sanctification poétique de la réalité de ce siècle. Aussi radicalement réorienté, le travail de l'herméneute sacré peut devenir, chez Guy le Fèvre de la Boderie, l'enjeu de l'éloquence persuasive, avant d'être l'objet de la parodie dans les inventions folles de Jean Demons.

Certes, plusieurs courants intellectuels concourent à nourrir l'esprit critique renaissant: l'aristotélisme, le nominalisme, la théologie protestante, les méthodes philologiques, etc. Mais nulle part ailleurs que dans la théologie dionysienne, la quête des noms divins n'est, simultanément, aussi impérative et aussi impossible. Nulle part ailleurs, on ne trouve la conviction

---

Dauphiné, Mont-de-Marsan, Editions InterUniversitaires, 1995, pp. 138-139; de même que, dans le même volume, Nicole Lemaitre, Michel Veissière, "Lefèvre d'Etaples, Marguerite de Navarre et les évêques de leur temps", pp. 109-134.

[45] "Fiction littéraire" doit être comprise ici avant tout comme "poésie". Par ailleurs, j'ai tâché de limiter mon enquête au discours versifié (à l'exception de la section sur l'*Heptaméron*, recueil de nouvelles qui, à mon sens, doit être étudié dans le contexte des poèmes religieux de Marguerite), tout en gardant à l'esprit que cette analyse pourrait être étendue, par exemple, à la poésie propre aux chroniques rabelaisiennes.

profonde que l'objet suprême du discours de la culture est omninommable et ineffable, qu'il faut multiplier les noms de Dieu tout en sachant que ce ne sont que des "signes dissimilaires" fictionnels. L'objectif de ce livre est d'étudier ce principe philosophique et littéraire dans la poétique de quelques écrivains dont les œuvres s'échelonnent au cours du siècle. La quête des noms divins qui s'y manifeste se transforme peu à peu d'exégèse mystique en rhétorique, d'abord inquiète et prudente, ensuite allègrement destructrice.

CHAPITRE PREMIER

LA POESIE A LA RECHERCHE
DE L'ETRE ET DU NEANT:
MARGUERITE DE NAVARRE

Le "mot" et la "voix"

La manière dont Marguerite de Navarre encourage son lecteur à lire son *Miroir de l'Ame Pécheresse* peut sembler quelque peu déconcertante:

> ... lecteur de bonne conscience
> Je vous requier, prenez la patience
> Lire du tout ceste œuvre, qui n'est rien...[1]

Une telle proclamation initiale de la nullité du poème ne peut pas être expliquée uniquement par le topos de modestie visant à éluder la réprobation de la Sorbonne[2]. Elle révèle aussi une conception du statut ontologique de

---

[1] *Au lecteur*, 27-29, publié en appendice à l'édition de Joseph L. Allaire du *Miroir*, München, Wilhelm Fink, 1972, p. 100. Des fragments de ce chapitre ont été publiés sous forme d'articles dans *French Forum*, 16, 1991, ainsi que dans *Narrations brèves. Mélanges de littérture ancienne offerts à Krystyna Kasprzyk*, éd. par Piotr Salwa et Ewa Dorota Żółkiewska, Warszawa, Publications de l'Institut de Philologie Romane de l'Université de Varsovie, 1993.

[2] Sur les changements apportés aux éditions du *Miroir* à la suite des attaques de la Sorbonne en 1533, v. Cynthia Skenazi, "Les annotations en marge du *Miroir de l'ame pecheresse*" in *Bibliothèque d'Humanisme et Renaissance*, 2 (1993), pp. 255-270, surtout p. 263 et suivantes.

l'homme et de son dire. Celle-ci repose sur la dialectique du Tout et du Rien, placés, tour à tour, aussi bien dans la créature que dans son Créateur. Cette fusion de la Totalité et du Néant fonde la spécificité de la poétique de Marguerite de Navarre face à la poésie religieuse qui l'entoure et qui va la suivre.

Premièrement, la poésie de la reine de Navarre est surtout préoccupée par l'être, et cela aussi bien en ce qui concerne l'homme que son Dieu. La poésie dévotionnelle ultérieure semble en revanche se concentrer sur le faire; de là provient son caractère moral et rhétorique. Même s'il lui arrive d'utiliser un vocabulaire apparemment identique à celui de la reine, la poésie dévotionnelle de la seconde moitié du siècle essaye avant tout d'émouvoir la miséricorde divine par la pénitence et la contrition du pécheur, de rendre grâce des dons reçus, de dissuader le croyant de l'incontinence, de l'inciter à porter la croix des souffrances et, éventuellement, à accomplir les œuvres de charité[3]. Les poètes contemporains et les successeurs de Marguerite de Navarre reconnaissent, certes, le néant de l'homme face à l'Etre divin. Ils ne semblent cependant pas concevoir les relations du croyant à la divinité comme une fusion mystique où l'âme est exaltée jusqu'à se perdre dans la Totalité de Dieu, le Tout divin qui, Lui, s'annihile, pour la recevoir[4].

Or, c'est précisément cette fusion, consistant en la déification de l'être humain, qui est l'objet essentiel de l'œuvre littéraire de Marguerite de Navarre. Non pas que l'union mystique puisse être le résultat d'une pastorale, ou, encore moins, l'enjeu d'une argumentation. Effet de la grâce divine et de la "foi vive", elle est "l'heureux don, qui fait l'homme Dieu

---

[3] Un très bon exemple est fourni par *Les Odes penitentes du Moins que Rien* de Nicolle Bargedé (Paris, Iehan Longis, 1550). Malgré le titre qui rappelle des formulations identiques de Marguerite, ce recueil ne contient nulle trace des spéculations poétiques sur la Totalité et le Néant si caractéristiques des écrits de la reine.

[4] V., par exemple, ce fragment des stances de Claude Hopil: "L'ame humaine est un tout au prix de l'univers, / Mais ce tout est un rien, si Dieu ne le manie" - *Les œuvres chrestiennes*, Paris, Matthieu Guillemot, 1603, f° 70 v° - 71 v°; ou bien ces vers de la "Petite oraison à Dieu quand on se lieve au matin", de Charles Fontaine, qui publie dans les années 40 et 50: "O mon vray Dieu, tu es ung tout san moy, / Et moy, helas, je ne suis rien sans toy!" - éd. Raffaele Scalamandrè, Rome, Edizioni di Storia e Letteratura, 1970, p. 207.

estre"[5]. C'est pour cette raison que, confrontée à une réalité métaphysique aussi capitale, la poésie "n'est rien".

Mais, de même que l'homme doit se rendre compte de son néant pour pouvoir se fondre dans le Tout de Dieu, de même le discours littéraire de Marguerite de Navarre s'annihile dans le silence seulement pour s'ouvrir à la vérité absolue. La parole poétique se tait pour que la Parole puisse se faire entendre. Ainsi la littérature épouse le fonctionnement allégorique de l'Ecriture, à une différence capitale près: en tant que parole humaine, la littérature sera toujours un signe dissimilaire du divin. C'est dans et par sa déficience et ses contradictions que la littérature peut pointer vers la transcendance.

Et c'est là le second trait spécifique de l'œuvre de Marguerite. La poésie religieuse qui l'entoure peut bien s'inspirer de la théologie négative[6]. Elle n'en fait pourtant pas le fondement de sa poétique. La poésie dévotionnelle qui va suivre est d'autant moins tentée de le faire, que l'allégorie comme principe de fiction poétique lui semble de plus en plus étrangère. Elle préfère l'expression émotionnelle des angoisses et de l'espoir du croyant, aidée, le cas échéant, de métaphores et de comparaisons, mais elle se conçoit rarement comme l'allégorie poétique du divin, et encore moins comme son signe dissimilaire. Cette tendance va culminer dans les anathèmes lancés par les deux Réformes contre la "fable moisie" héritée des poètes païens. Face à la métamorphose chrétienne qu'est la conversion, les métamorphoses poétiques vont apparaître comme une œuvre diabolique[7].

Particulièrement la poésie protestante va se féliciter de l'entreprise de conversion par laquelle un sens spirituel nouveau est appliqué à la lettre

---

[5] *Le Miroir de l'ame pecheresse*, "Au lecteur", 21, p. 100. Sur la terminologie utilisée par Marguerite de Navarre pour désigner la foi, v. les pages suggestives de Gary Ferguson, *Mirroring Belief: Marguerite de Navarre's Devotional Poetry*, Edinburgh, Edinburgh University Press for the University of Durham, 1992, surtout pp. 161-176.

[6] Tels ces vers tirés de l'"Epistre d'ung pecheur à Jesus Christ" de Victor Brodeau, valet de chambre de Marguerite et de François Ier:

Il n'y a nom qui te puisse suffire,
Et ta louange est telle sans redire,
Parquoy le taire y sert plus que le dire,
Qui bien mon rien et ton tout considere.

Poésies, éd. Hilary M. Tomlinson, Genève, Droz, 1982, p. 179.

[7] V. à ce propos, Pierre Viret, *La métamorphose chrestienne*, Genève, Jean le Preux, 1592, particulièrement "Le quatrieme dialogue de la metamorphose, intitulé, le vray homme, ou , l'homme reformé".

morte des œuvres profanes. Ce mécanisme de *contrafactum*, par lequel les poèmes lascifs seraient recyclés en œuvres pieuses, est signalé par l'une des anthologies genevoises comme opérant depuis les années quarante du XVIe siècle[8]. Il n'est certainement pas le monopole des poètes réformés. Le maître du procédé apparaît être un contemporain de Marguerite de Navarre, François Habert, qui reconvertit dans ces éloges adressés à la famille royale les divinités mythologiques en championnes de spiritualité chrétienne. Elles se situent en un temps intermédiaire, où il n'est plus séant de "prescher le faulx" du paganisme, mais où, d'autre part, il faut encore attendre l'âge d'or "quand Charité au vray se preschera". La "nouvelle Junon", la "nouvelle Pallas" ou la "nouvelle Vénus" sont donc des figures poétiques vidées de leur aura sacrée primitive et mises à la disposition des contenus didactiques imposés par l'urgence idéologique du moment[9].

Il est indubitable qu'une telle évangélisation des lecteurs grâce au discours littéraire devait être chère à Marguerite, de même qu'elle préoccupait tant d'auteurs évangéliques de son entourage. La reine y contribue elle-même en proposant les nouveaux textes de ses *Chansons spirituelles* pour des mélodies des chansons profanes déjà populaires. Mais une telle reconversion n'est pas encore l'union mystique qui est le point de mire de l'œuvre de la reine. Celle-ci s'accomplit seulement dans la dissimilitude de l'allégorie littéraire qui se désintègre, tout en signifiant, par sa polyphonie, que Dieu est ineffable et omninomable. Ce double mouvement qui comprend d'une part l'annihilation de l'allégorie littéraire et de l'autre l'intégration de la fiction en une polyphonique allégorie du divin se dessine nettement dans deux œuvres qui couronnent la production de Marguerite de Navarre: *Les Prisons* et *L'Heptaméron*.

---

[8] V. La préface de *L'Uranie, ou nouveau recueil de chansons spirituelles et Chrestiennes* (Genève, Jacques Chouët, 1591) qui retrace l'histoire de la poésie renaissante française dans la perspective du *contrafactum*. Elle commence en opposant deux poètes du temps de Valentinien: Harmonius, adonné aux chansons lascives et Ephraim, qui "changea la lettre meschante" des poèmes d'Harmonius, "et y appliqua un sens spirituel et à la louange de Dieu". Symptomatiquement, Marot est ici présenté comme Harmonius et Ephraim conjugués, ou plutôt comme Harmonius converti en Ephraim. L'alternative à la poétique de la fable moralisée peut être fournie par la poétique iconoclaste épurée de la mythologie et qui, pourtant, n'est pas uniquement réservée aux protestants (cf. à cet égard, par exemple, les poésies de Nicolas Le Digne).

[9] Les poèmes consacrés aux trois déesses et leur exposition morale ont été édités par Habert chez Jean de Tournes en 1545.

Pour Marguerite de Navarre, le propre de l'union mystique est de poser l'homme dans une situation ontologique à proprement parler intenable. Afin de fusionner amoureusement avec le Tout de Dieu, le croyant est d'abord anéanti. Pour devenir Tout, le Rien de l'homme doit reconnaître sa nullité et accepter la souffrance qui le détruit afin de l'exalter: aveugle, il est illuminé; faible, il jouit d'un pouvoir immense; pauvre, il est richissime:

O puyssant Tout, plain d'amour indicible!
O povre Rien, encloz en impossible,...

(III, 1895-1896)[10]

Une aporie similaire définit la poétique de Marguerite: confronté à l'inexprimable, miné par son insuffisance, le discours est poussé à ses limites au-delà desquelles le guettent le silence et la cacophonie. Mais cette destruction qui se traduit par l'accumulation des contradictions et des paradoxes rend précisément possible le passage catastrophique vers le sens transcendant. La cacophonie se résout en une polyphonie des lettres où résonne l'Esprit.

Certes, on pourrait songer à ce propos à l'une des caractéristiques rhétoriques de certains textes renaissants, déçus par leur incapacité à atteindre la vraie sagesse, paralysés, frappés d'aphasie face à la perfection de leur objet. L'éloquence devient un poids écrasant tout en demeurant un devoir impératif: qu'il assume le rôle de l'amant, ou celui du courtisan, le locuteur ne peut se trouver à court de paroles. C'est pourquoi le silence, aboutissement aussi bien que moment initial d'une rhétorique anxieuse d'adhérer à l'Idée, à la forme des choses, représente un danger de même qu'une source de régénération[11].

Il est cependant clair que le paradoxe de l'impossibilité et de la nécessité de l'expression ne peut apparaître dans la poésie de la reine de

[10] Les chiffres romains désignent le livre, les chiffres arabes les vers des *Prisons* de Marguerite de Navarre. Simone Glasson a fourni l'édition de référence, Genève, Droz, 1978.

[11] A titre d'exemple v. Baldassarre Castiglione, *Il Cortegiano*, II, 42, 100; III, 55. V. aussi l'article de Jerrold E. Seigel, "Ideals of Eloquence and Silence in Petrarch", *Journal of the History of Ideas*, 2 (1965), pp. 147-174; de même que les remarques de Terence Cave sur Scève "Scève's *Délie*: Correcting Petrarch's Errors", in *Pre-Pléiade Poetry*, éd. Jerry C. Nash, French Forum Monographs, 57, Lexington, French Forum, 1985, p. 121.

Navarre uniquement comme une figure oratoire[12]. Pour Marguerite, comme pour toute la génération des humanistes chrétiens de la première moitié du siècle, il s'agit là d'un problème théologique fondamental. D'une part, sanctifiée par le *Logos* de Dieu, la parole est le lieu où le sujet se communique, se rend présent[13]. De l'autre, toutefois, cette sympathie chaleureuse pour le discours humain, renforcée par l'influence érasmienne, se conjugue avec la conscience de la rupture ontologique qui sépare la parole humaine de l'Etre divin[14]. Tel le polygone qui ne pourra épouser le cercle qu'à condition de transgresser les règles de la raison géométrique, la parole

---

[12] V. de ce point de vue, les travaux décisifs de Robert D. Cottrell et ceux de Gérard Defaux V: Robert D. Cottrell, *The Grammar of Silence. A Reading on Marguerite de Navarre's Poetry*, The Catholic University of America Press, 1986; Gérard Defaux, *Le curieux, le glorieux et la Sagesse du monde dans la première moitié du XVIe siècle. L'exemple de Panurge (Ullysse, Démosthène, Empédocle)*, French Forum Monographs, 34, Lexington, KY, French Forum, 1982, ainsi que son *Marot, Rabelais, Montaigne: l'écriture comme présence*, Genève, Slatkine, 1987. A noter aussi, parmi les études récentes sur les paradoxes de la rhétorique de Marguerite l'article de Ehsan Ahmed, "Marguerite de Navarre's *Chansons Spirituelles* and the Poet's Passion", *Bibliothèque d'Humanisme et Renaissance*, 52 (1990), pp. 37-52.

[13] V. particulièrement, les travaux de Gérard Defaux, qui insiste sur l'optimiste logocentrisme des humanistes en évoquant le cercle tautologique permettant à Erasme d'inférer la similitude entre l'homme et son discours à partir de l'identité mystérieuse du Père et du Fils. La reconnaissance de la vanité du langage humain est étudiée dans son article "Clément Marot: une poétique du silence et de la liberté", in *Pre-Pléiade Poetry*, pp. 60-61; ainsi que *Marot, Rabelais, Montaigne*, pp. 84-85.

[14] Gérard Defaux est conscient de cette rupture, tout en la dépassant parfois dans un esprit, semble-t-il, érasmien: "...il existe de grandes différences entre le divin Logos, le Logos éternel du Père, et notre propre discours, non pas Esprit, mais image, image où l'esprit de l'homme se voit tel qu'il est, exprimé dans la parole quasiment comme un objet l'est dans un miroir. Mais l'essentiel de la similitude malgré tout demeure..." (*Marot, Rabelais, Montaigne*, pp. 34-35). Ailleurs, il note la différence symptomatique entre l'interprétation érasmienne du "*Vidi arcana Dei, quae non licet homini loqui*" de saint Paul, et celle - dirons-nous proprement apophatique - qu'en donnent Lefèvre, Briçonnet et Marguerite (p. 91). Sur l'herméneutique d'Erasme, conditionnée par sa conception d'une "théologie rhétorique" v. Manfred Hoffmann, *Rhetoric and Theology: the Hermeneutic of Erasmus*, Toronto - Buffalo - London, University of Toronto Press, 1994. Sur l'attachement et les réserves d'Erasme vis-à-vis de Denys v. Michael A. Screech, *Ecstasy and the Praise of Folly*, London, Duckworth, 1980; sur les rapports entre Erasme et le groupe de Meaux v. Margaret Mann Phillips, "Marguerite de Navarre et Erasme: Une Reconsidération", *Revue de Littérature Comparée*, 52 (1978), pp. 194-201.

doit nier sa quadrature humaine pour s'approcher, autant qu'il lui est possible, du cercle infini de Dieu[15].

La conscience de cette rupture est particulièrement aiguë parmi les intellectuels évangéliques de l'entourage de la reine qui avaient choisi Cusanus comme guide dans leur lecture de la théologie négative de Denys l'Aréopagite. Dans le cas particulier de Marguerite de Navarre elle pouvait être encore amplifiée par l'intérêt que la reine manifeste pour la mystique nordique. Que ce soit chez les disciples d'Eckhart tels que Suso ou Ruysbroeck, que ce soit dans les écrits de la *devotio moderna* ou dans la spiritualité des béguines, Marguerite de Navarre aurait pu se familiariser avec certains aspects de cette attitude religieuse désignée par le terme générique de "libertinage spirituel" et l'associer aisément à la théologie négative dionysienne[16]. La mystique nordique pouvait surtout lui suggérer

---

[15] Voici ce que Bovelles écrit à propos de la quadrature du cercle: "Ung petit devant nostre temps, le Reverendissime Cardinal nommé Nicolaus de Cusa, la bien trouvée et mise en escript en son livre, ia soit que pour ce faire il ayt usé et procedé par aucuns moyens estranges aux Geometriens: Car il a usé de dimensions infinies, lesquelles ung Geometrien ne cognoist et ne confesseroit jamais estre possibles. Nonobstant son invention est bonne et approuvee, tant par raison que par experience." - *Livre singulier et utile touchant l'art et practique de Geometrie...*, Paris, S. de Colines, f° 32 v° - 33 r° - cité d'après René Taton, "Bovelles et les premiers traités de géométrie en langue française", in *Charles de Bovelles en son cinquième centenaire. 1479-1979*, éd. Guy Trédaniel, S.l., Editions de la Maisnie, 1982, p. 190.

[16] Pour une tentative de définition de ce terme, v. Jean-Claude Margolin, "Libertins, libertinisme, et 'libertinage' au XVIe siècle", in *Aspects du libertinisme au XVIe siècle*, Paris, Vrin, 1974, pp. 1-33. Les plus utiles synthèses sur cette attitude religieuse sont: Romana Guarnieri, *Il movimento del Libero Spirito*, Rome, Archivo Italiano per la Storia della Pietà IV, 1965, Robert E. Lerner, *The Heresy of the Free Spirit in the Later Middle Ages*, Berkeley - Los Angeles - London, University of California Press, 1972. Il est aussi utile de consulter Georges Jaujard, *Essai sur les libertins spirituels de Genève d'après de nouveaux documents*, Paris, Imprimerie des Ecoles, 1890, de même que C. Schmidt, *Les Libertins spirituels. Traités mystiques écrits dans les années 1547-1549*, Bale - Genève - Lyon, Henri Georg, 1876. Il est difficile de déterminer les moyens par lesquels Marguerite ait pu entrer en contact avec le "libertinage spirituel". On sait cependant que Bucer n'hésite pas à la prévenir contre deux représentants de ce courant, Pocques et un nommé Quintin, originaire du Hainaut, que la reine a accueillis à la cour de Nérac en 1543 (une synthèse à ce propos est fournie par Romana Guarnieri, pp. 488-489; v. aussi Pierre Jourda, *Marguerite d'Angoulême, Duchesse d'Alençon, Reine de Navarre (1492-1549)*, Paris, Champion, 1930, pp. 306 et suivantes, 557 et suivantes). Il est tout aussi hasardeux de se prononcer sur les voies de transmission de la mystique d'Eckhart et celle de ses disciples. S'agit-il juste d'une influence indirecte et diffuse, par exemple à travers l'œuvre de Nicolas de Cusa qui fut grand lecteur d'Eckhart? Ou, peut-être, le cercle de Meaux a pu connaître

un langage qui exprime par ses paradoxes la volonté de dépasser les images sensibles, le désir d'abandonner les règles de la raison. Certes, la théologie de la liberté spirituelle imprégnant les vers de Marguerite ne sort jamais des limites de l'orthodoxie. On ne peut s'empêcher néanmoins de retrouver dans ses poésies comme des souvenirs d'une religiosité obsessionnellement attachée à souligner le néant de ce qui est privé de l'Esprit[17]. Il est fort probable que la reine a pu associer ce qu'elle connaissait de l'enseignement de Denys et de Cusanus avec ce mysticisme selon lequel la lumière divine ne peut être reçue qu'à condition que toutes les images, formes et figures sensibles "tombent"[18]. Pour Eckhart, ce que nous disons de Dieu n'est pas vrai; est vrai en revanche ce que nous n'en disons pas[19]. Il est caractéristique que le mystique allemand se réfère à ce propos à saint Augustin, tout comme le fera ensuite son disciple, Tauler, en associant l'évêque d'Hippone à la

les écrits de Suso (dont l'*Horologium* avait, dès 1389, une version française, imprimée à Paris en 1493 et dont les copies manuscrites demeurent nombreuses). Les œuvres de Tauler n'ont été traduites en latin qu'en 1548 (v. Louis Cognet, *Introduction aux mystiques rhéno-flamands*, Paris, Desclée, 1968), sur la popularité des éditions des mystiques du Nord au XVIe siècle v. *Histoire de l'édition française*, éd. Henri-Jean Martin, Roger Chartier, S.l., Promodis, 1982, t. 1, pp. 332-335). Quels que soient les sources et les canaux précis de ces influences sur l'œuvre de Marguerite, il importe avant tout de détecter la présence dans les textes de la reine d'une problématique théologique et d'un langage caractéristiques pour la mystique apophatique du Nord. Or cette présence paraît indéniable. V. aussi Verdun-L. Saulnier, "Marguerite de Navarre aux temps de Briçonnet", *Bibliothèque d'Humanisme et Renaissance*, 39 (1977), pp. 467-468.

[17] Pour la mise en contexte doctrinale des écrits de Marguerite il est indispensable de recourir aux analyses précises de Gary Ferguson. Par ailleurs, les parallèles que l'on peut tirer entre les écrits de Marguerite et le théâtre d'un Pierre du Val sont frappants. V. Emile Picot, *Théâtre mystique de Pierre du Val et des libertins spirituels de Rouen au XVIe siècle*, Paris, Damascène Morgand, 1882, de même que la mise au point de Verdun-L. Saulnier, "L'évangélisme de Pierre du Val et le problème des libertins spirituels", *Bibliothèque d'Humanisme et Renaissance*, 14 (1952), pp. 205-218.

[18] Ruysbroeck, *Les Noces spirituelles*, in *Œuvres choisies*, éd. Bizet, Paris, Aubier, 1946, p. 233. Il est à noter que ce texte est édité par Lefèvre en 1512 chez H. Estienne. V. aussi Geert Grote, *A Treatise on Four Classes of Subjects Suitable for Meditation: A Sermon on the Lord's Nativity*, in *Devotio Moderna. Basic Writings*, éd. John Van Engen, New York, Mahwah, Paulist Press, 1988, pp. 112-114.

[19] Eckhart, sermon sur *Lc.*, 14, 16 (*Sermons*, introd. et trad. de Jeanne Ancelet-Hustache, Paris, Ed. du Seuil, 1974, t. 1, p. 174).

pensée apophatique du Pseudo-Denys l'Aréopagite[20]. Ce choix a pu, certes, être dicté par la méfiance de saint Augustin envers la rhétorique, cet art du bavardage, tintamarre d'orgueil qui le rendait sourd à la voix du Seigneur, l'empêchait d'entendre son Nom[21]. L'insistance sur l'inadéquation entre le discours de l'homme et l'Etre de Dieu, est aussi mise en valeur par Suso: lorsqu'on veut parler de la Suressentialité, les similitudes que l'on trouve s'avèrent encore plus dissemblables que ressemblantes; "l'intellect", "l'être", "la jouissance" qualifient le Néant divin avec autant de succès que "hachoir" désigne une perle fine[22]. Partout se manifeste la méfiance envers les formes créées et les images externes: car, selon les paroles de Suso, rien n'explique absolument Dieu tant qu'il y a des docteurs et des livres.

Marguerite de Navarre ne mentionne jamais ces sources. Elle se réfère cependant dans *Les Prisons* au livre d'une femme "remply de flamme / De charité si tresardentement, / Que rien qu'amour n'estoit son argument" (III, 1316-1318). On y a reconnu Marguerite Porete, une béguine de Valenciennes, brûlée en 1310 à cause du mysticisme radical de son *Miroir des âmes simples et anéanties*. Cette œuvre existait aux temps de Marguerite en de nombreuses copies manuscrites, souvent attribuées fautivement à Ruysbroeck, parfois associées avec des écrits de Denys ou de Cusanus[23]. Elle offre un parfait exemple d'aporie théologique du discours impossible et nécessaire. Vu l'inadéquation foncière du discours humain, parler de Dieu

[20] V. sermons XXVIII et LIV in *Sermons de Tauler*, éd. Hugueny, Théry, Corin, Paris, Desclée, s.d.

[21] "...quod nomen Christi non erat ibi..." - *Conf.*, III, iv, 8. V. de même IV, xv, 27. Cette attention au Verbe unique se manifeste aussi dans le récit de la conversion du rhéteur Victorinus qui a préféré abandonner la verbosité de l'école plutôt que de renoncer à la parole divine, vraie source de l'éloquence ("loquacem scholam deserere maluit quam verbum tuum, quo linguas infantium facis disertas") - *Conf.*, VIII, v, 10.

[22] Henri Suso, *Œuvres complètes*, éd. Jeanne Ancelet-Hustache, Paris, Ed. du Seuil, 1977, pp. 309, 427, 440.

[23] V. Romana Guarnieri, p. 505. Il n'existe aucune preuve précise de l'influence exercée par Marguerite Porete sur Eckhart. Il est toutefois intéressant de constater, comme le fait Robert E. Lerner, qu'Eckhart se retrouve à Paris un an après l'exécution de la béguine sur la place de Grève, et qu'il y séjourne dans le même couvent où réside l'un des théologiens qui avaient condamné Marguerite Porete comme hérétique. Il est aussi curieux de noter que certains thèmes eckhartiens se retrouvent dans le *Miroir des âmes simples* (tel celui de l'amour et de la liberté sans aucun "pourquoi").

n'est rien d'autre que médire. Cette médisance devrait pourtant être pardonnée puisque, inévitable, elle découle de l'amour pour la Divinité[24].

Le même paradoxe régit la poétique de cette vaste allégorie dissimilaire que sont *Les Prisons*. Il s'agit du récit d'une conversion graduelle, menant l'Ami à travers une expérience de négation et de transgression répétée vers la libération finale qu'est l'union avec Dieu. L'amour, les plaisirs de la cour, le discours de la science sont autant de figures et d'images externes, des "prisons" dont il importe de s'affranchir. Les verrous et les barreaux de la tour dans laquelle l'Ami s'est renfermé par amour pour sa Dame correspondent, par leur matérialité, aux liens qui le nouent au monde et à ses valeurs (II, 841-890). Dans cette vaste allégorie, les vices - l'amour charnel, l'avarice, l'orgueil - se cristallisent dans le symbolisme des matières pesantes et précieuses. Elles compromettent la liberté du sujet en affectant, respectivement, son cœur, ses yeux et enfin la totalité de son corps. Le lien-couverture cache et défigure en même temps: il assimile l'Ami à la bête et dissimule, "La belle ymaige et la similitude / De vostre Dieu"[25]. Cela semble d'autant plus important pour les mystiques dionysiens que la partie essentielle de l'âme, son "fond", son "étincelle" est justement, en accord avec la tradition augustinienne, l'image de la Divinité[26].

La "couverture" prend des formes diverses dans les livres consécutifs du poème: d'abord prison d'amour, elle devient l'hypocrisie des esprits "couverts" de la cour, pour être représentée enfin par le laurier qui recouvre

---

[24] Marguerite Porete, *Le miroir des âmes simples et anéanties*, éd. Max Hust de Longchamp, Paris, Albin Michel, 1984, pp. 66-67, 91, 202. Sur cet auteur v. Robert D. Cottrell, "Marguerite Porete's Heretical Discourse; or Deviating From the Model", *Modern Language Studies*, 21 (1991), pp. 16-21.

[25] V. *Gen.*, 1, 26 ainsi que Marguerite de Navarre, *Chansons spirituelles*, éd. Georges Dottin, Genève, Droz, 1971, chanson 27.

[26] V. Tauler qui évoque à ce propos, dans le sermon LIII, le témoignage d'Albert et d'Eckhart. Ce dernier s'achemine vers les limites vertigineuses de la réflexion théologique: par delà la simple ressemblance, "l'image de Dieu" suppose entre l'homme et la divinité une relation directe, indépendante de la volonté. En dire plus, comme l'avoue Eckhart lui-même, serait assimiler purement l'image à Celui dont elle est le reflet. Le "fond de l'âme" (*selengrund*), ce "quelque chose", lieu de l'unité absolue ne peut être évoqué qu'à travers les paroles du psalmiste: "Dii estis" (*Ps.*, 81, 6). Face à cette identification où confinent le mystère de l'amour et l'horreur du blasphème, Eckhart recule, terrifié, tout comme saint Augustin sur lequel il se fonde (*Commentaire sur la première épître de Saint Jean* 2, 14, Paris, Ed. du Cerf, 1961, pp. 180-181). V. les sermons allemands d'Eckhart sur 1 *Jn.*, 4, 9; *Sap.*, 5, 16; *Eccli.*, 50, 10; *Rom.*, 13, 14; 2 *Tim.*, 4, 2; *Jn.*, 15, 4.

la prison-bibliothèque du troisième livre. Elle reste cependant d'emblée assimilée à une fiction trompeuse (I, 537-538; II, 233, 617-621; III, 27). En effet, de même que l'Ami restait prisonnier de ses illusions amoureuses ou mondaines, ainsi le savoir, le sens demeurent soigneusement enclos dans les livres qui s'entassent lourdement pour former les piliers de la dernière geôle (III, 107; 396). Quelle que soit la discipline qu'ils représentent, tous les ouvrages exhibent dans les figurations allégoriques de leurs reliures l'opacité du signifiant qui se dérobe à l'interprétation. Il en est ainsi des volumes de poésie, émaillés de verdure (III, 55-56), de même que de tous les arts, jusqu'au sommet de l'architecture livresque - la Bible:

> Du Livre Sainct que au plus hault j'avoys mys
> Souvent m'estoys à le lire soubmys,
> En regardant la lettre et la figure
> Où je prenoys souvent en ce pasture.
> Couvert estoit de la peau d'un aigneau,
> [Goutté] de sang tresvermeil et nouveau,
> De sept fermans fermé lequel [encore]
> A l'ignorant qui le dedans ignore.
>
> (III, 293-300)

Le regard glisse sur la surface du volume. De l'Agneau triomphant de *l'Apocalypse*, de celui qui descelle le sens ultime, il n'en reste que la peau, dépouille symbolique et, pour cette fois, obstacle à une vraie interprétation.

En effet, d'une part, les lectures conseillées à l'Ami par l'"Amateur de Science" le libèrent, lui rendent l'humanité perdue en lui révélant le monde pécheur caché jusque-là sous des apparences agréables et trompeuses (II, 995-1012). Mais d'autre part, cette liberté s'avère, encore une fois, illusoire, et l'interprétation, bien qu'elle parvienne à dévoiler les dessous des choses d'ici-bas, se solde, en dernière instance, par un échec. Il en est ainsi parce qu'elle repose sur la confiance en les possibilités propres de l'herméneute qui, par un long et pénible travail, aurait pu gagner la gratification divine. Ainsi l'Ami, croyant faussement s'approcher de la Signification essentielle, se démène, en fait, dans l'épaisseur du signifiant:

> Velà commant, enfermé dans la lettre,
> En liberté je pensoys du tout estre.
>
> (III, 329-330)

Démuni de la grâce, il n'est pas encore capable de lire, de voir *per speculum in aenigmate*, ou comme Briçonnet traduit ce passage en parlant de la manne véterotestamentaire, "en couverture enigmaticque"[27]. Emprisonné dans l'étanche matérialité du signe, il préfère la lumière artificielle des chandelles à celle du Soleil et des astres, substituant ainsi la vérité des textes dont il s'entoure à la réalité à laquelle ils renvoient. Ainsi enchevêtré dans les graphismes de sa tour-bibliothèque, il a l'illusion de dominer leur référent; enfermé dans l'encyclopédie livresque, il pense embrasser l'universalité des choses (III, 357-360).

Ce confinement dans la lettre, qui, intransitive, perd son caractère de signe pour s'imposer par sa lourde figuration de l'image externe, constitue la dernière manifestation de l'idolâtrie que l'Ami voue à ses tyrans successifs[28]. La concupiscence, l'ambition et l'avarice étaient déjà ses idoles; les puissants de ce monde, tout comme sa Dame, lui apparaissaient comme des êtres divins (II, 373; 746-750; III, 324-325). Or la créature n'est qu'une "belle couverture" de Dieu (III, 737-746; 1955-1974). L'amour qui est destiné à ce masque n'est donc que cécité, une divinisation de l'inexistence:

> Et cestuy là qui le dehors adore,
> Il trouvera tenebre exteriore;...
>
> (III, 1965-1966)

Qu'il soit cloîtré dans la prison d'amour, ou qu'il s'engouffre dans les opaques figures de sa bibliothèque, chaque fois l'Ami est libéré par un jet de lumière soudain qu'il tente vainement de combattre.

Ruysbroeck note que les figures et les formes extérieures obturent l'accès à la grâce divine, cette "lumière déiforme qui nous pénètre de ses rayons et produit en nous la ressemblance divine" (p. 307). Chaque conversion est donc avant tout illumination, une expérience douloureuse comme celle que décrit Briçonnet lorsqu'il compare l'éblouissement par la lumière solaire et la blessure d'amour que laisse le "vray soleil", tous les deux se dérobant également à la contemplation[29]:

---

[27] 1 *Cor.*, 13, 12. V. Guillaume Briçonnet, Marguerite de Navarre, *Correspondance (1521-1524)*, éd. Christine Martineau, Michel Veissière, Henry Heller, Genève, Droz, 1975, t. 1, pp. 145-146.

[28] En évoquant à juste titre la sémiotique augustinienne, Robert D. Cottrell souligne le refus chez Marguerite de prendre les textes comme des "choses" et non comme des signes de la charité divine.

[29] Guillaume Briçonnet, Marguerite de Navarre, *Correspondance*, t. 1, pp. 26-27. Dans la *Hiérarchie céleste*, 1, 2, 121A, Denys insiste sur l'image johannique du Christ - la Lumière du Père. Lorsqu'il se rappelle la satisfaction qu'il a tirée de ses progrès dans les

> Le soleil viz entrer par la rompture
> Que j'apperceuz dedans la couverture.
> O que ce ray qui me donna dans l'œil
> Me fist grand mal et me causa grand deuil!
>
> (I, 225-228)

Tout comme le soleil parvient à "radiographier" complètement, des fondements jusqu'au faîte, la tour d'amour du Livre I, de même, lors de l'ultime conversion, la clarté de l'Esprit Saint pénètre à travers l'œil charnel clos pour allumer le feu dans le cœur de l'Ami[30]. Ainsi, ouverture d'une part, et pénétration discriminante de l'autre, l'illumination est avant tout une libération du sens. "Le chapeau de laurier" est mis en cendre, les piles des livres abattues, les livres eux-mêmes "deslyez et ouvertz" (III, 664-672). Il en est ainsi parce que "Celluy seul auquel tout doit servir" n'a pas voulu se laisser sceller dans les livres mais a daigné se révéler clairement par le feu qui les a déclos "par milles et par cens" en montrant leur vraie signification (III, 982-984; 1165-1166). Parmi d'autres, sont jetés par terre les volumes de poésie, mais au lieu de les brûler, le "doux feu sans tonnerre" ne fait que dévoiler le sens de leurs "fictions", le sens qui échappait jusqu'aux poètes mêmes, mus par la fureur poétique (III, 841-864).

L'Ami ne se sent plus "des livres empesché". Il ne se complaît plus dans le "parler" ou le "chant" poétiques et s'engage librement dans les profondeurs de la signification ultime du texte (III, 768; 940-948). D'ailleurs cette lecture pénétrante ne détruit pas "l'escripture et l'art". Tout au plus elle en redouble la beauté, le feu de la conversion brûle l'obscurité des textes en purifiant leur sens (III, 952-958; 1077-1078).

---

arts libéraux, saint Augustin évoque l'image de la caverne platonicienne: en se dévouant à l'étude, il tournait en fait le dos à la lumière et s'attachait, son propre visage étant dans l'ombre, à la seule contemplation des objets éclairés d'une lumière d'emprunt (*Conf.*, IV, xvi, 30).

[30]
> ...ma prison viz toute enluminée
> De sa clarté, me monstrant tout par tout,
> Les fundemens, le hault, de bout en bout.
>
> (I, 412-414)

V. aussi III, 491-510. Dans sa correspondance avec Briçonnet, Marguerite se réjouit de ce que, grâce à l'enseignement de l'évêque de Meaux et à celui de Michel d'Arande, Dieu lui ait ouvert l'œil clos par sa nature pécheresse et l'a tournée du côté de la lumière. Briçonnet reprend la même image dans sa réponse (Guillaume Briçonnet, Marguerite de Navarre, *Correspondance*, t. 1, pp. 33 et 34).

Comment s'opère cette ouverture et cette pénétration herméneutique? Jeune intellectuel, désireux d'éclaircir les passages obscurs de l'Ecriture, saint Augustin accueille avec admiration l'exégèse allégorique de saint Ambroise. Mais l'abandon de l'hérésie manichéenne ne signifie pas pour autant la conversion définitive. Celle-ci ne vient qu'après de longues peines et bien qu'ardemment désirée, elle n'est pas l'effet de la sollicitude humaine. En effet, ce qui manquait au catéchumène, malgré sa sagesse et son érudition, c'était la *voix* du Seigneur. Enfin, dans une scène dramatique, elle se fait entendre, et, mi-ordre, mi-chant, elle pousse saint Augustin à lire l'Ecriture - "*tolle lege, tolle lege*" - un passage pris au hasard que le saint appliquera immédiatement à lui-même (*Conf.*, VIII, xii, 29).

L'Ami est converti aussi par la voix du Seigneur, et plus précisément par "un seul mot":

> Mot prononcé et digne d'estre ouy,
> Mot par qui est tout le ciel resjouy,
> Mot apportant aux mortz vie eternelle,
> Innominable à la bouche charnelle,
> Mis sur la terre et pour nous abregé;
> Mot par qui est le monde soulagé,...
>
> (III, 467-472)

Un seul "mot" s'oppose à la multiplicité volumineuse des architectures livresques: le Christ, verbe abrégé (*verbum abbreviatum*) évoqué dans l'épître aux Romains. C'est par la lecture de ce passage de saint Paul que Briçonnet termine sa lettre consacrée à l'interprétation allégorique de la manne de l'*Exode*:

> Madame, je sonnerois voulontiers à la retraicte, n'estoit la trompette apocalypticque qui ne permect abreger jusques à ce que vous aye escript: le verbe abrege, consomme et parfaict.[31]

---

[31] Suit la citation de *Rom.*, 9, 28. V. Guillaume Briçonnet, Marguerite de Navarre, *Correspondance*, t. 1, pp. 151-153. Simone Glasson cite ces références dans les notes de son édition, ainsi que le chapitre du livre de Henri de Lubac consacré au concept du *verbum abbreviatum* (*Exégèse médiévale*, Paris, Aubier, 1961, seconde partie, t. 1, pp. 181-197). Dans son commentaire de ce lieu paulinien, Lefèvre d'Etaples se réfère à la coïncidence des contraires de Cusanus (*Epistolae Beatissimi Pauli, adiecta intelligentia ex Graeco, cum commentariis Jacobi Fabri Stapulensis*, Paris, Henri Estienne, 1512, f° 91). Guy Bedouelle remarque que Lefèvre d'Etaples avait employé l'expression *verbum abbreviatum* à propos du *Livre de l'Ami et de l'Aimée* de Lulle (*Lefèvre d'Etaples et l'intelligence des Ecritures*, Genève, Droz, 1976, p. 217, n. 7. Gérard Defaux note à quel point ce topos est répandu dans la littérature évangélique de l'époque (*Marot, Rabelais, Montaigne*, p. 80). A titre

En effet, l'heure des solutions définitives est venue. L'Agneau christique ne garde plus le Livre apocalyptique resté clos jusqu'à la fin du temps; tout au contraire, le verbe abrégé en est la clef[32]. C'est donc grâce à ce mot unique qu'il est possible désormais de percer la couverture de la lettre. En même temps, bien qu'unique, le "mot" libère la parole en conférant le sens aux figures dont l'opaque multiplicité obturait jusqu'ici le cheminement de l'interprétation. Il en est ainsi parce qu'il est le condensé de toute l'Ecriture. Articulé à travers l'immense diversité des sons et des paroles bibliques, le Tout-Verbe résorbe et accomplit la complexité de la Loi[33].

Il n'est donc pas étonnant, qu'éclairé par le Saint Esprit, l'Ami voie l'Un dans chaque lettre de l'Ecriture, derrière toutes les complexes figures des mathématiciens. Il Le reconnaît dans le *Pimandre* d'Hermès, chez Job, chez Socrate et chez Platon, illuminés par l'Esprit d'une connaissance naturelle (III, 1431-1432; 787-790). La complexe architecture livresque, gisant par terre, balayée par le souffle divin, livre à l'interprétateur, dans l'immédiateté du regard, le sens ultime, le "mot" unique:

> ...les livres des pilliers
> Viz sans nul mal à terre tous entiers,
> Subjectz à moy, abbattuz à l'envers,
> Sans nulz fermantz, deslyez et ouvertz.
> Mais toutesfoys rien que ung mot je ne viz,
> Bien qu'il y eust de differentz devis:
> Ce mot "Je suys" par tout je y retrouvay,
> Tout le surplus fut de moy reprouvé.
>
> (III, 669-676)

d'exemple on peut évoquer Jean Thenaud.

[32] "Il est (dict) ailleurs qu'il a la clef de David pour ouvrir le livre et oster les fermetures et signacles d'icelluy" - Guillaume Briçonnet, Marguerite de Navarre, *Correspondance*, t. 1, p. 152.

[33] "Unum est Dei Verbum universitas Scripturarum... Cum igitur Scripturam sanctam legimus, Verbum Dei tractamus, Filium Dei per speculum et in aenigmate prae oculis habemus" - Rupert, *De S. Spiritu*, I, 6 (*Patrologia Latina*, CLXVII, pp. 1575-6). V. aussi Rupert, *In Jo.*, 7: "Illud unum Verbum multis verbis, id est multis elementaribus et articulatis sonis locutus est, multis mysteriis incarnationis, passionis, resurrectionis et ascensionis suae in ora nostrarum animarum immisit" (*Patrologia Latina*, CLXIX, p. 494 D - les deux fragments sont cités par Henri de Lubac, p. 187, n. 10 et n. 12). La formulation que Briçonnet donne à cette question semble nettement plus radicale: "Il est aussy Verbe abrégé, car il a osté tous les sacrifices, oblacions, ceremonies et aultres justifications legales, lesquelles ont prins fin en luy." (Guillaume Briçonnet, Marguerite de Navarre, *Correspondance*, t. 1, p. 152).

Le "mot" est donc la clef interprétative, qui fait voir, avec un fracas de tonnerre, "le sens de la lettre" (III, 641-643). Tout particulièrement, il dévoile la signification spirituelle de la poésie. Conformément à la tradition de l'*Ovide moralisé*, la fable poétique des *Métamorphoses* s'ouvre pour livrer ses mystères chrétiens:

> C'est Jupiter les Geantz fouldroyant
> Et le cuyder et l'orgueil pouldroyant,
> Qui dans la tour dont Danés fut concierge
> Par pluye d'or rendit grosse la vierge.
> C'est luy duquel l'ignorante Semelle
> Ne peut souffrir la divine estincelle
> (...)
> C'est Actéon qui cerf est devenu,
> Portant chapeau d'espines tout cornu,
> Par trop aymer ceste nature humaine,
> Dont par ses chiens il mourut en grant peyne.
>
> (III, 877-892)[34]

Le "mot" est aussi l'abrégé de l'Ecriture, de toutes les écritures possibles, le condensé qui dépasse dans son immensité ce qu'il résume. Il est le Christ...

> ...ceste parolle vive,
> Où nostre chair ne cognoist fondz ne rive,...
>
> (III, 521-522)

Enfin, surtout, il est le nom ineffable du Père: "Je suys qui suys". Ce nom, qui manquait tellement au jeune saint Augustin assidu à l'étude, l'Ami l'entend après une lutte de plusieurs années qui a suivi son illumination. Le rayon de clarté, qui a percé alors son œil clos, atteint son cœur, "ung rocher dur" opposant une résistance farouche à la lumière de la grâce. Finalement, le cœur se rend lorsqu'il entend la *voix* de Dieu prononcer son "Sainct Nom" (III, 491-520). Suit alors une longue litanie, un chant à la gloire du "mot", ce "beau mot" qui montre notre péché aussi clairement "que ung livre où chascun lit" (III, 573-576).

Parallèlement, le concept de "couverture" change radicalement de sens. Auparavant, elle était une image externe, feinte et impénétrable à la

---

[34] V. *"Ovide moralisé", Poème du commencement du quatorzième siècle*, III, vv. 604-669; 905-998, IV, vv. 5573-5636, éd. par C. de Boer, *Verhandelingen der Koninklijke Akademie van Wetenschappen te Amsterdam. Afdeeling Letterkunde. Nieuwe Reeks*, vol. XV et XXI, Amsterdam, Johannes Müller, 1915.

vérité (III, 557-564; 1260-1282). A présent c'est la Loi de la nouvelle alliance qui revêt le pécheur "de Jesuchrist" en le rendant agréable aux yeux du Seigneur. Grâce à cette écorce, cette peau de l'"Anneau triumphant", l'homme peut observer la "Loy de rigueur" qui se voit ainsi adoucie par celle de la grâce et de l'amour. Ainsi l'une enveloppant l'autre, les deux Lois s'unissent et s'accomplissent en Jésus Christ[35].

La conversion est donc, tout comme celle de saint Augustin, un processus très long, douloureux, où le moi fuit la lumière divine pour succomber enfin en entendant la voix du Seigneur. Certes, le "mot" est "prononcé" et ouï par l'Ami. Toutefois il ne faut pas oublier que l'illumination survient pendant la lecture :

> Et la façon fut en lisant ung texte
> Où Jesuchrist sa bonté manifeste,
> Disant à Dieu : "Pere, je te rendz graces,
> Qui aux petis et à personnes basses
> As revelé les tresors et secretz,
> Et aux sçavans, gentz doctes et discretz,
> Les as cachez; tel est ton bon plaisir."
>
> (III, 483-489)

C'est en "lisant ce mot", ce passage de l'Evangile de saint Luc, que l'Ami est saisi par la clarté[36]. Il n'est donc pas étonnant que le premier geste de l'Ami converti soit de reprendre la lecture de la Bible. Il ne s'arrête plus "à ceste lettre escripte" qui est l'image de la mort. Les remparts de l'architecture livresque ont été "doulcement" mis à bas sans que, désormais, le moi puisse s'y cacher, s'y enclore. Les liens sont rompus, l'espace a éclaté et "à dextre et senestre" le sens s'ouvre, librement :

> Ainsy deffaict de tous empeschemens
> M'assis pour veoir ces deux beaulx Testamens,...
>
> (III, 1591-1592)

[35] III, 1506-1530. Pour les vers 1506-1507 je suis exceptionnellement la leçon de l'édition d'Abel Lefranc qui propose "si revestu/ De Jesuchrist" là où Simone Glasson retient "si revestu/ Le Jesuchrist" (*Les dernières poésies* de Marguerite de Navarre, Paris, Armand Colin, 1896, p. 236).

[36] *Lc.*, 10, 21. Simone Glasson renvoie encore, pour ce fragment à *Mt.*, 11, 25, que Lefèvre d'Etaples a utilisé pour justifier son dessein de traduire la Bible en langue vulgaire.

La Parole du Seigneur reste donc indissolublement liée à l'Ecriture. La lecture rend capable d'écouter, le Verbe entendu renvoie vers le texte biblique. Il en est ainsi parce que la Bible est elle-même la manne, le pain nécessaire, livre écrit de la main de Dieu (III, 1465-1466). Grâce à la conversion, les deux Testaments peuvent être perçus comme les deux chérubins de l'Arche, s'entre-regardant pour former une mystérieuse complétude (III, 1597-1607).

Et c'est au moment où, guidé par la révélation de la *voix* divine, l'Ami revient à la *lecture* pour retrouver une allégorie traditionnelle de la cohérence du Livre, à ce moment-là il lui semble *entendre* "quelque chose". C'est un vent "gracieux et plaisant" qui s'exprime "Par un parler d'Esprit et de feu plain" impossible à *voir* et à *entendre* clairement[37]. Est-ce un souvenir du "doux murmure" du Saint Esprit dans lequel, selon Tauler et saint Grégoire, le Christ vient visiter Job (sermon LVI)? Entre ce "son doulx" mais "tresvehement", et la première voix, le "mot", la comparaison s'avère particulièrement difficile:

> ...si j'avoys eu le cueur esjouy
> Quand en lisant premierement j'ouy
> Celluy qui est se [declairer] sans faincte
> En toute lettre et escripture maincte,
> Dont contanter assez je me devoys,
> Ceste seconde insupportable voix
> Me resjouyt et m'attyra à soy
> En me faisant passer par dessus moy.
>
>   (III, 1621-1628)

L'Ami se rappelle très nettement sa joie lorsqu'il a entendu "Celluy qui est" se manifester pleinement dans les Livres. Ce succès définitif de l'interprétation aurait dû le satisfaire. N'avait-il pas retrouvé le sens christique des lettres humaines et divines? N'avait-il pas reconnu la vérité qui illumine généreusement même le discours de ceux qui, tel Ovide, n'avaient pas pu connaître la Révélation? Pourtant il est encore amené à vivre l'expérience d'une transgression complète: le ravissement et la jubilation mystique. Elle s'accomplit sous l'effet d'une "seconde voix", à proprement parler "impossible", qui fuit toute tentative de verbalisation,

---

[37] Cf. *Théâtre mystique de Pierre Du Val et des Libertins Spirituels*, p. 52:
        Qu'esse que esprit? C'est un doulx vent celeste
        Qui l'ame en foy par charité insipre.
(ce passage est cité par Claude Blum, *La représentation de la mort dans la littérature française de la Renaissance*, Paris, Champion, 1989, t. 1, p. 239).

échappe totalement aux capacités de la mémoire humaine, parole incomparable (III, 1631-1636).

Ce souffle spirituel, voix par laquelle la "parolle vive" "derive / De Dieu à nous", laisse dans l'esprit de l'Ami une seule phrase qui, reprise à quelques cinq cents vers de distance, encadre la dernière partie du poème:

> Ung mot sans plus d'elle j'ay retenu
> Qui est souvent devant mes yeulx venu:
> "Où est l'Esprit, là est la liberté."
>
> (III, 1743-1745)[38]

Est-ce que cela signifie que le moi, vivifié par l'Esprit et emporté dans une dramatique expérience mystique de dépassement, abandonne l'Ecriture? Se libérer de la couverture de la lettre qui "occit" signifie-t-il renoncer au Livre? Par delà le Verbe abrégé de la tradition exégétique, la pensée religieuse de Marguerite semble être ici poussée à l'une des limites extrêmes, à un point où, précisément, furent conduits les mystiques particulièrement attachés à l'enseignement de la théologie négative. En effet, il ne s'agit plus seulement de pouvoir dépasser les images sensibles de la Bible pour accéder aux réalités spirituelles qu'elles signifient[39]. En

---

[38] 2 *Co.*, 3, 17: "Et la ou est lesperit de nostre seigneur: la est la liberte" (trad. de Lefèvre d'Etaples). Cette même phrase, légèrement amplifiée, constitue les deux derniers vers du poème, en quelque sorte son ultime conclusion assumée, cette fois, par l'Ami converti:

> Ceste voix là ne puys ny de doy taire:
> Que où l'Esprit est divin et vehement,
> La liberté y est parfaictement.
>
> (III, 3212-3214)

Dans une lettre de Briçonnet, ce passage paulinien suit la comparaison entre le feu matériel et le "vray feu", tous les deux également impossibles à capter. Et l'évêque de Meaux conclut que le seul but des Evangiles est de nous libérer de la servitude de la Loi et du péché, car le Christ est notre unique liberté (Guillaume Briçonnet, Marguerite de Navarre, *Correspondance*, t. 1, pp. 115-116).

[39] V. les réflexions de Geert Grote sur le dépassement des Ecritures (pp. 113-114). Dans la perspective augustinienne, la science, la prophétie et les langues deviendront inutiles à celui qui possède les trois vertus théologales de foi, espérance et charité. L'Ecriture lui sert alors juste pour instruire les autres (*De doctr. christ.*, I, 39, 43). Ce passage est paraphrasé par Charles Fontaine:

> Celluy qui a son ame à Dieu unie
> Et de ces trois vertuz tresbien munie,
> Il n'a besoing d'Escripture se orner,
> Sinon qu'il veuille aultruy endoctriner.

distinguant les trois étapes de la vie mystique, Tauler fait succéder à la jubilation de l'âme comblée par les manifestations de la bonté divine, un état de dénudation et de pauvreté spirituelle qui précède l'union finale avec l'Esprit incréé. C'est ainsi que ce prédicateur des communautés religieuses enseigne aux personnes spirituelles la manière dont elles doivent en même temps s'adonner aux prières extérieures tout en y renonçant intérieurement. En effet, à ce stade du cheminement mystique, l'Ecriture, tout aussi bien que les exercices de piété et même l'Eucharistie doivent être conçus comme des obstacles sur la voie qui mène à l'Un[40].

Le dépassement de l'Ecriture Sainte dans l'expérience religieuse ne se manifeste-t-il pas, dans la dernière partie des *Prisons*, par une singulière négligence de la structuration de l'écriture poétique? En effet, les vers qui suivent la révélation de la "seconde voix" renoncent au cadre sécurisant de l'allégorie et conjuguent le déferlement des paradoxes mystiques aux récits des morts. Ils donnent l'impression d'une désintégration du discours, d'une sorte de rupture dans la communication analogue à celle qui termine la *Comédie jouée au Mont de Marsan*, où la Sage et la Mondaine retournent "lire", soucieuses de ne plus perdre le temps à "parler", tandis que la Bergère "qui n'aime qu'un/ D'un seul caquet", est emportée par la folie spirituelle[41]. L'Ecriture serait-elle donc l'ultime prison dont l'Ami doit faire sauter les verrous?

Lorsqu'il était encore enclos dans sa prison-bibliothèque, l'Ami nourrissait un espoir illusoire d'atteindre le repos par le travail intellectuel et par la pratique de la vertu (III, 320-328). En revanche, dès le début de son traité spirituel, Marguerite Porete prend soin de se libérer de la prison des vertus et de la raison. Elle traite d'"ânes" ceux qui cherchent Dieu dans les créatures, les prières, les paroles humaines et les Ecritures. Avec cette inquiétante patronne spirituelle, Marguerite de Navarre en est-elle venue à passer de la "vie selon l'esprit" à la liberté de ceux qui, soucieux de préserver leur paix mystique, peuvent faire ce qui leur plaît? Après avoir

"Epistre en l'exaltation de l'amour de Dieu et detestation de celle du monde", vv. 91-94, *Epistres, chantz royaulx...*, p. 190.

[40] Tauler, sermons XL et XXXI. C'est aussi dans cette perspective que l'on peut concevoir l'exigence, souvent réitérée chez Tauler, du silence dans l'attente de la Parole divine, silence que Gérard Defaux souligne à juste titre comme l'un des fondements de la poétique évangélique de Marot.

[41] V. Marguerite de Navarre, *Théâtre profane*, éd. Verdun-L. Saulnier, Paris, Droz, 1946, pp. 319-322.

abandonné les Vertus pour l'Amour, l'a-t-elle quitté à son tour pour le Néant[42]?

Aux limites de la poésie exégétique: à la recherche de l'Etre, à la recherche du Néant

Dans la neuvième chanson spirituelle, Marguerite évoque encore une fois les trois idoles par lesquels le Monde englue l'homme dans l'opaque matérialité des choses - la concupiscence, l'avarice et l'ambition:

> Voyant par ces trois moyens
> Que le monde en ces liens
> Tue toute créature
> Soubz le voile de la Loy,
> Hors des termes de la Foy
> Où nous meine l'Escriture.

Il n'est donc pas ici question de renoncer à l'Ecriture, ce chemin de la foi qui s'oppose à la Loi couvant le péché et la mort[43]. Cependant la lecture devient un appel angoissé à l'Etre, appel lancé face à une déficience ontologique douloureusement ressentie. Saint Augustin souligne avec insistance que la fin dernière des "choses" (donc aussi, entre autres, de l'Ecriture) est l'amour de l'Etre. C'est là l'unique objectif vers lequel tout doit nous porter par une

---

[42] Marguerite Porete, pp. 57, 59, 164 et suivantes. Il importe de noter les déclarations réitérées des mystiques qui tentent de se démarquer des libertins spirituels (Tauler, sermon LII; Suso, pp. 300, 425, 450; et, semble-t-il, Marguerite Porete elle-même, p. 121).

[43]
> En ta parole crois,
> Je l'ayme et la veux lire;
> Mais casse moy ceste noix
> Pour la douceur eslire.

Marguerite de Navarre, *Chansons spirituelles*, p. 54.
V. aussi la complexe image allégorique de la Loi, de la Mort et du Péché par laquelle débute *Le Triomphe de l'Agneau* (*Les Marguerites de la Marguerite des Princesses*, l'édition de 1547 reproduite par Félix Frank, Genève, Slatkine Reprints, 1970).

sorte d'amour transitoire *(transitoria dilectione)*. Certes, il y a là un motif fondamental que l'on retrouve aussi bien chez Ruysbroeck que dans le *De Imitatione Christi*[44]. De même dans *Les Prisons*, le "mot" de la conversion est précisément une affirmation de l'Etre: "Je suys qui suys"[45]. Cette affirmation de l'Etre divin est en même temps une révélation du vrai être de l'homme, c'est-à-dire, du non-être:

> ...en disant: "Je suys qui suys", tel maistre
> M'aprint alors lequel estoit mon estre:
> S'il est qui est, hors de luy je ne puys
> Dire de moy, sinon que je ne suys;
> Si rien ne suys, las! où est ma fiance,
> Vertu, bonté et droicte conscience?
> Or suys je riens, s'il est Celluy qui est!
>
>   (III, 525-531)

Posé comme séparé, ou tout simplement distinct de Dieu, le moi est néant. La conversion consiste donc, avant tout, en une claire perception des réalités ontologiques. C'est aussi pourquoi elle est une libération: le moi ne peut être emprisonné, cerné puisqu'il n'est rien. Ce qui dans l'homme pouvait être asservi, c'était son "Cuyder d'estre", un mode d'existence certes apparent, illusoire, mais suffisant pour capter le moi. Fort curieusement, on ne peut circonscrire le non-être que grâce à son existence chimérique, trompeuse[46].

---

[44] *De doctr. christ.*, I, xxxv, 39; *Les Noces spirituelles*, p. 218; *De Imitatione Christi*, III, 16.

[45] Eckhart souligne que la répétition indique dans cette formule la pureté de l'affirmation excluant toute négation de Dieu (*Commentary on Exodus*, in *Meister Eckhart, Teacher and Preacher*, éd. Bernard McGinn et al., New York, Mahwah, Toronto, Paulist Press, 1986, p. 46). V. aussi *Celui qui est. Interprétations juives et chrétiennes d'Exode 3-14*, éd. Alain de Libera et Emilie Zum Brunn, Paris, Editions du Cerf, 1986.

[46]
> ...ce Rien là ne se peult enfermer,
> Car Rien ne craint prison, ne porte close:
> Ilz n'ont povoir, sinon sur quelque chose;
> Mais où Cuyder d'estre est entretenu,
> Tant soit petit, peult estre retenu.
>
>   (III, 1752-1756)

Les références pourraient être multipliées. Evoquons seulement les chansons 11 et 27 où Marguerite parle du "Cuyder Estre là" qui nous leurre avec le "quelque chose" d'une existence apparente. Dans le *Prologue à l'œuvre des propositions*, Eckhart prend soin de distinguer l'être absolu de l' "être de ceci ou de cela" *(ente hoc et hoc, esse huius et huius)* - *Le Commentaire de la Genèse. Précédé des Prologues*, éd. Alain de Libera et al., Paris, Ed.

Il s'ensuit que le non-être guette aussi le langage. Dans sa lettre consacrée à la manne spirituelle, avant de conclure par l'hymne au Verbe Abrégé, Briçonnet donne un court aperçu de linguistique spirituelle. Les "paroles" humaines, les noms dont nous usons "ne sont pas noms (car nom represente quelque subsistance) mais privation de nom"[47]. Miné par le néant, le langage humain n'est qu'absence, tout comme le mal n'est qu'une privation du bien, la mort, une privation de vie, etc. En revanche Dieu seul possède un nom: "La faute procede par ne considerer qu'il est ung nom, comme c'est escript en Exode: *Omnipotens nomen ejus*", qu'il fault entendre non seullement qu'il est tout-puissant, mais qu'il est seul ayant nom et tout"[48]. Il en est ainsi parce que uniquement Dieu, le Tout-Verbe, *est*: "Il est et seul est".

Par conséquent le Nom divin n'a rien de commun avec l'ordre des créatures. Entre le langage et l'Etre se creuse un gouffre: après Denys l'Aréopagite auquel il se réfère constamment, Briçonnet répète avec persévérance que Dieu n'a pas de nom adéquat: "Combien que vous aye cy devant par aultres lettres esript et encoires la repete icy que le seul et Tout-Verbe est innominable"[49]. La rupture, aussi radicale soit-elle, n'est cependant pas absolue. Les "paroles" humaines dérivent, procèdent de la source qu'est le Tout-Verbe. Nulle d'entre elles ne Lui est particulièrement adéquate - les noms des créatures finies ne peuvent s'appliquer à l'infini Créateur. Elles Le désignent toutes:

> Lequel est de tous verbes et parolles nominable et de nul; car il n'est nom qui soit le sien et n'y a point de raison qu'il soit plus nommé d'un nom que d'aultre et n'est nom qui le puisse nommer, car chacun nom est particulier et propre à chacune creature et il (a) tout nom, comme createur de toutes creatures qui sont finies, et infinitude ne se peult nommer.[50]

du Cerf, 1984, pp. 72-73.

[47] Guillaume Briçonnet, Marguerite de Navarre, *Correspondance*, t. 1, p. 149 et suivantes. Robert D. Cottrell consacre à cette lettre des pages suggestives et intéressantes (pp. 20-33).

[48] Guillaume Briçonnet, Marguerite de Navarre, *Correspondance*, t. 2, p. 72.

[49] Guillaume Briçonnet, Marguerite de Navarre, *Correspondance*, t. 1, p. 150.

[50] Guillaume Briçonnet, Marguerite de Navarre, *Correspondance*, t. 1, p. 148.

Ainsi le jeu de la transcendance et de l'incarnation de l'Etre dans le langage trace devant la poésie religieuse de Marguerite une double perspective. D'une part, comme le démontre l'*Idiota* de Cusanus, la forme infinie, le nom naturel échappe à tous les mots qui sont imposés par la raison humaine; mais d'autre part ce nom inaccessible se manifeste en eux tous. Interrogées par la docte ignorance, les choses avouent leur mutisme. Plongées dans le non-être, elles résonnent uniquement de la voix de leur Créateur qui connaît leur nature et leur finalité: *"Muta quidem sumus omnia. Ipse est, qui in omnibus loquitur"*, avouent-elles, dans la *Docte ignorance*, 2, 13, 180. "Toute creature est miette [sic!] si le bon Seigneur ne parle en elle" - reprend Briçonnet en soulignant, comme le fera Marguerite, que les choses prennent leur être de Dieu[51]. La créature ne peut parler de sa propre voix, car l'expression présuppose l'être, or l'être des choses est précisément Dieu. Si elle parle néanmoins, c'est parce que le Seigneur s'exprime en elle. *"Audiam quid loquatur in me Dominus"* (*Ps.*, 84, 9). Ce verset, repris par la réflexion sur le Verbe Abrégé, impose au moi le silence et une mise à l'écoute de la Parole[52].

C'est dans cette perspective qu'il importe de considérer les citations bibliques qui ponctuent l'itinéraire spirituel de l'Ami. L'illumination survient pendant la lecture de l'Evangile de saint Luc, 10, 21, qui exalte la révélation des mystères divins aux humbles et petits. Dans le "mot" de la conversion résonnent les paroles que le Père et ensuite le Fils ont adressées à l'homme en lui dévoilant leur identité: "Je suys qui suys" (*Ex.*, 3, 14), "Je suys qui parle avecques toy" (*Jn.*, 4, 26). Enfin le souffle de la "seconde voix" laisse dans la mémoire de l'Ami "le mot" de la seconde épître aux Corinthiens (3, 17) - "Où est l'Esprit, là est la liberté" - verset paraphrasé dans les derniers vers du poème. Paroles divines qui articulent le drame de la conversion, ces citations quasi exactes de l'Ecriture occupent les points compositionnels stratégiques du troisième livre des *Prisons*. De même leur choix est, de toute évidence, très conscient. La conversion étant l'effet d'une

---

[51] Guillaume Briçonnet, Marguerite de Navarre, *Correspondance*, t. 1, p. 78. V. aussi *Les Prisons*, III, 745-746.

[52] Guillaume Briçonnet, Marguerite de Navarre, *Correspondance*, t. 1, pp. 151 et 153. V. *Noms Divins*, 1, 3. On retrouve la même attitude dans la célèbre phrase de Lefèvre d'Etaples qui définit le rapport entre les Evangiles et le commentaire qu'il y ajoute: "Ce ne sont pas les commentaires qui ajoutent quelque lumière aux Evangiles, c'est plutôt l'Evangile qui en ajoute aux commentaires" (v. Guy Bedouelle, p. 172; Henri de Lubac, p. 421; Jean-Pierre Massaut, *Critique et tradition à la veille de la Réforme en France*, Paris, Vrin, 1974, p. 49).

intervention de la grâce, elles instituent le moi comme interlocuteur de Dieu. Tel Moïse appelé par la voix venant du buisson ardent, telle la Samaritaine interpellée par Jésus près du puits, le moi est choisi, atteint par des paroles qui, en bouleversant complètement son existence, font irruption dans son propre discours:

> Ce mot "Je suys qui parle aveques toy"
> Gaigna le cueur, par amour et par foy,
> De ceste là, qui ne le voulut croyre,
> Ne aussy peu donner de l'eau à boire.
> Mais quand ce mot en son cueur fist sentir,
> Luy engendra ung ferme repentir.
> Moy travaillant à ce tresparfond puys
> De trop sçavoir, oyant dire "Je suys",
> En ensuyvant ceste Samaritaine,
> Laissay mon seau aveques la fontaine
> Où tous les jours ne faisoys que puyser,
> Et ne povoys ma soif amenuyser.
>
> (III, 537-548)

Le langage biblique traverse les barrières de la citation, s'infiltre dans la voix de l'Ami illuminé par la révélation divine. Le texte poétique se rapproche ainsi de l'exégèse. D'une part il se construit autour de la Parole divine, comme un discours secondaire, une réponse à l'appel de la voix du Seigneur. D'autre part, cette réplique de l'âme convertie, justement en tant que réplique à la Parole de Dieu, ne peut scruter son sens, la commenter, qu'en ayant constamment recours à elle. Le discours du poète devient celui d'un herméneute: tous les deux parlent de la Bible, et parlent la Bible en même temps. Récit d'une conversion, le poème reste perméable à la Parole, tout en s'organisant autour d'elle. Celle-ci reste clairement désignée par les citations, comme appel et révélation de l'Autre. Dans le voisinage immédiat de ces citations, pivots de l'expérience religieuse du moi, le texte poétique révèle d'une façon particulièrement claire sa fonction de voix métatextuelle n'ayant de sens qu'en relation avec le discours premier de la Bible. Tel est le rôle d'une longue suite de références scripturaires qui accompagnent la manifestation de la "seconde voix" en la situant non pas parmi les interventions d'un Dieu punitif et vengeur, mais parmi celles d'un Père charitable et miséricordieux. Conformément à l'objectif déclaré du poème, le moi s'érige en témoin identifiant le Verbe, afin que l'Amie comprenne que la paix et la liberté viennent de la capacité de se poser comme le destinataire de la Parole[53].

La Parole du Seigneur est donc l'objet et le langage fondamental du poème. Ainsi, non seulement l'Evangile reste "la pierre de touche" du discours théologique, un critère infaillible pour distinguer le séducteur du "docteur autantique"[54], mais aussi tous les livres ne sont en fait que des textes secondaires par rapport à l'Ecriture:

> Ainsy tournant ces livres et virant,
> Que tant je fuz de sçavoir desirant,
> Je cogneuz bien que de tout leur possible
> Chascun tendoit de declairer la Bible,
> Qui de science est le vray fundement,...
>
> (III, 1423-1427)

Le "mot" de la conversion permet à l'Ami de voir enfin que la fonction ultime de la bibliothèque des arts est de renvoyer au Livre du Seigneur, de le faire connaître. La Bible reste donc l'architexte, bien qu'elle ne soit pas la seule à exprimer le divin. Tels, par exemple, les ouvrages de mathématique qui, avec ceux des autres arts libéraux, de la médecine, de la poésie, de l'histoire, du droit et de la théologie révèlent leur sens spirituel: "En ces papiers et livres n'a figure / Où ne soit veu, trop myeulx qu'en l'Escripture, / "Je suys qui suys"..." (III, 821-823).

Est-ce à dire que Dieu se manifeste beaucoup mieux dans les figures des géomètres, dans les ouvrages profanes que dans les Lettres Sacrées? Du moins il aurait pu être perçu plus aisément, à condition toutefois que soit levé le voile de l'*Exode* (34, 29-35) évoqué par l'apôtre dans la deuxième épître aux Corinthiens (3, 7-16)[55]. Ce fragment paulinien, s'insère

---

[53] III, 1649-1734. En insistant sur le caractère métatextuel de ce fragment, mon interprétation s'éloigne donc de celle de Robert D. Cottrell (p. 302) pour qui Marguerite manifeste ici une volonté de répéter, de copier l'Ecriture. Pour l'objectif déclaré du poème v. III, 2152-2156.

[54] V. III, 1229-1232; 1292-1314. Michael A. Screech retrouve l'expression de l'*Ecclésiastique* 6,21 - *lapidis virtus probatio* - dans *l'Epistre au Roy, du temps de son exil à Ferrare* de Marot ainsi que dans la nouvelle 44 de *L'Heptaméron* (*Marot évangélique* Genève, Droz, 1967, pp. 96-98). Sur la soumission à l'Ecriture v. aussi *Le Triomphe de l'Agneau*, p. 148.

[55] Il est significatif que dans sa traduction de l'épître, Lefèvre utilise le terme de "couverture", si important pour Marguerite. La reine de Navarre préfère toutefois "le voile" - plus proche de la Vulgate - lorsqu'elle évoque Moïse descendant du mont Sinaï dans *Le*

exactement entre la formule fondamentale sur la lettre et l'esprit d'une part (3, 6), et celle sur l'esprit et de la liberté de l'autre (3, 17), deux passages qui confèrent à la lecture son vrai sens de libération spirituelle. Les arts expriment donc le divin lorsque l'on sait y entendre la voix de Sa Parole. Ainsi se réaffirme la primauté de l'Ecriture, texte en filigrane de tous les ouvrages de l'encyclopédie.

L'écriture exégétique constitue donc pour Marguerite sa réponse poétique à l'aporie théologique du discours impossible et nécessaire à la fois. Impossible, car, comme le souligne Briçonnet en suivant la théologie négative de Denys et de Cusanus, "infinitude ne se peult nommer"[56]. Nécessaire et possible, car "la divinité [,] estoit caschée incongneue et innominable: elle s'est par sa bonté communicquée et, en prenant nature humaine, a semblé qu'elle a esté nomminable". C'est grâce à l'incarnation de la Parole que la parfaite circularité peut s'établir: en réparant le péché d'Adam, le Verbe vient au monde et donne l'être au langage qui, à son tour, grâce à l'exégèse spirituelle des signes, est capable de le désigner[57]. Toutefois, force est de souligner que pour les lettrés inspirés par Denys et Cusanus, tels que furent Briçonnet et Marguerite de Navarre, cette présence de Dieu dans le discours n'est pas révélée par la collocation studieuse de l'éloquence avec la substance théologique du langage. Elle n'est pas l'effet du travail rationnel de l'analogie, et encore moins celui d'une combinatoire des lettres originaires. Qu'elles soient offertes par la philologie érasmienne, la raison scolastique ou la spéculation cabaliste, toutes ces tentatives de lancer un pont entre les signes et la transcendance sont dépassées dans l'expérience mystique. La révélation du sens, l'Incarnation du Verbe dans le discours humain est l'expérience extatique de la voix de l'Esprit. Elle s'accomplit dans la fusion paradoxale et dramatique du Rien et du Tout, de l'emprisonnement et de la liberté.

Triomphe de l'Agneau, p. 148.

[56] Guillaume Briçonnet, Marguerite de Navarre, *Correspondance*, t. 1, p. 148-149.

[57] C'est dans l'optique de cette présence de l'être dans le langage, soulignée par Gérard Defaux, que se place ce passage de la lettre de Briçonnet: "Il estoit impossible que l'homme eust congneu Dieu, sy Dieu n'est esté homme, que par parolle a communiqué la divine en nous faisant cappables par restitution de nostre lesion et accroissement de grace plus grande que n'avoit eu Adam.(...) Et, à la vérité, à la parolle on voyt et cognoist celuy qui parle: par ainsy en voyant le doulx Jesus, Verbe paternel, ont voit le Pere". Guillaume Briçonnet, Marguerite de Navarre, *Correspondance*, t. 1, p. 152.

Cela est manifeste dans l'explication que Briçonnet donne au fameux passage d'*Isaïe*, 9, 6, où, contrairement aux règles de l'orthographe hébraïque, le *mem* est écrit "clos" à l'intérieur du mot, tandis qu'il devrait être tracé ouvert (ם au lieu de מ). L'évêque de Meaux connaît l'exégèse que la cabale chrétienne donne de cette exception graphique: le fragment d'*Esaïe* annonce l'Incarnation, la naissance du Sauveur d'une "Vierge close"[58]. Il cite cette interprétation, en y ajoutant cependant un élément nouveau: l'image paradoxale du lien qui relie l'homme à son Dieu, leur mutuel emprisonnement. Le Christ tient le croyant en prison, mais c'est parce que Dieu, Lui-même, s'est laissé auparavant emprisonner par ceux qu'il aime dans le mystère de l'Incarnation. Par conséquent la prison de l'amour divin est ouverte, elle est une prison de la totale liberté. Tout comme l'expression d'*Isaïe* enclôt la divinité insaisissable par sa nature, de même le Rien de la nature humaine englobe le Tout de Dieu:

> Mais divinité incomprehensible est encloze et comme prisonniere, mise au milieu de la diction, qui est nature humaine, pour la prandre, unir et estre prins: bonté au milieu de malice pour la bonnifier, lumiere au milieu de tenebres, pour les chasser et illuminer, paix en guerre pour appaiser et unyr, feu pour eschauffer la froideur mortelle, vie pour vivifier la mort et generallement incomprehensibilité et Tout en Rien pour le eslever et estre sublimé[59].

Le Tout de Dieu accepte la prison libératrice du néant de la nature humaine. La conversion et l'extase mystique dont *Les Prisons* sont le récit, inverse cette relation: inspirée par l'Esprit et ayant reconnu son néant, l'âme humaine peut enfin s'unir à la Totalité divine:

> O petit grand! ô Rien en Tout fondu!
> O Tout gaigné par Rien en toy perdu!
>
> (III, 1931-1932)

---

[58] Il s'agit d'un lieu commun exégétique. Tabourot des Accords le mentionne (en se référant à Pierre Galatin) dans le chapitre "Des anagrammes" de ses *Bigarrures*, éd. Francis Goyet, Genève, Droz, 1986, f° 110 v° et suivants. V. aussi Jean Pic de la Mirandole, *Conclusiones*, conclusio 41, *secundum opinionem propriam, ex ipsis Hebreorum sapientum fundamentis...*

[59] Guillaume Briçonnet, Marguerite de Navarre, *Correspondance*, lettre 120. En se fondant sur saint Augustin, Eckhart rappelle dans son sermon sur *Ex.*, 32, 11 que le Seigneur ne devient le bien propre de qui que ce soit, à moins que cette personne ne lui appartienne déjà totalement (*Sermons*, t. 1, p. 212). Il importe de noter après Michael A. Screech (*Ecstasy...*, p. 56), qu'Erasme rejette délibérément la conception de l'amour du Christ et de l'homme conçue comme une extase réciproque par la tradition dionysienne.

En effet, après saint Jean-Baptiste, les mystiques se plaisent à répéter : "*Non sum*"[60]. C'est là l'"'unique nécessaire" de la vie spirituelle, préférable à toute vie active et à toute contemplation. Car Dieu, pour emplir l'homme comme pour créer le monde, a besoin du néant: "Il donne et mect là où il n'y a riens" (III, 1335)[61].

Toutefois, pour que le Rien de l'homme puisse se fondre dans le Tout de Dieu, se transformant ainsi en la Totalité divine, il a fallu que Dieu s'anéantisse lui-même et par là même qu'il détruise l'apparence d'être qu'est notre "Cuyder":

> Et ce Rien là il voulut esprouver,
> Quant sur la croix se monstra estre ung ver,
> Et homme non, en se aneantissant
> Et nostre Rien de Cuyder nettisant.
>
> (III, 1855-1858)

Il ne s'agit pas seulement de dire qu'en s'incarnant Dieu a choisi la condition humaine la plus humble[62]. Pour Marguerite, Dieu s'est volontairement dégradé au-dessous de l'humain: "Et homme non". Il s'est fait Rien, "des hommes l'oubliance", "Un povre vers tout nud en sang baigné"[63].

Voici donc où aboutit la poésie exégétique de Marguerite poussée à ses limites: l'anéantissement de la parole poétique dans l'Ecriture, l'anéantissement du sujet dans le Verbe, l'anéantissement de Dieu dans l'amour de l'homme. Certes, il y a là une poursuite proprement augustinienne de l'Etre absolu, au-delà des apparences d'être qui leurrent notre existence. Mais il y a aussi plus: la poursuite dionysienne du Dieu Néant. Dans une *imitatio Christi* spécifique, l'âme s'anéantit pour se fondre avec ce Dieu qui s'est fait Rien, s'est dégradé au-dessous de l'humain et qui, ver ensanglanté, ne peut être désigné que par des signes monstrueusement

---

[60] Le sermon sur *Jn.*, 1, 19 est tantôt attribué à Tauler (sermon LXXXIII), tantôt à Suso (548 sq). V. aussi Marguerite Porete, pp. 209 et 231.

[61] V. aussi les sermons LI et LXXXIII de Tauler.

[62] V. ces vers de Charles Fontaine sur l'Incarnation: Dieu s'est fait homme, "Homme, mais quel? grand prince terrien? / Grand empereur? grand roy? grand seigneur? Rien" (éd. de Raffaele Scalamandrè, p. 176).

[63] Marguerite de Navarre, *Oraison de l'âme fidèle*, in *Les Marguerites de la Marguerite*, pp. 98-99.

inadéquats. En même temps le discours poétique se désagrège. Il ne s'agit plus de suivre simplement le chemin tracé par les "moralisations" spirituelles de Bersuire, de retrouver dans le mythe poétique des *Métamorphoses* le "mot" de l'Etre divin. Il ne suffit plus de comprendre la lettre de la littérature païenne à la lumière de l'esprit vivifiant de Dieu. La "seconde insupportable voix" (III, 1626) balaye la somptueuse allégorie du poème de Marguerite pour ne laisser que les chapelets des citations bibliques, les contradictions inextricables du Rien et du Tout, les récits des morts édifiantes, bref, un discours si peu "poétique"...

L'écriture de Marguerite de Navarre révèle donc une rupture ontologique. En commentant l'Evangile selon saint Luc 5, 1-6, Tauler interprète l'épisode de la pêche miraculeuse: le filet qui se rompt sous le poids des poissons est l'image de l'âme parvenue à la conversion essentielle. Or cette étape vraiment ultime du cheminement spirituel consiste en ce que le fond innommé de l'âme se tourne vers Dieu, et plus précisément vers ce qui est innommé en Dieu. La perception et la présence de l'Etre dans le langage présuppose l'union dans l'anéantissement, la fusion de l'ineffable. Seulement l'âme parvenue à cette conversion essentielle, à l'union de l'inexprimable, peut dire *"audiam quid loquatur..."*. Selon les mots que Tauler reprend ouvertement à "saint Denys", une telle âme devient alors "déiforme"; le néant créé se perd dans le néant incréé: l'abîme de Dieu appelle l'abîme de l'homme anéanti[64].

Il semble que, pour Marguerite, la conversion soit, certes, le dépassement herméneutique des figures et formes de la lettre, l'incarnation du "mot" ainsi retrouvé dans le langage humain. Mais pour que l'âme accède à l'Etre, il faut qu'elle retrouve son Dieu dans l'anéantissement. Il faut que, par un mouvement de transgression du dicible, s'opère la fusion ontologique du Rien et du Tout, ou plutôt du Rien humain et du Christ de la Passion "qui Rien a[s] voulu estre"[65]. Car pour que la lampe spirituelle de l'âme acquière le degré recherché de transparence, pour que la libération des *Prisons* soit complète, il faut que le Tout, tel Elisé étendu sur le fils de la Sunamite, se

---

[64] "Abyssus abyssum invocat" - ce verset du psaume 41, 8 sert de conclusion au sermon de Tauler que nous discutons (sermon XLI) de même qu'il se retrouve chez Ruysbroeck, p. 328.

[65] *Oraison*, p. 99. Il importe de souligner que cette approche résolument christologique distingue ici Marguerite des autres tenants de la tradition dionysienne attachés à poursuivre l'ineffable suressence de la Divinité.

"courbe", se fasse "petit", "absorbant" ainsi en Lui le Rien de l'homme (III, 3115-3128). Alors l'homme...

> ...joinct par cest Esprit
> A Rien, à mort, à croix en Jesuchrist,
> Et fait en luy Rien, mort, crucifié,
> Aussy en luy il est deifié,
> Uny au Tout et au souverain Bien
> Pour estre fait aveques Jesus Rien.
>
> (III, 3201-3206)

Les nouvelles comme allégories dissimilaires du divin

Le discours poétique de Marguerite se désintègre, se fait perméable à la Parole divine, tel l'âme du mystique qui s'abîme dans le Néant du Christ. Pourtant la reine a pleinement conscience que le désir mystique du néant ne peut s'inscrire que dans le discours de la culture humaine:

> Mais parler fault çà bas comme les hommes,
> Vivant comme eulx tant qu'avec eulx nous sommes,
> Non pas suyvans leurs œuvres et couraiges,
> Mais ouy bien, sans peché, leurs langaiges.
>
> (III, 2003-2006)

Les Prisons demeurent un poème savamment agencé. Aussi dissimilaires soient-ils, les signes poétiques s'intègrent en une allégorie, quitte à s'enliser dans les contradictions ou s'effacer devant la Parole biblique dans la dernière partie de l'œuvre. Ce paradoxe est le corollaire littéraire de la dialectique ontologique du Rien et du Tout, de la sémiotique de Dieu ineffable et omninommable. La théologie négative de la reine met constamment en question la valeur des signes et, tout aussi résolument, les utilise comme tremplins de la transgression mystique.

Ce type de poétique se manifeste dans les poèmes religieux de la reine, mais il semble particulièrement visible dans la fiction narrative de l'Heptaméron, construite, elle aussi, comme une allégorie dissimilaire de la vérité transcendante. La collection de nouvelles de Marguerite, de même que sa poésie exégétique, dirige les lecteurs à travers un dispositif intertextuel précis vers l'interprétation spirituelle. Toutefois cette herméneutique est accompagnée par un manifeste travail de brouillage qui interroge la volonté de l'interprétateur, met en question l'intentionnalité des signes et semble s'acharner à désintégrer la composition du recueil.

En effet, tout semble conspirer pour miner la cohérence de l'*Heptaméron*. Bien que les devisants allèguent leurs narrations comme autant d'exemples, de cas de vérités universelles, bien qu'ils sollicitent le jugement moral de leur auditoire en fondant ainsi le cadre narratif le plus important parmi les recueils de l'époque, le lecteur ne peut échapper au vertige des opinions contradictoires, au dynamisme, voire à l'acharnement du débat, qui éclate dès qu'apparaît le moindre espoir d'arrêter le dialogue sur une conclusion, aussi provisoire soit-elle. Dès lors, à l'instar de leurs narrateurs égalisés par la convention du jeu de cour, les nouvelles se suivent libres de toute volonté souveraine, répliques d'une querelle des sexes dont Marguerite a soigneusement équilibré le nombre des antagonistes. A ces différences qui opposent l'*Heptaméron* à son modèle boccacien s'ajoute encore celle, hautement revendiquée par le prologue, "de n'escripre nulle nouvelle qui ne soit veritable histoire" (9)[66]. Il a été remarqué que cette prétention à la véracité, typique du genre de la nouvelle, se double chez Marguerite d'un refus explicite des couleurs de la rhétorique, et par là de la fiction littéraire[67]. Le pari de ne conter que les histoires "vues" ou attestées par des témoins dignes de foi, signifie-t-il pour autant le choix nominaliste de l'empiricité, d'un univers phénoménal des signifiants qui, contradictoires, ne peuvent plus renvoyer vers le Logos, signifié transcendant?[68] Ou bien, justement parce que contradictoires, les vérités des nouvelles et des débats désignent-elles par leur polyglossie même une cohérence textuelle à

---

[66] L'édition Michel François (Paris, Garnier, 1950) fournira toutes les références à l'*Heptaméron*, complétées, le cas échéant, par l'édition d'Yves Le Hir (Paris, Puf, 1967).

[67] V. Gabriel-André Pérouse, "L'*Heptaméron* dans l'histoire de la narration brève en prose au XVIᵉ siècle", in *Cahiers Textuel*, 10 (1991), pp. 30-32; Gisèle Mathieu-Castellani, *La conversation conteuse*, Paris, Puf, 1992, pp. 11-27.

[68] V. Philippe de Lajarte, "*L'Heptaméron* et la naissance du récit moderne. Essai de lecture épistémologique d'un discours narratif", in *Littérature*, 17 (1975), p. 40 et suivantes.

reconstituer ailleurs, au-delà de l'exemplarité morale ou des motivations historiques et sociales de la fiction[69]?

Le cas de la septième journée de l'*Héptaméron* fournira le champ d'étude nécessaire pour tenter de répondre à ces questions. Afin de comprendre le type d'herméneutique à laquelle Marguerite de Navarre destine ses nouvelles, il importera d'y retrouver la trame artistique et (ce qui va de pair chez Marguerite) l'unité idéologique qui déterminent leur regroupement. La première indication est fournie par la rubrique par laquelle les éditeurs annoncent les dix nouvelles à suivre: "En la septiesme journée, on devise de ceulx qui ont fait tout le contraire de ce qu'ilz devoient ou vouloient". Pouvant désigner n'importe quelle péripétie de l'intrigue, cette directive de lecture pèche par son extrême généralité. Le texte de Marguerite lui-même s'avère nettement plus précis.

En effet, la reine multiplie les indices visant à orienter l'interprétation des nouvelles. Ils se concentrent particulièrement dans le cadre narratif, et tout spécialement dans le prologue de la journée qui désigne explicitement son ancrage intertextuel. Il s'agit des "Actes et vertueux faictz des glorieux chevaliers et apostres de Jesus-Christ", et tout particulièrement du "commencement de ce digne livre" dont Oisille fait la lecture aux devisants (370).

Comme on le sait dès le début du recueil, le cercle de Sarrance réunit une élite non seulement sociale, mais aussi religieuse: "...ceulx qui ont leu la saincte Escripture, comme je croy que nous tous avons faict,..." (8). D'autre part l'on a noté l'intérêt passionné et croissant de journée en journée que la noble compagnie manifeste pour les leçons de la vieille dame[70]. Or, si le contenu de cette prédication n'est point présenté au lecteur, les fondements scripturaires en sont précisés: l'épître aux Romains pendant les cinq premières journées et, pendant la sixième et la huitième, la première épître de saint Jean (328 et 421). Unique journée vouée aux *Actes des*

---

[69] Sur l'exemplarité des nouvelles de Marguerite v. John D. Lyons, *Exemplum. The Rhetoric of Example in Early Modern France and Italy*, Princeton, New Jersey, Princeton University Press, 1989, pp. 72-117, ainsi que Michel Bideaux, *Marguerite de Navarre, "L'Héptaméron", de l'enquête au débat*, Mont-de-Marsan, Editions InterUniversitaires, 1992, p. 38 et suivantes.

[70] V. les dernières pages de Marie-Madeleine de La Garanderie, *Le dialogue des romanciers. Une nouvelle lecture de "L'Heptaméron" de Marguerite de Navarre*, Paris, Minard, 1977, ainsi que Christine Martineau, "La voix de l'évangélisme dans l'*Heptaméron* de Marguerite de Navarre", in *Mélanges J. Larmat*, Paris, Les Belles Lettres, 1983, pp. 385-391.

Apôtres, encadrée par la méditation sur la "Canonique de sainct Jehan", la septième dizaine de nouvelles paraît privilégiée parmi les autres parties du recueil inachevé de Marguerite. On peut donc s'attendre à ce que le choix de l'intertexte biblique pour cette journée soit particulièrement significatif.

Par sa lecture, Oisille démontre l'éloignement qui sépare de la première chrétienté les rescapés du déluge pyrénéen: "...ces comptes-là debvoient estre suffisans pour desirer veoir ung tel temps et pleurer la difformité de cestuy-cy envers cestuy-là" (370). Toutefois, sa fonction ne saurait se réduire à marquer la différence entre le clergé corrompu du XVIᵉ siècle et les apôtres de Christ[71]. Force est de remarquer qu'Oisille se limite à exposer uniquement le *commencement* des *Actes*, qu'elle prie ses compagnons d'aller à l'église demander la grâce divine "*en l'unyon que les apostres faisoient leur oraison*", et qu'enfin la messe à laquelle les devisants assistent avec dévotion est la messe du Saint-Esprit, ce qui, et le narrateur insiste sur ce point, "*sembloit chose venir à leur propos*". Le soin avec lequel le narrateur balise le prologue de la septième journée indique par conséquent l'épisode biblique précis que Marguerite soumet à l'attention de ses lecteurs: la venue du Saint-Esprit sur les apôtres le jour de la Pentecôte (*Ac.*, 2, 1-13). Quelle était la signification de ces pages de l'Ecriture pour la sensibilité évangélique de la reine?

> Le jour de la Pentecôte, les apôtres étaient réunis, ce qui signifie que l'Esprit se communique à ceux qui sont ensemble en union de foi.

Ainsi débute la prédication de Jacques Lefèvre d'Etaples sur le passage scripturaire en question, prévue pour le dimanche de la Pentecôte[72]. L'union des devisants figure donc la concorde des premiers disciples du Christ (*Ac.*, 1, 14). Mais ce qui est plus important, est la transformation que subissent les apôtres réunis: "de disciples ils devinrent docteurs". Peu cultivés et de peu d'intelligence, ils ont été ouverts à la vraie sagesse divine, à la compréhension de l'Ecriture, simples *idiotae*, ils ont surpassé les savants[73].

---

[71] Christine Martineau, p. 389.

[72] Jacques Lefèvre d'Etaples et ses disciples, *Epistres et Evangiles pour les cinquante et deux dimanches de l'an*, éd. Guy Bedouelle et Franco Giacone, Leiden, E. J. Brill, 1976, pp. 209-213.

[73] Jacques Lefèvre d'Etaples et ses disciples, *Epistres et Evangiles*, p. 213. V. aussi Erasme, *Paraphrasis in Acta Apostolorum*, in *Opera omnia*, Lugduni Batavorum, Petrus Vander, 1705, t. 7, p. 668: "Denique qui erant piscatores et idiotae, mox eloquentia coelesti

Mais s'ils accèdent aux secrets de Dieu, ce n'est point là leur mérite: ils sont totalement mus, "agis" par le Saint-Esprit.

Dans la très importante lettre du 5 février 1522, Briçonnet évoque deux fois cet épisode des *Actes*, qui, de nouveau, apparaît comme crucial dans l'histoire de la Révélation. Le thème majeur de l'épître est la manne dont Dieu a nourri le peuple élu au désert. Cette manne céleste est la figure de la "vraie manne" qu'est le Christ, pain de vie, venu au monde pour guérir et sustenter la nature humaine corrompue. Or la nourriture de l'enseignement divin n'a pas pu être assimilée avant l'intervention miraculeuse de l'Esprit divin:

> Il n'a toutesfois esté gousté ne entendu jusques ad ce que le sainct Esperit, qui est la saveur de ce très-digne pain, a touché les langues des appostres. Lors, comme yvres, ont eu leurs cœurs plains, qui ont eructé et vomy par tout le monde vomissemens salutaires et torrens spirituels angelicques...[74]

Le miracle de la Pentecôte est donc évoqué comme révélation du sens qui s'opère à l'origine de l'Eglise. Après l'Ascension, lorsque Matthias a pris la place délaissée par Judas, l'Esprit divin descend sur les apôtres pour leur dévoiler la vérité des événements dont ils ont été témoins. Il n'est donc pas étonnant que Briçonnet multiplie les encouragements à l'interprétation spirituelle de la lettre: la manne de l'*Exode* n'est que la préfiguration allégorique dont le sens se manifeste pleinement avec la venue du Messie.

Ce qui frappe surtout dans le style passionné de Briçonnet, est le caractère violent de ce dévoilement, l'impétuosité incontrôlée de la transformation qui affecte les apôtres réunis. S'ils sont ivres, ce n'est pas simplement aux yeux d'un auditoire étonné (*Ac.*, 2, 13). Remplis, soûlés par la vérité divine, les apôtres iront "vomir" la nouvelle de la résurrection du Christ dans le monde en attente du salut. l'Esprit fermente en eux tel le vin bouillant qui, impossible à retenir, fait éclater le récipient qui le contient (153).

Comme tous les prophètes bibliques, les apôtres s'avèrent donc les instruments passifs aux mains du Seigneur: le miracle de la Pentecôte s'accomplit indépendamment de leur propre volonté, dépassant de loin leurs capacités proprement humaines. Mais ce n'est pas là encore ce qu'indique le motif récurrent de l'ivresse. La Pentecôte n'est pas similaire aux actes

coarguunt supercilium Pharisaeorum, convincunt enthymemata Philosophorum, opprimunt vim Rhetorum".

[74] Guillaume Briçonnet, Marguerite d'Angoulême, *Correspondance*, t. 1, p. 146.

d'élection prophétique de l'Ancien Testament. Dieu a souvent envoyé ses prophètes au peuple qu'il avait élu. Jamais cependant n'est encore descendu le Saint-Esprit dont l'abondance a enivré les apôtres[75]. Ceux-ci donc sont non seulement désignés pour annoncer la Parole à l'univers entier, comme l'étaient - indépendamment ou contrairement à leur volonté - les prophètes vétérotestamentaires. Ils sont à proprement parler ravis dans l'extase qui leur permet de communier miraculeusement avec le Verbe unique.

Briçonnet insiste sur cette différence dès le début de sa lettre. La manne "corporelle israeliticque" était certes d'une douceur excellente, mais son goût était "fini et transitoire, fastidiant et assouvissant en ennuy". Aucune comparaison donc avec la "superceleste manne" qu'est le Christ, incompréhensible par l'intellect, insaisissable par les sens. Et l'évêque de Meaux se laisse emporter lui-même par son lyrisme extatique:

> Mais c'est incomprehensibilité et incensibilité de goust par sy très-excellent ravissement et absorption de goust en doulceur, que l'on est noyé en perfection de yvresse, de goust alienant en parfaicte cognoissance tout entendement entendant sans entendre et sentant sans sentir son yvresse doulcereuse de goust incomprehensible.
>
> (pp. 140-141)

L'ivresse apparente est le signe manifeste de l'extase. Ce n'est donc point sans raison que Briçonnet évoque le ravissement de saint Paul, ce "grant yvrogne spirituel". N'est-il pas le plus fou parmi les disciples grisés par la révélation, ces enfants en Christ aussi simplets que ceux qui "pendent à la memelle" et qui "n'ont voulloir non plus que les anfans allectens"[76]? Conformément à la tradition vivante parmi les évangéliques, le miracle de la Pentecôte est ainsi conçu comme une expérience extatique où les apôtres présentent les signes caractéristiques de la folie chrétienne[77].

---

[75] V. Guillaume Briçonnet, Marguerite de Navarre, *Correspondance*, t. 1, p. 93 (lettre du 22 décembre 1521): "Ilz [les "enfans d'Israel"] ont bien eu assez de Prophetes, mais non l'Esperit de Dieu pour estre uniz et ungs en luy, que nous avons eu en l'advenement du doulx Jesus". Dans la phrase précédente, l'évêque de Meaux évoque le miracle de la Pentecôte.

[76] Guillaume Briçonnet, Marguerite de Navarre, *Correspondance*, t. 1, pp. 141, 147, 153.

[77] Sur la notion d'extase v. Michael A. Screech, *Ecstasy and the Praise of Folly* et particulièrement p. 86.

Or celle-ci est pour Briçonnet liée à une notion qui semble fondamentale pour la cohérence de la septième journée de l'*Heptaméron*: l'oubli. Ayant participé à la messe du Saint-Esprit, les devisants se complaisent dans les souvenirs de la vie apostolique: "...en quoy ils prindrent tel plaisir, que quasi leur entreprinse estoit *oblyée*"(370). La noble compagnie est "boutée", "roulée"[78] en dévotion, jusqu'au point de négliger le projet narratif. Ainsi le prologue de la journée conjugue sa fonction primordiale (celle de fournir des indications de lecture aux récits suivants) avec une caractéristique tout à fait paradoxale: il risque de devenir l'épilogue d'un "décaméron" avorté, délaissé par oubli. Un oubli qui touche le plaisir mondain et esthétique de la narration, négligé au profit d'un plaisir supérieur dont la nature n'est pas entièrement précisée. Tout au plus le lecteur peut observer avec inquiétude que, soit par leur participation aux messes matinales, soit nourris par "la salutaire pasture" d'Oisille, les narrateurs des nouvelles semblent s'absenter, déserter l'univers diégétique, comme si s'annonçait ainsi le danger imminent de l'inachèvement du recueil.

En effet, pour Briçonnet, l'"oubliance" est une sorte d'auto-anéantissement par lequel le fidèle sort "du monde, de la chair et de soy" (p. 192). Il importe de noter qu'il s'agit là d'une expérience de transgression des limites, de dépassement. Pour la décrire, Briçonnet évoque Abraham, appelé à "sortir" et à "oublier" son pays natal ("'egredere' qui est 'sortir', vault autant à dire comme 'oublier'") et à se mettre en marche vers la terre promise. En même temps Briçonnet pose l'oubli comme le principe de la docte ignorance: "Car qui plus excellemment oublie, plus est sçavamment ygnorant" (pp. 178-180). Mais surtout l'homme rejoint Dieu dans l'oubli de soi-même. "Oubli" est précisément l'ultime nom qu'Amour confère à l'Ame "simple et anéantie" de Marguerite Porete. Telle est aussi, pour Suso, la nature de la "transformation" que subit l'esprit humain en s'unissant à Dieu[79]. Par la démarche allégorique qui lui est familière, l'évêque de Meaux tente d'approcher le mystère suprême d'un Dieu qui a permis à son Fils de "se oublier par exinanition", de "souffrir mort excedant toute mort". Tentative vouée d'emblée à l'échec vu l'incapacité de la parole humaine à

---

[78] Ce deuxième adjectif est une variante du fragment tirée de l'édition Le Hir (p. 315).

[79] Marguerite Porete, p. 62. A ce propos, Suso tente de se démarquer des thèses compromises d'Eckhart (pp. 279 et 306), tandis que Gerson discute les conceptions de Ruysbroeck (*De mystica theologia*, I, 41: "de erroribus circa transformationem anime in Deum").

verbaliser l'ineffable: "Je blaspheme et ne sçay comment l'appeler, fors humainement 'oubliance'". Pour l'évêque de Meaux, de même que pour la reine de Navarre, le mystère de l'Incarnation est justement une "oubliance": celle d'un Dieu qui a voulu par amour pour l'homme oublier sa nature divine, devenir mortel, s'anéantir[80]. La folie de la croix est dès lors le modèle à suivre pour le fidèle appelé à annihiler son moi, à s'oublier entièrement dans la fusion amoureuse avec son Dieu.

Cependant l'"oubliance", si elle n'est pas "vraie et totale", peut aussi avoir une signification diamétralement opposée. Elle désigne alors le péché, et plus particulièrement la tare originelle qui marque l'humanité depuis qu'Adam oublia Dieu et sa propre parfaite nature par volonté de trop savoir. Et dans les nouvelles de la septième journée, les dames et les gentilshommes réunis à Sarrance débattent justement des valeurs, souvent contraires ou apparentes, de l'oubli.

Soumis au jugement et à l'interprétation des personnages et des narrataires, l'oubli est mis en question dès le premier récit de la séquence. Mais pour débattre de l'oubli, donc d'une absence, on ne peut se reposer que sur la présence des signes visibles qui en témoignent. C'est pourquoi la nouvelle 61 insiste tellement sur la vue qui scrute les symptômes de ce qui n'est plus, ou, peut-être, n'a jamais été.

Dans l'ordre syntagmatique de la journée, la nouvelle 61 est introduite par les protestations galantes de Saffredent: il craint avant tout de perdre la bonne grâce des dames, lui, qui a déjà tant souffert d'être privé de leur vue. Or, dès la première phrase, le narrateur associe la vue avec l'héroïne de la nouvelle: "grande, blanche et d'autant belle façon de visaige que j'en aye poinct *veu*" (371). Cette femme adultère convoite désespérément la "*vision* de son Dieu", le chanoine d'Autun, pour lequel elle abandonne son mari à deux reprises. Elle sait aussi habilement jouer sur les apparences extérieures afin de mieux cacher sa passion: pour s'enfuir et rejoindre son amant, elle n'hésite pas à feindre l'agonie, voire recevoir le Saint Sacrement des mourants aussi dévotement "que chascun ploroit de *veoir* une si glorieuse fin" (373). Finalement elle ne se repent pas de ses actes, même sous le regard désapprobateur de Louise de Savoie, celle, pourtant, qu'aucune femme indigne n'avait l'audace d'affronter, car la

---

[80] "Amour excessive a eu grande puissance de faire oublier que le roy ayt esté serf, createur creature, immortel mortel, infiny finy, et quy excede tout entendement, de telle oubliance ne luy accroist aucune chose, qui est en infinitude plain et en plenitude infiny" - Guillaume Briçonnet, t. 1, p. 180 (lettre du 6 mars 1522, citée aussi par Gérard Defaux dans *Le Curieux, le glorieux, et la sagesse du monde...*, p. 117).

princesse reconnaissait pour ainsi dire "à *vue* d'œil" les entorses à la vertu féminine (376).

Cependant ce n'est pas sur la "vue" mais sur la "grâce" - et plus précisément la grâce du repentir - que portera le débat de cette nouvelle. Car l'audace incroyable de son héroïne et sa tenace délectation dans le péché témoignent clairement de sa possession diabolique. Lors de sa seconde fugue, elle reste cachée devant ses poursuivants parmi les joncs d'un marais, ne craignant ni la mort, ni le froid:

> Et qui ne sçauroit comment le feu d'enfer eschauffe ceulx qui en sont rempliz, l'on debvroit estimer à merveille comme ceste pauvre femme, saillant d'un lict bien chault, peut demorer tout ung jour en si extreme froidure.
>
> (p. 374)

Cette insensibilité physique causée par la "folle amour" semble rappeler l'indifférence à la douleur qui permettait de retrouver l'emplacement de la "marque diabolique" sur le corps de la sorcière[81]. L'épouse adultère reconnaît d'ailleurs elle-même cette possession: avouant ses fautes à la fin du récit, elle remercie les princesses de lui avoir "gecté ung diable de dessus les espaulles", contrition qui, il est vrai, lui est arrachée par la prison et l'indifférence de son amant, et qui est immédiatement soumise au jugement dubitateur des devisants.

Le doute qui pèse sur ce repentir soulève en fait la question essentielle de cette nouvelle, et en même temps son lien avec la thématique programmée dans le prologue de la journée. Car, on le sait, la contrition finale est déjà un second retour de l'héroïne à ses devoirs conjugaux. Le premier est l'œuvre de l'archidiacre d'Autun qui retrouve "celle que l'on tenoit perdue" cachée dans la maison du chanoine luxurieux, en rappelant ainsi les paraboles évangéliques de la brebis, de la drachme et du fils prodigue (*Lc.*, 15, 3-32). Mais bien que le mari accueille son épouse avec joie et amour, celle-ci récidive et s'enfuit à travers les marais après avoir joué la comédie des préparatifs à sa propre mort. Ainsi donc la joie du mari est précoce, les signes visibles du repentir - aussi admirables soient-ils - sont faux, les rites sacrementels restent inefficaces. Tout cela parce que cette âme perdue n'a pas oublié en son for intérieur le péché. Comme une sorcière qui

---

[81] Pierre de Lancre, *Tableau de l'inconstance des mauvais anges et démons...*, éd. Nicole Jacques-Chaquin, Paris, Aubier, 1982, III, ii. Possédée par sa passion, la femme adultère ne peut concevoir d'enfants, et cela malgré sa beauté de même que la santé et jeunesse de son mari (p. 372). Il est notable que la stérilité est aussi une caractéristique du démon. V. le *Malleus Maleficarum* p. I, q. I, c. iii, de même que Pierre de Lancre III, v.

se transporte au sabbat en laissant auprès de son mari le simulacre de son corps, l'épouse adultère est toujours par son cœur auprès de son chanoine[82]:

> ...ce qu'elle dissimulloit si bien qu'il sembloit à son mary qu'elle eut *oblyé* tout le passé comme il avoit faict de son costé.
>
> (p. 372)

Mais le repentir ne correspond pas au pardon. Il en est ainsi parce que l'oubli du péché est faux et les signes de sainteté sont trompeurs. Cela est d'autant plus grave que les signes en question ne sont pas de simples indices d'attitudes morales. Ils mettent en jeu la présence du sacré dans la vie du fidèle, sa communion avec Dieu et sa sanctification par la grâce: il s'agit des sacrements.

En effet, l'utilisation perverse des sacrements par le chanoine et sa maîtresse déclenche l'ironie acerbe du narrateur. Tout d'abord le sacerdoce: l'épouse adultère idolâtre son amant ecclésiastique, son "Dieu", son "corps sainct" que cette "pelerine" ne peut s'empêcher de convoiter. L'antiphrase est certainement un moyen choisi de désigner l'inversion des signes qui, au lieu de mener à la sainteté, précipitent dans la damnation. C'est d'ailleurs sur ce détournement des sacrements que porte la conclusion que Saffredent tire de la nouvelle:

> Voylà, mes dames, comment les chaisnes de sainct Pierre sont converties par les maulvais ministres en celles de Sathan, et si fortes à rompre, que les sacremems qui chassent les diables des corps sont à ceulx-cy les moiens de les faire plus longuement demeurer en leur conscience.
>
> (p. 376)

Les chaînes de Saint Pierre transformées en lacs de possession diabolique désignent ici le sacerdoce converti en moyen de séduction: l'épouse adultère rencontre son amant à l'église[83]. Mais dans la seconde partie de sa conclusion, Saffredent évoque aussi un autre signe: le sacrement de l'eucharistie qui sert à la femme infidèle à mieux tromper la vigilance de son mari. De nouveau l'antiphrase révèle à quel point ces "beaulx mystères" sont en fait un camouflage de la trahison au lieu de témoigner de la grâce divine.

---

[82] Sur la question v. *Malleus Malleficarum*, p. II, q. I, c. iii; et De Lancre livre II, discours ii qui polémique avec Bodin sur les possibilités de la séparation de l'âme et du corps.

[83] Saffredent fait allusion à l'enchaînement et la libération miraculeuse de saint Pierre (*Actes des Apôtres*, 12, 6).

C'est sur cette perversion des signes sacrés que le mari trompé porte son indignation:

> "Qui eust pensé que, soubz le manteau des sainctz sacremens de l'Eglise, l'on eut peu couvrir ung si villain et habominable cas!"
>
> (p. 374)

La polysémie de "cas" permet de confondre dans la condamnation l'opprobre moral de la trahison et le sexe (qui est l'un des sens de ce mot). Mais ce qui importe avant tout est le détournement du mystère eucharistique. Le serviteur qui accompagne le mari dans la poursuite de l'adultère ne manque pas de rappeler à cette occasion Judas qui "prenant ung tel morceau, ne craignit à trahir son maistre" (374). Evocation non seulement de la figure archétypale du traître possédé par le démon, mais plutôt, par delà le premier chapitre des *Actes des Apôtres*, du pécheur qui pervertit la communion eucharistique. Comme le rappellent les Evangiles, le Christ désigne celui qui ira le dénoncer au moment où celui-ci se sert à la table de la Cène. Et une variante du texte de Marguerite, en remplaçant l'évocation du "morceau" - la *buccella* de l'évangile de saint Jean (13, 21-30) - par le "manteau", renchérit encore sur l'importance sémiotique de ce fragment[84].

Existe-t-il un moyen visible de reconnaître l'état de grâce? N'oublions pas que les témoins de la descente du Saint-Esprit prennent le ravissement des apôtres pour de l'ivrognerie. Le détournement des sacrements de la nouvelle 61 est un reflet inversé de l'incompréhension des signes qui a lieu pendant le miracle de la Pentecôte. Ainsi la controverse des devisants exprime le vacillement entre les manifestations visibles, les puissances temporelles d'une part, et, de l'autre, les réalités spirituelles, la grâce divine. Avec la misogynie qui lui est propre, Hircan met en doute la perspicacité du jugement moral de Louise de Savoie: si l'épouse adultère ne craignait pas de recevoir le Saint Sacrement par simple ruse et non par foi profonde, comment le regard critique d'une femme pouvait-il l'amener à reconnaître son égarement (376)? La contrition finale de l'adultère était-elle authentique ou bien intéressée? Impossible de savoir car la réponse - comme le souligne Longarine - gît en la grâce divine qui correspond, de la part du pécheur, à une réelle volonté d'oublier le mal.

Tel sera le sujet de la nouvelle suivante où, par un lapsus du langage, une dame avoue être la victime d'un viol qui, selon certains devisants,

---

[84] V. l'édition Le Hir, p. 318.

pouvait ne pas lui être totalement désagréable[85]. Le péché ne peut être oublié, et il sera tôt ou tard connu de tout le monde, à moins qu'il soit recouvert du manteau protecteur de la grâce. Mais pour que cela advienne, le pécheur doit vouloir oublier le mal, autrement dit abdiquer sa propre volonté pour la conformer à l'intention divine. L'ivrogne, le fou spirituel s'oublie en Dieu, s'anéantit en se fondant avec l'oubli dans lequel le Christ s'est plongé lui-même. Or cela, la femme adultère de la nouvelle 61 ne semble pas disposée à le comprendre. Dans sa première rencontre avec les princesses scandalisées, elle n'éprouve aucune honte tout en se prévalant de reconnaître la volonté divine dans la parfaite entente qui l'unit à son amant:

> ... ne fault point que l'on pense que je vive contre la volonté de Dieu, car il y a trois ans qu'il ne me fut riens, et vivons aussy chastement et en aussy grande amour que deux beaulx petitz anges, sans que jamais entre nous deux y eut eu parolle ne volunté au contraire.

(p. 375)

Non seulement l'épouse adultère présume de la volonté de Dieu, mais en fait elle persévère à identifier celle-ci avec sa propre volonté pécheresse et celle de son amant. L'union avec le chanoine prend la place de la communion avec le Christ par le Saint-Esprit et dont la Pentecôte était la première manifestation. Ainsi l'héroïne de la nouvelle 61 se montre dénuée de l'amour de Dieu qui, selon Longarine, est la cause de la vraie repentance (377). C'est l'intentionnalité charitable qui selon saint Augustin doit être la racine de tout acte humain en lui conférant sa valeur morale. Un enseignement que Rabelais pose au fondement de la liberté de Thélème et qu'il emprunte au commentaire augustinien de la première épître de saint Jean, la même dont Oisille reprendra la lecture dès la journée suivante[86].

La relation entre l'intentionnalité, la volonté humaine et l'oubli sera encore souvent débattue au cours de la septième journée. Ainsi dans les nouvelles 63 et 64 dont les héros font preuve d'un volontarisme aussi fort que celui de l'épouse infidèle de la nouvelle initiale, à cette différence près

---

[85] V. sur cette nouvelle l'excellente analyse de François Cornilliat et Ullrich Langer, "Naked Narrator: *Heptaméron*, 62", in *Critical Tales: New Studies of the Heptaméron and Early Modern Culture*, éd. John D. Lyons, Mary B. McKinley, Philadelphia, University of Pennsylvania Press, 1993, pp. 123-145.

[86] V. mon article "In Search of a Context for Rabelaisian Hermeneutics: 'Enigme en prophetie' or How to Combine the Unnameable with the Omninameable", in *Rabelais in Context. Proceedings of the 1991 Vanderbilt Conference*, éd. Barbara C. Bowen, Birmingham, Alabama, Summa Publications, Inc., 1993, pp. 67-77.

qu'ils l'exercent dans le sens opposé: dans les deux cas il s'agit de l'oubli de la chair. Dans la nouvelle 63, un jeune gentilhomme renonce à participer avec son prince à un banquet libertin, refus qu'il cache sous une "bonne et saincte ypocrisie". Que ce soit par fidélité à son épouse ("dont il se contentoit très fort") ou bien à la dame qu'il aimait parfaitement en serviteur courtois, il entraîne dans son refus du plaisir le roi lui-même, quoique l'oubli de la chair soit bien moins délibéré dans le cas de ce dernier (il s'agit de François Ier, le frère bien-aimé que Marguerite traite dans ses nouvelles avec beaucoup de complaisance): "...pour quelques afaires qui vindrent, le Roy *oblia* son plaisir pour regarder son debvoir..." (381).

Dans la nouvelle suivante la volonté d'oublier est affirmée avec encore plus d'insistance. Tout commence par un projet de mariage, avorté malgré l'intention du gentilhomme, héros de la nouvelle, et malgré la "bonne volonté" de sa fiancée. Mais en retardant la conclusion du contrat par une inexplicable volonté de dissimulation, la jeune fille désespère le gentilhomme qui se décide à se faire moine:

> Et, après avoir donné quelque ordre à ses affaires, s'en alla en ung lieu sollitaire, où il mist peyne d'*oblier* ceste amityé, et la convertit entierement en celle de Nostre Seigneur...
>
> (pp. 383-384)

Oubli fort vertueux donc, mais on ne peut plus volontaire. Le gentilhomme s'efforce par une vie de pénitence et "la memoire de la mort" d'oublier sa douleur, d'effacer le souvenir de sa fiancée dont le nom même est pour lui un cruel purgatoire (451). Il faut admettre qu'il reste fidèle à ses vœux monacaux, malgré les tentatives de la jeune fille de rafraîchir la mémoire du malheureux: d'abord une épître expliquant les intentions qui ont dicté le refus initial, et ensuite une visite au couvent pour persuader l'obstiné pénitent par la vue et la parole. Mais c'est justement sa tenace volonté d'oublier qui fait peser le doute sur la "soubdaine devotion" du gentilhomme. Est-ce une authentique conversion de l'amour humain en la dilection du Christ - comme c'est, semble-t-il, le cas dans la nouvelle 19 -, ou bien l'amour du gentilhomme reste tout humain, malgré l'échec des projets de mariage? L'équivoque de l'épigramme que l'infortuné amant envoie en signe d'adieu à sa fiancée inconsolée ne permet pas de trancher cette question:

> Volvete don venesti, anima mia,
> Que en las tristas vidas es la mia.
> [Retournez là d'où vous êtes partie, ô mon âme,

Les épreuves de ma vie sont si pénibles]
(p. 387)

Cette âme, qui doit retourner là d'où elle est partie, peut être l'âme du gentilhomme lui-même qui, une fois la rupture consumée, doit revenir dans le corps de l'amant en refaisant à rebours la migration de l'*innamoramento*. Mais "anima mia" peut tout aussi bien désigner la jeune fille elle-même: bien que l'épigramme la supplie de retourner chez elle et de ne plus hanter le couvent où le malheureux fiancé a cherché refuge, elle reste pourtant son "âme", objet d'un amour toujours vivant quoique infortuné.

Ainsi il ne suffit pas de vouloir à tout prix oublier les plaisirs de la chair: le succès d'une telle entreprise est loin d'être assuré, surtout si la conversion de l'amour humain en l'amour divin n'est pas soutenue par la grâce. Si l'intention charitable est essentielle, la volonté humaine reste faible. Cela permet à Hircan d'ironiser sur la fermeté de la résolution du gentilhomme: si au lieu de mariage, sa fiancée lui avait proposé une liaison "sans obligation que de volonté", les vœux monastiques n'auraient pas pu résister à une telle tentation. L'attrait d'une telle solution consiste évidemment en ce que la volonté seule reste une attache suffisamment faible pour être déliée à loisir...

La vertu du jeune seigneur de la nouvelle précédente (nouvelle 63) est aussi objet de débat. Cette fois-ci, Hircan crie au miracle. En revanche Oisille trouve le refus d'accompagner François Ier à la rencontre galante tout à fait explicable: il ne faut pas être "angélisé", transmué par la grâce en Dieu, pour ne pas ressentir l'aiguillon de la chair. Il suffit pour cela qu'une forte affection remplisse le cœur de l'homme soumettant ainsi son corps à l'esprit. Tel est le cas de ceux qui sont mus par la recherche du savoir et que l'on a souvent vus "non seulement avoir oblyé la volupté de la chair, mais les choses les plus necessaires, comme le boire et le manger". Tel est aussi le cas de ceux remplis d'un authentique amour pour leur femme: témoin le gentilhomme qui s'est fait brûler la main jusqu'aux os en regardant sa bien-aimée. Mais, on le sait, les signes extérieurs sont trompeurs, et Géburon s'empresse de remarquer, comme pour rappeler la première nouvelle de la journée, qu'une telle insensibilité physique peut tout aussi bien être une œuvre diabolique (382)[87].

---

[87] L'indifférence stoïque est mise en doute dans le débat qui suit la nouvelle 34, tandis que la *cupido sciendi* est, comme on le sait, l'objet de la critique dans le troisième livre des *Prisons*.

Cette permanente méfiance envers la valeur des signes oblige le lecteur à interroger le statut sémiotique des nouvelles de Marguerite elles-mêmes. Quelles sont les stratégies littéraires qui permettent à la fiction narrative de signifier les vérités religieuses?

Le prologue de la journée fournit de nouveau des indications précieuses. Comme on le sait, Oisille consacre la septième matinée à la lecture des "Actes et vertueux faictz des glorieux chevaliers et apostres de Jesus-Christ". Une telle présentation de l'Ecriture est fort significative. Les devisants ont beau rappeler encore dans l'annonce de la nouvelle 63 leur refus de la fiction littéraire, de souligner que nulle "couleur" de rhétorique ne doit déguiser la vérité de leurs récits (379). Toutefois, bien que refoulés, les signes explicites du mensonge, les marques de l'art romanesque, reviennent pour affecter, et quoi? - la perception de la parole divine! Comme si le public aristocratique de Sarrance, certainement nourri des exploits d'Amadis, ne pouvait lire les *Actes des Apôtres* que comme une geste chevaleresque romancée. Ainsi, dès les premières phrases de la journée, le texte biblique est présenté comme littérature: les devisants sont profondément touchés par la lecture qu'Oisille leur fait des "comptes" de saint Luc. Cette association, aussi incongrue qu'elle puisse paraître, a pourtant une conséquence importante: elle peut être inversée. En effet, si l'Ecriture évoque à l'esprit des devisants des associations, en apparence fort inadéquates, avec les récits fictionnels, les nouvelles auxquelles ils consacrent leur après-midi doivent diriger leur attention vers la Parole sacrée. La nouvelle semble ainsi apporter la "bonne nouvelle"; par-delà les références historiques, les protestations de véracité multipliées dans le recueil désignent aussi la vérité spirituelle de l'Evangile[88].

Ainsi les nouvelles de la septième journée apparaissent, dans une mesure ou dans une autre, comme autant d'allégories à interpréter selon l'Esprit. Dans cette optique l'histoire de l'épouse adultère de la nouvelle 61 montrerait au lecteur les ruses d'une âme possédée par le démon et incapable d'oublier son péché; les gentilshommes des nouvelles 63 et 64 pourraient par contre être assimilés aux fidèles oublieux des attraits de la chair. Allégories dissimilaires cependant, car une telle herméneutique n'est

---

[88] Dans un très intéressant article, Gabriel Pérouse prouve que le mot "nouvelle" devait s'associer dans l'esprit du lecteur moyen du XVIe siècle avec la nuit de Noël et que le genre de nouvelle présentait des modalités étrangement similaires avec un modèle que l'on pourrait dégager du récit de la Nativité ("Les nouvelles 'vrayes comme evangile'. Réflexions sur la présentation du récit bref au XVIe siècle", in *La Nouvelle. Définitions, transformations*, Lille, Presses Universitaires de Lille, 1990, pp. 89-99).

certainement pas exempte de doute, tout au contraire elle le suscite: les devisants se demandent dans les deux cas si l'oubli est authentique et s'il est possible. Ces risques de l'allégorie devront encore être analysés. Il importe cependant de distinguer ce type d'inscription idéologique de l'exemple moral. L'interprétation de ce dernier repose avant tout sur une généralisation à partir d'un cas particulier, par exemple d'un précédent juridique. L'allégorisation de la fiction narrative suppose en revanche de la part du lecteur non seulement une démarche inductive, mais aussi le passage à une autre isotopie. La belle infidèle d'Autun n'est pas uniquement l'exemple d'une épouse adultère. Sa "folle amour" est encore l'image allégorique des réalités spirituelles. Que l'allégorisation soit loin d'être simple ou évidente, témoin l'insistance sur la possible perversion des signes sacramentels inscrite dans la nouvelle. Cette mise en question n'empêche pourtant pas que Marguerite multiplie les indications qui encouragent le lecteur à rechercher la vérité spirituelle sous l'écorce de l'histoire racontée.

Evidemment la nature et l'intensité de ces indications diffèrent d'une nouvelle à l'autre. L'histoire de l'épouse exilée avec son mari sur une île déserte par leurs compagnons de l'expédition de Roberval au Canada est certainement l'exemple d'une nouvelle saturée d'indices de lecture spirituelle (nouvelle 67). Ceux-ci appartiennent à l'univers fictionnel de la nouvelle aussi bien qu'aux commentaires insérés dans le récit par son narrateur. Le couple malheureux est abandonné par Roberval dans un décor désertique peuplé de lions et qui rappelle certainement plus les lieux des épreuves bibliques que la nature nord-américaine. Les deux héros sont littéralement oubliés par les autres colons et ce n'est qu'un filet de fumée qui rappelle à l'équipage sur le chemin de retour l'existence de ceux qui ont été laissés à leur sort, ou plutôt, abandonnés aux soins de la Providence. Car, non seulement le Nouveau Testament est l'unique "saulve garde, norriture et consolation" de la pieuse héroïne de la nouvelle, mais Dieu lui-même est le principal acteur du récit, tantôt protégeant Roberval des effets de la trahison du mari de la pauvre femme, tantôt libérant celle-ci de sa solitude, afin de faire connaître aux hommes qu'Il n'oublie jamais ceux qui se sont fiés totalement à Lui:

> ...Celluy qui n'habandonne jamais les siens, et qui, au desespoir des autres, monstre sa puissance, ne permist que la vertu qu'il avoit mise en ceste femme fut ignorée des hommes, mais voulut qu'elle fut cogneue à sa gloire...
>
> (p. 393)

Ce commentaire du narrateur, de même que les éléments symboliques de l'univers fictionnel, mobilisent l'intertexte des associations bibliques et favorisent l'allégorisation de la nouvelle 67[89]. Telle est aussi la fonction des échos des premiers chapitres de l'Evangile de saint Luc, dominés par l'idée du souvenir de la miséricorde divine et qui se font entendre dans cette réflexion sur la grâce touchant les fidèles, aussi démunis soient-ils.

De tels souvenirs intertextuels peuvent s'amplifier en citations bibliques qui permettent d'éclairer la nature spirituelle des actes des personnages[90]. Il en est ainsi dans la 70 nouvelle qui est une transposition évangélique de la très connue *Chastelaine de Vergi*. Le gentilhomme, pressé par le duc de révéler le secret de ses amours, se trouve devant un dilemme douloureux: s'il avoue la vérité, il perdra sa bien-aimée; s'il reste fidèle à la foi donnée, il sera banni et ne la reverra plus:

> Si jamais douleur saisit cueur de loial serviteur, elle print celluy de ce pauvre gentil homme, lequel povoit bien dire: *Angustiae sunt mihi undique...*
>
> (p. 408)

C'est par ces paroles que Susanne répond aux vieillards qui tentent de la convaincre par le chantage à céder à leur luxure. Mais cette citation de *Daniel* 13, 22 n'a pas seulement pour fonction de souligner le tragique de la situation dans laquelle se trouve le jeune amant. Elle montre aussi la différence entre le personnage biblique et celui de la nouvelle. Susanne ne cède pas aux menaces et ne veut pas pécher devant le Seigneur qui connaît tous les secrets (*"qui absconditorum es cognitor"*). C'est pourquoi sa prière est entendue et Dieu envoie l'Esprit-Saint à Daniel pour qu'il rende un jugement juste. Le gentilhomme de la nouvelle n'a pas la fermeté de Susanne. Ce contraste est encore amplifié par d'autres références bibliques qui jalonnent la lamentation du jeune homme après la mort de la châtelaine: il demande à Dieu que la terre l'engloutisse comme Coré (*Nb.*, 16, 32), qu'il subisse le châtiment du Mauvais Riche (*Lc.*, 16, 24)[91]. Le monologue de la

---

[89] V. les notes de l'édition Le Hir. Un autre argument peut être la laïcisation de cette nouvelle dans ses versions ultérieures, chez Belleforest ou Thevet. V. Arthur Stabler, *The Legend of Marguerite de Roberval*, Seattle, Washington State University Press, 1972, et, plus récemment, Marie-Christine Gomez-Geraud, "Fortunes de l'infortunée demoiselle de Roberval", in *La Nouvelle...*, pp. 181-192.

[90] Sur les citations bibliques dans l'*Heptaméron* v. l'article de Nicole Cazauran, in *Prose et prosateurs de la Renaissance. Mélanges offerts à M. le Professeur Robert Aulotte*, Paris, Sedes, 1988, pp. 153-163.

[91] Les références scripturaires sont indiquées dans l'édition de Simone de Reyff (Paris, Garnier Flammarion, 1982).

dame agonisante indique aussi clairement la direction que devrait emprunter l'interprétation de la nouvelle:

> Helas! ma pauvre ame, qui, par trop avoir adoré la creature, avez *oblié* le Createur, il fault retourner entre les mains de Celluy duquel l'amour vaine vous avoit ravie. Prenez confiance, mon ame, de le trouver meilleur pere que n'avez trouvé amy celluy pour lequel l'avez souvent *oblyé*.
>
> (p. 414)

La chastelaine de Vergi de Marguerite n'est plus le drame de la "fine amor" déçue. Conformément à l'esprit de toute la journée, c'est de nouveau l'histoire d'un oubli, l'oubli de Dieu par le fidèle. La faute de la châtelaine est l'idôlatrie - la substitution de l'amour pour la créature à l'amour pour le Créateur. Le dernier monologue de la dame est aussi un explicite acte de repentir. L'amante agonisante sait très bien qu'elle a péché contre le premier commandement et demande à Dieu Son pardon. Ainsi la nouvelle 70 s'oppose à la contrition douteuse de l'épouse adultère de la nouvelle 61. Elle contraste aussi avec la nouvelle 63. Contrairement à François Ier, le duc est si passionnément épris de la beauté de son épouse "qu'elle luy faisoit ignorer ses conditions, tant, qu'il ne regardoit que à luy complaire" (400). Mais c'est surtout la duchesse qui représente le cas d'oubli le plus coupable. Aimant le gentilhomme outre raison, désespérée par son indifférence, la duchesse oublie toute règle de l'éthique sociale:

> ...œillades et mynes de ceste pauvre folle n'apportoient aultre fruict que ung furieux desespoir; lequel, ung jour, la poussa tant, que *oubliant* qu'elle estoit femme qui debvoit estre priée et refuser, princesse qui debvoit estre adorée, desdaignant telz serviteurs, print le cueur d'un homme transporté pour descharger le feu qui estoit importable.
>
> (p. 401)

Ainsi la nouvelle 70 rejoint la séquence des derniers récits de la journée qui, contrastant avec l'oubli de la chair des nouvelles 62 et 63, sont consacrés à l'oubli de Dieu et à la folle complaisance dans la créature. Tel est le cas de l'apothicaire de la nouvelle 68 que sa femme ramène à la fidélité conjugale en lui appliquant une foudroyante dose d'aphrodisiaque. Par sa comique exagération, cette "mocquerie" qu'il préparait pour autrui montre à l'apothicaire les fâcheuses conséquences de l'amour bestial. La leçon n'est pas moins comique pour le mari de la nouvelle suivante. La chambrière qu'il pressait de ses poursuites le persuade de revêtir son propre habit de travail et, ainsi affublé, accomplir ses propres tâches ménagères en l'exposant à la risée générale.

On pourrait se demander comment retrouver dans ces nouvelles qui se veulent explicitement facétieuses la trame spirituelle qui sous-tend la septième journée. Apparemment les références intertextuelles qui ponctuent la tragique nouvelle 70 restent ici tout à fait absentes. Pourtant, même parmi le rire de Nomerfide et d'Hircan le lecteur semble guidé vers une subtile allégorisation de la fiction. Comme le précise la nouvelle 69, l'habile chambrière réussit à coiffer le mari aveuglé de désir de son propre "surcot", "(qui est faict comme ung cresmeau, mais il couvre tout le corps et les espaulles par derriere) son maistre la trouvant en cest habillement, la vint bien fort presser". Il y a là certes un détail qui augmente la charge comique du récit. Lorsque l'entreprenante servante ira chercher l'épouse du maladroit séducteur, les deux femmes riront bien de l'inversion vestimentaire qui démontre d'une façon manifeste la folle concupiscence du vieux gentilhomme. La note lexicale que le narrateur ajoute à ce récit emprunté aux *Cent nouvelles nouvelles* peut être attribuée au souci de réalisme; l'éclaircissement du dialectalisme augmente le pittoresque de la nouvelle[92]. Cependant il semble significatif que, pour expliquer le "surcot", le narrateur évoque un objet liturgique à haute valeur symbolique. Le lecteur de Marguerite se souvient certainement que le chrémeau - dont il sera d'ailleurs encore question dans la discussion des devisants (399) - est une pièce de linge utilisée pendant la cérémonie du baptême et qui symbolise la pureté que la grâce divine confère sur le nouveau membre de la communauté chrétienne. On ne peut donc être insensible à l'ironie qu'ajoute au texte ce détail. Décidément le chrémeau recouvre mal les intentions coupables du mari; tout au contraire, il les révèle d'autant mieux que c'est dans ce manteau d'innocence que la servante a été convoitée par son maître.

La courte nouvelle 65 est tout aussi risible, mais les indices d'une lecture allégorique y sont beaucoup plus nombreux. Le comique y consiste en la méprise d'"une bonne vieille fort dévote". Elle confond dans l'obscurité d'une église de Lyon un soldat vivant et les statues du Sépulchre du Christ parmi lesquelles il est endormi. Elle essaye d'attacher sur son front une bougie votive, mais la "statue" se réveille, brûlée par la cire fondue. Ce quiproquo est ancré dans le fondamental débat sur les signes visibles des réalités spirituelles. Entourée des sculptures "élevé[e]s comme le vif", la vieille femme pensait avoir affaire à une figure de "pierre", mais c'était de la "chair" et donc certainement pas une pierre sur laquelle fonder la foi, ni encore moins planter une chandelle. L'"image" n'étant ni froide, ni

---

[92] Telle est du moins l'interprétation de Michel Bideaux, p. 275.

insensible, la pieuse femme crie au miracle ce qui soulève le rire général, une fois connue la vraie identité de la "statue". Evidemment, toute l'anecdote met en question le culte des images: le faux "miracle" de la vieille dévote compromet les plans de ceux qui voulaient tirer profit de la crédulité populaire en faisant croire à la populace que le crucifix de cette même église avait parlé (388). Il n'est pas non plus indifférent que ce soit justement le Sépulcre du Christ que "garde" le soldat endormi. Qui croit, comme Marguerite, en le Christ vivant dans la foi de ses fidèles, ne cherche pas à ressusciter des images mortes. Par ailleurs, il ne faut pas oublier que toute l'entreprise narrative de l'*Heptaméron* est conçue comme un présent que les devisants entendent rapporter de l'abbaye de Sarrance à la cour, "en lieu d'ymaiges ou de patenostres" (10).

Cependant, c'est le personnage de la femme dévote qui attire avant tout l'attention des devisants. L'oubli qu'elle incarne est celui qui est caractéristique de l'*idiota*, le pauvre en esprit qui, sans calcul d'aucune sorte, sans science ni intelligence suffisante pour comprendre sa propre attitude, vit simplement de l'amour pour son Dieu. Fidèle à l'enseignement de Cusanus et de Briçonnet, Marguerite estime hautement un tel oubli. Bien trop entier pour être conscient, ce renoncement est directement opposé aux tentatives douloureuses du gentilhomme de la nouvelle précédente, s'efforçant d'oublier dans la réclusion du couvent ses espoirs matrimoniaux déçus. Supérieure à toute théologie, l'abdication spontanée de l'*idiota* est proche de cet état d'auto-anéantissement qui est la condition de la fusion avec le Tout divin. Chez Marguerite, elle s'associe souvent à la féminité et il n'est donc pas étonnant que le personnage principal de la nouvelle suivante, une vieille servante, qui par souci moral commet une maladresse à l'égard d'un couple princier, peut être aussi regardée comme une représentante de cette ambivalente "science femenine" (*Les Prisons*, III, 1398).

Or la question qui se pose à propos d'un tel oubli inhérent et naturel est de juger de sa valeur spirituelle: la chandelle que la pauvre vieille voulait allumer pour son Seigneur est-elle le signe de son humilité, un geste de piété qui témoigne de la simplicité de son amour, ou bien, au contraire, est-ce une offrande superstitieuse qui montre assez la bêtise de la dévote? L'ignorance est-elle ce dénuement du moi, cette abdication de l'intellect face à la folie chrétienne, ou bien est-ce l'aveuglement, imperméable à la lumière divine?

Il est caractéristique que pour répondre à cette question, les devisants choisissent l'Ecriture pour guide. Selon Oisille, la femme dévote reproduit le geste de la pauvre veuve qui offrait non du superflu mais de son misérable nécessaire (*Lc.*, 21, 4). A quoi Saffredent réplique par un autre argument scripturaire en reproduisant le conseil donné par Christ à ses apôtres (*Mt.*, 10, 16):

> ...nonobstant que la simplicité luy [à Dieu] plaist, je voy, par l'Escripture, qu'il desprise l'ignorant; et, s'il commande d'estre simple comme la coulombe, il ne commande moins d'estre prudent comme le serpent.
>
> (p. 389)

Discussion donc qui ne peut pas être tranchée, car non seulement le comportement de la pieuse femme, mais aussi les fragments bibliques qui servent d'arguments, doivent être soumis à l'interprétation. Or celle-ci est loin d'être facile. Les signes, nous l'avons vu, peuvent être trompeurs. Et même s'ils sont certains - comme c'est le cas de la Parole divine - leur lecture est passible de diverses distorsions. Les personnages de l'*Heptaméron* ont beau alléguer l'Ecriture, ils n'en pervertissent pas moins souvent le sens. C'est justement Saffredent qui manipule une citation scripturaire afin de contrecarrer la vérité spirituelle d'une nouvelle aussi nettement orientée qu'est l'histoire de la pieuse robinsonne de l'expédition de Roberval. Lorsque Oisille souligne l'infirmité de l'homme et de la femme qui, tous les deux, ne font que "planter, et Dieu seul donne l'accroissement", Saffredent trouve une rapide réplique:

> Si vous avez bien veu l'Escripture, dist Saffredent, sainct Pol dist que: "Apollo a planté, et qu'il a arrousé"; mais il ne parle poinct que les femmes ayent mis les mains à l'ouvraige de Dieu.

A quoi Parlemente rétorque par une autre référence biblique:

> Vous vouldriez suyvre, dist Parlamente, l'opinion des mauvais hommes qui prennent ung passaige de l'Escripture pour eulx et laissent celluy qui leur est contraire. Si vous avez leu sainct Pol jusques au bout, vous trouverez qu'il se recommande aux dames, qui ont beaucoup labouré avecq luy en l'Evangille.
>
> (p. 394)

Argument pour argument, épître aux Philippiens pour épître aux Corinthiens. De telles joutes interprétatives montrent de la part de Marguerite un effort conscient de brouiller les pistes. Comme si, en multipliant les indications de lecture, en allongeant les commentaires, la reine voulait en même temps encourager le lecteur à rechercher l'esprit de la lettre, et montrer que cette quête se heurte à d'innombrables obstacles, voire, qu'elle en est empêchée. Comme si la communication directe avec la

Vérité tant rêvée devait inévitablement être parasitée par les discours sociaux qui lui sont pourtant nécessaires[93].

La recommandation de prudence que Saffredent illustre par l'opposition évangélique entre la colombe et le serpent sonne faux. Elle résonne aussi d'une tonalité parodique. En effet, c'est Erasme qui conseille au prédicateur de l'*Ecclesiastes* d'être simple comme la colombe et prudent comme le serpent, autrement dit de ne pas surcharger les cœurs des ignorants par trop de mystères élevés à la fois[94]. Ce n'est là qu'un sage précepte d'une rhétorique harmonieusement mise au service de la théologie. Toutefois, replacé dans la bouche de Saffredent, il semble dicté par un présomptueux "cuyder". Il est, par ailleurs, d'une totale inefficacité, puisque le gentilhomme manque précisément de prudence en pensant qu'Oisille est suffisamment simple d'esprit pour se laisser convaincre par des citations scripturaires habilement sélectionnées. Décidément, le discours humain n'arrive pas à épouser la vérité spirituelle. Inutile de chercher entre eux la convenance. La parole de l'homme ne parvient à dire le divin que par sa disharmonie, ses contradictions et ses silences.

Il n'est donc pas étonnant que l'allégorisation elle-même ne peut sortir intacte de cette entreprise d'occultation à laquelle Marguerite de Navarre soumet son discours. Au contraire, le risque d'une fausse allégorisation est clairement exposé à l'attention du lecteur. Dans la même nouvelle 65, consacrée au "miracle" suscité par la bougie de la dévote, Hircan relance la controverse avec la misogynie qui lui est propre:

> C'est grande chose, dist Hircan, que, en quelque sorte que ce soit, il fault tousjours que les femmes facent mal. - Est-ce mal faict, dist Nomerfide, de porter des chandelles au Sepulcre? - Ouy, dist Hircan, quant on mect le feu contre le front aux hommes, car nul bien ne se doibt dire bien, s'il est faict avecq mal.
>
> (pp. 388-389)

Evidemment l'expression d'Hircan est métaphorique. Elle désigne le désir que les femmes allument dans les cœurs des hommes en les vouant ainsi au malheur par leur coquetterie. Mais en évoquant ainsi les tentations féminines, Hircan ne fait qu'allégoriser l'histoire de la dévote qui voulait

---

[93] Ainsi, par exemple, la conclusion religieuse de la nouvelle 70 (l'amour du Créateur ne doit pas être assourdi par celui de la créature) est immédiatement détournée par Géburon vers la mise en cause du secret amoureux de la fin'amor (418).

[94] V. Manfred Hoffman qui conçoit la *prudentia* comme l'un des principes fondamentaux de l'herméneutique érasmienne (p. 191 et suivantes).

planter sa chandelle votive sur le front du soldat confondu avec une statue d'Eglise. Une telle lecture du récit est certainement impropre, car rien ne permet de prendre la vieille femme pour l'image de l'Eve séductrice. Si les images sont trompeuses, si l'interprétation des signes peut être équivoque ou franchement erronée, où reconnaître la vérité? Dans l'intention, comme le stipule le commentaire augustinien de la première épître de saint Jean. C'est l'intention qui confère la valeur à l'acte, c'est elle qui peut faire du geste liturgique le signe d'une simple piété ou une conjuration superstitieuse. Seulement la difficulté est que l'intention se dérobe aussi bien à la parole qu'au jugement. Comme dit Oisille:

> "Celles qui moins en sçavent parler sont celles qui ont plus de sentiment de l'amour et volunté de Dieu; parquoy ne fault juger que soy-mesmes"
> (p. 389)

Le silence est donc, lui aussi, lourd de signification. Non seulement les références et les citations bibliques, les éléments symboliques de l'univers fictionnel des nouvelles, mais aussi le non-dit peut diriger le lecteur vers les vérités spirituelles qui assurent la cohérence de la septième journée. La scène finale de la nouvelle 70, pendant laquelle culminent les destins tragiques de la châtelaine de Vergi et de son amant, a lieu à la cour du duc, le jour d'une grande fête: "Et le jour d'une grande feste, que le duc tenoit sa cour..." De quelle fête s'agissait-il? Le lecteur de la nouvelle de Marguerite ne le saura pas, à moins qu'il se rappelle les versions en vers de ce récit, dispersées dans de nombreux manuscrits du XIIIᵉ et du XIVᵉ siècles:

> Mes ainc en point n'en lieu n'en vint
> tant que la Pentecouste vint
> qui aprés fu, a la premiere
> que li dus tint cort mout pleniere...[95]

En éliminant la mention de la Pentecôte, Marguerite "modernise"-t-elle le "compte" écrit en "viel langage" en censurant, dans l'esprit d'une version en prose de la fin du XVᵉ siècle qu'elle aurait pu connaître, les détails marqués par la culture de la fin'amor[96]? Ou bien s'agit-il d'une omission consciente,

[95] *La Chastelaine de Vergi*, vv. 681-4, éd. F. Whitehead, Manchester, Manchester University Press, 1951.

[96] Selon Leigh A. Arrathoon ("'The Compte en viel langage' behind *Heptaméron*, LXX", *Romance Philology*, 1 (1976), pp. 192-199) Marguerite se serait fondée sur un remaniement tardif (qui omet de mentionner la Pentecôte) et sur une pièce de théâtre à

d'un manque à compléter par le lecteur qui, connaissant ce récit, saurait rétablir le lien entre la fin de la journée et son début, lui-aussi profondément marqué par l'esprit de la Pentecôte?

Visiblement une partie des intrigues qui se tissent entre les devisants est dérobée à la connaissance du lecteur[97]. Plus même, ces occultations sont intentionnellement programmées par l'écrivain et signalées comme telles. Ces pseudo-secrets rejoignent bien d'autres procédures qui, comme les distorsions interprétatives de l'Ecriture, les joutes à coups de citations bibliques apparemment contradictoires, ou enfin les omissions significatives, visent clairement à déstabiliser, perturber l'interprétation du recueil. Car, pourquoi n'avoir pas communiqué aux lecteurs par exemple le contenu des homélies d'Oisille qui pourtant servent de "salutaire pasture" à la compagnie? Pourquoi leur support scripturaire n'est-il signalé qu'avec cinq jours de retard, lorsque le narrateur avoue dans le prologue de la sixième journée que la lecture des matinées précédentes était occupée par l'épître aux Romains? Tout ce patient travail de brouillage, mettant en question l'exemplarité morale et les évidences herméneutiques est pourtant intimement associé à des appels incessants à l'interprétation, plus même, à des indications précises de la direction que cette interprétation doit prendre. Ce jeu de cache-cache avec le lecteur affecte aussi la septième journée. Car non seulement la thématique de l'oubli spirituel est nettement portée à l'attention du lecteur dès le prologue, mais aussi, dès la première nouvelle, les signes sacrés sont montrés dans leur utilisation pervertie. Si le lecteur est alors renvoyé au critère de la volonté (nouvelles 61, 62), l'oubli volontaire est aussitôt mis en doute (nouvelles 63, 64). Mais l'oubli involontaire et inconscient de l'*idiota* n'est non plus libre de confusion avec la plus

---

présent perdue. Il faut noter cependant que, contrairement aux nombreuses copies de la version en vers, le récit en prose n'existe qu'en un seul manuscrit. René Stuip argumente d'une façon convaincante que même si l'on admet que Marguerite connaissait *La Chastelaine* en prose, il faut aussi reconnaître que certains passages de la nouvelle 70 de même que la structure de ce récit renvoient directement aux versions en vers du XIIIe siècle ("L'istoire de la Chastelaine du Vergier", in *Actes du IVe Colloque International sur le Moyen Français*, éd. Anthonij Dees, Amsterdam, Rodopi, 1985, pp. 337-359; v. aussi son édition de *La Châtelaine de Vergi* avec la version en prose, dans la collection 10/18, Paris, Union générale des éditions, 1985). Il importe aussi de souligner que Marguerite n'a pas puisé dans la version en prose les motifs théologiques si manifestes dans la nouvelle 70.

[97] En réfléchissant sur les complexes intrigues qui semblent relier les devisants, André Tournon retrouve les "marques d'incomplétude disséminées à dessein dans le texte pour désigner des lacunes parfaitement fictives" - "'Ignorant les premieres causes...' Jeux d'énigmes dans l'*Heptaméron*", *Cahiers Textuel*, 10 (1991), pp. 73-92.

insignifiante stupidité (nouvelles 65, 66). Reste seule la certitude que Dieu n'oublie point ses fidèles (nouvelle 67), contrairement aux hommes qui L'oublient souvent, Lui, dans leur complaisance envers les créatures (nouvelles 68, 69, 70). Cette dialectique n'instaure point une quelconque alternance compositionnelle du recueil. Elle démontre plutôt que l'unité idéologique et artistique se fait entrevoir à travers la dispersion, les détournements interprétatifs incessants, les contradictions irrésolues. Tout comme, d'ailleurs, la bonne entente de la compagnie de Sarrance est minée par des conflits personnels qui s'intensifient visiblement dans la septième journée[98]. A côté des nouvelles en quelque sorte surdéterminées par les indications d'une lecture spirituelle (telles les nouvelles 65 ou 67), il en est d'autres où de telles directives de lecture sont plus rares ou quasiment absentes (66 ou 68). Là les devisants négligent la signification spirituelle évidente du récit (65 ou 70), ailleurs ils amplifient les signaux d'une lecture religieuse plus timides (62 ou 63).

Ce jeu entre l'unité et la variété n'est pas uniquement dicté par l'esthétique de la *copia* renaissante. Ses racines sont à retrouver parmi les indications herméneutiques fournies par Marguerite, notamment dans la signification du miracle de la Pentecôte.

> Les langues de feu, divisées, signifiaient que le saint Esprit donnait la Parole de Dieu et ses secrets en toutes langues et que le temps de la miséricorde de Dieu est venu pour sauver toutes les nations.

C'est ainsi que Lefèvre d'Etaples continue sa prédication du dimanche de la Pentecôte. Pour le XVIe siècle, le miracle décrit dans les premiers chapitres des *Actes des Apôtres* est celui de la polyglossie[99]. Les langues divisées du Saint-Esprit viennent annoncer la Rédemption de la division des langues qui a frappé les constructeurs de la tour de Babel. Car la Rédemption signifie aussi l'unité dans le Christ. Les apôtres reçoivent le don des langues pour se

---

[98] V. Michel Bideaux, "Du 'bruit' à la 'tapisserie'", *Cahiers Textuel*, 10 (1991), p. 125.

[99] V. à ce propos l'article fondamental de Jean Céard, "De Babel à la Pentecôte: la transformation du mythe de la confusion des langues au XVIe siècle", *Bibliothèque d'Humanisme et Renaissance*, 3 (1980), pp. 577-594, et Marie-Luce Demonet, *Les Voix du signe. Nature et origine du langage à la Renaissance (1480-1580)*, Paris, Champion, 1992, pp. 153-157.

faire entendre dans les multiples parlers de leurs auditeurs[100]. Toutefois l'Esprit qui parle en eux est un, une est aussi la Vérité qu'ils proclament en rassemblant ainsi les nations dispersées.

La polyglossie de la Pentecôte fournit déjà à elle seule un lien précieux qui permet d'intégrer les différentes "marques d'incomplétude" dans le dessein spirituel unificateur de la septième journée. Pourtant la valeur spirituelle que la Pentecôte représente pour Marguerite est encore à chercher ailleurs: non seulement dans la dialectique entre la diversité des langues et la vérité unique qu'elles expriment, mais surtout dans l'union intérieurement contradictoire entre l'apophasie et le caractère omninommable de la transcendance.

C'est précisément là le thème dominant de la lettre de Briçonnet du 5 février évoquée précédemment. Le "goust sans goust" de la manne est incompréhensible et insensible, donc inexprimable. Saint Paul ne peut exprimer ce qu'il a vu lors de son ravissement: non pas que cela lui soit défendu, mais tout simplement parce que cela dépasse toute possibilité du langage[101]. Les apôtres visités du Saint-Esprit parlent comme des ivrognes, mais c'est parce qu'ils ne savent pas parler, que leur louange est parfaite. Ils ressemblent aux "anfans allectens qui sont sans parler", pendus à la "mamelle de contemplacion" comme des nouveaux-nés impuissants. C'est grâce à une telle déficience qu'ils peuvent se faire instruments du Tout-Verbe qui les remplit. Selon le principe régissant la poésie exégétique des *Prisons*: "*Audiam quid loquatur in me, Dominus*".

Mais tout comme les brouillages et les contradictions de la prose de l'*Heptaméron* multiplient paradoxalement les récits et les débats et par là même les indications d'une lecture spirituelle, de même l'apophasie est une source intarissable de la nomination. Le goût de la manne ne peut être assimilé à aucun goût d'une nourriture particulière, sa saveur se dérobe constamment à notre détermination, aussi longue et détaillée soit-elle. Toutefois en étant ainsi sans goût, la manne a tout goût possible et imaginable, ou plutôt inimaginable, car son goût transcende le pouvoir du langage. Pareillement le Verbe est inexprimable dans sa transcendance, mais

---

[100] Le miracle consiste donc en la communication entre l'unité et la diversité: "Probabilius est autem Apostolos sua lingua fuisse loquutos, et miraculo factum ut nemo non intelligeret, perinde ac si suam quisque linguam audisset" - Erasme, *In Annotationes Novi Testamenti*, in *Opera omnia*, t. 6, p. 441.

[101] Guillaume Briçonnet, Marguerite de Navarre, *Correspondance*, t. 1, pp. 141 et 153. Gérard Defaux note la différence qui oppose sur ce point les évangéliques français et Erasme (*Marot, Rabelais, Montaigne: L'écriture comme présence*, p. 91, n. 87).

cependant il est la source de tout verbe, ineffable et omninommable en même temps.

Pour Marguerite la communication idéale serait le silence, la mise à l'écoute de la Parole divine. Mais d'autre part, toujours dans un esprit paulinien, la princesse est consciente des réalités sociales et culturelles de l'existence; elle sait que le Verbe s'incarne dans le langage qui veut se faire entendre, dans le texte appelant une exégèse. De là la nécessité de la littérature, des paroles humaines qui résonnent des échos de la Parole unique. Ces résonances seront toujours lointaines, polyphones, à peine audibles et elles doivent être telles. Ignorer le dialogisme et la déficience du discours humain serait l'ériger en parole absolue. Or ce discours est foncièrement dissimilaire et ne peut être traité que comme une conjecture que la vérité du nom divin transcende infiniment. Préserver la conscience de son caractère incomplet, tronqué et, surtout, contradictoire permet par conséquent de ne pas oublier que le Verbe est au-delà. Et c'est ainsi que la septième journée s'achève par un souvenir de cet au-delà, paradis des amants infortunés, un souvenir associé à la bonne volonté charitable:

> ...la compagnie se leva, et allerent oyr vespres, *n'oblians* en leurs bonnes prieres les ames des vraiz amans, pour lesquelz les religieux, de leur *bonne volunté*, dirent ung *de Profundis*.

(p. 420)

CHAPITRE II

LA PAROLE ENTRE L'ETRE ET LE NEANT:
CLEMENT MAROT

"ne suis Roi, ne rien..."

La poésie de Clément Marot, quoique si proche à bien des égards de l'œuvre de sa reine, permet d'apercevoir une tendance inverse au sein du discours évangélique, tendance qui semble annoncer le développement ultérieur de la littérature renaissante en France: celle d'un moi qui tente de se tailler une portion d'être particulière entre les extrêmes du Tout et du Rien. Les ressources de la négation, cultivées dans l'ironie et dans l'ambiguïté de la fiction savamment maintenue, ne fusionnent point dans la transgression mystique des limites ontologiques. Malgré ses constantes protestations d'humilité, le sujet poétique ne suit pas l'Absolu dans l'auto-anéantissement, mais s'affirme, même au prix de négations multipliées. En est-il ainsi, parce que l'interlocuteur privilégié de Marot est le Prince, cette image de la déité dont il s'agit de considérer la conformité avec l'original transcendant? En effet, même s'il feint parfois de l'oublier pour s'adresser directement à Dieu, Marot ne cesse de parler à son roi pour le supplier et le flatter, mais aussi pour exposer ses déficiences[1].

---

[1] V. la fameuse apostrophe de l'"Epistre au Roy, du Temps de son exil à Ferrare": "Que dis je? Où suis je? O noble Roy Françoys, / Pardonne moy, car ailleurs je pensoys" (vv. 121-122). Un correction toute rhétorique: Marot sait très bien qu'en dernière instance, c'est au roi qu'il destine son poème, y inclus l'extatique prière à Dieu qui en forme la partie

Ce caractère indirect, oblique de l'écriture de Marot apparaît comme le corollaire poétique de son refus de la dialectique du Tout et du Rien. Non pas que le poète ne soit tenté, à l'instar de sa reine, par la poésie mystique qui se fait transparente à la Parole divine, se tait, pour laisser entendre le Verbe[2]. Non pas qu'il ne participe à l'entreprise évangélique de la reconversion des symboles poétiques de l'amour profane en l'amour divin[3]. Toutefois, même parmi ses plus ardentes suppliques, même au plus fort de ses engagements, là où le poète aurait dû s'humilier devant les grandeurs auxquelles il s'adresse, là où la parole poétique aurait dû s'effacer pour laisser entendre la Vérité, même alors, Marot trouve l'occasion rhétorique de confirmer son propre moi de poète et l'autonomie spécifique de son art[4].

"...moy chetif, qui ne suis Roy, ne rien...". Détroussé par son valet de Gascogne, accablé par la maladie, Marot se plaint à son roi[5]. Comment le lecteur doit-il comprendre cette humble doléance? Est-ce à dire que n'étant rien, ni, à plus forte raison, roi, le poète s'anéantit, s'exclut du monde des valeurs sociales, politiques et matérielles? Ou plutôt faut-il entendre

---

centrale (*Œuvres poétiques*, éd. Gérard Defaux, Paris, Bordas, 1990-1993, t. II, p. 83). Cette édition sera notre édition de référence. Sur le vocabulaire de l'extase dans ce fragment v. Michael A. Screech, "Clément Marot and the Face in the Gospel", in *Pre-Pléiade Poetry*..., p. 73. Certaines analyses de ce chapitre ont été utilisées dans ma communication lors du colloque consacré à Marot et organisé à Cahors en mai 1996 par Gérard Defaux.

[2] V. à cet égard le *Marot évangélique* (Genève, Droz, 1967) de Michael A. Screech, de même que les travaux de Gérard Defaux, surtout "Rhétorique, silence et liberté dans l'œuvre de Marot", *Bibliothèque d'Humanisme et Renaissance*, 46 (1984), pp. 299-322; "Clément Marot: une poétique du silence et de la liberté", in *Pre-Pléiade Poetry*, éd. J. C. Nash, French Forum, Lexington, Ky., 1985, pp. 44-64.

[3] V. Gérard Defaux, "Les Deux Amours de Clément Marot", in *Revue d'Histoire Littéraire de la France*, 1 (1993), pp. 3-29 ainsi que son "Marot et 'Ferme Amour': essai de mise au point", in *Anteros*, éd. Ullrich Langer et Jan Miernowski, Orléans, Paradigme, 1994, pp. 137-169. V. aussi, dans le même volume Robert D. Cottrell, "Le déplacement d'*Eros* par *Anteros*, *L'Amye de Court* de La Borderie", pp. 117-137.

[4] Un exemple éclatant de ce phénomène est apporté par Gérard Defaux ["Marot, traducteur des psaumes: du nouveau sur l'édition anonyme (et genevoise) de 1543", *Bibliothèque d'Humanisme et Renaissance*, 56 (1994), pp. 59-82]. Dans ses traductions des psaumes Marot n'a pas limité son rôle à celui d'instrument fidèle du Seigneur. Il arrive qu'il module son texte de façon à lui faire servir ses fins personnels immédiats: sa haine de l'"inique" Dolet et le rappel de son propre nom à la mémoire de Charles Quint pour qui certains psaumes ont été traduits.

[5] L'épître "Au Roy", de 1531, *Œuvres poétiques*, I, 320, v. 5.

cette déclaration différemment: comme le refus d'assumer les positions extrêmes, de jouer la dialectique paradoxale du tout et du rien, refus doublé de la reconnaissance des contradictions immanentes à la nature ontologique de ce monde? Ce refus et cette conscience déboucheraient alors sur la recherche d'un troisième terme, impossible à arrêter dans l'absolu du Rien et du Tout, mais aussi, incapable de se stabiliser dans un juste milieu sécurisant. En somme, ni roi, ni rien, mais quelque chose, un être constamment en danger, ballotté par l'infortune.

Bien comprendre l'ontologie de cette apparente auto-annihilation du poète ouvre l'intelligence de la poétique marotique. Elle permet de juger à quel point Marot se conforme aux modèles offerts par la littérature évangélique de son milieu, dans quelle mesure il est prêt à se faire l'émule du mysticisme négatif connu dans l'entourage de Marguerite et dans celui de François Ier. Ou, pour reformuler la question, comprendre la spécificité ontologique du moi lyrique dans la poésie de Marot, décrire les stratégies poétiques qui la formulent, permet de voir combien ce protégé de la reine de Navarre, tout en la suivant dans sa recherche de la vérité absolue, demeure un artisan, un professionnel du langage. Car, il ne s'agit point là des termes qui s'excluent mutuellement. Le mysticisme et la rhétorique doivent être ici compris plutôt comme des dominantes qui composeraient ensemble une poétique dont les signes seraient non seulement dissimilaires par rapport à la transcendance, mais aussi plus autonomes, plus indépendants vis-à-vis de leurs possibles symbolisations religieuses.

Lorsque, fuyant les persécutions de 1534, Marot arrive à Ferrare, il salue la duchesse comme son "humble Clement", mais aussi bien comme "Marot, le Poëte Gallique" dont le renom a précédé la venue[6]. Le latinisme de l'expression prouve assez qu'à l'humilité rustique et au détachement évangélique s'allie le sentiment de sa propre valeur. Le valet Frippelippes de l'épître à Sagon ne dira-t-il pas qu'il sert le "Maro de France"[7]? Encore faut-il faire la part du burlesque de cette harangue. Car si Marot partage avec le grand poète latin une "confinité de nom", il sait très bien que pour qu'il

---

[6] Epître "Marot arrivé à Ferrare escript à Madame la Duchesse", *Œuvres poétiques*, II, 78, vv. 36-37.

[7] *Œuvres poétiques*, II, p. 147, v. 252. L'expression semble avoir fait fortune dans la réception posthume du poète. Pour toutes les occurrences de "Maro" v. l'index de cette édition.

y ait eu Virgile, il a fallu qu'il y ait eu Mécène[8]. C'est pourquoi le poète admet que seule la puissance "plus que humaine" du roi peut transformer "la Muse de Marot en celle de Maro"[9]. La confiance en soi requiert donc de la part des grands auxquels le poète s'adresse une constante confirmation, comme si l'être même de la parole poétique en dépendait.

Si, par conséquent, le poète proteste de son droit de saluer la Duchesse de Ferrare, droit tout à fait naturel, comme le gazouillement des oiseaux qui chantent dans les buissons et les bocages, droit bien coutumier, comme le coup de canon tiré par le navire à son entrée au port, tout le poème est néanmoins une justification et une supplique. Marot demande fièrement: "Mais quel besoin est il de m'excuser?". La question même n'en prouve pourtant pas moins qu'un tel besoin existe, et qu'il est vivement ressenti.

Pour juger la poétique marotique, il importe donc de mesurer l'amplitude des fluctuations que subit le "moi" poétique, de même que, corrélativement, la valeur attribuée à la figure du prince. La relativisation de ces deux instances de l'univers marotique a pour corollaire l'obliquité et l'ironie de la fiction poétique, construction littéraire qui, chez Marot, met pleinement à profit les ressources de la négation.

Or, à lire les nombreuses suppliques et requêtes que le poète adresse à ses protecteurs, l'envergure de son auto-humiliation et l'exaltation du destinataire du poème paraissent prendre les couleurs absolues. Telle semblerait l'image que Marot peint de lui-même dans l'épître qu'il adresse

---

[8] "Response aux vers latins, que luy avoit envoyés Monsieur Akakia Medecin", in *Œuvres poétiques*, II, p. 221. Ailleurs, la similarité entre Marot et Maro est présentée comme hypothétique: "Prenons le cas, Cahors, que tu me doibves / Aultant, que doibt à son Maro Mantue..." - "De l'entrée des Roy, et Royne de Navarre à Cahors", in *Œuvres poétiques*, II, p. 279. La conscience des différences, teintée d'espoir, apparaît dans "L'Enfer":

> Quant au surnom, aussi vray qu'Evangille,
> Il tire à cil du Poëte Vergille,
> Jadis cheri de Mecenas à Romme:
> Maro s'appelle, et Marot je me nomme,
> Marot je suis, et Maro ne suis pas,
> Il n'e fut oncq depuis le sien trespas:
> Mais puis qu'avons ung vray Mecenas ores,
> Quelcque Maro nous pourrons veoir encore.

Œuvres poétiques, II, p. 29, vv. 359-366.

Sur la relation entre Marot et Virgile v. l'excellente communication de Jacques Berchtold, "L'Enfer: les enjeux d'une transposition mythique" à paraître dans les actes du colloque consacré à Clément Marot (Cahors, mai 1996).

[9] *Œuvres poétiques*, II, p. 407.

en 1528 au cardinal de Lorraine, le priant d'assurer son inscription sur les nouveaux "états" de la maison du roi[10]. Le poème est écrit par "L'Homme qui est en plusieurs sortes bas": la médiocrité de sa condition sociale s'allie à la limitation de ses connaissances, sa posture effacée correspond, hélas, à sa pauvreté. Bref, lorsque, anticipant la question du cardinal, le poète est amené à se présenter, à identifier ce "gentil salueur" qui ose ainsi s'adresser à la grandeur du prince, il ne trouve rien d'autre qu'"*ung* Marot" (vv. 11-14). L'article indéfini repousse le nom propre au rang d'un nom commun. En effet, le "Serf Clement", comme il se nommera dans une épître adressée au frère du cardinal[11], cherche constamment à justifier sa parole poétique:

> Prince tresnoble, à vostre advis, comment
> Vous pourroit il saluer haultement?
> ....
> Mais d'où provient, que ma Plume se mesle
> D'escrire à vous?
> $\qquad\qquad\qquad\qquad\qquad$ (vv. 5-6, 55-56)[12]

Or, cette justification ne peut venir que du destinataire de sa poésie. Par son acceptation, celui-ci en devient en quelque sorte le vrai auteur: en accueillant ce qui ne mérite ni le titre d'épître, ni celui de lai ou d'élégie, il en fait un "volume"[13]. Mais, chose encore plus importante, il donne l'être, il crée *ex nihilo* le poète lui-même:

[10] Epître XVII, "Au Reverendissime Cardinal de Lorraine" de *La Suite de l'Adolescence*, in *Œuvres poétiques*, I, pp. 318-320.

[11] Epître XXIII, "A mon Seigneur de Guise passant par Paris", in *La Suite de l'Adolescence*, in *Œuvres poétiques*, I, p. 327.

[12] Cf. l'épître III "A la Royne Elienor..." de *La Suite de l'Adolescence*, in *Œuvres poétiques*, I, pp. 291-293, vv. 8-9: "Feray je mal, si de ma plume fluent/ Vers mesurez,..."

[13] V. "Epistre perduë au jeu contre Madame de Ponts", *Œuvres poétiques*, II, pp. 94-96, vv. 43-50 (composée en 1535-1536):
> Parquoy à droit, devant toy je m'accuse
> Que cecy n'est Epistre, mais excuse,
> Cecy (pour vray) n'a merité le tiltre
> D'Envoy, de Lay, d'Elegie, n'Epistre.
> Mais s'il te plaist, nonobstant sa basseur,
> Le recevoir en gré, soubz la doulceur
> Qui est en toy par naïve coustume,
> J'estimeray avoir faict ung volume.

> Plaise vous donc noble fleuron Royal,
> Plaise vous donc à ce Baron loyal,
> En dire ung mot (pour ma protection)
> Acompagné d'ung peu d'affection:
> Si vous pourray donner ce loz (si j'ose)
> De m'avoir faict de neant quelcque chose.

(vv. 49-54)[14]

Le poète attend le "traict verbal" de son solaire protecteur: "*tantum dic verbo...*" (*Mt.*, 8, 8). Il ne s'agit point ici du "verbe abrégé", ce "mot" qui convertit l'Ami des *Prisons*. Néanmoins, il faut reconnaître que la requête de Marot reçoit une formulation religieuse surprenante. Le "mot" bienveillant du cardinal, tel le *fiat* de la création, donnera corps au "loz", au chant de louange qui forme l'essence même de la poétique léguée à Marot par son père. Par là même, le mécène tirera le poète du néant de son existence.

Ainsi le "mot" qu'est la parole princière acquiert une importance quasi-théologique. Cela est d'autant plus vrai pour le roi. Déjà lorsqu'il demande à François Ier, de l'accepter parmi ses serviteurs à la place de son père récemment décédé, Clément Marot exprime son immense confiance en le pouvoir de la promesse royale:

> Car quant à moy, j'ay ferme confiance,

---

[14] L'édition des *Opuscles* publiée à Lyon par Olivier Arnoullet, ainsi que l'édition de l'*Adolescence Clémentine* imprimée en 1532 par Tory proposent en cet endroit: "dung nichil quelque chose". V. Pierre Lombard, *Sententiae*, II, dist. I, cap. 2, Roma (Grottaferrata), Editiones Collegii S. Bonaventurae ad Claras Aquas, 1971, p. 330:

> Creator enim est, qui de nihilo aliqua facit, et creare proprie est de nihilo aliquid facere; facere vero, non modo de nihilo aliquid operari, sed etiam de materia. Unde et homo vel angelus dicitur aliqua facere, sed non creare; vocaturque factor sive artifex, sed non creator. Hoc enim nomen soli Deo proprie congruit, qui de nihilo quaedam, et de aliquo aliqua facit.

Et Ockham *In librum secundum Sententiarum Ordinatio*, q. VI: "Utrum contradicat creaturae habere potentiam creandi", in *Opera Philosophica et Theologica*, *Opera Theologica*, St. Bonaventure, N.Y., Editiones Instituti Franciscani, Universitatis S. Bonaventurae, 1977, t. 5, p. 97:

> ...dico quod creare non tantum dicit producere aliquid post purum nihil, sed etiam dicit quod nulla materia requiratur. Sic non est in propositio, quia creatura in actione sua necessario requirit materiam in qua recipitur forma, Deus autem non.

On peut se demander dans quelle mesure Du Bellay se souvient de Marot dans le dernier sonnet de ses *Regrets*. V. à ce propos Ullrich Langer, *Divine and Poetic Freedom in the Renaissance. Nominalist Theology and Literature in France and Italy,* Princeton, Princeton University Press, 1990, p. 172 et suivantes.

> Que vostre dire est ung divin Oracle,
> Où nul vivant n'oseroit mettre obstacle.
> Telle tousjours a esté la parolle
> Des Roys, de qui le bruit aux Astres volle.[15]

La "ferme confiance" que le poète porte en son roi pourrait paraître un écho de la foi-*fiducia* si chère aux évangéliques et essentielle pour Calvin. Les rois dominent le monde des hommes et c'est leur nom, et non pas celui de Dieu - auquel, toutefois, ils doivent céder la préséance - qui confère l'immortalité à l'ouvrage poétique.

> ... en la Fueille premiere
> Doibs invocquer le nom du tout puissant:
> Puis descriras le bruit respendissant
> De quelcque Roy, ou Prince, dont le nom
> Rendra ton Œuvre immortel de renom...
>
> (v. 62-66)

Tel est le testament que lègue à son fils Jean Marot. Si le prince doit céder la première place à Dieu, c'est pourtant le nom royal qui confère l'immortalité à la louange poétique, et non l'inverse. Ni le cœur fidèle du poète, ni, à plus forte raison le poème, "ceste Charte escripte", ne peuvent garantir le succès de la requête (vv. 86-93). L'espoir gît en la seule promesse royale, sa grâce, assurément imméritée[16]. Comme le note l'une des premières épigrammes, la voix royale "ne dit chose humaine, mais divine[17]. Dans

---

[15] "Au roy", *La Suite de l'Adolescence*, in *Œuvres poétiques*, I, 328, vv. 26-30.

[16] V. aussi "L'Espitre du Despourveu" vv. 173-178. La Princesse est priée de recevoir Marot "non pour aulcune chose / Qui soit en moy pour vous servir enclose: / Non pour prier, requeste, ou rhetorique, / Mais pour l'amour de vostre Frere unique". Sur les tentatives, en dernière instance impossibles, de mériter la récompense gratuite du souverain (poète lui-même) v. l'analyse de la "Petite epistre au roy" présentée par Ullrich Langer, *Divine and Poetic Freedom...*, pp. 66-70.

[17] Epigramme "Au Roy. Vers alexandrins", *Œuvres poétiques*, II, p. 210, vv. 5-8. V. aussi une épître d'attribution douteuse, adressée au connétable Anne de Montmorency. Publiée par Jean Plattard (Paris, Jean Schemit, 1931, p. 348), elle fut écartée par Gérard Defaux de son édition. La volonté royale y est décrite comme étant...
> ... de puissance absolue
> Et ne se peult chose qu'il ait voulu
> Contrarier. En France où est celluy
> Qui sceust user d'auctorité sur luy
> Aultre que Christ; Dieu n'a point faict d'homme estre

quelle mesure la divinité du prince se dévoile-t-elle comme une image littéraire, et dans quelle mesure est-elle soigneusement motivée par le poète? La question est d'importance, car, non seulement la figure du roi détermine, par contre-coup, le statut ontologique du moi poétique, mais aussi elle permet d'entrevoir l'orientation que prend l'écriture de Marot.

Or, malgré une stylistique agressive, les distinctions essentielles sont maintenues. Selon un partage précis hérité de la terminologie ecclésiastique, l'art poétique transmis du père au fils appartient au "spirituel"; la "plume", aussi humble soit-elle, "vient de la Muse"; la langue est un "don de Dieu". En revanche l'octroi royal reste confiné au "temporel" et même la maîtresse qu'est Marguerite de Navarre demeure une "valeur de ce monde"[18]. Il n'est donc pas étonnant que la Fortune ait su l'emporter sur la grâce royale qui a admis Marot sur les registres de la Maison du Roi. Que ce soit par "malheur, ou trop grand oubliance", le nom du poète ne s'y est pas trouvé. Comme cela s'entend, l'oubli du roi est tout à fait accidentel, à proprement parler infortuné. Il n'est en rien comparable à celui du Sauveur, qui, oublieux de sa nature divine, s'est anéanti sur la croix.

François Ier est donc, tout comme Marot, sujet aux attaques de la Fortune. Le poète ne se prive pas de le lui rappeler, lorsqu'il sollicite l'aide royale pour compenser le vol dont il a été victime et les frais de la maladie qui l'accable ("Votre cueur noble en sçauroit bien que dire"[19]). Le roi a donc beau disposer d'une puissance surhumaine, l'exécution de ses entreprises est tout aussi aléatoire que l'existence de son poète. En conséquence, l'éloge hyperbolique du prince laisse transparaître, très subtilement, l'ombre du doute. Certes, Marot se plaint *au* roi et non pas *de* lui[20]. Mais réfuter une

---

       Qui du François dust surmonter le maistre.
Sur la distinction scholastique entre *potentia absoluta* et *potentia ordinata* v. Ullrich Langer *Divine and Poetic Freedom...*

[18] V. vv. 94-102. V. aussi l'épître "Au Reverendissime Cardinal de Lorraine" v. 23 et suivants, de même que "L'Enfer" v. 407 et suivants. Cette séparation ontologique entre le destinataire princier et la divinité se retrouve aussi dans l'épître "A Monseigneur le Grand Maistre de Montmorency", *La Suite de l'Adolescence*, in *Œuvres poétiques*, I, pp. 295-297.

[19] "Au Roy", *La Suite de l'Adolescence*, in *Œuvres poétiques*, I, 320, v. 4.

[20] Voici les premiers vers de l'épître "Au Roy" de *La Suite de l'Adolescence*, in *Œuvres poétiques*, I, p. 327-328:
    Non que par moy soit arrogance prinse,
Non que ce soit par curieuse emprinse

telle éventualité n'est-ce pas déjà, négativement, l'admettre? Et comment
interpréter cette criante nonchalance qui termine la requête financière de
Marot:

>   Voilà le poinct principal de ma Lettre.
> Vous sçavez tout, il n'y fault plus rien mettre:
> Rien mettre, las! Certes, et si feray,
> En ce faisant, mon stile n'enfleray,
> Disant, ô Roy amoureux des neuf muses,
> Roy, en qui sont leurs sciences infuses,
> Roy, plus que Mars, d'honneur renvironné,
> Roy, le plus Roy,....[21]

Certes, l'enflure stylistique de cette litanie finale montre bien que les mots
sont bien peu de chose par rapport à la grandeur de la puissance royale. Le
discours poétique n'est rien, lorsqu'on le compare à la réalité du pouvoir.
Mais, par ailleurs, le poète courtisan ne peut pas aussi froidement
dévaloriser son propre dire au risque de dénoncer cyniquement le pacte qui
le lie à son maître. Si le roi dédaigne l'éloge, si tout ce qu'il doit faire est de
fournir l'argent - "Vous sçavez tout..." - quelle est la fonction assignée au
poète? A moins que la négligence de Marot ne soit que le reflet de celle de
son royal protecteur, qui a visiblement oublié son serviteur. Reflet dont le
comique repose sur une acerbe ironie. Car tout comme les vers demeurent
parfaitement superflus à François Ier, de même l'argent n'est point - soit-
disant - essentiel à la survie de Marot. Il en a besoin non pour se prémunir
de la faim, mais pour continuer ses grands travaux à "Clement" et "à Marot,
qui est ung peu plus loing". Mécène imaginaire, le poète singe visiblement
son roi, le mécène des arts. Bouffon, il lui présente l'image distordue, la
caricature de la générosité royale.

Il semble que cette relation spéculaire que Marot entretient avec son
roi soit la version déformée d'une conception religieuse de la monarchie
largement partagée par son siècle et particulièrement cultivée par l'entourage
de François Ier: celle du roi *imago deitatis princeps*.

> D'escrire au Roy: pour tout cela ma plume
> D'ardant desir de voller ne s'allume.
> Mon juste dueil (seulement) l'a contraincte
> De faire à vous (et non de vous) complaincte.

---

[21] "Au Roy", *La Suite de l'Adolescence*, in *Œuvres poétiques*, I, p. 323, vv. 119-
126.

Selon cette conception politique, le roi particulier est porteur de la "dignité qui ne meurt jamais" conférée par la succession monarchique ininterrompue. Il est perçu comme l'"incarnation", l'"instrument animé" d'une Royauté qui, dans la pensée politique des juristes comme Baldus, était aisément interchangeable avec la Divinité[22]. Le cas des cérémonies funéraires de François Ier est l'illustration classique de ce phénomène, car la mort disjoint le corps physique du monarque et le corps mystique de la monarchie. Or la dépouille mortelle du roi est cachée après dix jours d'exposition pour laisser place à l'effigie royale, un mannequin revêtu des symboles du pouvoir. Celui-ci, tel le roi vivant et en personne, continue à être servi à table avec tout le respect non seulement pour le cérémonial de cour, mais aussi pour ses menues habitudes particulières (par exemple celle de boire du vin deux fois pendant le repas). Ce roi en effigie est approché sans aucun signe de deuil, comme si, la dignité royale étant immortelle, le roi dans sa corporelle immanence n'était pas non plus affecté par la mort. Dans son aspect quasi-sacramentel, ce culte politique met en valeur la pérennité de la monarchie, l'immortalité du roi en tant que monarque.

Evidemment, ce rite de la religion politique repose sur la valeur accordée au "comme si" qui unit le roi et la déité. Rien ne permet de croire que la sacramentalisation royale, aussi spectaculaire soit-elle, soit ancrée en une croyance comparable à celle qui fonde, par exemple, la transsubstantiation[23]. Le "*Dii estis*" du psalmiste, appliqué aux rois de France, est certainement une métaphore, tout comme l'est l'image du poète-néant en attente de la création princière[24]. Cependant, même si la fiction

---

[22] V. Ernst H. Kantorowicz, *The King's Two Bodies. A Study in Medieval Political Theology*, Princeton, Princeton University Press, 1957, surtout p. 383 et suivantes.

[23] Ce sont les réserves formulées par Alain Boureau à l'encontre des travaux de l'école de Kantorowicz. V. *Le simple corps du roi. L'impossible sacralité des souverains français. XVe-XVIIIe siècle*, Paris, Les Editions de Paris, 1988, ainsi que Jacques Revel, "La Royauté sacrée. Eléments pour un débat", in *La Royauté sacrée dans le monde chrétien*, Paris, Ecole des Hautes Etudes en Sciences Sociales, 1992, pp. 7-15.

[24] Ce verset du psaume 81, 6 est soumis à l'exégèse de saint Augustin dans son *Commentaire sur la première épître de saint Jean*, 2, 14, Paris, Ed. du Cerf, 1961, pp. 180-181. Ce passage servira de support scripturaire à la pensée absolutiste de Jacques Ier (Ernst Kantorowicz, p. 496). Or, il est intéressant de noter qu'il semble aussi présent dans la tradition de la théologie apophatique, notamment dans la spiritualité d'Eckhart où il sert à évoquer le "fond de l'âme" (*selengrund*), ce "quelque chose", lieu de l'unité absolue (v. les sermons allemands d'Eckhart sur 1 *Jn.*, 4, 9; *Sap.*, 5, 16; *Eccli.*, 50, 10; *Rom.*, 13, 14; 2 *Tim.*, 4, 2; *Jn.*, 15, 4 édités par Jeanne Ancelet-Hustache, Paris, Ed. du Seuil, 1974-1979).

juridique du roi-image de la déité est restée une fiction, il est frappant d'observer à quel point l'entourage de François Ier était prêt à la cultiver et l'entretenir.

Ce "François Ier imaginaire", créé et patiemment promu par la famille des Angoulême, transparaît à travers les décors des entrées royales ou les enluminures des manuscrits, à travers les poésies palinodiques et les traités didactiques[25]. Il fond en une seule unité les symbolismes monarchique, christologique et marial. Le changement dynastique, les projets impériaux liés à la personne du jeune roi paraissent favoriser les transferts métaphoriques entre le religieux et le politique. Louise de Savoie devenue la Vierge Marie, François Ier - le bien-aimé du *Cantique des cantiques*, Salomon et enfin le Christ lui-même sont des images dont la récurrence dans la littérature et l'iconographie de l'époque prouve un particulier développement de la religion monarchique dans la première moitié du siècle.

Jean Thenaud, lui aussi, y a contribué à sa façon. Le pari de sa cabale chrétienne est de distinguer entre la sémiotique juive périmée par l'Incarnation et les vrais signes du divin[26]. Parmi ces derniers, à côté du nom de Jésus, de la croix et des sacrements de l'Eglise, le précepteur de François Ier place la "iustice legale / Ou resplendit la dignite royale". Les anagrammes sur les noms du roi, de la reine Claude, de Louise de Savoie et de Marguerite de Navarre s'inscrivent à la suite de cette distinction. En situant ainsi les jeux de l'onomastique dans le contexte immédiat du débat entre les signes sacramentels et les signes cabalistiques, Thenaud semble présenter l'allusion poétique comme le dévoilement herméneutique du sacré: "la revolucion du nom et tiltre assez monstre que par divine providence ces

---

Sur la tradition chrétienne de la "déification" de l'homme v. Claude Blum, *La représentation de la mort dans la littérature française de la Renaissance. D'Hélinant de Froidmont à Ronsard*, Paris, Champion, 1989, p. 253, n. 207.

[25] V. surtout les travaux d'Anne-Marie Lecoq: *François Ier imaginaire. Symbolique & politique à l'aube de la Renaissance française*, Paris, Editions Macula, 1987, ainsi que, du même auteur, "La symbolique de l'Etat. Les images de la monarchie des premiers Valois à Louis XIV", in *Lieux de mémoire, II, La Nation*, Paris, Gallimard, 1986, t. 2, pp. 145-192.

[26] *Cabale métrifiée*, ms. fr. 882 de la Bibliothèque Nationale, datant de 1519 et la *Cabale et l'estat du monde angélic ou spirituel* qui suit le traité précédent (ms. 5061 de l'Arsenal).

lettres estoient ainsi unyes"[27]. Le "cabaliste" franciscain, d'habitude fort critique à l'égard de la sacralisation des signes, se montrerait-il indulgent lorsqu'il s'agit des symboles propres à la famille royale? Cette attitude, qui peut être simplement l'expression de la flatterie courtisane, revêt pourtant la forme d'une vraie mystique de la monarchie.

Il est intéressant de consulter à cet égard l'enluminure qui orne le second feuillet des *Troys résolutions et sentences, c'est assavoir de l'astrologue, du poète et du théologue, sur les grandes conjonctions, moyennes et petites...* de Thenaud (fig. 2)[28]. Elle représente la vision onirique du narrateur: un immense lys déploie son arborescence pour former deux triangles isocèles. En outre, les bases de ces triangles étant parallèles, elles portent en leur milieu le sommet du triangle opposé, formant ainsi, dans la superposition partielle des deux figures, un losange qui leur est commun. Le diagramme est intitulé "triangles de gloire et triomphe *royale*". En effet, les deux triangles portent dans chacun de leurs sommets l'écusson d'un membre de la famille royale: le triangle supérieur associe François Ier, Louise de Savoie et, dans la partie tournée vers le bas, Marguerite d'Alençon. Le triangle inférieur regroupe la reine Claude et ses deux fils.

Selon le propre aveu de Thenaud, cette complexe figuration politique reprend la partie supérieure d'un schéma inséré dans une autre de ses œuvres: la *Cabale métrifiée* (fig.3). Celui-ci représente les relations entre Dieu et les hiérarchies angéliques, dictées, naturellement, par la tradition dionysienne. Présenté ainsi, le triangle supérieur du pictogramme royal (triangle "de gloire") apparaît comme l'image de la Trinité, avec François Ier correspondant à Dieu le Père, Louise de Savoie au Fils, et Marguerite au Saint Esprit. Sa base, qui forme en même temps la limite supérieure du diagramme, symbolise l'ineffable et l'incompréhensible de l'intellect. La base du triangle inférieur correspond à la raison. Plus modeste quoique non négligeable, ce "triangle triumphal" est le domaine des séraphins, chérubins

---

[27] V. Lettre dédicatoire de la *Cabale de l'estat du monde...*, surtout le commentaire qui précède le poème consacré au nom de Louise de Savoie. V. aussi l'éloge de l'onction royale et des trois fleurs de lys ornant l'écu du roi (*Cabale métrifiée*, f° xxx r° et suivants).

[28] Codex 2645 de la Bibliothèque nationale de Vienne. Je me fonde sur la présentation de ce manuscrit faite par Anne-Marie Lecoq, pp. 403-409 et 450-453, qui, toutefois, ne mentionne pas l'influence cusaine sur les miniatures de Thenaud. V. aussi l'édition préparée par G. Mallary Masters du manuscrit BN, ms. fr. 1358 de cet auteur: *La "Lignée de Saturne ou le Traité de Science poétique", suivi du "Traité de Poésie"*, Genève, Droz, 1973.

et des trônes, ce premier rôle étant dévolu au dauphin, les deux autres à la reine Claude et au second fils du roi, Henri.

Ainsi le symbolisme politique se superpose à la figuration des mystères religieux, plus précisément à la reproduction des hiérarchies angéliques inspirée par Denys l'Aréopagite. Le fait que ce soit spécifiquement la pensée dionysienne qui donne corps à la mystique politique de Thenaud confère à cette dernière un aspect particulièrement radical. Projetés dans les hauteurs de l'intellect, dans une transcendance quasi divine, François Ier et Louise de Savoie semblent unir et surpasser toutes les contradictions de la raison, toute affirmation et toute négation. Telle est du moins, la caractérisation que Thenaud donne au triangle suprême de son schéma théologique:

> Absolument absolue verite/
> Puissant pouoir/ puissant forme omniforme
> Formellement formelle sans difforme/
> Qui est par tout indiuisiblement
> Et oultre tout essenciallmeent.
> A qui tous cas et dictz affirmatifz
> Et negatifz/ positifz/ priuatifz
> Quelconques sont/ et ceulx qui point ne sont
> Soient entenduz/ ou qui ententes nont
> Contrarians/ ou que on peut impugner
> Ou repugner/ pouons atribuer:
> Pour veu pourtant que en leur diffinicion
> Nemportent mal ny imperfection.
>
> *Cabale métrifiée*, f° 5 r° - v^{o29}

L'exemple de Thenaud montre à quel point la métaphore du roi - image de la déité pouvait, sinon être prise, du moins être représentée comme si elle correspondait à la réalité mystique de la monarchie française. Il révèle aussi comment Marot semble réticent à accepter cette sorte de religiosité politique, comment il lui est difficile de faire confiance aux signes qui la portent. En s'adressant à François Ier par la prétérition négative, en lui envoyant des éloges dont l'exagération dénude ostensiblement la futilité, en lui présentant un reflet bouffon de sa générosité royale, Marot jette très subtilement une

---

[29] Toutefois, il importe de noter que le renvoi du diagramme politique de Thenaud vers la mystique dionysienne n'est pas direct. Il est médiatisé par la "figure paradigmatique" de Cusanus (*De conjecturis*, I, 11), à laquelle Thenaud emprunte l'idée des deux triangles s'entre-pénétrant pour toucher par leur sommet la base du triangle opposé. Il me semble que cet intermédiaire cusien donne à la symbolique politique de Thenaud le statut de "conjecture", signe incapable de rendre adéquatement la vérité transcendante qu'il désigne.

ombre de doute sur la sacralisation du monarque postulée par la religion
politique des Angoulême. Ces subterfuges ludiques sont des libertés
accordées au fou du roi. Irrévérences licites, mais qui détonnent dans le
contexte de la mystique monarchique de la famille royale. Tout comme
l'anéantissement du poète devant ses destinataires princiers n'est qu'une
figure d'humilité rhétorique, de même que ses prétentions virgiliennes
formulent, élégamment, une requête d'appui tangible, pareillement la
divinisation du roi s'exhibe en métaphore. Ce dévoilement devient d'autant
plus brutal que François Ier apparaît comme une image déficiente de Dieu.

Telle en effet semble la conclusion que l'on puisse tirer de l'épître
que Marot exilé écrit à son roi en 1535, *Au Roy nouvellement sorty de
maladie*[30]. L'objectif initial du poème est de féliciter le souverain de sa
récente guérison. Mais la joie de la santé retrouvée par le roi fait rapidement
place à la supplique du poète disgracié. De nouveau, Marot se définit comme
le "dépourvu" privé de la présence et surtout de la "divine eloquence"
royale. Il est poursuivi par les railleries de ses persécuteurs:

> Mes ennemys (Roy d'honneur couronné)
> Disent par tout que m'as habandonné.
> (...)
>   O Sire, donq renverse leurs langaiges (...)
>   (vv. 29-30)

Le ton adopté par la complainte rappelle d'une façon frappante celui de
David sollicitant le secours de son Dieu au milieu des tribulations[31]. Qu'il

---

[30] *Œuvres poétiques*, II, 92-93. Dans l'introduction de son édition, Gérard Defaux
remarque à juste titre combien cette épître, quelque peu négligée jusqu'ici par la critique,
témoigne de la mutation intérieure du poète, du dépassement du discours courtisan par celui
du prédicateur évangélique. Je voudrais montrer à quel point cette "crise d'identité" touche
la figure royale, et comment elle est formulée en termes d'une ontologie incompatible avec
la conception du roi-image de la déité.

[31]
> Certes, plusieurs j'en voy
> Qui vont disant de moy:
> Sa force est abolie:
> Plus ne trouve en son Dieu
> Secours en aucun lieu.
> Mais c'est à eulx folie.
> (...)
> Vien doncq', declaire toy
> Pour moy, mon Dieu, mon Roy,
> Qui de buffes renverses

soit, comme ici, le prophète de la misère ou qu'il soit, comme dans *L'épître de Frippelippes* l'annonciateur de la vengeance du Seigneur, en adoptant la figure du psalmiste, Marot laisse interférer d'une façon inquiétante l'image du roi avec celle de Dieu.

Dans une tentative désespérée de renouer le lien rompu par sa fuite, le poète courtisan réclame donc humblement ses gages et offre ses services. Mais bientôt les images de Dieu et du roi divergent et leur présentation adopte un ordre hiérarchique:

> Je suis Chrestien, pour tel me veulx offrir,
> Voire plus prest à peine et mort souffrir
> Pour mon vray Dieu et pour mon Roy...
>
> (vv. 57-58)

Marot est dévoué à son roi: il est prêt à mourir pour lui, mais avant tout il est un chrétien qui abandonne volontiers sa vie à Dieu[32]. La supplique courtisane se transforme ainsi en justification qui s'avère en fait une profession de foi évangélique: le poète ne ressemble en rien à un "Turc ne Juif", il s'est miré dans le ruisseau de la vérité chrétienne[33]. Toutefois l'épître semble se terminer par une déclaration d'allégeance adressée au roi:

> T'advertissant, ains que ma lettre plye,
> Combien qu'encor je te tien pour mon maistre,
> Qu'il est en toy de jamais rien ne m'estre,
> Mais il n'est pas, certes, en ma puissance
> De n'estre tien en toute obeissance.
>
> (vv. 62-66)

> Mes ennemys modents,
> Et qui leur romps les dents
> En leurs bouches perverses.

Psaume III, vv. 7-12 et 37-42, in *Œuvres poétiques*, II, 566-568. V. aussi les psaumes CXLIII, 18-60 et CXV, 4-6, de même que le "*Deus dereliquit eum*" du psaume LXX, 11. Le dernier vers de ce passage rappelle les psaumes LIV, 10 (LV, 10 dans la Bible d'Olivétan: "Seigneur deffaictz & divise leur langue: car iay extorsion & mutinerie en la cite...").

[32] Dans les notes de son édition, Gérard Defaux remarque à juste titre cette hiérarchisation en évoquant le conflit entre Thomas More et Henri VIII.

[33] Cette transformation a été analysée par Michael A. Screech, "Clément Marot and the Face in the Gospel", pp. 70-72.

Dans son immense pouvoir, François Ier reste libre de renoncer aux services du poète. Il peut assurément remplacer sa protection seigneuriale par l'exil et la persécution, comme, précisément, il est en train de le faire. Pourtant Marot ne peut cesser d'être son humble serviteur. Il y a là certainement une nouvelle déclaration de la fidèle soumission du poète et un hommage final rendu à la puissance du roi. Celui-ci est libre de renoncer à son serviteur, qui, en revanche, restera sien à jamais. Il est toutefois curieux de constater que, placée à la suite de l'éclatante profession de foi évangélique, cette exaltation du pouvoir royal prend un aspect paradoxalement négatif: "il est en toy de jamais rien ne m'estre". Dans la relation étroite qui unit le serviteur à son maître celui-ci peut s'anéantir, passer de son statut quasi-divin à celui de son contradictoire opposé: le rien. Ce n'est pourtant point là un mouvement d'ultime transgression mystique comparable à celui qui annihile l'âme du fidèle pour la libérer de son "cuyder" et la perdre dans l'Etre Tout-Puissant. L'auto-anéantissement volontaire du roi n'est pas similaire au dénuement eckhartien. La protestation de fidélité tourne à la menace, l'exaltation se mue en accusation de déchéance.

"NIHIL significat peccatum" constate sèchement le *Lexicon Theologicum* de Joannes Altenstaig[34]. Manifestement, pour Marot, le roi tombe - momentanément ou par certains aspects de son existence - dans le domaine de la négativité et de la déficience, c'est-à-dire là où s'arrête le pouvoir divin. Ou, plus précisément, là où s'arrête tout pouvoir, car mourir, pécher ou mentir - pour ne reprendre que quelques exemples classiques - ne sont pas les attributs du pouvoir, mais ceux de l'impuissance. Dieu est le seul être nécessaire; dans sa simplicité il est incapable de mutation[35]. La non-existence de Dieu est l'impossible suprême, Dieu ne peut décroître son être, devenir pierre ou nature non-animée, car son action est par excellence positive[36].

---

[34] Joannes Altenstaig, Joannes Tytz, *Lexicon Theologicum*, Cologne, Petrus Henningius, 1619, p. 587. Je remercie Ullrich Langer de m'avoir suggéré cette référence.

[35] "...quia etiam est *necesse esse*, ut probatum est ex primitate efficientiae (...) ideo non potest mutari ab *esse* in *non esse*: vel a *non esse* in *esse*..." - Johannes Duns Scotus, *Opera omnia*, t. V, 2 (Hildesheim, Georg Olms Verlagsbuchhandlung, 1968) - fac-similé des *Questiones in lib. I Sententiarum, cum comm, F. Lycheti, tomi quinti pars secunda*, Lugduni, sumptibus Lavrenti Durand, 1639, 805, lib.I. dist. viii, q. v). V. aussi Petrus Lombardus, *Sententiae*, lib. I, dist. xlii, cap. i-iii, Grottaferrata (Romae), Editiones Collegii S. Bonaventurae ad Claras Aquas, 1971, pp. 294-298.

[36] V. Joannes Altenstaig, articles: *Omnipotens, Posse aliquid, Possibile*.

Les "idéologues" proches des Angoulême connaissent parfaitement cette positivité fondamentale de Dieu. La description que Thenaud offre du triangle suprême de ses hiérarchies célestes en est un indice manifeste. Si, conformément à la lecture mystique de Denys, Dieu réunit les contraires, il est pourtant libre de tout mal et imperfection. Le problème réapparaît dans la fameuse lettre écrite par Guillaume Briçonnet à Marguerite de Navarre le 5 février 1522:

> Toutefois Simon Magus l'impugnoit par l'Escripture saincte où il est dict: "Negare se ipsum non potest" [2 *Tm.*, 2, 13]. Dieu ne se peult nyer. Ergo, il n'est pas Tout-Puissant, il ne se peult nyer et ne peult non estre et ne peult estre que bon. Car se nyer, non estre, et non estre bon est impuissance, et Dieu, parce qu'il est Tout-Puissant, il ne se peult nyer, alterer ne changer par sa puissance. Il est et seul est,...[37]

Et, toujours en se référant aux *Actes des Apôtres*, mais cette fois-ci doublés par l'autorité de Denys, un autre disciple de Lefèvre d'Etaples, Bovelles, souligne qu'il est impossible à Dieu de ne pas être Dieu[38]. Le roi-rien, le roi nié de Marot est donc une image de la déité fracturée. Le rien n'est point ici un moment absolu de rupture ontologique, coïncidence des opposés nécessaire dans l'ascension vers le Tout. Il est le signe de l'impuissance et du mal qui guettent le monarque. Mais François Ier ne pourra jamais s'anéantir complètement dans la poésie de Marot. Il ne cessera d'être l'interlocuteur privilégié du poète. Car le roi, tiraillé entre la divinité et le néant, n'atteint aucun de ces absolus, de même que son éternel serviteur, le poète, n'est "ni Roi, ni rien". Etres fragiles et redevables à Dieu de tout ce qui les constitue, ils sont unis tous les deux par le lien nécessaire de la poésie courtisane, saturée pourtant de significations théologiques[39]. Le

---

[37] Guillaume Briçonnet, Marguerite de Navarre, *Correspondance (1521-1524)*, t. 1, p. 149. Ockham qualifie le raisonnement opposé de "*fallacia figurae dictionis*" (*Ordinatio*, lib. I, dist. 42, quaest. unica, St. Bonaventure, N.Y., St. Bonaventure University, 1977, t. 5, p. 621). V. aussi Pseudo-Denys l'Aréopagite, *Les Noms Divins*, 8, 6.

[38] *De Nihilo*, éd. Pierre Magnard, Paris, Vrin, 1983, p. 64. V. *Ac.*, 8, 9-24 et 13, 8.

[39] Tel est le sens de ces vers qui préfacent les trente psaumes traduits par Marot et adressés à François Ier:

Qui bien y lict, à cognoistre il apprend
Soy, et celluy, qui tout voyt, et comprend:
Et si oyrra sur la harpe chanter,
Que d'estre rien, rien ne se peult vanter:
Et qu'il est tout (en ses faicts, quant au reste)

roi et son poète se retrouvent dans leur mutuelle relativité, ballottés par la fortune entre les extrêmes ontologiques qui leur échappent.

Le Rien mis en fiction

Or ces êtres relatifs et fragmentaires, bannis, ou précautionneusement distants des extrêmes ontologiques, peuplent un discours qui conserve résolument les oppositions logiques, quitte à renverser subtilement les places du poète et de ses interlocuteurs par le jeu de l'ironie, à les renvoyer l'un à l'autre par un mimétisme bouffon. Les opposés ne fusionnent pas dans l'extase de l'union mystique, mais sont maintenus dans leur distinction, autorisant ainsi les dénégations accumulées de Marot, les subterfuges de sa fiction, mais aussi proclamant à quel point l'artifice du discours littéraire s'éloigne de l'union naturelle, de l'identité avec l'Etre tant convoitée.

Car, tout en rêvant, à l'instar de sa reine mystique, d'une parole poétique perméable au Verbe, tout en désirant que la réalité sociale soit transfigurée par la Parole de Dieu, Marot semble ressentir, d'une façon encore plus aiguë que Marguerite, que le verbe humain diffère douloureusement du Logos.

Cette distinction est clairement soulignée par saint Augustin. Malgré leur similitude, le verbe mental de l'homme et le Verbe de Dieu diffèrent par

---

Fort admirable, icy se manifeste:...
    Au Treschrestien Roy de France..., in *Œuvres poétiques*, II, 557-561, vv. 89-94.
Il s'agit de fustiger les "malins" des psaumes IX et X qui, niant l'existence de Dieu, refusent de reconnaître que tout provient de Lui. En conséquence de tels "méchants" s'attribuent à eux-mêmes leurs apparentes et fragiles victoires, en méconnaissant leur condition humaine ("Nully d'entre eulx n'est rien, fors qu'homme" -*Ps.*, IX, 23). Dans le vers 92 du poème liminaire ("Que d'estre rien, rien ne se peult vanter") le premier "rien" a une valeur positive de "quelque chose [d'important]", conformément à l'étymologie "*res*" du mot, encore vivante à l'époque. La seconde occurrence du mot a, en revanche, un sens négatif moderne.

excellence[40]. Le Verbe de Dieu est le plus puissant, car, expression du Père, il ne peut mentir. Cette incapacité fait sa force. Elle provient de l'union intime du Verbe avec le Père. Or, "en Dieu il ne peut y avoir "oui et non" (II *Cor.*, 1, 19), mais seulement "oui, c'est oui; non, c'est non"[41]. Le Verbe est ainsi vérité éternelle, car il est la forme même de Dieu, forme pure, égale à Celui dont il procède.

Marot veut aussi croire en l'éternité de sa poésie, malgré son dénuement, malgré son nouvel exil et l'imminence de sa mort. Pour illustrer la pérennité de son art, il cherche les mouvements primordiaux du discours:

> Et tant qu'ouy, & nenny se dira,
> Par l'univers, le monde me lira.[42]

Don spirituel des muses, libre de la mort corporelle, cette écriture serait-elle aussi primaire que la non-contradiction? Dans la distanciation des opposés, Marot semble suivre un mouvement contraire à celui de la poésie de Marguerite, toute tendue vers la fusion du Rien et du Tout à travers la percée des écrans herméneutiques du "cuyder". Mais aussi, par un malin clin d'œil à ses amis intimes auxquels le poème est adressé, il veut rappeler que l'affirmation et la négation, bien que clairement distinctes, peuvent être prises, et surtout peuvent être *signifiées*, l'une pour l'autre:

> Ung doulx Nenny, avec ung doulx soubzrire
> Est tant honneste, il le vous fault apprendre:
> Quant est d'Ouy, si veniez à le dire,
> D'avoir trop dict je vouldroys vous reprendre:
> Non que je soys ennuyé d'entreprendre
> D'avoir le fruict, dont le desir me poingt:
> Mais je vouldroys, qu'en me le laissant prendre,
> Vous me disiez, non, vous ne l'aurez point.

Le "Nenny" accompagné d'un sourire engageant est "tant honneste" et surtout plaisant... Dans cette confusion qui n'en est pas une il n'y a évidemment rien de l'hypocrisie des cours, mais juste le plaisir de la culture

---

[40] *De trin.*, XV, xv.

[41] "quia non potest esse illic 'Est et non', sed "Est, est; Non, non".

[42] *A ung sien Amy*, in *Œuvres poétiques*, II, 703-705, vv. 83-84. C'est à propos de ce poème que Gérard Defaux rappelle la célèbre épigramme *D'Ouy, & Nenny*, in *Œuvres poétiques*, II, 236.

et de l'obliquité du discours dans laquelle elle trouve sa liberté. Assurément, un plaisir bien humain pour tout lecteur d'Augustin. C'est justement dans la divergence entre notre dire et le verbe mental intérieur, autrement dit c'est dans l'erreur et le mensonge, que le saint voit la différence entre le verbe de l'homme et le Verbe de Dieu, parfaitement adéquat au Père. L'erreur survient lorsque notre parole correspond à un verbe intérieur faux, fruit de notre ignorance. Le mensonge présente un cas contraire: le verbe intérieur est vrai, car nous sommes conscients de mentir, mais nos paroles sont fausses. Les deux cas illustrent la précarité de notre pensée et la fragilité de l'âme humaine. Celle-ci est incapable de garder constamment dans l'actualité de sa conscience l'image des réalités éternelles, et surtout l'image de Dieu, dont elle détient pourtant la connaissance. Cette faiblesse demeure certainement la mesure de notre éloignement du Verbe divin. Elle est cependant aussi, et le recours de Marot à d'ambivalentes négations l'illustre à merveille, la preuve des libertés que peut prendre la culture des hommes, l'occasion au poète de déployer l'ingéniosité de son art.

En effet, il est frappant de constater combien souvent Marot, si amoureux de la simplicité et, apparemment, si transparent dans ses dires, recourt à des formulations détournées et obliques. Un exemple parmi d'autres peut être la place de la double négation dans la poésie marotique. Dans son élégie XXVII *A une, qui refusa ung present*, le poète s'étonne d'avoir été rebuté:

> ... des que m'eustes ouy,
> Dit ne me fut le contraire d'ouy ...
>
> (vv. 3-4)[43]

Par une curieuse circonlocution, Marot nie l'opposé de ce qu'il veut affirmer, par conséquent dédouble la négation, et débouche ainsi sur une positivité. Ce procédé continue dans la suite du poème:

> Il n'est pas dit (certes) que tous Donneurs
> Voysent cherchant (par tout) les deshonneurs:
> Et n'est pas dit, que les Dames, qui prenent,
> Font toutes mal, & qu'en prenant mesprenent (...)
>
> (vv. 27-30)

Ailleurs, consolant sa dame des attaques des médisants, le poète allègue le témoignage de la Raison pour soutenir qu' "impossible est de non tristesse

---

[43] *Œuvres poétiques*, I, 280-281.

avoir"[44]. Cette expression ne signifie pas que Marot doute de l'existence des joies en ce monde. Il lui importe plutôt de prouver, grâce au jeu de la double négation, que la tristesse est possible au milieu même des plaisirs, voire qu'elle y est bienvenue, car "sans ennuy, trop fade seroit l'aise" (v. 64). Ailleurs encore, dans l'épître *A Guillaume Du Tertre*, il emploie la même double négation pour se référer à Françoise de Foix, maîtresse royale, et épouse du seigneur de Châteaubriant dont Du Tertre est secrétaire. Il veut donc envoyer à son correspondant...

> Propos, qui fust si fort plaisant au Maistre,
> Que mal plaisant ne peulst à la Dame estre.
>
> (vv. 15-16)[45]

Une telle poétique suppose que, loin de vouloir transgresser les contradictions par le paradoxe, on sache se déplacer dans le carré des oppositions en usant des règles d'équipollence connues de la logique médiévale[46]. Elle démontre surtout le choix d'une poétique du détournement et de l'obliquité, bien éloignée de l'intime union des mots aux vérités absolues tant révérées.

Choix d'une poétique qui reconnaît les fatalités de l'entendement humain et de ses artifices. En effet, la nature, lieu du repos et de la nécessité, a accompli toutes les choses dans la monade et dans l'identité. L'opposition en revanche, figurée par les diagonales du carré logique, est apportée par l'entendement, qui déplace violemment les choses de leur assiette propre, pour les confronter dans leur isolement[47].

La poésie de Marot tend certainement vers le repos "naturel", vers la présence de l'Etre réduisant les oppositions d'une existence déchirée. Il est cependant significatif que cette nostalgie de l'identité se manifeste d'une façon curieusement oblique, en quelque sorte codée. Tout se passe comme si le poète, bien que convoiteux d'un accès direct à l'être, savait parfaitement que son art consiste à travailler la dissimilarité des signes.

---

[44] Elégie XX, in *Œuvres poétiques*, I, p. 268-270, v. 70.

[45] *La Suite de l'Adolescence*, in *Œuvres poétiques*, I, 307.

[46] V. par exemple Paulus Venetus, *Logica Parva*, éd. Alan R. Perreiah, München, Philosophia Verlag GmbH, 1984, chap. 10.

[47] Charles de Bovelles, *Ars oppositorum*, éd. et trad. Pierre Magnard, Paris, Vrin, 1984, chap. 4.

Un tel travail poétique transforme les protestations de sincérité même en figures de la fiction poétique. Voici comment Marot explique à son interlocutrice son départ en recourant au langage de l'"amor de longh" dans l'élégie XIV:

> Croyez de vray que ma presente plaincte
> N'est composée en courroux, ny en faincte:
> Faindre n'est point le naturel de moy:
> Parquoy vous pry n'en prendre aulcun esmoy,
> Ne me hayr, si je fuys mon contraire,
> A qui je veulx plus que jamais complaire:
> Mais c'est de loing: et pour en faire espreuve,
> Commandez moy. Pour vous certes je treuve
> Facile chose à faire, ung impossible,
> Et fort aisée à dire, ung indicible.
> Commandez donc, car je l'accompliray,
> Et sur ce poinct un A Dieu vous diray...[48]

L'"impossible" est-il "facile à faire", ou bien, inversement, ce qui est aisé s'avère infaisable? Ambiguïté inquiétante pour un discours qui proclame hautement sa franchise. Le poète ne nous laisse pas le temps de le deviner car, en disant l'"indicible", mais aussi facile adieu, il accomplit l'impossible qui peut-être ne lui coûte aucun effort: il prend congé de sa dame. La distanciation des personnages "contraires" se double donc d'une fine ironie. Le discours, jouant sur ses contradictions, accomplit la tâche proprement impossible de rectitude et d'obliquité.

C'est dans cette perspective qu'il importe de regarder à nouveau le "rien" inscrit dans le discours poétique de Marot. Certes, dans l'ordre de l'être, le rien n'existe pas. Toutefois dans celui du discours, par le jeu même des ambivalences et des négativités qu'il instaure, il assume un rôle générateur.

Tel semble être le cas de l'épitaphe de Madame de Châteaubriant, désignée, on l'a vu, par une double négation dans l'épître destinée à Guillaume Du Tertre:

> Soubz ce Tombeau gist Françoyse de Foix,
> De qui tout bien tous chascun souloit dire,
> Et le disant oncq une seule voix
> Ne s'avança d'y vouloir contredire.
> De grand Beauté, de Grâce, qui attire,

---

[48] *Œuvres poétiques*, I, 254-255, vv. 55-66.

De bon Sçavoir, d'Intelligence prompte,
De Biens, d'Honneurs, et mieulx que ne racompte,
Dieu eternel richement l'estoffa.
O Viateur, pour t'abreger le Compte,
Cy gist ung rien, là où tout triumpha.[49]

La louange de l'épitaphe se déploie librement, cautionnée par la voix commune ne souffrant apparemment aucune contradiction. Le poète s'y joint, mais il abandonne vite la tâche, incapable d'atteindre par son éloge les vertus exceptionnelles de la défunte ("mieulx que ne racompte"). Pourtant, lorsqu'il s'agit de faire la somme de ces perfections, le résultat du "Compte" est nul. A la place du "tout" triomphant, il ne reste plus rien, ou plutôt *ung rien*, une "chose" irrécupérable à la dialectique négative du dépassement. Car le triomphe du "tout" du dernier vers, n'est certainement pas similaire à celui du "Tout" qui termine les *Prisons* de Marguerite de Navarre - Christ de gloire dans lequel s'absorbe le rien du fidèle ayant reconnu le néant de son être. Le "tout" du poème marotique reprend les rares qualités de la maîtresse royale énumérées précédemment. Toutefois le poète courtisan ne se conforme pas à l'éloge de ceux qui désiraient chanter les qualités de la maîtresse royale. En dernière instance Marot ose contredire la louange générale. Conformément à la pensée des évangéliques, la mort corporelle révèle ici la seule mort véritable: celle, spirituelle, causée par le péché[50]. Par delà le topos de la modestie rhétorique se profile donc l'aveu de la contradiction entre l'être et le paraître social, ainsi que la constatation de la distance qui sépare l'être et le discours: on disait que Madame de Foix était tout - je dis qu'elle n'est rien; ou peut-être, elle n'était rien, et dans ma louange je dis qu'elle était tout.

Pour ouvrir la possibilité de l'ironie et de l'obliquité du sens, il a fallu poser le rien dans le discours. Dieu, le Créateur de tout est étonnamment stérile dans le discours, à l'opposé du Rien, inexistant dans la Nature, mais fécond en conséquences logiques. Il y a là, certes, une violence à l'ordre naturel des choses: le lieu naturel de l'affirmation est en haut, en Dieu; celui de la négation, en bas, dans le néant. Telle la terre, la négation déplacée de son lieu naturel et posée en haut descend d'elle-même pour rejoindre la position qui lui convient. Comme le feu, l'affirmation abaissée violemment par le discours dans le domaine du rien, ira aussitôt de sa propre force vers le haut, vers Dieu en posant logiquement et en inférant toutes les

[49] *Œuvres poétiques*, I, 387.

[50] V. Claude Blum, surtout p. 272 et suivantes.

choses intermédiaires. Dans l'épitaphe de Madame de Châteaubriant, l'affirmation du rien survient à la fin, et graphiquement en bas du poème, pour remettre en question par une lecture rétroactive la louange conventionnelle qui la précède[51].

On mesure donc l'importance du rien dans la logique du discours poétique de Marot. Privé d'être, il retrouve sa force génératrice dans le texte. Présenté aux destinataires des poèmes, il met en doute par les détours des négations répétées la rectitude et l'univocité de l'éloge. Enfin, le Rien peut être incorporé par Marot à la fiction poétique en lui conférant une troublante ambiguïté. Tel est le cas de la figure carnavalesque de "Monsieur Rien" qui, par sa réversibilité, projette une ombre d'inquiétude sur la défense de Marot dans l'*Epistre de Frippelippes*.

Afin de ridiculiser son adversaire Sagon, le poète y confie son apologie au personnage fictif de son valet[52]. Celui-ci emploie un jeu de mots qui semble particulièrement important pour saisir les ambivalences de l'énonciation sur laquelle se fonde ce poème. En effet, afin de montrer tout son mépris pour le rival de son maître, Frippelippes le compare au valet de Marot, "...ung valet / Qui s'appelloyt Nichil valet". Piètre serviteur donc, comme le précise cette expression latine, d'ailleurs unique dans le texte de l'épître. Ainsi qu'il est facile de prévoir, la comparaison se fait au détriment de Sagon qui, d'après un commentaire marginal, "ne vault pas Nihil valet".

Or, "Nichil valet", surtout si l'on prend en considération la majuscule de "Nichil", peut être lu de deux manières différentes, selon que l'on considère "valet" comme un verbe latin ou bien comme un substantif français, reprise du mot de la rime. Dans le premier cas on obtient la forme négative de valoir (le "ne vault pas" du commentaire marginal), dans le second, les vers de Marot révèlent la présence, foncièrement évanescente,

---

[51] V. Charles de Bovelles, *De Nihilo*, éd. Pierre Magnard, Paris, Vrin, 1983, chap. 8.

[52] Il est intéressant de noter que Frippelippes cite dans la bande de poètes défenseurs de son maître un certain "Thenot" (*Œuvres poétiques*, I, 140-148, v. 10). S'agirait-il de Jean Thenaud, cordelier et fournisseur de François Ier en traités de "cabale", versifiés au besoin? V. aussi la *Querelle de Marot et Sagon*, éd. Emile Picot, Paul Lacombe, Rouen, Albert Lainé, 1920.

de "Monsieur Rien", Nemo - l'inquiétant serviteur qui hante le théâtre et la poésie satirique et morale de cette époque[53].

En effet, l'on retrouve l'expression "nihil valet" dans l'univers du théâtre comique de la première Renaissance. Elle apparaît, rimant avec "varlet", dans un *Sermon joyeux de bien boire* du début du XVIe siècle, ou ailleurs, dans une version française, comme le sobriquet de l'un des acteurs accompagnant le célèbre Jean de l'Espine dans ses représentations devant le duc de Lorraine[54]. Or, comme l'attestent les pièces de Marot telles que, par exemple, la ballade *Des Enfans sans soucy* et *Le Cry du Jeu de l'Empire d'Orleans*, le théâtre carnavalesque est présent dans la poésie marotique dès sa plus tendre "adolescence". Plus même, les liens qui unissaient le poète et le théâtre de son époque étaient réversibles: le *Dialogue des deux Amoureux* attribué à Marot est passé dans l'anonymat du répertoire dramatique populaire[55].

D'autre part, la poésie néminique néo-latine, apparentée d'ailleurs à la poétique carnavalesque par ses origines populaires et par son oralité plus ou moins fictionnelle, ne pouvait être méconnue de Marot. Il aurait pu, par

---

[53] Les études de la littérature néminique française sont rares. A titre indicatif signalons l'article pionnier de Barbara C. Bowen, "*Nothing* in French Renaissance Literature", in *From Marot to Montaigne: Essays on French Renaissance Literature*, éd. Raymond C. La Charité, *Kentucky Romance Quarterly*, 19 (1972), suppl. I, pp. 55-64; ainsi que, récemment, l'excellente étude de Jelle Koopmans et de Paul Verhuyck dans leur *Sermon joyeux et truanderie (Villon - Nemo - Ulenspiègle)*, Amsterdam, Rodopi, 1987. En ce qui concerne l'aspect iconographique de la question v. l'article de Gerta Calmann "The Picture of Nobody. An Iconographical Study", *Journal of Warburg and Courtault Institutes*, 23 (1960), pp. 60-104.

[54]   Car qui boyt bien, bien se gouverne
         Et qui ne va a la taverne
         Luy fault envoyer son varlet.
         S'il est aigre, *nihil valet*
         A l'avaller delicieulx;...

Recueil de Sermons Joyeux, éd. Jelle Koopmans, Genève, Droz, 1988, p. 572. V. aussi André de la Vigne, *Sotise a huit personnaiges (1507?)*, in *Recueil général des Sotties*, éd. Emile Picot, Paris, Librairie de Firmin Didot et Cie, 1904, t. 2, pp. 87 et 116. Il est à noter que dans le passage du *Cortegiano* consacré aux plaisanteries, messer Bernardo signale une interprétation satirique de l'inscription "N PP V" qui, au lieu de signifier "Nicolaus Papa Quintus" pouvait être lue: "Nihil Papa Valet".

[55] Michel Rousse, "L'appropriation populaire d'un texte théâtral: le *Dialogue de deux amoureux* de Marot", in *Aspects du théâtre populaire en Europe au XVIe siècle*, éd. Madeleine Lazard, Paris, Sedes-Cdu, 1989, pp. 31-41.

exemple, avoir lu cette *Prosopopeia Neminis* qui, vers 1513, met aux prises Nemo, Fatum et Cupido et dont l'auteur est l'ami du poète, Geoffroy Tory, l'imprimeur de l'*Adolescence Clémentine*[56].

Or, "Monsieur Rien" dont l'ombre se profile ainsi dans l'*Epître de Frippelippes*, "vient par desraison". Il apporte avec lui l'image de la folie du péché, le contre-pouvoir démoniaque et le savoir maléfique qui fait "Tout le monde aller au rebours"[57]. En effet, les marques de cette folie négative sont nombreuses dans l'épître: les calomniateurs du poète sont "troublez de la lune" et Sagon lui-même, curé de "Sotigny", apparaît "digne d'oreilles /A chapperon"[58]. Elles confèrent à l'*Epître de Frippelippes* le statut de "jeu d'asne" et de "sotie vehemente" et confirment la poétique d'ambivalence et de renversement[59].

Car "Monsieur Rien", le Rien carnavalesque, n'est pas seulement un fou démoniaque: conformément à la tradition de la littérature néminique, il est aussi le bouc émissaire, l'éternel alibi d'une domesticité coupable de désordres et de gaspillages dans la maison du maître:

> Ils m'accablent de la ruine de sa maison
> Quiconque ait commis une erreur de sa propre faute,
> Si tu demandes qui en est responsable - "Personne [ne] l'a
> [fait]" - tu reçois en réponse...

[56] Ed. J. Porcher, "Un poème inconnu de Geoffroy Tory", *Bibliothèque d'Humanisme et Renaissance*, 1 (1934), pp. 151-155.

[57] V. la *Sottie pour le Cry de la Bazoche, es jours gras mil cinq cens quarante huit*, in *Recueil général des Sotties*, éd. Emile Picot, t. 3, p. 253.

[58] Vv. 22, 178-179, 237. A propos de ce dernier motif, v. *La Sottie des béguins* jouée à Genève en 1523. Les "oreilles" des bonnets des fous y servent de principal prétexte dramatique (*Recueil...* d'Emile Picot, t. 2, pp. 265-297). V. aussi *La Déploration de Robertet*:

> Quand Mort preschoit ces choses, ou pareilles,
> Ceulx qui avoient les plus grandes Oreilles,
> N'en desiroient entendre motz quelconques.

Œuvres poétiques, I, pp. 207-223, vv. 453-455.

[59] V. la note marginale aux vers 53-56, ainsi que le vers 130. Le *Quintil Horatian* ne se trompe pas lorsqu'il met en rapport la poétique du coq-à-l'âne avec la farce ou "L'Ambassade des Cornardz de Rouan" (Paris, la Veuve Regnault, 1555, f° 103 r° - v°). V. aussi la publication de la "querelle sagotine" dans *Les Triomphes de l'abbaye des Conards, sous le resveur en decimes Fagot abbé des Conards (...) Plus l'ingenieuse lessive qu'ils ont conardement monstree aux iours gras de l'an M.D.XL.*, Rouen, Nicolas Dugord, 1587.

...se plaint Nemo dans le poème d'Ulrich von Hutten en parcourant un paysage jonché de débris d'une maisonnée vouée au dérèglement et à l'anarchie[60]. Monsieur Rien est certainement la personnification de la folie diabolique du monde. Il n'en reste pas moins vrai que dans le théâtre du XVe et XVIe siècle, cette figure négative sert à réaffirmer les vérités morales essentielles à la communauté des spectateurs.

Conçu dans cette perspective, Sagon a beau être pire que le piètre serviteur de Marot, le valet Nihil. Assimilé par Frippelippes au Monsieur Rien carnavalesque, il renvoie au poète un reflet grinçant de sa propre fragilité.

En effet, on a l'impression que l'épître de Frippelippes est une vraie sottie, bastonnade entre valets de comédie dont personne sur scène ne sort totalement indemne. Comme l'annonce son titre, elle est en apparence écrite par le valet et "secretaire" de Marot au "secretaire" de l'abbé de Sainct Evroul, Sagon. Voilà comment établir une égalité entre les interlocuteurs du poème, en épargnant à Marot l'indigne tâche de réfuter son calomniateur. Toutefois Frippelippes ne se contente pas de parler à Sagon d'égal à égal, comme le ferait un "secretaire" à un autre. En voulant encore l'abaisser, il le compare à un autre valet du poète, Nihil. Celui-ci est cependant déjà fort bien connu des lecteurs de Marot. Il est ce même valet de Gascogne "Gourmant, Yvroigne, & asseuré Menteur (...) Au demeurant le meilleur filz du Monde", qui dans l'épître *Au Roy* de 1531, a dérobé tout l'argent du poète malade. Frippelippes ne manque pas de le rappeler à la mémoire de Sagon:

> Tu penses que c'est cestuy là
> Qui au lict de Monsieur alla,
> Et feit de sa bourse mitaine.
> Et va, va: ta fiebvre quartaine!

[60]   Transponunt labes in mea terga suas:
        Quicquid ab his culpae, quisquis committitur error,
        Si quaeras qui agat, omnia Nemo facit...
Ulrich von Hutten, *Poemata*, éd. Edvardus Böcking, Lipsiae, in aedibus Teubnerianis, 1862, p. 114. Ce célèbre poème de l'humaniste allemand, publié dans sa première version en 1510, reprend en fait le motif du Nemo-victime domestique du poème du barbier strasbourgeois Joerg Schan, publié environ en 1507 (sa traduction anglaise se trouve en appendice de l'article de Gerta Calmann). Sur le poème de von Hutten v. Jean-Claude Margolin, "Le *Nemo* d'Ulrich von Hutten. Crise de langage, crise de conscience, crise de société?", in *Virtus et Fortuna. Zur Deutschen Literatur zwischen 1400 und 1720*, éd. Joseph P. Strelka, Jörg Jungmayr, Bern - Frankfurt/M - New York, Peter Lang, 1983, pp. 118-163.

Comparer ne t'y veulx, ne doy...

(vv. 97-101)

Or, même si ce vaurien[61] avait des "yeulx de Rane", il est possible de le confondre avec Marot: revêtu des plus beaux habits qu'il pilla dans la garde-robe de Marot, il était si bien équipé, "qu'à le veoir ainsi estre, / Vous l'eussiez prins (en plein jour) pour son Maistre"[62]. De même que le bouffon poète imite la générosité royale de son Prince en faisant construire à "Clement" et à "Marot", de même l'insolent valet renvoie à son malheureux maître l'image de sa réussite sociale (habits, bourse et le meilleur cheval) qu'il est en train de lui dérober. Ce maître qui, lui-même, est aussi un valet, "valet de chambre du Roi" est-il vrai, mais valet quand même.

Ainsi Sagon, ce nouveau avatar du valet Nihil, est le "Sagouin", le singe de l'illustre poète. N'a-t-il pas remporté un prix au "Puy" de Rouen, ce même concours où Clément Marot s'est vu refuser la reconnaissance de son génie? Comme le précise Frippelippes, cette réussite était due à un chant royal corrigé par Marot (vv. 105-114)? N'a-t-il pas volé au prologue de l'*Adolescence* marotique "Ce petit mot de coup d'essay" dont il se vante tant (vv. 123-129)? N'a-t-il pas voulu remplacer le poète dans les grâces du roi en profitant de son exil? Décidément, Sagon peut bien être pire que Nihil, il peut être un piètre imitateur de Marot, il ne reflète pas moins l'image de la précarité de celui-ci.

En effet, Marot est certainement le chef de file de sa génération littéraire; avant Ronsard il est acclamé "prince des poètes" de son temps. Toutefois la fiction mise en place dans l'épître, et particulièrement l'introduction de Monsieur Rien carnavalesque, montre assez qu'il est forcé d'offrir aux lecteurs le spectacle farcesque des valets qui se ruent de coups au bon plaisir de leurs maîtres, de leurs *vrais* maîtres. Car la fiction de l'énonciation du poème ne pouvait faire aucunement illusion: Frippelippes c'est bien Marot lui-même. Le poser comme auteur du poème devait servir à préserver l'honneur du poète. Frippelippes explique que "monsieur" aurait honte d'entrer en lice avec l'indigne cornemuse de Sagon. Il a peur que sa Muse nourrie parmi les princes ne soit "valetée". Il y a là, certes, une habile stratégie rhétorique qui met en scène, à proprement parler dramatise, le

---

[61] *Nihil valet* en traduction française, comme le remarque Gérard Defaux.

[62] Epître *Au Roy*, vv. 29-30. A noter l'assimilation du personnage de Marot à la mythologie facétieuse populaire: Jelle Koopmans et Paul Verhuyck, "La légende facétieuse de Clément Marot dans les pays protestants", *Bibliothèque d'Humanisme et Renaissance*, 53 (1991), pp. 645-661.

mépris de Marot pour son indigne adversaire. La distribution théâtrale des rôles dans l'épître sert les besoins de l'apologie et de la polémique. Mais, en même temps, le valet fictif, porte-parole de Marot, attire irrésistiblement le vrai auteur du poème, le valet royal, dans l'univers de la réversibilité des signes et de valeurs. Les protestations d'excellence, tout en assemblant le "Maro de France" et - "sans mesdire" - David, restent insérées dans la bouche d'un valet de farce et trahissent ainsi la précarité du moi du poète. Les horrifiques bastonnades doivent conjurer par la fiction poétique et par les négations sur lesquelles elle repose l'angoisse de se voir confondu, voire supplanté dans les grâces du roi par un double caricatural.

Inséré dans le discours poétique, le rien révèle les insuffisances et les risques de la réalité. La fiction se fait alors mécanisme de défense, comme si, grâce à l'imitation poétique, le poète pouvait apporter un remède aux malheurs de l'existence. Evidemment, il s'agit d'une conjuration purement littéraire. Marot, comme on l'a vu, n'est pas prêt à confondre l'image pieuse avec un sacrement. Le roi-image de la déité est une figure rhétorique dont il examine fort critiquement l'efficacité. Il sait parfaitement - et l'influence évangélique de son milieu doit renforcer cet esprit critique - que cette image sainte n'a point le pouvoir performatif du sacrement, fondé, lui, sur la grâce divine. Sa valeur repose seulement sur le crédit que les croyants lui accordent[63]. Or cette confiance demeure dans le cas de Marot fort fragile. Il en est peut-être ainsi, parce que c'est sans grand succès que le poète sollicite de ses protecteurs des énoncés performatifs, ces paroles, ce "dire" royal, qui fonderaient la stabilité tant rêvée de son existence.

Les imprécations contre Sagon ont de même ce caractère de conjurations rhétoriques, comme si, par de bastonnades langagières, Marot voulait fustiger efficacement son adversaire, écarter le risque qu'il représente ("Zon dessus l'œil, zon sur le groing...", v. 211). Tentatives vaines, cependant, car, malheureusement, la parole ne fonde pas la réalité. Ni les suppliques, ni les injures ne peuvent remédier à la précarité de la situation du poète. Certes, Marot considère encore François Ier comme son maître, mais cet "avertissement" ne semble pas reposer sur un crédit de confiance nécessaire pour garantir sa propre vérité. Les déclarations d'obédience réitérées sont plutôt des conjurations manquées, l'expression d'un désir, l'aveu d'une frustration.

---

[63] Sur l'image pieuse à la Renaissance v. Jean Wirth, "Théorie et pratique de l'image sainte à la veille de la Réforme", *Bibliothèque d'Humanisme et Renaissance*, 2 (1986), pp. 319-358; ainsi que, du même auteur, *L'image médiévale. Le sens et développements (VIe-XVe siècles)*, Paris, Méridiens Klincksieck, 1989.

Celle-ci est manifeste dans la ballade *De Paix, & de Victoire*, où la conjuration poétique de la réalité doit s'opérer à travers l'allégorie traditionnelle du corps du royaume, corollaire politique du corps du poète. Le poème débute, d'une façon si caractéristique pour Marot, par le refus: le refus de l'amour et du pouvoir:

> Quel hault souhait, quel bien heuré désir
> Feray je, las, pour mon dueil qui empire?
> Souhaiteray je avoir Dame à plaisir?
> Desireray je ung Regne, ou ung Empire?
> Nenny (pour vray)...
>
> (vv. 1-5)[64]

La négation initiale doit être prise, cette fois-ci, directement ("pour vray"...). Grâce à elle, le poète proclame son adhésion à la réalité palpable de sa communauté: les misères de la guerre, le désir de la paix et de la victoire. Cette adhésion est si intime que les revers de la France, les anomalies du corps du royaume, se traduisent par les faiblesses du corps du poète:

> Famine vient Labeur aux champs saisir:
> Le bras au Chief soubdaine mort souspire:
> Soubz Terre voy Gentilz hommes gesir,
> Dont mainte Dame en regretant souspire:
> Clameurs en faict ma Bouche, qui respire:
> Mon triste Cueur l'Œil en faict larmoyer:
> Mon floible Sens ne peult plus rimoyer,
> Fors en dolente, & pitoyable histoire (...)
>
> (vv. 11-18)

Tout comme le corps du royaume est bouleversé dans son ordre et son harmonie coutumière, de même le corps du poète se désintègre, tombe dans une sorte d'anarchie qui compromet le travail poétique. Toute la ballade est donc une lamentation, en attente des temps meilleurs quand, la paix du royaume rétablie, Marot pourra de nouveau se mettre joyeusement à "rimoyer" quelque beau lai.

Mais ces temps heureux viendront-ils? L'"Heureuse Paix, ou triumphant Victoire" du refrain se feront-ils jamais réalité? "O que ces motz sont faciles à dire!/ Ne sçay si Dieu les vouldra employer" (vv. 25-26). Par malheur, le corps politique et le corps du poète, unis dans une même image rhétorique ne sont point identiques. Il est bien plus facile de composer une

---

[64] Ballade X, *Adolescence Clémentine*, in *Œuvres poétiques*, I, 120-121.

ballade que de rétablir l'ordre sur un univers social et politique déchiré. La parole poétique ne parvient pas à conjurer la réalité que seul Dieu peut convertir efficacement. Le dire du poète appartient au monde passager et pécheur, ce "Regne transitoire", dont les règnes des rois font aussi partie. Seul le "Prince du Ciel" peut vraiment octroyer à la France la paix et la victoire[65].

Oui, les paroles humaines n'ont pas la foudroyante vérité du Verbe. Reste donc, en dernière instance, l'*imitatio Christi* qui expose le discours poétique à la Parole. Voilà qui pourrait enfin authentifier la poésie, la rapprocher, autant que cela est possible, du Verbe divin, absolu dans sa vérité et son efficacité. Toutefois, même cette poétique évangélique n'est pas libre des doutes. En dernière instance l'art de Marot n'encourage pas une démarche exégétique par sa transparence ou par ses discordances. Tout au contraire, il intègre la Parole divine à l'armature rhétorique du texte, tout en distordant la démarche argumentative ainsi obtenue en témoignage du "moi" souffrant du poète.

Telle semble être la stratégie adoptée dans l'un des poèmes les plus ouvertement religieux de Marot, l'épître qu'il adresse aux "Trescheres sœurs, joinctes par charité"[66]. Comme tant de ses pièces évangéliques, ce poème se fonde sur l'opposition tranchée entre le "fol monde" et les "amans de verité", parmi lesquels le poète compte les destinataires de son épître, de même qu'il se range visiblement lui-même. D'une façon tout aussi caractéristique, le critère de différenciation entre les deux groupes est la souffrance, ou plutôt sa signification religieuse. Comme dans l'élégie XX, le désarroi est aisément récupéré par la rhétorique de la consolation: "Petit ennuy, ung grand ennuy appaise" (v.63); les maux de l'existence prémunissent contre le dégoût qui guette ceux qui ne vivent que dans les plaisirs. Un tel système de compensation peut-être facilement transposé sur le plan religieux: "Croy, que ton mal d'ung plus grand est vainqueur", affirme le "Chant royal chrestien" en soulignant que les malheurs dont Dieu le Père accable ses enfants sont en fait des grâces qui les protégeront contre

---

[65] Le "règne transitoire" évoque *Mc.*, 13, 31: "Caelum et terra transibunt, verba autem mea non transibunt". La séparation dans l'envoi du "Prince Françoys" (v. 31) et de la "France" (v. 34), souvent liés par le jeu de l'éponymie dans la propagande des Angoulême, semble ici fort significative.

[66] *Œuvres poétiques*, II, 78-80. Les destinataires de ce poème demeurent inconnues.

les peines de l'enfer[67] . L'épître adressée aux "Tescheres sœurs" s'attache à fonder sur le témoignage de l'Ecriture cette conception de la souffrance comme signe de l'élection divine. L'exil et le martyre devraient faire croître la foi des fidèles, appelés à reconnaître...

> ... que Jesus pour cella
> Nous accomplit ses parolles escriptes:
> Car tous ces maulx & poynes que j'ay dictes
> Promist aux siens par son nom precieulx...
> (vv. 14-17)

En effet, le dire du poète est confirmé par les "paroles escriptes", autrement dit les paraphrases aisément perceptibles des fragments du chapitre X de l'Evangile de saint Matthieu. Le Christ y envoie ses disciples proclamer la bonne nouvelle, tout en les prévenant des persécutions qui les attendent. Annoncé clairement, le Verbe divin est introduit dans le rythme des vers en les transformant en témoignage de la vérité religieuse, en dépit des mensonges des hommes.

Force est toutefois de constater que l'inscription de la Parole divine dans le poème de Marot reste fondamentalement soumise à la visée rhétorique de l'épître. Les fragments paraphrasés de l'Ecriture ne sont point ici, comme c'est le cas chez Marguerite, l'objet d'une patiente exégèse, ils ne jalonnent point un itinéraire spirituel qui, par delà la lettre, traverse les signes, emporté par le souffle libérateur de l'Esprit. Tout au contraire, les "parolles escriptes" de l'Evangile sont invoquées comme arguments mis à profit par l'éloquence délibérative de Marot. Les fragments scripturaires paraphrasés fournissent la caution suprême à l'appel à la foi, en démontrant aux lectrices de l'épître que les persécutions des fidèles ne sont pas les symptômes d'une défaite, mais les preuves manifestes du "triomphe excellent" du Christ. Ce paradoxe rhétorique d'une souffrance bénie trouve son dénouement dans la Parole du Seigneur et dans l'*imitatio Christi* qu'elle prône: "Au serviteur n'est [pas] besoing qu'il faille / Se repouser, quand le maître travaille" (vv. 21-22; *Mt.*, 10, 24).

Plus même, la fin du poème révèle que l'épître est en dernière instance un fervent plaidoyer *pro domo*. Il ne s'agit plus uniquement de prouver que les "amans de verité" se distinguent du "fol monde" par la souffrance qu'ils endurent à l'instar de leur Maître. La thèse se mue en hypothèse, la *quaestio finita* de la souffrance particulière du poète

---

[67] *Œuvres poétiques*, I, 357-358, surtout vv. 34-55.

lui-même[68]. Une hésitation subsiste toutefois: si Marot souffre et peut, à ce titre, être compté parmi les élus éprouvés par le Seigneur, ce n'est pas parce qu'il a porté la croix du martyre, c'est plutôt - paradoxalement - parce qu'il s'y dérobe, parce qu'il fuit le danger des persécutions religieuses et risque ainsi de ne pouvoir rencontrer ses "Trescheres sœurs" en charité qui, précisément, résident dans une cour hostile aux idées évangéliques:

> En vérité, filles de Dieu aymées,
> De tant de croix que j'ay icy nommées,
> Le seigneur Dieu m'en a plusieurs offertes
> Que je n'ay pas comme devois souffertes:
> Et de rechief me convyent recepvoir
> Par son sainct nom le mal de ne vous veoir:
> Car, par le bruyt que j'ay, mes sœurs benignes,
> D'estre contraire aux humaines doctrines,
> On a de moy oppynion mauvaise
> En vostre court, qui m'est ung dur malaise...
>   (vv. 49-58)

Le sermon évangélique se terminerait-il en excuse courtisane? Certainement non. Le malheur de ne pouvoir retrouver les "Trescheres sœurs" découle, tout comme les peines des fidèles, de la même haine que le monde fou porte aux disciples du Christ, prêts à souffrir en son nom. La peine dont le poète fait état est-elle pour autant comparable au martyre auquel il se dérobe? On voit dans ces vers l'ombre du regret, qui en fait un aveu de défection, aveu qu'il est difficile de prendre - "en verité" - juste comme la manifestation de l'humilité chrétienne.

Plus important encore semble le statut que prend le dire du poète à la lumière de la rhétorique d'auto-justification presque mondaine de la fin de l'épître. De même que les "parolles escriptes" paraphrasées de saint Matthieu servaient à éclairer le vrai sens des malheurs qui frappent les "amans de verité", de même le discours poétique de Marot vise à expliquer son absence auprès des dames auxquelles il dédie son poème. Assurément, il n'y a dans ce parallélisme aucune confusion de registres, mais plutôt une visée oratoire similaire. Marot ne prend pas sa poésie pour paroles d'Evangile. Mais précisément, parce qu'il n'espère jamais, comme le fait Marguerite de Navarre, réduire son chant au silence, afin de faire mieux

---

[68] Un mouvement rhétorique fort semblable sous-tend le *Riche en pauvreté*, un poème qui appartient à la "mouvance" marotique (*Œuvres poétiques*, II, 691-699, surtout vv. 227-230 et 251-254). Sur les problèmes d'attribution de ce texte v. la communication de Francis Higman dans les actes du colloque Marot de Cahors (mai 1996).

entendre le Verbe de Dieu, parce qu'il ne cesse - jusque dans ses "oublis" presque mystiques - de s'adresser à des interlocuteurs bien de ce monde, Marot reste profondément conscient, en poète de profession qu'il est, de l'autonomie du vers par rapport à la Vérité.

Et inversement, si Marot refuse d'agir "comme si" le roi était l'image de la déité, sa méfiance désenchantée est signe que le prince devrait, lui aussi, imiter le Seigneur. Cela permettrait de "tirer de Dieu comparaison aux hommes", de lire l'existence du poète à travers l'Histoire Sainte, de chercher un intercesseur[69]. Et si la comparaison s'avère impossible, si le prince ne comprend pas sans glose, qu'au moins il accepte la poésie en imitant ainsi Dieu qui recueille les louanges des plus humbles[70]. Car la prière, aussi perméable au Verbe soit-elle, reste somme toute rhétorique[71].

La poétique de Marot montre les transformations que subit la littérature comme signe dissimilaire du divin lorsqu'elle est forcée à se justifier auprès de ses lecteurs, surtout auprès du Prince auquel elle est destinée. La dialectique des valeurs ontologiques extrêmes y est certes présente, mais non pas, comme c'est le cas de Marguerite de Navarre, par la rupture ontologique qui fusionne le Rien et le Tout de l'Etre absolu. Elle sert plutôt de référence par rapport à laquelle le poète est appelé à se tailler un être relatif et fragmentaire. Cette précarité ontologique dicte à son tour la nécessité de s'assurer une portion de liberté parmi les infortunes de l'existence, de déjouer l'angoisse qui mine le "moi". La négation, et particulièrement celle qui est mise en fiction poétique, est censée servir cette entreprise. Les signes poétiques, quoique marqués de refus et de dénégations accumulés, deviennent alors moins des tremplins spirituels vers l'au-delà, que des stratégies rhétoriques dont l'obliquité fonde l'autonomie de l'art du poète. Comme si, sachant que le signe poétique est irrémédiablement dissimilaire par rapport à la transcendance, Marot voulait user de cette dissemblance pour se justifier, pour s'affirmer...

Toutefois, priant Dieu, suppliant le roi, amusant ses lecteurs, Marot se garde d'articuler trop directement cette affirmation. Elle transparaît juste dans l'ironie de la louange, dans les éclats bouffons des requêtes, dans les

---

[69] Epître *A la Royne de Navarre*, in *Œuvres poétiques*, II, 118-123, v. 14.

[70] Epître *Au Roy*, in *Œuvres poétiques*, II, 111-116, vv. 103-108; le cantique *A la Royne de Hongrie venue en France, Salut*, in *Œuvres poétiques*, II, 190-192, vv. 61-72.

[71] V. à cet égard les exemples tirés de Marot, et particulièrement de ses traductions des psaumes, dans *La Rhétorique* de Pierre de Courcelles, Paris, Sébastien Nyvelle, 1557.

cris angoissés des prières. Il en sera autrement des successeurs de la génération d'humanistes chrétiens de la première Renaissance. Particulièrement, il en sera autrement de Ronsard pour qui la dissimilarité des signes poétiques devient une prémisse culturelle inévitable et sereinement acceptée. La poésie dont les fables témoignent si ouvertement des origines théologiques, demeure en fait coupée de la transcendance. Cet éloignement peut être cependant senti comme une circonstance historique heureuse, de mieux en mieux comprise, de plus en plus approfondie. Elle aurait pu permettre au poète, appelé à nommer les dieux, de fonder un sacré nouveau, un sacré de ce siècle, indispensable à la vie harmonieuse de la cité. L'herméneutique doit donc faire place à la nomination poétique autorisée moins par la grâce que par le talent professionnel; l'allégorie se fait métaphore. Voilà de quoi proclamer hautement la souveraineté de l'art littéraire, qui encore chez Marot gagnait à peine, subrepticement, son autonomie. Tout cela, cependant, à condition que la réalité, quoique exilée de la transcendance, se montre digne d'être sanctifiée. S'il n'en est pas ainsi, la noble fiction poétique, doublement dissimilaire, car non seulement aliénée par rapport au divin, mais aussi manifestement impossible à accorder avec la déchéance du monde social et politique, cette "gentille" fiction par laquelle Ronsard devait construire le sacré séculier se fait parodie et sarcasme, afin d'éviter le risque du mensonge.

CHAPITRE III

EN QUETE DU SACRE SECULIER:
RONSARD

Les rétractions

L'infinie incompréhensibilité de Dieu, l'impossibilité d'exprimer l'absolu amour qui Le pousse à s'annihiler dans l'Incarnation et la Passion du Christ, sont au cœur de l'œuvre littéraire de Marguerite de Navarre. La poésie de la reine, les débats de ses nouvelles multiplient les signes totalement inadéquats et, par leur dissimilarité même, convenant le mieux qu'il est possible à l'Omninommable.

L'interlocuteur privilégié de Marot est le Prince entouré de sa Cour, mais qui semble constamment mesuré à l'aune de son céleste modèle auquel il est si peu conforme. Cette dissemblance et le défi qu'elle constitue pour le poète courtisan et évangélique, imposent au discours marotique l'obliquité et le jeu très subtil de la fiction, tous les deux tentant de parer aux dangers qui guettent l'être relatif et précaire du poète. La négation contribue grandement à cette tâche, tout en montrant que le verbe poétique, tellement éloigné du Verbe divin, nécessite le recours à la rhétorique.

Contrairement à la génération des évangéliques, Ronsard a écrit très peu de poèmes que l'on pourrait en toute conscience qualifier de religieux. Ce silence a été remarqué, parfois d'une façon fort critique, par ses contemporains et ses successeurs, au point de rendre une telle réserve significative par elle-même. Surtout que la quasi-absence de production proprement religieuse dans l'immense œuvre de Ronsard ne signifie pas pour autant que sa poétique est indifférente au sacré, qu'elle exclut toute

relation avec les valeurs absolues et transcendantes. Tout au contraire: c'est
tout spécialement la poésie, de par son imprégnation par la fable séculaire,
qui est constamment appelée à nommer le divin. Reste à savoir quelle est
exactement la portée de ce geste, l'interprétation à donner aux rétractions qui
l'accompagnent au cours de la longue genèse des textes ronsardiens.
L'expliquer équivaudrait à mettre en lumière les fondements
épistémologiques et ontologiques de la poétique de Ronsard. Leur fragilité
pourrait à son tour éclairer la réserve avec laquelle le poète aborde la
littérature religieuse.

Or le problème de la nomination divine revient avec insistance dans
la réflexion métatextuelle de Ronsard:

> Tu n'oublieras jamais de rendre le devoir qu'on doit à la divinité, oraisons, priere,
> et sacrifices, commençant et finissant toutes tes actions par Dieu, auquel les
> hommes attribuent autant de noms qu'il a de puissances et de vertus, imitateur
> d'Homere et de Virgile qui n'y ont jamais failli.
>
> *Preface sur la Franciade* (XVI, 345)

C'est la troisième fois que Ronsard revient à la question de la polynomie de
Dieu, formulée ici comme un postulat adressé aux potentiels auteurs de
poèmes héroïques[1]. Les *munera*, les *numina* - "puissances et vertus" de Dieu
- semblent être les rayons de la divinité illuminant le texte littéraire pour
permettre au lecteur d'entrevoir la transcendance. Parcelles du sacré, elles
sont "représentées" (et le terme, employé par l'*Abbregé de l'art poëtique*, est
certainement à retenir) par les noms de divinités mythologiques: Jupiter,
Pallas, Apollon... Comment ne pas croire donc que le polythéisme païen se
résorbe en dernière instance en l'unité divine, tout comme les particularités
des phénomènes physiques et des législations civiles s'avèrent être des "loix
de Dieu" (*Hymne de la Justice*, vv. 445-476)? Comment ne pas espérer en
la possibilité de l'interprétation chrétienne de la polynomie mythologique,
surtout si celle-ci est cautionnée par l'autorité d'Homère, "poète divin" et
maître de la "Théologie allégorique", ainsi que celle de Virgile qui, lu
allégoriquement selon une tradition entérinée, manifesterait le pressentiment

---

[1] Les autres occurrences: *Abbregé de l'art poëtique* (XIV, 6) ainsi que l'*Hymne de
la Justice* (VIII, 69, vv. 473-476). Les chiffres romains désignent le volume de l'édition
Laumonier qui sera l'édition de référence, les chiffres arabes, respectivement, la page et les
vers. Inutile d'insister sur l'importance des noms dans la poétique ronsardienne après les
travaux de François Rigolot (*Poétique et onomastique: l'exemple de la Renaissance*,
Genève, Droz, 1977) et ceux de Nathalie Dauvois (*Mnémosyne. Ronsard, une poétique de
la mémoire*, Paris, Champion, 1992).

de la révélation du Christ? Dans cette perspective la poésie deviendrait pour Ronsard une authentique prière, un sacrifice dû à Dieu, assumant une fonction "cultuelle" dans une sorte de rite qui raviverait les mythes anciens comme autant de chemins retrouvés du sacré[2].

Mais d'autre part les noms que "les hommes attribuent" à Dieu ne sont pas identiques à ses "puissances et vertus"; tout au plus ils leur sont égaux en nombre. Entre le sujet - Dieu -, et ses multiples appellations s'instaure donc le lien, tout humain, de la prédication logique et langagière. Sur le plan métaphysique, cette distance discursive se traduit par l'opposition entre "les divers effectz" de Dieu d'une part, et "son incomprehensible majesté" de l'autre (*Abbregé*, 6). Finalement ces effets eux-mêmes s'avèrent incompréhensibles, tandis que les noms divins dégénèrent en "surnoms", sobriquets dont la multitude traduit assez les difficultés à atteindre l'objet sacré du discours:

> ...ses divers effectz que l'on ne peut comprendre,
> Si par mille surnoms on ne les fait entendre.
>
> (*Hymne de la Justice*, vv. 475-476)

Le nom étant ainsi exilé de la transcendance, le "devoir" que Ronsard voudrait rendre à la divinité risque de basculer dans la formalité d'un cérémonial vide. Au lieu d'être geste cultuel, l'invocation poétique de Dieu se figerait alors en une cérémonie conventionnelle, obligation repoussée dans les marges du poème[3].

La polynomie divine chez Ronsard traduit donc une tension qui sous-tend sa poétique. Cette tension pose la question du statut épistémologique et ontologique du signifié fictionnel, de ses capacités - ou incapacités - d'atteindre la transcendance. Les noms divins de Ronsard sont-ils ces "idoles" hermétiques, ces "images" ficiniennes en harmonie occulte avec les cieux[4]? Ou, bien ressemblent-ils plus à ces dieux-"machines", comme le

---

[2] Guy Demerson emploie cette expression à propos de la perception des mythes par les savants de la Renaissance ("La mythologie des Hymnes", in *Autour des "Hymnes" de Ronsard*, éd. Madeleine Lazard, Genève, Slatkine, 1984, pp. 103-143).

[3] V. à ce propos les remarques d'Olivier Pot sur la référence théologique des *Odes*, "non-lieu" du poème repoussé en position d'exorde et de conclusion (*Inspiration et mélancolie. L'épistémologie poétique dans les "Amours" de Ronsard*, Genève, Droz, 1990, p. 79).

[4] Cf., par exemple, Ficin, *De triplici vita*, III, xxi.

Père Le Bossu appellera les divinités du poème héroïque quelques deux siècles plus tard[5]? Faut-il voir la fable mythologique de Ronsard comme une allégorisation, ou bien, en relisant l'*Hercule Chrétien*, souligner l'échec des mythographes Anciens à percevoir le divin[6]? Faut-il insister sur Ronsard épiant l'Unité complexe dont le savoir humain est l'image dispersée, ou bien montrer un Ronsard plutôt indifférent à l'appel de l'au-delà, plus préoccupé par la cité des hommes[7]?

[5] Père René Le Bossu, *Traité du poème épique (1714)*, Hamburg, Helmut Buske Verlag, 1981, p. 15: "Les Dieux sont ordinairement désignez par le nom de machines, parce que les Poëtes usent de machines pour les mettre sur le Théâtre, d'où ce nom est passé jusqu'à l'Epopée".

[6] Le premier point de vue est soutenu par Philip Ford, le second par Claude Faisant. Parmi les travaux de Philip Ford, v. surtout "Ronsard et l'emploi de l'allégorie dans le *Second Livre des Hymnes*", *Bibliothèque d'Humanisme et Renaissance*, 43 (1981), pp. 89-106 et "Ronsard and Homeric Allegory", in *Ronsard in Cambridge. Proceedings of the Cambridge Ronsard Colloquium, 10-12 April 1985*, Cambridge, Cambridge French Colloquia, 1986, pp. 40-54. Cf. Claude Faisant, "Le sens religieux de l'*Hercule Chrestien*", in *Autour des "Hymnes" de Ronsard*, éd. Madeleine Lazard, Genève, Slatkine, 1984, pp. 243-257 ainsi que "L'herméneutique du sens caché dans les discours préfaciels de Ronsard" *Versants*, 15 (1989), pp. 99-117.

[7] La première perspective est adoptée par Jean Céard, la seconde par Daniel Ménager. A côté de la thèse fondamentale de Daniel Ménager, *Ronsard, le Roi, le poète et les hommes*, Genève, Droz, 1979, v., parmi les articles de cet auteur, "Ordre et variété dans les *Hymnes* mythologiques", in *Cahiers Textuel 34/44*, 1 (1985), pp. 101-112 (et particulièrement sa polémique avec l'interprétation proposée par Philip Ford, p. 108). Les conceptions de Philip Fort sont accueillies d'une façon bien plus favorable par Jean Céard dans le même recueil d'articles ("La disposition des livres des *Hymnes* de Ronsard", pp. 83-99, surtout p. 96). En revanche, Jean Céard est plus critique envers certains aspects de la lecture que Claude Faisant fait de l'*Hercule chrestien*: "'Loüer celluy qui demeure là-haut': la forme de l'hymne ronsardien", *Renaissance and Reformation / Renaissance et Réforme*, 1 (1987), pp. 1-14, surtout p. 3. V. aussi, à côté des pages qu'il consacre à Ronsard dans sa thèse (*La nature et les prodiges. L'insolite au XVIe siècle, en France*, Genève, Droz, 1977, surtout pp. 193-225), ses articles tels que: "Les mythes dans les *Hymnes* de Ronsard", in *Les mythes poétiques du temps de la Renaissance*, éd. M. T. Jones-Davies, Paris, Jean Touzot, 1985, pp. 21-34 ainsi que "Dieu, les hommes et le poète: Structure, sens et fonction des mythes dans les *Hymnes* de Ronsard", in *Autour des "Hymnes"...*, pp. 83-101 et "Cosmologie et politique: la paix dans l'œuvre et dans la pensée de Ronsard", in *Ronsard et Montaigne. Ecrivains engagés?*, éd. Michel Dassonville, Lexington, Ky., French Forum, 1989, pp. 41-55. Le leitmotiv de ses travaux est l'idée du poète appelé à "épier" la nature divine ("La disposition...", p. 90), ou, selon certaines des formulations, à "épier (...) la singularité de la condition humaine dans sa relation au divin" ("Les mythes...", p. 29), afin de resserrer le lien entre Dieu et les hommes. V. aussi "Dieu, les hommes..., p. 89. Mon travail sur les noms divins chez Ronsard est conçu comme un prolongement de ces deux

Cette tension se manifeste peut-être avec le plus d'acuité dans les discours polémiques de Ronsard, là où la confrontation avec ce qu'il conçoit comme la perturbation inadmissible de l'ordre exaspère ses rêves d'un idéal perdu et le pousse à une critique acerbe de la réalité. Face aux abus qu'il voit dans l'Eglise, le poète rappelle dans la *Remonstrance au peuple de France* que le pasteur du peuple de Dieu doit porter "le nom de prebstre", autrement dit doit être suffisamment âgé ("Prebstre veut dire vieil") pour disposer d'un savoir sûr et être libre des tentations qui guettent la jeunesse (vv. 387-388). Est-ce que le recours aux mythes classiques et aux noms des divinités fabuleuses répond à un tel désir de faire coïncider, ou du moins correspondre, le signe et le sacré? Toujours dans la *Remonstrance*, le poète avoue que sans la ferme foi dont Dieu lui a fait grâce, il serait devenu païen et aurait adoré le soleil, la terre, Cérès et Bacchus, ainsi que "ces Dieux que lon feinct ministres de Nature" (vv. 57-84). Les *munera* des déités mythologiques restent donc ici confinés à l'immanence qui, dans le miroir déformateur du sarcasme, devient l'objet d'une adoration indue, détournée du culte légitime, objet profané par les exactions du siècle. Est-ce à dire qu'elles sont réduites au rôle de simples métonymies, fossiles rhétoriques de l'allégorisation naturelle de la mythologie[8]?

Il importe donc de situer les noms divins de Ronsard entre les deux extrêmes qui lui étaient historiquement contemporains: celui de la fable comme médium de la transcendance et celui de la fable comme label

---

réflexions critiques différentes, mais à maints égards complémentaires.

[8] Pour observer les différents degrés de ce processus de "fossilisation" rhétorique on peut comparer un fragment du monologue d'Orphée et les commandements que Jupiter adresse à l'Hiver:

> De jour en jour suyvant s'amenuisoit ma vie,
> Je n'avois de Bacus ny de Ceres envie,...
> (L'Orphée, L.XII, 141, 325-326)

> Je te fais seigneur des pluyes,...
> Et si veux, quand Venus ira voir Adonis,
> Que tu la traittes bien, pour voir apres Cybelle
> Se germer de leur veüe, et s'en faire plus belle:...
> (Hymne de l'hiver, L.XII, 85, 379-384)

Si dans le premier cas Bacchus et Cérès désignent d'une façon univoque le vin et le pain, dans le second une note explicative semble nécessaire dans la première édition: "Par Venus, Adonis et Cybele, il entend le blé, humeur generante et la terre." (note reprise par l'édition Laumonier).

conventionnel de littérarité[9]. Cette position médiane des noms mythologiques chez Ronsard est assurée par deux mouvements simultanés, mais à sens inverses, qui sous-tendent sa poétique: d'une part la désacralisation de l'art du poète, désacralisation qui prend son origine dans une forte négation des ambitions épistémologiques de l'homme; et d'autre part la sacralisation de l'objet même de la louange poétique. La conjonction de ces deux mouvements opposés - une poésie résolument profane mais qui authentiquement sacralise l'objet de son éloge - résulte en une conception "séculière" du sacré, un sacré inscrit dans la culture historiquement et socialement proche de Ronsard, un "sacré séculier" donc, dont la nomination poétique de Dieu se fait un instrument privilégié.

Les restrictions apportées aux desseins épistémologiques de l'homme se manifestent dans le travail de Ronsard sur les hymnes. En apparence, l'ouverture de l'*Hymne de la Philosophie* semble proclamer hautement les possibilités de la connaissance humaine. La philosophie, cette science première...

> ...en dressant de nostre Ame les yeux,
> Haute, s'attache aux merveilles des Cieux,
> Vaguant par tout, & sans estre lassée
> Tout l'Univers discourt en sa pensée,
> Et seulle peut des astres s'alïer
> Osant de Dieu la nature espïer.

> (VIII, 86-87, vv. 25-30)

Il y a là certainement une fière affirmation des pouvoirs intellectuels de l'homme. Il importe cependant de les juger sur le fond du texte-source de ce passage - selon les dires de Richelet, le pseudo-aristotélicien *De mundo* -, ainsi que par rapport à sa version finale. Les transformations qui apparaîtront dans cette confrontation semblent révéler la direction que le poète avait voulu imposer à la lecture de son poème.

Tout d'abord, force est de remarquer que *De mundo* s'ouvre par l'opposition platonicienne du corps humain, confiné à l'immanence, et de l'âme, qui, elle, accède par son regard intérieur à la perception des choses

---

[9] C'est l'alternative que Guy Demerson retrouve dans la poésie néo-latine de la Renaissance (*La mythologie classique dans l'œuvre lyrique de la "Pléiade"*, Genève, Droz, 1972).

divines et "les révèle aux mortels comme un prophète"[10]. Curieusement, la retranscription ronsardienne de ce passage déplace l'attention du lecteur, de l'âme vers la philosophie elle-même. Celle-ci n'est plus réduite dans cette louange de la "science première" à son rôle originel de guide (vv. 24-25). La philosophie devient rapidement l'agent du périple intellectuel qui perd ainsi de son caractère ontologique pour s'affirmer plus comme une entreprise culturelle. Entreprise d'autant plus téméraire, que cet art humain incarne une ambition dont la satisfaction est congénitalement refusée à l'homme[11].

Cette impression est encore confirmée par les modifications apportées au passage à partir de 1578. Dans cette version ultérieure, la philosophie ne "*peut*" plus s'alier aux astres, mais elle "*ose*" le faire; au lieu d'"*ose[r]*" épier la nature divine, elle se limite à le *vouloir*[12]. La possibilité fait place à l'ambition ou même à une simple volonté. Un déplacement, semble-t-il, minime, mais qui tempère visiblement la confiance des premières formulations de l'hymne. Richelet lui fait écho dans son annotation à ce vers, en rappelant, à grand renfort d'autorités parmi lesquelles figure la ténèbre divine de Denys et le psaume 17, que la nature de Dieu ne peut être connue ni mesurée à ses effets[13].

---

[10] Je cite d'après la traduction de A.J. Festugière, in *La Révélation d'Hermès Trismégiste*, Paris, Librairie Lecoffre, 1949, pp. 460-461; "quasique antistitis officio perfungi", dans la traduction attribuée à Budé *De mundo liber, ad Alexandrum cum versione latina Gulielmi Budaei*, Glasguae, in aedibus Academicis, 1745).

[11] Dans "'Loüer celluy qui demeure là-haut'"... (surtout pp. 8-9), Jean Céard insiste que Ronsard limite l'optimisme épistémologique du *De mundo* et indique les sources néo-platoniciennes possibles de ce phénomène. Tout ce fragment apparaît comme suit dans la prose latine de Budé: "Siquidem cum per rerum naturam negatum hoc esset homini, caelestem ut in locum corpore se conferret, utque veluti e terra peregre proficiscens, locum illum oculis perlustraret, id quod stolidi illi Aloidae quondam facere instituerunt; eo factum est, animus ut humanus hujus viae ducem nactus intellectum, peregrinabundus illuc importaretur. Ex quo evenit, viam cum invenisset philosophia lassitudinis vacuam atque laboris, res ut inter se situ longissime sejunctas, una intelligentia complecteretur..." - "En effet, puisqu'il n'était pas possible au corps d'atteindre jusqu'aux lieux célestes ni de laisser derrière soi la terre pour explorer cette région sacrée, comme en eurent dessein jadis, dans leur folie, les Aloades, l'âme, elle du moins, par la philosophie, etc.", selon la traduction d'A. J. Festugière, qui envisage aussi "avec le corps" comme traduction possible de οὐχ οἶόν τε ἦν τῷ σώματι.

[12] "Et seule osant des Astres s'allier,/ Veut du grand Dieu la nature espier" (variante 1578-1587, selon l'édition Laumonier).

[13] Ronsard, *Les Œuvres*, Paris, Nicolas Buon, 1623, t. 2, p. 1066.

Même si l'on traite la lecture de Richelet avec réserve - et l'on peut y faire appel seulement comme à une caisse de résonance qui amplifie certains signaux du texte ronsardien tout en les altérant parfois - il faut remarquer que la variante suivante apparaît, elle aussi, comme une restriction. En parlant de la connaissance des démons, Ronsard élimine dans la version finale de l'hymne la mention de leur rôle de messagers qui consiste à transmettre aux hommes les admonestations de Dieu et à Lui porter leurs requêtes. Comme s'il fallait prévenir le lecteur qu'au-delà des ambitions totalisantes de la philosophie il ne devrait compter sur aucun autre moyen de communication spirituelle avec la transcendance.

Ces variantes restrictives ne se limitent certainement pas à l'*Hymne de la Philosophie*. Celui de l'*Eternité* rappelle dès son *incipit* l'inspiration orphique du poète:

> Remply d'un feu divin qui m'a l'ame eschauffée,
> Je veux mieux que jamais, suivant les pas d'Orphée,
> Decouvrir les secretz de Nature et des Cieux,...
>
> (vv. 1-3)

Dès 1584 Ronsard n'ambitionne plus à "Decouvrir" les secrets célestes. Il se contente de les "Rechercher", tout comme quelques vers plus loin, il renonce à "raconter" la divine nature de l'Eternité et ne désire plus que la "celebrer" (v. 16).

Ces limitations de la fureur inspirée se manifestent aussi par les corrections rhétoriques qui s'incrustent dans les hymnes en freinant leur envol. Le métadiscours qu'elles établissent révèle le recul critique que le poète prend par rapport à son chant de louange. Si Ronsard veut courir jusqu'au firmament pour "ouvrir" les secrets des astres, il n'oublie pourtant point d'ajouter entre parenthèses: "S'il m'est ainsi permis" (*Hymne des astres*, VIII, 150, v. 9). S'il entreprend de conter leurs origines mythiques, il les accompagne d'une note d'avertissement: "s'il faut le croire ainsi" (v. 19). Enfin, lorsqu'il déclare que l'avenir serait révélé à celui qui saurait lire les traits du visage et les lignes de la main, il s'exclame: "qui le croira" (v. 212).

Cette parenthèse révèle tout son scepticisme lorsqu'il s'avère que personne n'est capable de déchiffrer les lignes de la main, autrement dit les signes que Dieu nous destine personnellement:

> Mais faute de pouvoir telles ligne entendre,
> Qui sont propres à nous, nous ne povons comprendre
> Ce que Dieu nous escrit, et sans jamais prevoir

> Nostre malheur futur, tousjours nous laissons cheoir
> Apres une misere, en une autre misere:...
>
> (vv. 217-221)[14]

Les restrictions, les corrections rhétoriques qui mettent en question l'optimisme épistémologique des poèmes ronsardiens sont donc dictées par les difficultés que rencontre la communication avec le sacré transcendant. Certes, la volonté de Dieu "reluit" plus clairement dans les astres, d'autant plus qu'étant plus proches de Dieu, ils resplendissent en quelque sorte de Sa grandeur (vv. 222-224). Cependant à peine quelques vers plus loin, Ronsard insiste que, comme l'eau des sources intarissables, la lumière des astres s'épanche éternellement, puisqu'elle leur est propre, "premiere" (vv. 228-234). En mettant ainsi en valeur l'autosuffisance des corps célestes, Ronsard répond à ceux qui auraient voulu les lier à la terre en les nourrissant au gré de ses humeurs[15]. Mais surtout, cette volonté d'exempter les astres de la corruption d'ici-bas, met en fait en péril la lisibilité du message divin qu'ils sont censés apporter aux hommes. Dans une élégie de 1584 (XVIII, 35, vv. 49-52), le poète admet - tout comme dans l'hymne - que Dieu choisit les astres comme "characteres" servant à tracer au ciel "en notes non obscures" le destin de toutes les créatures. Toutefois il ajoute que les hommes méprisent un tel enseignement ("Mais les hommes chargez de terre et du trespas / Mesprisent tel escrit, et ne le lisent pas"). Même surdité à la parole divine dans l'*Hercule chrestien*. Le lecteur y trouve plusieurs versets de l'*Exode* où le Dieu jaloux, celui qui *est* vraiment, prévient son peuple contre le péché de l'idolâtrie (VIII, 212, vv. 97-102). Pourtant le poème ne se livre à aucune exégèse de cet assemblage de fragments bibliques. Marqués par des guillemets qui les isolent comme "sentences", ces débris de la parole divine se dressent, solitaires, face à la perversion païenne des prédictions sibyllines incomprises (vv. 85-96), face à la révolte de l'homme, qui seul parmi les créatures ose offenser son Créateur (vv. 103-120). Comme si l'unique fonction de cette parole biblique - collationnée d'ailleurs dans un sens qui

---

[14] Jean Céard ("Louër...", 11) note cette illisibilité des signes de la Providence.

[15] Vv. 225-227. Cf. *De Natura deorum*, II, xv-xvi, 42-43. V. à ce propos les très utiles notes dans l'édition de Jean Céard, Daniel Ménager et Michel Simonin.

en radicalise la portée[16] - était de souligner la transcendance de Dieu, incompris des êtres qu'Il a le plus chéris.

A la négligence coupable de l'homme correspond donc l'éloignement de Dieu. Les astres ont beau transcrire les volontés divines, le mythe de leur origine construit par Ronsard n'en démontre pas moins leur aveugle arbitraire. En effet, en les récompensant pour avoir prévenu les olympiens de l'attaque imminente des géants, Jupiter attache les astres fermement à la voûte céleste. Toutefois, il les fige "en telle place /Qu'ilz avoient *de fortune*" (v. 82). La configuration du firmament est donc l'effet du hasard, ce qui peut soulever bien des doutes sur l'ordre de la Nature "fatalizé" par l'aspect des corps célestes. Certes, en confiant aux astres les destinées, Jupiter garde pour lui-même "la superintendence" de leurs actions. Il n'est pas moins décevant de constater que celle-ci demeure toute négative et se réduit en somme à une sorte de droit de *veto* ("...quand il voudroit, tout ce qu'ilz auroient faict / N'auroit autorité, ny force, ny effect").

A quoi sert donc la connaissance des astres? Apparemment, elle est l'objet même de l'hymne qui s'ouvre par un ardent appel à délier l'esprit, "engourdy d'un sommeil ocieux" dans la prison humaine[17]. Cet appel s'adresse opportunément à Mellin de Saint-Gelais, le *mellifluens* qui, "enfant du Ciel", prend son nom du miel dont il a été nourri dès l'enfance et qui dispose d'une connaissance profonde des cours et influences astrales. Le poète serait-il donc l'élu qui, parmi la négligence universelle, parviendrait à percer la signification du message de Dieu inscrit sur le firmament? C'est du moins ce que permet d'inférer la partie centrale de l'hymne qui, accompagnée de nouveau par l'évocation de Mellin - "sacré poëte" dès sa naissance -, est consacrée aux devins et grands philosophes, dotés par les

---

[16] Ainsi les vers 97-98 - "»Ce Dieu qui dit, *Nul n'est egal à moy, / L'homme n'est rien, le Prince, ny le Roy,...*" - semblent conjuguer les souvenirs d'Isaïe, 46, 5 ("Cui assimilastis me, et adaequastis, et comparastis me, et fecistis similem,...") et de l'épître aux Galates, 6, 3, taillée pour la circonstance ("Nam si quis existimat se aliquid esse, *cum nihil sit*, ipse se seducit"). Il est à remarquer que cette phrase de saint Paul, que Montaigne engrave d'ailleurs dans sa totalité sur l'une des travées de sa "librairie", est ici découpée par Ronsard d'une façon qui en modifie sensiblement le sens originel. En effet, dans la finale de l'épître paulinienne où elle s'insère, il est question de la dilection que les frères chrétiens se doivent mutuellement. En ne prélevant que la relative (dont il généralise abusivement l'antécédent) et en l'ajustant à la paraphrase d'Isaïe, Ronsard met dans la bouche de Dieu des paroles qui expriment le mépris envers le néant de sa créature, un néant encore amplifié par l'affirmation de l'être de Dieu - "»Je suis qui suis..." - du vers suivant.

[17] Il faut noter cependant que la volonté d'"ouvrir" les secrets des astres est accompagnée, de nouveau, d'une prudente parenthèse: "S'il m'est ainsi permis" (v. 9).

astres du pouvoir de connaître leurs "mysteres divins" pour ensuite les raconter aux hommes (vv. 151-166).

Pourtant si l'on considère la position compositionnelle de ce fragment, la louange des intellects privilégiés qui ont converti les incertitudes des astres en "un art certain", semble retentir d'un timbre nettement moins triomphal. En effet il se situe à la charnière de deux listes détaillant les divers états et occupations humaines et nettement distinguées par deux systèmes anaphoriques différents: "L'un...L'autre..." pour la première (vv. 109-156), et "Cettuy-cy...Cestuy-là..." pour la seconde (vv. 156-182). Lorsqu'on examine ces deux énumérations, la louange des philosophes qui est située à leur jonction s'avère un pivot qui transforme la suite des métiers (le guerrier, le marin, le laboureur etc.) en celle qui détaille les entreprises de la folle ambition humaine: celui qui rase une ville pour en fonder, en son propre nom, une autre, ce brave qui "s'ose faire croire / Que la hauteur du Ciel il hurte de sa gloire" et meurt finalement comme Pompée, ou enfin cet autre qui, après avoir conquis tout un empire, est tué, comme César, par les siens.

Les philosophes représentent donc ces "métiers bien meilleurs", le point culminant où peuvent aspirer les talents des hommes. Mais ils introduisent aussi le tableau de la dégénérescence et de la pitoyable chute de nos prétentions, tableau annoncé d'ailleurs dans la première liste par les figures de l'avare mineur qui fouille la terre à la recherche de "la semence des maux", de l'alchimiste qui "multiplie en vain / L'or aislé", ou du tisserand, fils d'Arachné, c'est-à-dire héritier de celle qui, ambitionnant d'égaler par son art Pallas même, l'a bravée en représentant par sa toile les crimes des dieux[18]. C'est d'ailleurs dans cette seconde liste des ambitions folles et funestes que se situe la louange du poète dont Mellin est le modèle accompli, et celle du devin qui "cognoit bien des oyseaux le langage", un cas bien douteux de prophétisme, puisque la Renaissance est précisément fort sceptique à l'égard de la compétence linguistique des oiseaux[19].

La connaissance des astres qui devraient signifier aux hommes les volontés divines devient un exemple - peut-être l'exemple majeur - de la

---

[18] *Caelestia crimina*, comme le notent les *Métamorphoses*, VI, 131.

[19] V. Marie-Luce Demonet, *Les Voix du signe. Nature et origine du langage à la Renaissance (1480-1580)*, Paris, Champion, 1992, pp. 487-496. Comme le rappelle la *Responce aux injures...*, pp. 79-88, la connaissance du langage des animaux était le lot des poètes-prophètes tels qu'Eumolpe et Orphée, familiers de l'"antique magie", interprètes des astres et de la volonté divine. Toutefois le temps des poètes sacrés est bien révolu.

présomption révélant, fatalement, la misère humaine. Cette interprétation semble déjà annoncée par les vers qui introduisent les deux énumérations:

> Mais l'homme, par sur tout, eut sa vie sujette
> Aux destins que le Ciel par les Astres luy jette,
> L'homme, qui le premier comprendre les osa,
> Et telz noms qu'il voulut au Ciel leur composa.
>
> (vv. 105-108)

Qu'il aspire à connaître les astres (sans que cela signifie pour autant une connaissance de la volonté divine qu'ils sont censés représenter), qu'il les nomme selon sa propre volonté, l'homme n'en est pas moins soumis à leurs destins. Cette connaissance n'a donc rien d'une gnose, elle ne peut libérer ni promettre le salut. Une situation d'autant plus sombre que les astres, appelés dès le début de l'hymne à être rejoints, se montrent en dernière instance superbement indifférents au lot des humains:

> Plus ne vous chaut de nous, ny de noz faictz aussi:
> Ains courez en repoz, delivrez de soucy,
> Et francz des passions, qui des le berceau suyvent
> Les hommes qui ça-bas chargez de peine vivent.
>
> (vv. 247-250)

La persistante négativisation de l'hymne confirme donc l'estime dans laquelle Ronsard tient cette connaissance qui se dérobe, et qui, en dernière instance, reste inaccessible[20]. Elle semble en outre suggérer que les tentatives ambitieuses de percer le mystère, de nommer l'inconnu, semblent des fanfaronnades qui, même dans les limites restreintes où elles sont appelées à aboutir, ne permettent en rien à changer la misère de l'homme.

Bien plus, à travers les louanges pompeuses de la connaissance aspirant vers le divin se laisse percevoir la réprobation du sacrilège. Tel semble être le cas de la conclusion de l'*Hymne de la Philosophie* qui répond aux appels à "épier" la nature de Dieu du début du poème. Ceux-ci sont, comme nous l'avons vu, clairement tempérés dans les versions ultérieures de l'hymne. Comment donc accorder leur réserve avec le ton triomphal que prend la finale du poème, surtout telle qu'elle apparaît après 1584, après l'élimination d'une centaine de vers consacrés antérieurement au temple de la Philosophie-Vertu:

---

[20] V. *Remontrance au peuple de France* (XI, 73, vv. 85-94) ainsi que Daniel Ménager, *Ronsard, Le Roi, le Poète et les Hommes...*, pp. 32-33.

> Bref toute en tout tu as voulu trouver
> Tout art à fin de le faire esprouver,
> Pour ne souffrir qu'un trop engourdi somme
> Sans faire rien roüillast l'esprit de l'homme:
> Qui par toy seul[e] attaché dans les Cieux,
> Boit du Nectar à la table des Dieux.[21]

Ce nouvel appel à l'activité intellectuelle de l'homme est si vibrant, les hauteurs de l'éloge si sublimes, que l'on ne peut s'empêcher de se demander si sa clameur ne recèle en fait le grincement de l'ironie.

En effet, tout se passe comme si Ronsard voulait présenter la visée universaliste de la philosophie comme l'apothéose d'une déité dont l'inventivité culturelle reproduit la force créatrice authentique fondant la présence de Dieu dans le monde. De nouveau, la variante apportée au texte primitif semble instructive. Ayant renoncé au développement sur le temple de la Philosophie-Vertu, Ronsard raccorde le vers 184 de la première version du poème avec sa fin, en y ajoutant deux autres vers qui décrivent la philosophie comme l'unique attache de l'homme aux cieux et comme le plus sûr moyen de faire de lui l'intime de l'Olympe. Pour mieux saisir la résonance de ce dernier *crescendo* de l'hymne, il importe aussi de noter l'élimination d'une virgule au vers 181. Dans la version originelle ce décasyllabe est départagé par une pause en 2 + 8 syllabes, tout comme l'est le vers suivant: "Car toute, en tout elle a voulu trouver / Tout art, à fin de le faire éprouver..." A partir de 1578 la virgule après la seconde syllabe disparaît, ce qui aligne le vers sur le modèle du vers précédent, plus régulier: 4 + 6. Le vers 181 prend alors la forme: "Bref toute en tout tu as voulu trouver, etc." Mais ce sont les conséquences sémantiques de ce changement prosodique qui importent le plus. Originairement, "toute" la philosophie multipliait les efforts pour trouver "Tout art" "en tout" ("Car toute, en tout elle a voulu trouver / Tout art,..."). Une fois la césure déplacée, la philosophie devient "toute en tout", une expression qui rappelle à s'y méprendre le "Deus omnia in omnibus" de l'épître aux Corinthiens (15, 28), le topos classique du débat sur les modalités de la présence divine au monde. Ce lieu biblique trouve son écho dans le *Noms divins*, 7, 3, 872A et par la suite chez les commentateurs de Denys: saint Thomas accentuera son interprétation causale, afin de parer les possibilités de lectures panthéistes (Dieu est "tout dans tout" comme cause des choses et non comme leur essence); Ficin y trouvera prétexte au développement sur l'infusion de

---

[21] Le texte cité est celui de 1587 dans l'édition d'Isidore Silver, *Les Œuvres de Pierre de Ronsard*, Paris, Librairie Marcel Didier, 1968, t. 6, p. 148.

l'amour divin dans ses créatures. Chez Ronsard, elle sert visiblement à déifier la philosophie, à en faire un Démiurge qui arrache l'homme à l'oisiveté. Bref, la philosophie devient un lien avec le domaine céleste, qui fait d'un mortel le compagnon des dieux. Pourtant force est de se demander si ces deux dernières images, ajoutées en 1587, sont vraiment aussi flatteuses.

En effet, être invité à partager le Nectar à la table des dieux est plutôt un mauvais augure dans la poésie ronsardienne. Un tel honneur peut facilement mener aux peines de l'enfer, comme le montrent assez les figures d'Ixion, de Sisyphe et de Tantale. Tous ces réprouvés de la mythologie partagent une faute commune: admis dans l'intimité des olympiens, banquetant en leur compagnie, ils se sont montrés ingrats en divulguant les secrets des dieux[22]. Ils n'ont pas su vaincre leurs ambitions terrestres et sont ainsi devenus les symboles de la vanité et de la présomption qui torturent le cœur de l'homme. Telle est la fonction de ces mythes dans l'apostrophe que Ronsard adresse au ministre protestant:

> ...à qui l'ambition
> Dresse au cueur une roüe, et te fait Ixion,
> Te fait dedans les eaux un alteré Tantalle,
> Te fait souffrir la peine à ce volleur egalle
> Qui remonte et repousse aux enfers un rocher,...

(Response aux injures, XI, 122, vv. 105-109)

Ce que Ronsard reproche aux huguenots, c'est précisément la prétention de pénétrer les secrets divins. Encore dans *L'espitre au lecteur* qui ouvre le *Recueil des Nouvelles Poësies* de 1563, il entend nettement démarquer sa propre écriture de Dieu, de celle qui, selon lui, ne respecte pas suffisamment l'inconnaissable:

---

[22] V. par exemple Natale Conti, *Mythologie c'est à dire Explication des Fables*, Paris, Pierre Chevalier, 1627, pp. 620, 626, 631; avec cette variation, toutefois, que l'indiscrétion d'Ixion consistait essentiellement en ce qu'il se vantait d'avoir séduit Junon. C'est précisément cette faute d'Ixion que met en valeur le commentaire de Muret au sonnet "Je voudrais estre Ixion & Tantale...", sonnet qui associe de nouveau les trois figures des réprouvés mythologiques (Sisyphe est mentionné au v. 8) avec l'ambroisie et les peines infernales (V. Marc-Antoine de Muret, *Commentaires au Premier Livre des "Amours" de Ronsard*, éd. Jacques Chomarat, Marie-Madeleine Fragonard et Gisèle Mathieu-Castellani, Genève, Droz, 1985, pp. 25-26, ainsi que les remarques sur ces commentaires dans Jean Céard, "Muret, commentateur des 'Amours' de Ronsard", in *Sur des vers de Ronsard, 1585-1985*, éd. Marcel Tetel, Paris, Aux Amateurs de Livres, 1990, p. 48).

> Quand j'ay voulu escire de Dieu, encore que langue d'homme ne soit suffisante ny capable de parler de sa majesté: je l'ay fait touesfois le mieux qu'il m'a esté possible, sans me vanter de le cognoistre si parfaitement qu'un tas de jeunes Theologiens qui se disent ses mignons, qui ont, peut estre, moindre cognoissance de sa grandeur incomprehensible que moy pauvre infirme et humilié, qui me confesse indigne de la recherche de ses secrets...
>
>   (XII, 5)

L'intelligence humaine, aussi admirable soit-elle, reste désarmée face au divin, "car Dieu, qui est caché, / Ne veut que son segret soit ainsi recherché" (*Remontrance*, XI, 71, vv. 143-160). Elle ne peut exercer ses capacités que dans le domaine des choses naturelles, sans s'étendre à la foi comme le font, aux yeux de Ronsard, les innovations des théologiens protestants. Il ne faut donc point s'enquérir sur le "Serpent qui parla", "la pomme d'Adam", "une femme en du sel", qui "dedans la Bible [sont] estrangement encloses". Inutile de vouloir élucider le sens de ces signes miraculeux. Parallèlement à l'étrangeté de l'allégorie biblique, le langage poétique possède sa propre altérité qui empêche de réduire le plaisir et le rire littéraires en paroles d'oracle. Les incessantes tentatives de présenter la polémique avec les protestants comme une farce, de minimiser l'importance des répliques de Ronsard comme autant de "saillies de Tony ou de Grefier", sont donc des rappels à l'ordre (*Epistre*, 16). Tout au plus, tel le taon socratique, Ronsard se réserve le droit de faire enrager ses adversaires par ses pointes, en transformant ainsi la folie carnavalesque en une furie, qui n'a rien de commun avec la fureur de l'inspiration poétique[23].

Or, selon Ronsard, la folie des prédicants est de prendre pour savoir révélé ce qui n'est qu'Opinion. *Le discours des miseres* retrace la fable des origines de ce monstre en le reliant, de nouveau, avec les ambitions coupables de l'homme à escalader les cieux (XI, 26-27, vv. 129-154). Cette fois-ci, c'est le mythe des géants qui sert à démontrer l'inanité de telles prétentions[24]. L'Opinion fut engendrée par Jupiter et Dame Présomption. Pourtant ce ne sont pas les appâts de sa compagne qui ont attiré le dieu; le

---

[23] V. *L'Espitre*, p. 16 ainsi que *Responce aux injures*, XI, 119, vv. 45-50. Cf. *L'Apologie de Socrate*, 30e.

[24] Jean Céard associe l'entreprise des géants et l'envol de l'âme vers les cieux ("La révolte des géants, figure de la pensée de Ronsard", in *Ronsard en son IVe centenaire. L'art de poésie*, éd. Yvonne Bellenger, Jean Céard, Daniel Ménager, Michel Simonin, Genève, Droz, 1989, pp. 221-232). La négativité inscrite dans la texture de la poésie ronsardienne renforce, me semble-t-il, cette parenté au point de mettre en question l'aspiration lumineuse à "épier" le divin.

viol mythique est œuvre de vengeance contre les hommes qui ont convoité d'atteindre par leurs raisons les "haults secrets divins", interdits aux mortels. L'Opinion qui naît de cette union dénuée de désir va hanter les théologiens modernes pour "les punir d'estre trop curieux / Et d'avoir eschellé comme Geants les cieux"[25].

Lorsqu'elle promet aux mortels les douceurs du Nectar qui confère l'immortalité, la Philosophie "toute dans tout" ne se mue-t-elle pas en un enfant de Dame Présomption? Surtout qu'en retranscrivant dans le début de l'hymne le *De mundo*, Ronsard se garde bien d'opposer, comme le fait le traité pseudo-aristotélicien, l'envol de l'âme séparée du corps, à la folie des géants avides d'"explorer la région sacrée"[26]. Il ne le fait pas, semble-t-il, parce que cette image de l'ambition sacrilège tache la philosophie elle-même, dans la promesse finale de faire participer l'homme aux honneurs de la table des dieux.

Une telle lecture semble confirmée non seulement par la signification de la fable de Tantale, d'Ixion et de Sisyphe dans la poésie ronsardienne, mais aussi, de nouveau, par les changements opérés par le poète entre les différentes versions de l'*Hymne de la Philosophie*. Comme on se le rappelle, les deux vers promettant à l'homme la communion avec le divin remplacent, dans la dernière version du poème, le long développement sur le temple de la Philosophie-Vertu qui formait le second volet de la version primitive. Or il est symptomatique que les peines de ceux qui se sont attaqués aux dieux figuraient déjà dans la description de ce temple pour représenter l'image des fausses ambitions torturant les cœurs des hommes[27]. Elles étaient le lot de toute cette grouillante populace qui, semblable aux géants, s'évertuait à escalader le rocher sur lequel était perché le temple, mais qui, au moment même où ses efforts semblaient aboutir, trébuchait inexorablement "cul par sus teste à bas", précipitée par l'horrible tempête des désirs mondains dont elle ne pouvait se libérer. Il importe de noter que pour devenir ainsi inaccessible, la Philosophie a dû céder place à son hypostase - la Vertu ("Où

---

[25] V. aussi la *Remonstrance au peuple de France* (XI, 81, vv. 347-348).

[26] Cf. note 10.

[27] Vv. 259-272. A la triade de Sisyphe, Ixion et Tantale viennent s'y ajouter Prométhée, coupable, comme on le sait, d'avoir dérobé aux immortels le secret du feu, et Phlegias qui a mit le feu au temple d'Apollon.

la Vertu en son Temple repose...", v. 247)[28]. En s'immobilisant au sommet du rocher, elle avait quitté son rôle d'art humain qui, par la diversité des jugements parcourt tout l'univers et qui "aux hommes fait entendre / Ce qu'ilz pouvoient, *sans estre Dieux*, comprendre" (vv. 187-188, dans l'édition de 1556). Dorénavant, atteindre la Philosophie-Vertu nécessitait de hautes qualités éthiques, qualités dont, de toute évidence, les mortels lancés à la conquête du mont ne disposaient pas. En supprimant dans les versions ultérieures tout le développement sur le temple de la Philosophie-Vertu, Ronsard lui refuse les nobles hauteurs. Il la maintient à la portée des hommes, plus même, il transforme cet art universel en une divinité qui frôle la caricature, car, "toute en tout", elle demeure le fruit de leurs ambitions chimériques.

Cette interprétation est confirmée par le second motif qui apparaît dans les deux vers ajoutés dans la version ultime du poème. La philosophie ne promet pas seulement à l'homme les immortelles joies de la table des dieux, elle est aussi son unique attache avec le ciel ("...par toy seul[e] attaché dans les Cieux,..."). Ce qui pourrait être ici interprété comme l'image de l'ascension vers le sacré est en fait le rappel du début de l'hymne, qui associe la comparaison burlesque de la philosophie à une sorcière avec l'évocation parodique de la chaîne homérique.

En effet, dans l'éloge ronsardienne de la philosophie, celle-ci ne se limite pas à attirer la lune, mais "tout le Ciel [elle] fait devaller en terre" et le charme en la sphère astronomique. Ainsi l'entreprise sacrilège de la connaissance humaine tourne à la parodie:

> Donc, à bon droit cette PHILOSOPHIE
> D'un Jupiter les menaces defie,
> Qui, plein d'orgueil, se vante que les Dieux
> Ne le sçauroient à bas tirer des Cieux,
> Tirassent ilz d'une main conjurée
> Le bout pendant de la cheine ferrée,
> Et que luy seul, quand bon luy semblera,
> Tous de sa cheîne au Ciel les tirera.
> Mais les effors d'une telle science
> Tire les Dieux, et la mesme puissance

---

[28] Jean Céard insiste que la Philosophie ne devient pas la Vertu, mais que les deux allégories sont identiques dans l'hymne (v., par exemple, "Dieu, les hommes...", p. 87). Il remarque aussi, dans son annotation de 1994 de l'hymne, que Ronsard n'est apparemment plus sûr de cette identification après 1578.

De Jupiter, et comme tous charmez
Dedans du bois les detient enfermez.

(vv. 67-78)

Comme l'indique à juste titre Richelet, l'allusion de ce fragment à la chaîne homérique n'est pas directe. Elle est médiatisée par le troisième chapitre des *Noms divins* (680C). Denys y appelle les fidèles à la prière qui est comme une chaîne lumineuse infinie pendant du ciel. Nous la tirons à deux mains vers nous et ainsi avons l'impression de rapprocher le Ciel de la terre, tandis qu'en réalité nous nous élevons par ce mouvement vers le divin, tout comme celui qui, tirant sur l'amarre du bateau où il se trouve, a l'illusion de faire mouvoir la côte, quand c'est l'embarcation qui se rapproche de la terre ferme. Dans la perspective de ce passage dionysien que Ronsard semble effectivement parodier en associant l'image de la sorcière et celle de la chaîne homérique, le travail de la philosophie apparaît particulièrement comme une entreprise de désacralisation.

Confrontés à la négativisation du discours poétique rendue manifeste surtout par les variantes, les coups d'éclat du discours épidictique, le "bruit" du lyrisme ronsardien[29] ne peuvent donc plus être perçus d'une façon univoque et directe, comme l'expression de la confiance du poète en la communion possible entre l'art humain et les secrets célestes. Si la Philosophie "toute en tout" est en quelque sorte sanctifiée, ce n'est point pour suggérer que l'homme opère par son intelligence le retour vers le centre lumineux d'où prend l'origine la création irradiée par les rayons du sacré. C'est plutôt pour démontrer que l'aspiration au divin est le paroxysme d'une activité fébrile qui, bien qu'elle soit la vocation de l'homme, demeure entachée d'une sacrilège vantardise, présomption qui trouve pour images emblématiques les prétentions des sorcières de village et l'indiscrétion des grands punis du Tartare.

Ces fortes limites imposées à l'aspiration humaine vers la transcendance résultent dans la poétique ronsardienne en deux mouvements parallèles: la désacralisation progressive de l'art du poète qui se conjugue avec la sacralisation *poétique* - et donc toute "profane" - de l'objet de sa louange.

---

[29] C'est par le "bruitage" qu'Olivier Pot caractérise l'esthétique pindarique de Ronsard (*Inspiration et mélancolie. L'épistémologie poétique dans les "Amours" de Ronsard*, Genève, Droz, 1990, p. 249). Sur la parodie rabelaisienne de cette esthétique v. du même auteur "Ronsard et Panurge à Ganabim", *Etudes Rabelaisiennes*, 22 (1988), pp. 7-26.

Cette dernière tendance se manifeste dans la retranscription de la dédicace initiale de l'*Hymne du Ciel*. Dans sa version originale, le destinataire du poème, Morel, est gratifié par Ronsard du "Ciel".

> Cependant qu'à loysir l'Hymne je te façonne
> Des Muses, pren'en gré ce CIEL que je te donne,
> A toy digne de luy, comme l'ayant congnu
> Longtemps avant que d'estre en la Terre venu,
> Et qui le recongnois, si apres la naissance
> Quelque homme en eut jamais ça bas la cognoissance.
>
> (vv. 9-14)

Par le glissement métonymique entre le titre et l'objet du poème, le poète s'arroge le pouvoir divin de rétribuer par les joies du paradis les vertus de son protecteur. Pour Morel ce don, qui s'apparente tellement à la grâce du salut, aura la valeur d'une réminiscence du lieu de son séjour antérieur. Bien qu'il soit tempéré par la conditionnelle qui clôt le passage, un tel retour néo-platonicien vers l'origine divine de l'homme est rendu possible par le chant du poète.

Or, il est significatif que la retranscription que Ronsard donne en 1587 de cette ouverture de l'hymne est l'exact opposé de sa version première. Non seulement il n'est plus question de la réminiscence de la communion avec le divin d'avant la naissance - Morel est jugé digne de l'hymne juste pour avoir été "dés enfance" le compagnon des Muses -, mais surtout le poète perd complètement son statut de dispensateur du sacré:

> Morel, à qui le Ciel *de luy-mesme se donne*
> *Sans qu'un autre te l'offre*, oy ma Lyre qui sonne
> Je ne sçay quoy de grand, joyau digne de toy,
> Voire d'un cabinet pour l'ornement d'un Roy.[30]

La transposition métonymique de l'hymne en son propre objet a donc disparu totalement: le poète n'a plus qu'à offrir un "je ne sçay quoy", un objet d'une valeur supérieure, à peine saisissable, et donc suffisamment

---

[30] Ed. Isidore Silver, t. 6, p. 128. Guy Demerson conclut qu'au moment de la publication du second livre des *Hymnes* la crise affectant l'expression mythologique du lyrisme français est surmontée (*La mythologie classique...*, p. 453). Les corrections apportées aux hymnes ultérieurement, surtout, celles de 1587 semblent suggérer que bien des doutes attendaient encore leurs solutions.

précieux pour réjouir un royal destinataire, mais tout profane[31]. En revanche le Ciel, comme dans une interne polémique avec la version précédente du poème, entend disposer lui-même de ses propres grâces.

Cette manifeste désacralisation de l'art du poète, s'associe avec la non moins évidente sacralisation de l'objet naturel de l'hymne. En 1584, l'Esprit de l'Eternel épandu dans le ciel est "une vive source" - écho beaucoup plus accentué du *fons aquae vivae* biblique[32] que ne l'était la "grande source" de la version antérieure (v. 30). Et pour que cette vitalisation ne soit pas comprise comme la sublimation d'un élément terrestre, la même édition change le feu "vif et subtil" dont est composée la voûte céleste en "vif et divin" (v. 45). Tout mène vers le *crescendo* de la prière hymnique où viennent se contaminer le *Coelo* de Marulle et les échos de Pline (II, i):

> Toy, qui n'as ton pareil, et ne sembles qu'à un,
> Qu'à toy, qui es ton moule, et l'antique modelle
> Sur qui DIEU patronna son Idée eternelle.
>   Tu n'as en ta grandeur commencement, ne bout,
> Tu es tout dedans toy, de toutes choses tout,...
>
> (vv. 84-89)

Le "*In te totus*" de Marulle se greffe sur le "*totus in toto, immo vero ipse totum*" de Pline. Encore un pas et la sacralisation du ciel déboucherait sur le panthéisme du naturaliste romain[33]. Pourtant Ronsard se garde bien de le franchir. L'infinitude et l'éternité du monde ne l'identifient pas à Dieu, mais sont l'expression de la rondeur qui embrasse toute chose. Les corrections que Ronsard apporte en 1584 à son texte en témoignent assez. Dans la version primitive, le poète s'indigne avec Pline de ce que l'on puisse offenser le Ciel en concevant l'existence d'autres mondes: "C'est peché

---

[31] V. le "ne sais quel esprit" dans *La Défense et illustration...*, I, vi. Sur le "je ne sais quoi" v. Vladimir Jankélévitch, *Le je-ne-sais-quoi et le presque-rien*, Paris, Puf, 1957.

[32] *Jr.*, 2, 13; v. aussi *Ap.*, 7, 17.

[33] C'est ce panthéisme qui mène Pline vers l'agnosticisme et la critique du polythéisme (*Hist. nat.*, II, v). Sur l'analyse de cet hymne en comparaison avec ses sources classiques v. Henri Busson, *Le rationalisme dans la littérature française de la Renaissance (1533-1601)*, Paris, Vrin, 1957; Germaine Lafeuille, *Cinq hymnes de Ronsard*, Genève, Droz, 1973, pp. 25-31; et surtout Isabelle Pantin, "L'Hymne du Ciel", in *Autour des "Hymnes" de Ronsard*, éd. Madeleine Lazard, Genève, Slatkine, 1984, pp. 189-214.

contre toy, c'est fureur, c'est fureur..."[34]. Plus tard il remplacera "péché", terme à connotation trop explicitement religieuse, par "extreme abus", beaucoup plus neutre. Mais surtout Ronsard modifie les très troublants vers 85-86, qui, dans leur forme première, pourraient suggérer que le Ciel préexiste comme archétype à l'Idée divine, autrement dit à Dieu Lui-même[35]. La version définitive du passage efface ses connotations néo-platoniciennes qui auraient pu suggérer malencontreusement l'existence d'une essence antérieure à l'intelligence divine. Elle insiste en revanche sur la circularité qui confère aux voûtes célestes leur caractère illimité, autrement dit privé de "commencement", de "bout" et, comme ajoute Richelet, de milieu, "car la figure circulaire n'en a point" (p. 1047)[36].

Le travail que le poète accomplit sur son texte semble orienter les lectures de l'hymne dans une direction bien précise: d'une part, en sacralisant l'objet de la louange, il s'agit d'écarter ces interprétations qui réduiraient le ciel au domaine des phénomènes purement naturels; d'autre part, cependant, il importe d'empêcher ses identifications panthéistes avec la divinité. Si le sacré qui résulte d'une telle orientation de la lecture peut être dit immanent, ce n'est pas dans le sens où l'élément de la nature qu'est le Ciel serait conçu comme l'éclat de la divinité émané dans l'univers de la matière. Le Ciel est plutôt sacralisé comme le réceptacle, le lieu d'accueil d'un Dieu venu habiter le monde.

Car c'est ainsi, comme "palais royal", "haute maison de Dieu" (vv. 70, 15) que Ronsard interprète le ciel, *sedes alta Jovis* de Marulle. La métaphore biblique - "*Caelum sedes mea*" (Is., 66, 1) -, est mise à profit par l'apologétique chrétienne afin de préciser les modalités du rapport entre

---

[34] V. 92. Chez Pline, *Hist. nat.*, II, i, 2-4: "Furor est... Furor est, profecto furor..."

[35] "Ainsi nous disons avec Platon, l'idée de Dieu , estre Dieu-mesme: lequel de sa seule volunté crea le monde, selon le perfaict exemplaire de son admirable entendement. Et Platon appelle l'image de ceste divine Idée, la forme de laquelle le createur disposa et forma la matiere" - Louis Le Caron, *La philosophie*, Paris, Guillaume le Noir, 1555, f° 25 v°. Le Caron polémique avec ces platoniciens qui voudraient séparer l'Idée divine de l'essence de Dieu (f° 10 v° et surtout 60 v° - 62 r°). Le néo-platonisme de l'*incipit* du sonnet clxxi des *Amours* de 1552 est bien moins inquiétant: "Celuy qui fit le monde façonné / Sur le compas de son parfait exemple" (IV, 162, cité par Olivier Pot, *Inspiration et mélancolie...*, p. 137). Si l'on admet qu'"exemple" est un raccourci d'"exemplaire", dicté par les besoins de la rime, il s'agit là de l'image de la création du monde sur le modèle de l'Idée dont Dieu est porteur.

[36] Olivier Pot insiste à propos de cette variante sur l'influence de l'esthétique stoïcienne (pp. 310-311).

Dieu et l'univers. Le ciel est le trône de Dieu, mais n'est pas Dieu Lui-même[37]. L'objectif visé est donc de contrecarrer les tentatives païennes de diviniser les forces de la nature et de souligner la transcendance du Créateur par rapport à sa création. Mais en même temps le trône évoque le pouvoir royal et son domaine d'action - le royaume. C'est précisément ce second sens de l'image que Ronsard garde à l'esprit en ajoutant à ses sources un important développement sur la présence divine au monde (vv. 71-78).

Dieu n'a pas bâti sa demeure outre l'enceinte céleste, mais "s'est logé" à l'intérieur. Position qui garde une certaine ambiguïté, car elle peut signifier d'une part l'incarnation et d'autre part le séjour céleste du Seigneur. Ronsard rappelle que Dieu n'a pas dédaigné la nature humaine, et s'est fait "citoyen du Monde, comme nous", mais il tient toutefois à l'exempter "de peines, et d'esmoy" comme s'il était indigne de faire partager au Christ les souffrances des hommes. De même que la sacralisation du ciel se garde bien de tomber dans l'identification panthéiste de cette réalité naturelle avec son Créateur, la présence de Dieu au monde ne peut se passer d'une certaine distance qui préserve la dignité du Très Haut. Et pour préciser encore ce sacré intramondain, sécularisé, mais non moins distinct par son autorité du domaine profane, Ronsard compare dans la dernière édition Dieu au roi qui hésite à quitter son palais "de peur qu'une querelle / Civile ne troublast sa maison paternelle"[38].

C'est donc dans la perspective de ce sacré séculier, inclus dans le monde bien que préservé de ses souffrances, qu'il importe de considérer la nomination problématique de la divinité.

Certes, son point de départ est négatif. Ailleurs, dans l'*Hymne de l'Eternité*, Ronsard rappelle que "Nous aultres journalliers", entachés de matière, sommes totalement incapables de percevoir la transcendance: "Aveuglez et perclus de la saincte lumiere, / Que le peché perdit en nostre premier pere" (vv. 121-122). La radieuse illumination du monde corporel par les rayons divins est compromise par la faute originelle. La première démarche de la divinisation hymnique sera donc de nouveau de séparer la notion divinisée qu'est l'Eternité des peines et du travail d'ici-bas (vv. 23-24). Ainsi la Nature doit se traîner quelque part en queue du cortège de l'Eternité: "Bien loing derriere toy, mais bien loing par derriere, / La Nature te suit..." (vv. 69-70). Plus important encore, le hiatus qui sépare la divinité

---

[37] V. Cyrille d'Alexandrie, *Contre Julien*, II, 51-55.

[38] Richelet n'apprécie visiblement pas cette comparaison à laquelle il reproche la confusion entre la puissance divine et la présence actuelle de Dieu.

de la misère humaine se traduit par une division linguistique: les dieux et les hommes ne parlent pas le même langage. Ou, plus précisément, selon la correction symptomatique de 1584, c'est surtout Dieu, s'adressant à ses inférieurs, qui use d'un langage différent de celui du commun des mortels:

> Quand tes Loix au conseil l'estat du monde ordonnent,
> En parlant à tes Dieux qui ton throne environnent
> (Throne qui de regner jamais ne cessera)
> Ta bouche ne dit point, Il fut, ou Il sera:
> C'est un langage humain pour remarquer la chose...[39]

Aucun nom que nous attribuons à la divinité ne peut lui être adéquat.

Pourtant leur multiplication n'est pas une tentative d'introduire le lecteur au silence de la contemplation face à l'Etre supra-essentiel[40]. Si Ronsard hésite en épelant les effets de la divinité - "Bref, voyant tes effectz, en doute suis de toy" (*Hymne du Ciel*, v. 111) -, ce n'est pas parce que leur disproportion par rapport à la Cause première soit, comme le suggérait Boccace, le signe dissimilaire de la transcendance. D'autre part le poète se sent libre de choisir n'importe quel objet pour son chant, non plus parce que l'essence divine est universellement infuse dans les choses, et que la poésie devienne une incantation d'une Nature déifiée. Par ailleurs, la nomination poétique est trop sensible au sacré pour être réductible à l'étiquetage des objets à l'aide des labels culturels de convention: "Sois Saint de quelque

---

[39] Ed. Isidore Silver, t. 6, pp. 20-21. Dans la version antérieure le rapport de locution était exactement inverse:
> La grand trouppe des Dieux qui là hault environne
> Tes flancz, comme une belle et plaisante couronne,
> *Quand elle parle à toy* ne dict point il sera,
> Il fut, ou telle chose ou telle se fera,...
>
>   (VIII, 252-253, vv. 105-108)

Il importe de rappeler que l'identification de l'Eternité à Dieu ne fait aucun doute à l'esprit de Richelet: "De l'Eternité, c'est à dire de Dieu, depend la nature: il est l'auteur de tout ce qui est crée: c'est à l'Eternité que l'Hymne premier, le premier honneur est deu..." (p. 961).

[40] Telle est cependant la thèse d'Albert Py qui, tout en soulignant, à juste titre, l'importance de la théologie négative pour Ronsard, ne distingue cependant pas assez l'usage qu'en a fait le poète de celui qu'en faisait la littérature mystique (v. son introduction à l'édition des *Hymnes* de Ronsard, Genève, Droz, 1978, p. 26). Cette interprétation lui fait donc regretter l'"image mentale en perpétuelle genèse" de l'Eternité, remplacée par la représentation qui occupe la partie centrale de l'hymne - "une idole monumentale et polychrome, espèce de Zeus femelle dépourvu de transcendance" (*Ronsard*, Paris, Desclée de Brouwer, 1972, p. 59).

nom que tu voudras, ô Pere, (...)/ Filz de Saturne, Roy treshaut, et tout voyant..." (v. 113-116)[41]. Tout porte donc à croire qu'il s'agit de célébrer, ou mieux encore, de fonder un sacré immanent.

C'est justement par la nomination poétique qu'il est possible de sacraliser un objet, de fonder ce sacré de substitution, séculier en quelque sorte, mais non moins authentique. "Je te salue ô grand PHILOSOPHIE" (v. 323) de 1555 devient en 1584: "Ton nom soit saint: sainte philosophie". Les réserves attachées à cette nouvelle "sainte" montrent assez que la valeur rituelle de l'apostrophe n'a rien d'une incantation néo-platonicienne, confiante en le pouvoir d'entrer en résonance avec les harmonies célestes. L'objectif recherché est plutôt, comme l'indique Richelet, d'ordre rhétorique: il faut que le nom de philosophie "produise en nous un effect de saincteté" (p. 1078). Comme témoigne saint Cyprien convoqué par le commentateur, si Dieu Lui-même ne peut aucunement être sanctifié par nos prières, son nom cependant peut l'être en nous, avec profit pour notre salut. La philosophie pourrait donc être conçue - de même que l'Eternité, les Astres ou le Ciel - comme une sorte de "délégué" de Dieu[42]. Non qu'il faille l'entendre comme une intermédiaire entre les hommes et la divinité, moyen de communication avec la transcendance participant conjointement au sacré et au profane[43], mais plutôt comme une figure de substitution à qui l'on pourrait adresser ses vœux à défaut de pouvoir les diriger vers un Dieu irrémédiablement inaccessible[44].

---

[41] Dans la correction que Ronsard apporte en 1584 aux vers 111-112, Ronsard efface le souvenir du "Pater incertum rexne melior" de Marulle.

[42] L'expression est de Jean Céard.

[43] Jean Céard montre comment Ronsard refuse aux démons et aux astres leur fonction de médiateurs (*Nature et prodiges...*, pp. 204-212).

[44] C'est dans cette perspective que je proposerais de comprendre ces quatrains du sonnet liminaire que Ronsard adresse au *Livre premier des Dialogues traitans de la majesté de Dieu*, de Jean de Lavardin [reproduits par V.-L. Saulnier, "Des vers inconnus de Ronsard. Ronsard et les Lavardin", *Bibliothèque d'Humanisme et Renaissance*, 39 (1977), pp. 229-223]:

> Dieu qui estoit à l'homme inacessible,
> Dieu qui n'estoit mesuré ny compris,
> Dieu qui passoit l'aigu de noz espris,
> Dieu dont le nom est un nom indicible,
>
> Ce Dieu tout grand, tout incompréhensible,
> Par ton labeur a maintenant apris

La poésie de Ronsard n'entend ni encourager par la dissimilarité des signes la fusion mystique avec l'infinie transcendance de Dieu, ni conjurer le sacré irradiant graduellement la création, ni enfin l'abandonner dans l'indifférence. En se présentant à l'Automne, Bacchus souligne qu'il est "ce grand Bacus, des Satyres, le maistre, / Qui ay cent mille autels, qui ay cent mille noms / Tant craint et reveré par tant de nations" (*Hymne de l'Automne*, vv. 425-428). Les folles litanies que Ronsard lui a consacrées dans les dithrambes de la "pompe du bouc" (V, 53-76) ne semblent point viser le Dieu unique par-delà l'une de ses "puissances". D'autre part cette nomination forcenée n'est ni une accumulation gratuite des mots, ni une tentative de faire revivre une religiosité surannée. En nommant le divin, Ronsard à proprement parler *fait* un sacré immanent, un sacré séculier en quelque sorte, coupé de la transcendance, mais auquel sa poésie voue une authentique louange:

> Pere, un chacun te nomme Erraphiot, Triete,
> Nysean, Indien, Thebain, Bassar, Phanete,
> Bref, en cent mile lieux mile noms tu reçois,
> Mais je te nomme à droit Bacus le Vendomois:...
>   (*L'Hinne de Bacus*, VI, 184, vv. 165-168)

L'"*Iliade des maux*"

La parole du poète instaure le sacré *hic et nunc*, dans l'espace cosmologique, social et historique qu'il partage avec ses lecteurs. Ce travail poétique ne résulte pas de l'herméneutique d'un message légué par Dieu à

> D'estre congneu, et tes doctes escris
> Ont l'impossible aux hommes fait possible.

Malgré la nette division des plans temporels - séparés par la "révélation" que constitue le cahier du "divin" Lavardin - le nom de Dieu reste indicible. Difficile donc de libérer le compliment d'une résonance ironique, à moins que "*ce* Dieu" décrit par le théologien soit non l'Innommable, mais un objet intellectuel, sujet du traité, et à qui son auteur est libre à faire apprendre à "estre congneu".

son prophète, car il ne vise pas la Vérité. Il s'attache en revanche à imaginer le vraisemblable. Ainsi la finale de *l'Hymne de l'Eternité* réunit la négation de la connaissance théologique et l'affirmation de la possibilité de l'imagination poétique:

> Tu es toute dans toy, ta partie, et ton tout,
> Sans nul commencement, sans meillieu, ne sans bout,
> Invincible, immuable, entiere, et toute ronde,
> N'ayant partie en toy, qui dans toy ne responde,
> Toute commencement, toute fin, tout meillieu,
> Sans tenir aucun lieu, de toutes choses lieu,
> Qui fais ta deité du tout par tout estandre,
> *Qu'on imagine bien, et qu'on ne peut comprendre.*
>
>   (vv. 127-134)

Cette imagination qui, apparaissant donc à maints égards comme un pis-aller, fonde le vraisemblable littéraire. Elle apparaît lors du détachement progressif du poète de la transcendance, éloignement qui se traduit dans le mythe personnel de Ronsard par la mise en scène de la désacralisation de son art.

Ce processus est représenté entre autres par le récit de l'ontogenèse poétique de Ronsard dans sa *Complainte contre la Fortune*. De nouveau la déité titulaire du poème est "Sans nul commencement, sans milieu, ny sans bout"[45]. Son règne n'en est pas moins limité au domaine sublunaire (X, 23-24, vv. 148-149 et 152-162). De nouveau, elle se fait "nommer de mille noms divers", selon que les hommes la perçoivent comme sévère ou favorable. Pourtant elle ne serait pas à proprement parler "Déesse", si ce n'est le labeur des Muses qui s'occupent à publier les "divers accidens de [s]a divinité" (vv. 189-194). Ceux-ci, tels le "depit", la "pasle maladie", "la perte de procès", mêlés avec "la joye", le "credit" et "les faveurs", entourent la Fortune qui les distribue aveuglement aux humains (vv. 203-236). Quel est le statut de l'art poétique qui, en construisant cette ample mise en scène mythique, décrit "tout ce qui tourmente ou resjouïst le monde"?

Or, aussi paradoxal que cela puisse être, force est de constater que la description de la Fortune ne devrait pas avoir lieu. C'est du moins la conséquence que l'on peut tirer de l'histoire personnelle du poète, que Ronsard retrace dans cette pièce. Cette biographie artistique se divise nettement en deux parties. Dans la première le poète vivait "en franchise"

---

[45] Sur les sources possibles - surtout platoniciennes - de cette triade v. Jean Céard, *La nature et les prodiges...*, p. 223, n. 169; "Louër celluy...", p. 8.

entouré des neuf Muses, parmi les rochers et les bois sacrés. C'est là où il imite "mille choses / Dedans les livres Grecs divinement encloses"[46]. La seconde étape de la vie de Ronsard et celle où "l'ambition s'alluma dans [s]on cœur" (v. 119) en lui faisant abandonner l'art poétique au profit de la recherche des honneurs de la cour. Cette défection pousse les Muses à se plaindre de Ronsard à Fortune et à réclamer une exemplaire punition du poète. De là aussi l'inconséquence du poème qui en fait contient deux complaintes emboîtées l'une dans l'autre. L'une, interne à l'univers mythique représenté, est celle des Muses qui regrettent que Ronsard ait désaffecté la poésie. Dans l'autre, située sur le plan métadiégétique, le poète s'adresse lui-même à son mécène, Odet, cardinal de Chastillon, pour plaindre les malheurs de son sort.

C'est par rapport à cette rupture qui divise la biographie mythique du poète qu'il faut comprendre la polynomie de Fortune. Ce sont, certes, les Muses qui ont contribué à faire connaître ses accidents en lui conférant ainsi le titre de déesse. Mais la diversité même de ses noms, vient des manifestations favorables ou défavorables de la Fortune envers les humains. En cela, la Fortune assume un rôle similaire à celui d'Odet, cardinal de Chastillon qui, ayant admis Ronsard à son service, l'arracha à la communion originelle avec les Muses sacrées. Le poète ne peut en effet se décider si ce moment capital de sa vie était faste ou néfaste, car, bien que serviteur d'un puissant mécène, il est constamment poursuivi par les revers de son sort:

> ...ne puis eschapper de sa grife cruelle,
> Quoy que vostre beau nom à mon secours j'appelle,
> Depuis que le destin (fust mauvais, ou fust bon)
> A vous me presenta pour chanter vostre nom.
>   Je di bon et mauvais: car certes il me semble
> Que le destin fut bon et mauvais tout ensemble:
> Bon, pour avoir trouvé tel seigneur comme vous,
> Qui m'estes si benin, si gracieux et doux,
> ....
> Et mauvais, pour autant que vostre bonne chere
> De mon ambition fut la source premiere.
>
> (vv. 65-78)

C'est donc Odet qui fait sortir Ronsard de ce domaine privilégié où, comme le rappellera encore l'*Hymne de l'Automne* (XII, 46-50, vv. 1-86), n'avaient point accès les hommes "Brulés d'ambition, et tourmentés d'envie". Un

---

[46] Vv. 105-106. Une variante de 1584 change prudemment "divinement" en "antiquement".

espace imprégné du sacré, peuplé de Nymphes et éloigné de la cour, où le talent poétique avait pour corollaire celui de la prophétie et qui rendait celui qui en était touché pareil à ces sibylles et divins qui "disoient verité". Une fois exilé de ce paradis des origines, Ronsard sera poursuivi par l'Espérance qui est peut-être la pire des dots de Pandore, car elle "feint" le mensonge comme "vray-semblable" (*Complainte*, v. 304). Dorénavant il ne reste plus au poète qu'appeler le nom de son mécène, ce qui est certainement une façon de le célébrer, mais aussi une manière de dire que les faveurs reçues sont encore trop faibles pour compenser les malheurs envoyés par la Fortune vengeresse.

Cette ambiguïté de la louange poétique qui, dès l'ouverture du poème, s'accommode mal de la complainte, reçoit une confirmation dans la partie finale du texte en la figure de Villegagnon, chargé, tout comme l'est Ronsard, de "semer" le nom du mécène (vv. 345-396). Le rôle spécifique du navigateur est cependant de le faire connaître à ce peuple d'Amérique qui est tout aussi dénué d'habits, libre du pouvoir royal, qu'il est ignorant des noms mêmes de vertu et de vice. Les bons sauvages vivent donc un "age doré" tout à fait analogue à l'état originel de communion avec le sacré qui faisait le bonheur du poète avant qu'il n'ait été appelé au service de son mécène. Il n'est en conséquence pas étonnant que l'arrivée de Villegagnon sur les côtes américaines, bien qu'elle serve puissamment à glorifier le nom d'Odet, représente avant tout un risque mortel pour la paradisiaque liberté de leurs habitants. Ronsard leur souhaite chaleureusement de ne jamais connaître les bienfaits de la civilisation et avec eux les distinctions éthiques ainsi que les infortunes qui les accompagnent. En même temps il est parfaitement conscient que l'"Iliade des maux" qui l'accable le rend incapable de rejoindre leur mode de vie.

Car cette expression - l'"Iliade des maux" - rend bien l'état d'exil et de précarité qu'est la condition de l'homme, soumis au mélange ambigu du mal et du bien. C'est dans l'*Iliade*, XXIV, 527-532 que Ronsard trouve l'image de Zeus déversant sur les mortels les malheurs et les bonheurs puisés dans les deux vases qu'il tient à ses côtés. Cette image est dédiée à Odet comme encouragement à faire face aux revers qui l'accablent: l'emprisonnement de son oncle par les Espagnols, la disgrâce royale qui guette toujours les "Seigneurs de la court" tels que le cardinal lui-même, malgré son incessant travail au service du souverain[47]. Bien que Jupiter donne "pour un bien (...) doubles maux", "Il faut contre fortune opposer la

---

[47] *Elégie à Monseigneur le reverendissime cardinal de Chatillon*, X, 9, vv. 89-98.

vertu, / Et plus avoir bon cueur tant plus on est batu" (vv. 97-98). Ces exhortations de la part du poète doivent prouver au mécène que, contrairement aux autres courtisans flatteurs, Ronsard reste fidèle même au temps des infortunes. Bien sûr, le poète aurait préféré aux labeurs de la cour de suivre l'exemple de ses antiques héros qui passaient leur vie parmi les champs, loin des honneurs et de l'envie. Rêve irréalisable, car faute d'"un mediocre bien" dont Ronsard réclame à Odet le don, il n'a pas les moyens indispensables pour s'adonner à cette rustique frugalité[48].

Telle qu'elle apparaît dans l'élégie à Chatillon de Ronsard, l'image de Jupiter déversant les biens et les maux acquiert donc une résonance héroïque et combative qu'elle n'a pas dans sa version homérique. Dans l'Iliade, en effet, elle sert de consolation qu'Achille offre à Priam, venu chercher la dépouille d'Hector. Le héros grec lui-même se laisse emporter par la tristesse en pensant à son propre père, abandonné sans aide filiale. L'image de Zeus dispensateur des biens et des maux lui permet de sécher les larmes, puisqu'elle encourage à la résignation au sort que les dieux ont filé pour les humains.

Or, lorsque Ronsard doit jouer la note de la résignation, il reprend la même image, mais en abandonnant la dénomination mythologique, en substituant "Dieu" à "Jupiter". De nouveau il est question de l'éloignement: cette fois-ci, Ronsard oppose les poètes modernes - dont lui-même -, à Homère et autres chantres légendaires d'antan. A leur cécité prophétique correspond la surdité des modernes, qui est "un pauvre accident" dont ils sont affligés plutôt qu'un don de voyance (Responce, XI, 129-130, vv. 235-250). Il en est ainsi car:

> On dit qu'à-haut du ciel, au devant de la porte,
> Il y a deux tonneaux de differente sorte,
> L'un est plain de tous biens, l'autre est plain de tous maux,
> Que Dieu respant ça bas sur tous les animaux:
> Il nous donne le mal avecques la main dextre,
> Et le bien chichement avecques la senestre,
> Si faut il prendre à gré ce qui vient de sa part,
> Car sans nostre congé ses dons il nous depart.

---

[48]   Comme ces peres vieux je veux user ma vie
Incogneu par les champs, loing d'honneur et d'envie,
S'il vous plaist m'en donner tant soit peu le moyen,
Et me favoriser d'un mediocre bien.

(Elegie, X, 15, vv. 219-222)

La christianisation reste ici d'une orthodoxie douteuse: Dieu auteur des maux fatalement départis aux hommes pourrait soulever des doutes[49]. Elle est cependant manifeste. Ronsard change le nom de la divinité homérique, lorsqu'il s'agit de jouer la carte de la pieuse abnégation.

Cette attention au choix du nom divin sera louée quelques décennies plus tard par Pierre de Deimier. Totalement insensible à l'entreprise marotique de la conversion du langage poétique à la vérité religieuse, ce censeur de la poésie renaissante condamne le *Temple de Cupido* pour son "mélange" des sujets mondains et religieux[50]. Il loue en revanche la correction que Ronsard apporte au sonnet "Ha, seigneur dieu, que de graces écloses", *incipit* à la louange du sein de la dame, et qui, dès 1578, devient: "Que de beautez, que de graces écloses" (V, 109). Il s'agit de ne pas profaner le nom divin, et pour éviter ce risque Deimier propose divers expédients dont dispose la "science Poëtique": l'utilisation "des noms du destin, du Ciel, d'Amour, de nature ou de la fortune", ou bien l'emploi du pluriel "pour faire entendre que l'on parle à Iupiter, à Mars, à Phebus, à Cypris et à ces autres Dieux inventez par les fables Poëtiques". Comme l'on sait, Ronsard utilise abondamment ces noms fabuleux et les diverses leçons qu'il tire de l'image homérique des deux vases prouvent que ces substitutions ne sont pas insignifiantes. Néanmoins, que ce soit Jupiter ou que ce soit Dieu, qu'on doive se révolter ou que l'on se résigne aux aléas de la fortune, la divinité siège dans les hauteurs éloignées de la contingence de la vie humaine.

La poésie ronsardienne naît de cet éloignement qui, selon les textes, peut prendre des manifestations plus ou moins dramatiques. Dans les solitudes sacrées qui ouvrent l'*Hymne de l'Automne*, Euterpe initia le poète et lui "herissa le poil de crainte et de fureur". Elle retraça en même temps devant lui la perspective d'une vie retirée: "Tu vivras dans les boys pour la Muse et pour toy" (v. 76). Pourtant déjà au vers suivant, Ronsard abandonne ce paradis de l'inspiration poétique naturelle et sacrée: "Ainsi disoit la Nymphe, et de là je vins estre / Disciple de d'Aurat..." Par rapport au mythe des origines du poète, comment alors situer l'enseignement du maître qui lui apprend "à bien deguiser la verité des choses / D'un fabuleux manteau dont elles sont encloses" (vv. 81-82)?

---

[49] Ce passage de l'*Iliade* a déjà été l'objet de la critique dans la *République*, II, xix, 380 qui exige expressément qu'aucun poète ne place les dieux à l'origine du mal.

[50] Pierre de Deimier, *L'Academie de l'art poëtique françois*, Paris, Jean de Bordeaulx, 1610, pp. 526-529.

Or ces vers de l'*Hynne de l'automne* reproduisent en écho l'imitation de la littérature grecque évoquée dans la *Complainte contre Fortune*: "...imitant mille choses / Dedans les livres Grecs divinement encloses" (vv. 105-106). Le travail littéraire est donc fortement intégré dans la séquence rhétorique de *natura, ars, exercitatio*. Comme le conclut *Hylas*, si le poète-abeille imite sans effort la Nature, c'est des livres qu'il tire son miel (XV, 252, vv. 417-427). Par ailleurs, ce même poème s'ouvre par une attaque inconditionnelle contre les calomnies dont les "Chantres" d'antan ont brocardé les gestes d'Hercule. Et comme s'il voulait souligner encore que ces contre-vérités des anciens mettent en question leur communion avec la vérité sacrée, Ronsard corrige dès 1578 "chantres" par "Vâtes". Insister ainsi sur le mensonge de la prophétie revient à couper la fable du poème des sources divines et originelles de son inspiration (v. 71)[51].

Dès lors il est possible de retranscrire le mythe d'Hercule, autrement dit de renommer le héros antique par un acte poétique qui renouvelle ostensiblement la tradition héritée des siècles où les dieux côtoyaient les hommes. Notamment, il serait faux de croire qu'Hercule a tué le roi Théodame, qu'il lui a mangé ses bœufs et ravi son fils[52]. Tout au contraire: il apprit au roi l'art du labourage; il n'a "forcé" Hylas que pour lui enseigner les vertus inconnues de lui auparavant (vv. 65-90). La lecture que Ronsard donne au mythe n'est point une allégorisation ayant pour but d'en démontrer la nature morale. C'est plutôt le mythe lui-même qui est réécrit par un poète soucieux de fonder les origines sacrées de la France:

> ... l'antiquité te nome
> Gourmand, meschant: mais certes ce n'est moy,
> Qui suis, Hercule, et François, et à toy.
>
> (vv. 22-24)

Dans ce geste d'allégeance à Hercule Gaulois, époux de Galatée et donc patron mythique de la Gaule, se manifeste la volonté caractéristique pour Ronsard à fonder le sacré séculier, ramené au *hic et nunc* d'une culture dont il se présente comme le légitime héritier. Cette fondation du sacré ainsi culturellement proche, sinon relativisé, passe par la confection d'une fable.

---

[51] Cette critique serait à contraster avec le respect pour les *vates* qui caractérisait Dorat [v. Geneviève Demerson-Barthelot, "L'attitude religieuse de Dorat", *Humanistica Lovaniensia. Journal of Neo-Latin Studies*, 23 (1974), p. 168].

[52] V. Apollonios de Rhodes, *Les Argonautiques*, I, 1211 et suivants.

Telle que la construit Ronsard, la fiction mythique témoigne plus de l'éloignement de la transcendance qu'elle n'est une voie herméneutique pour l'atteindre. Cela est manifeste dans les glissements sémantiques et compositionnels qui caractérisent *Hylas*.

Tout d'abord, il est frappant de constater que le titre du poème met en valeur le changement thématique qui préside à sa structuration. En effet, dès le premier vers, Ronsard proclame hautement la volonté de se consacrer à la louange d'Hercule: "Je veux, Hercule, autant qu'il m'est possible, / Chanter ton nom..." Tâche apparemment impossible puisque, ayant "nationalisé" Hercule en fondateur de la Gaule et après avoir retranscrit ses déboires avec le roi Théodame, le poète néglige visiblement le demi-dieu et porte son attention sur Hylas, décrit dans le fameux épisode de sa mort tiré des *Argonautiques*. Ce déplacement d'attention, qui fait du poème non pas une louange d'Hercule, mais précisément le "portrait d'Hylas" (v. 427), semble suggérer la difficulté que Ronsard rencontre en parlant du héros mythique, difficulté qui est au moins partiellement résolue par le transfert de l'attention du lecteur vers Hylas.

En effet, contrairement aux mythes d'Ixion, de Tantale ou de Sisyphe, l'histoire d'Hercule est celle d'une vie héroïque et vertueuse, recompensée par la joie immortelle de siéger à la table des dieux. C'est justement Hylas qui, mort, hante les songes d'Hercule et lui prédit l'apothéose qui l'attend après son martyre:

> ... meinte et meinte conqueste
> Te reste encor, et mille maux divers
> Que tu auras vaguant par l'univers,
> Puis à la fin une mort trescruelle
> Doibt consomer ta figure mortelle.
> Dessus un mont tu bruleras ton corps
> Par la douleur que dedans et dehors
> Tu sentiras d'une chemise ouvrée
> Au vilain sang du Centaure enivrée:
> Ainsy brulé t'en iras dans les Cieux,
> Tu prendras place à la table des Dieux:
> Puis pour loyer de ta forte prouësse
> Doibs espouser l'immortelle Jeunesse:...

> (vv. 398-410)

Ronsard amplifie visiblement les données fournies par les *Argonautica* de Valerius Flaccus d'où est tiré l'épisode du songe prophétique: "*caelo / mox aderis teque astra ferent*" (IV, 35-36). En outre, le Hylas ronsardien, contrairement à sa source latine, ne recommande pas à Hercule de garder pour toujours le bon souvenir de leur amitié (*amor*). Il préfère terminer sa harangue sur une série de sentences guillemetées rappelant l'immortelle renommée qui attend les gestes de l'homme vertueux, opposé à celui qui recherche les voluptés et dont le souvenir s'évanouit avec sa mort (vv. 411-414). Tout se passe comme si le personnage du jeune homme était absolument indispensable au poète renaissant pour annoncer l'ascension aux cieux du héros dont il se proposait de chanter le nom, annoncer pour ainsi dire d'une façon détournée, car Hylas oppose son propre sort à l'avenir glorieux d'Hercule.

Certes, au moment de sa mort Hylas n'est plus ce jeune homme "grossier" qu'il était lorsque son compagnon entreprit de l'initier à la vertu (v. 88). Toutefois, tel qu'il apparaît dans le poème de Ronsard, il semble le reflet oblique du demi-dieu. Il explique à son maître comment il espérait l'égaler en grandeur, pour, ensuite "au Ciel parvenir" (v. 380). Il a même accédé au rang des immortels: il déclare que sa peine est terminée, et qu'il demeure loin de tout souci qui incombe aux hommes (vv. 394-396). Sa mort, comme le soulignent encore les variantes des éditions ultérieures, était bien une déification; la nymphe qui l'attira dans la source où il devait rester pour toujours "luy fit / D'homme mortel une Deité prendre"[53].

Toutefois ses projets héroïques ont été compromis par sa mort prématurée, et Hylas restera à jamais une sorte d'Hercule inaccompli. La renommée dont il va jouir auprès des générations futures ne sera que le corollaire des exploits d'Hercule: "assez tes nobles faitz / Ont illustré ma vive renommée" (vv. 392-393). Et surtout, son indéniable déification est en fait une chute, mouvement contraire à celui qu'il espérait comme recompense de son apprentissage des vertus héroïques, contraire à celui qu'il prédit pour son maître:

> Hylas crioit et resistoit en vain:
> Dedans le goufre il tomba tout soudain
> Pié contremont, comme on voit par le vuide
> Tomber du Ciel une flame liquide
> Toute d'un coup dans la Mer, pour signal
> Que le navire est sauve de tout mal.
>
> (vv. 303-308)

---

[53] Cité d'après la variante de 1584 au vers 317. Voir aussi les variantes aux vers 385-388.

L'image de l'étoile filante, à laquelle est comparé ici Hylas attiré par la nymphe amoureuse, est empruntée à Théocrite[54]. Elle n'est cependant pas étrangère au répertoire stylistique de Ronsard lui-même. En effet, cette image apparaît aussi dans un contexte similaire dans l'ode écrite par Dorat et traduite par Ronsard pour le tombeau poétique de Marguerite de Navarre. Elle y désigne la déification de la reine dont la dépouille corporelle tombe, tel le manteau du prophète Hélie, lors de son ascension au ciel (III, 52). Pourtant, si les deux poèmes expriment l'idée d'une déification - Ronsard traduit par "Deesse" le substantif *diva* qui désigne Marguerite chez Dorat [55] - les modalités de cette sanctification ne sont pas identiques dans les deux cas. Il est caractéristique qu'Hylas n'abandonne pas son corps comme le fait la reine. Le corps du jeune homme est transformé, "tourné" comme le précise l'ultime variante, en "Dieu" (v. 388).

Une telle sacralisation dans la corporalité, conjuguée avec une sorte de sanctification "vers le bas", qui sont propres à la figure d'Hylas, semblent être un objet poétique préférable au martyre et de l'ascension céleste d'Hercule. Il n'est donc point étonnant qu'elles trouvent un correspondant dans le statut que la fable reçoit dans le poème. Celle-ci est présentée à plusieurs reprises comme l'attribut qui accompagne l'amour excessif que les immortels portent au corps humain. Déjà lorsque Hylas s'approche de la source fatale, Calaïs et Zéthés volettent autour de lui en baisant "sa chair blanche" (vv. 187-189)[56]. La source elle-même est entourée de fleurs, tout comme chez Théocrite et Properce. Celles-ci cependant ne sont point érotisées dans ces modèles classiques, comme elles le deviennent chez Ronsard. Telles la Rose, témoin de l'amour de Vénus pour Adonis, ou le Narcisse, elles se transforment dans le poème ronsardien en des corps humains métamorphosés par le désir des dieux:

> Cette fonteine estoit tout à l'entour
> Riche de fleurs, qu'autrefois trop d'amour

[54] Idylle XIII, 50, comme l'indique Laumonier dans sa note.

[55] C'est Geneviève Demerson qui remarque cet aspect de la traduction, "L'attitude religieuse de Dorat"..., pp. 151-153.

[56] Properce, auquel renvoit en cet endroit Laumonier, semble être moins sensuel: "hunc super et Zetes, hunc super et Calais, / oscula suspensis instabant carpere palmis, / oscula et alterna ferre supina fuga" (élégie I, 20, 26-28).

De corps humain fit changer en fleuretes,...[57]

                                   (vv. 211-213)

Enfin la nymphe qui, "folle / De trop d'amour" (vv. 313-314), attire le jeune
homme dans la source, est touchée par la flèche de Vénus, cette flèche que
la déesse destine d'habitude aux dieux qui quittent le Ciel par amour des
mortels...

> Pour estre fable à noz femmes humaines,
> Et desguiser d'habillement nouveau,
> Leurs corps changez en Cygnes ou en Toreau.
>
>   (vv. 269-272)

La fable n'est donc pas ici une invitation à l'exégèse qui abandonne le voile
matériel des signes pour accéder au sens spirituel supérieur. Tout au
contraire, racontar des humains dénigrant leurs dieux, son imagerie animale
démontre bien la dégradation des immortels dont les dangereuses amours
parsèment les prés d'ici-bas de fleurs du mythe. Hylas est certainement une
telle fleur, que le poète s'attache à cueillir au gré de ses lectures - comme il
le précise en conclusion - pour la greffer et cultiver ensuite dans son propre
texte. Il n'oublie pas non plus de rappeler, dans une ultime variante, que la
matérialisation du sacré qu'opère la fable est une réalité qui constitue un
douloureux obstacle à l'aspiration humaine vers l'élévation céleste. "Amour
n'est pas, comme on pense, une fable" (v. 382) souligne en 1584 avec
amertume Hylas, dans une parenthèse qui marque la frontière entre ses rêves
d'ascension aux côtés d'Hercule, et la réalité de sa chute et de son
immortalisation comme déité aquatique dans les profondeurs où l'a enchaîné
la volupté de la nymphe. Comme si les mythes érotiques qui refleurissent
dans le poème de Ronsard étaient bien plus contraignants, mais aussi
poétiquement accessibles, que l'héroïsme éthéré de l'apothéose herculéenne.

Tout comme le sacré s'inscrit dans la réalité culturelle, historique et
socio-politique ambiante, de même la fable représente plutôt la
concrétisation littéraire d'une sagesse appelée à vivre les contradictions et

---

[57] La dernière fleur de la série - qui est selon Laumonier la primevère - pose ici
quelques problèmes. Elle est liée par Ronsard au Coucou, oiseau qui aurait servi de
déguisement à Junon lorsqu'elle fuyait les jeunes amours de Jupiter (vv. 223-228). Or,
comme le répètent les mythographes d'après la description de la statue de la déesse à
Corinthe (Pausanias, *Graeciae descriptio*, 2, 17, 4), le Coucou est l'attribut de Junon parce
que c'est sous cette forme que Jupiter l'a séduite (v. par exemple Vicenzo Cartari, *Imagini
delli dei de gl'antichi*, Venetia, presso il Tomasini, 1647, pp. 97-98).

la fragmentation des choses de ce monde, moins qu'elle ne constitue - dans la pratique de la poésie "humaine" qui est le lot de Ronsard - le voile laissant entrevoir la vérité transcendante au prix d'une subtile exégèse. Ce refus de l'herméneutique de l'au-delà et cet effort à forger une fiction qui adhère fortement aux réalités de ce siècle sont manifestes dans l'*Hymne de l'Hiver*.

Avant de commencer le récit fabuleux des origines de l'hiver, le poète prend soin de distinguer deux philosophies. La première, "aiguë, ardente", s'envole vers les cieux en abandonnant la terre. Ceux, qui furent les premiers à se lancer dans une telle ascension...

> ...virent dans le sein la Nature sacrée:
> Ils espierent Dieu, puis ils furent apres
> Si fiers que de conter aux hommes ses secrets,...
>
> (XII, 70-71, vv. 52-54)

A la philosophie de ces hardis pilleurs du Ciel qui ont dû dompter la Fortune, s'oppose la philosophie sublunaire, "A qui tant seulement cette terre est cognue, / Sans se loger au ciel". Dotée d'une mission civilisatrice, elle s'intéresse surtout aux affaires sociales et politiques, à la justice et au "repos des villes", sans négliger toutefois la connaissance de la nature.

C'est justement cette seconde philosophie qui - dans l'*Hymne de l'Hiver* - couvre d'un voile "La verité cognue apres l'avoir aprise"[58]. Elle le fait ayant en vue l'efficacité de la communication poétique: la vérité est dérobée à la vue de la tourbe ignorante pour ne pas en être méprisée; elle lui est révélée à travers le voile afin d'exciter son désir (vv. 71-78). Sur ce modèle classique de la fictionnalité fabuleuse Ronsard entend construire son hymne en *imitant* "l'exemplaire / Des fables d'Hesiode et de celles d'Homere" (vv. 79-80).

Il est donc important de noter qu'en écho à l'*Hymne de l'Automne* et à la *Complainte contre Fortune*, le miroitement de la vérité à travers le voile de la fable est ici clairement opposé à la révélation prophétique de la transcendance qui caractérise les premiers poètes inspirés. Rangé dans le domaine sublunaire, il se présente comme un travail conscient du poète soucieux de l'efficacité de son discours. Détaché du contact direct avec le sacré transcendant, médiatisé par l'imitation des *vates* qui en bénéficiaient directement, le travail poétique réitère donc le geste des poètes divins: il

---

[58] Sur les hésitations grammaticales de "Tel" du vers 79 - ("Tel j'ay tracé cet hymne...") - v. Terence Cave, *The Cornucopian Text. Problems of Writing in the French Renaissance*, Oxford, the Clarendon Press, 1979, p. 254.

réenveloppe du manteau de la fiction une vérité des choses qui déjà, à l'origine, a été l'objet de la poésie des anciens, "la fable d'Hesiode et d'Homere". Il ne s'agit pourtant pas d'une simple répétition. La vérité qui est l'objet de la poésie ronsardienne appartient à la réalité sociale et naturelle immanente. Elle est, certes, soumise dans le processus du travail littéraire à une sorte d'isolement, entourée par le poète d'un mystère qui la sacralise, afin de ne pas être profanée par les ignorants. Elle s'oppose néanmoins aux secrets divins livrés aux humains par ceux qui, à l'origine des temps, n'ont pas hésité à escalader les cieux.

Pourtant, c'est justement sur l'image d'une ascension que s'ouvre l'hymne. Dès le premier vers, Ronsard proclame son désir de monter sur le sommet d'une roche inaccessible pour y cueillir le laurier au prix d'immenses efforts et de souffrances (vv. 1-8). Ensuite, il entend montrer au peuple son précieux butin et en chanter les vertus, parmi lesquelles figure en premier lieu celle de doter son possesseur d'une parole inspirée par les Muses. L'*Hymne de l'Hiver* est précisément un tel laurier que le poète est en train d'offrir à son dédicataire (vv. 39-42).

Comment donc résoudre la contradiction apparente entre une poésie qui, ayant épié les secrets divins, les divulgue ici-bas et celle qui, plus préoccupée par la sagesse de la cité ne fait qu'imiter les fables d'antan pour la couvrir à nouveau d'un voile tentateur?

La succession dans laquelle ces deux poétiques apparaissent dans le texte de Ronsard suggère déjà un choix. Venant en seconde, la fable mise au service de la philosophie sublunaire rectifie les ambitieuses visées de l'ouverture de l'hymne. Mais c'est en fait la fiction littéraire, le récit des origines de l'Hiver qui constituent la réponse du poète au dilemme opposant la poésie prophétique et herméneutique d'une part et celle qui sacralise la vérité immanente par la construction renouvelée de la fable poétique de l'autre.

En effet, l'histoire de l'Hiver est encore une fois une gigantomachie. La guerre que le monstrueux enfant de Nature et du Soleil mène contre Jupiter a toutes les composantes de ce combat sacrilège: l'ambition de détrôner Jupiter, excitée en Hiver par Borée (vv. 119-126), les géants et les titans enrôlés par le jeune révolté dans son armée (vv. 175-180), les olympiens prévenus par les astres (vv. 187-188) etc. Il est aussi notable que le combat est expressément représenté comme un attentat contre les dieux (v. 218), et cela, malgré la nature divine d'Hiver lui-même, rappelée encore au début du récit par Borée qui excite la jalousie de ce parent négligé de Jupiter. Pourtant, lorsque, à la suite de la ruse de la Nuit, Hiver est amené, vaincu et prisonnier, devant Jupiter, Junon implore la clémence du roi des dieux en argumentant qu'"il vaut mieux ruer les foudres de ta main / Sur le haut des rochers, que sur le genre humain" (vv. 321-322). Comme si la déité hivernale s'était humanisée au cours du poème pour mieux représenter les ambitions sacrilèges des hommes.

Hiver est donc défait, consacrant ainsi encore une fois l'échec de ceux qui ambitionnent à escalader les hauteurs interdites. Cette défaite semble une réponse fournie par la fiction littéraire au désir du poète de conquérir le laurier inaccessible[59]. C'est aussi le triomphe de l'ordre naturel et social sur les combats de l'ambition. Hiver est vaincu par la ruse de la Nuit vêtue d'une robe étoilée, où l'image de l'Amour s'associe à celle de "ce doux exercice / Qui garde que le monde orphelin ne perisse" (vv.274-275)[60]. Et Jupiter lui-même tire les conséquences de la fable à l'usage du lecteur:

> Il n'est rien de plus saint que la sainte amitié,
> Et pource, comme pere, ayant au cœur pitié
> Des guerres qui estoient en notre sang trempées
> J'ay brisé les harnois, et cassé les espées,
> Aymant trop mieux porter, sans titre de guerrier,
> L'olivier sur le front qu'un chapeau de laurier.
> C'est la raison pourquoy, Hyver, je te delivre,
> Afin qu'en amitié le monde puisse vivre.
>
> (vv. 365-372)

---

[59] Il me serait donc difficile de suivre Malcolm C. Smith dans son interprétation qui réduit l'*Hymne de l'Hyver* à un poème politique à clef ("The Hidden Meaning of Ronsard's *Hymne de l'Hyver*", in *French and Renaissance Studies in Honor of Isidor Silver*, éd. Frieda S. Brown, Lexington, Ky., *Kentucky Romance Quarterly*, 1974, pp. 85-97). Bien que le poème semble effectivement répondre à maints égards aux préoccupations historiques du moment, ses noms mythologiques ne semblent pas être uniquement des étiquettes conventionnelles destinées à transposer dans l'espace de l'hymne les acteurs de la scène politique issue de la paix d'Amboise. Non seulement ils donnent corps à des valeurs qui demeurent - comme le montre l'exemple du personnage de l'Hiver lui-même - dans un rapport complexe au sacré, mais aussi ils permettent de mettre en action les dilemmes essentiels de la poétique ronsardienne explicitement posés par le métatexte de l'hymne. Par ailleurs, il importe de noter, en suivant Isabelle Pantin, l'humour des *Hymnes des Saisons* qui les éloigne de la poésie orphique (*La Poésie du Ciel en France dans la seconde moitié du seizième siècle*, Genève, Droz, 1995, p. 308 et suivantes).

[60] Il est notable que comme récompense pour son aide, Jupiter promet à la Nuit un jouet en forme de sphère céleste. C'est donc le même cadeau que Vénus a promis à Eros pour éveiller en Médée l'amour envers Jason (Apollonios de Rhodes, *Argonautiques*, III, 131 - v. note de Laumonier au vers 262).

Jupiter préfère donc l'olivier de la concorde au laurier de la conquête. Ainsi la réalité fictionnelle du poème refuse clairement la conquête poétique proclamée pompeusement à l'*incipit* de l'hymne ("Je ne veux sur mon front la couronne attacher / D'un Laurier de jardins trop facile à chercher: / Il faut que je le trouve au plus haut d'une roche..." vv. 1-3, dans la version de 1587). Le roi des dieux congédie Hiver en lui impartissant autant d'honneur sur la terre qu'il a, lui-même, de pouvoir au ciel (v. 386). En même temps la lutte se fige en objet d'art, en représentation imaginaire, comme le montrent assez ces plats sur lesquels banquettent les dieux et où sont taillés précisément les combats contre ces mêmes géants avec qui Jupiter vient de consacrer la paix:

> Aussi tost que les Dieux furent assis à table
> (Chacun tenant son rang et sa place honorable)
> Voycy les demy-dieux, qui du haut jusque au bas
> La nape grande et large ont couverte de plas,
> Entaillés au burin, où s'enlevoient bossées
> Des Dieux et des Titans les victoires passées,
> Et comme Juppiter aux enfers foudroya
> Le Gean qui le Ciel de cent bras guerroya.
>
> (vv. 343-350)

L'*ekphrasis* met donc en abyme la conquête de la transcendance. Elle la désarme, la pétrifie en un joyau artistique; elle l'intègre par sa rhétorique dans un récit fictionnel qui est, en fait, la réécriture d'une fable ancienne enveloppant de son voile une vérité immanente, civile même.

Il en résulte dans la poétique ronsardienne une approche des mythes anciens que l'on pourrait qualifier d'évhémérisme inversé[61]. Inversé, car au lieu d'être une démystification de la fable ancienne pour y retrouver des causes historiques, cette procédure poétique est une fictionalisation de la réalité historique contemporaine du poète, sa transformation en mythe littéraire. Tel semble être le traitement de la fable antique dans le poème dédié au chancelier Hurault de Cheverny.

Le mythe primitif y apparaît d'emblée comme une œuvre non humaine mais divine:

---

[61] Sur l'évhémerisme en particulier et sur la lecture littéraire des anciens mythes en général v. les ouvrages classiques tels que celui de Jean Seznec, *La survivance des dieux antiques*, ou bien celui de Don Cameron Allen, *Mysteriously Meant. The Rediscovery of Pagan Symbolism and Allegorical Interpretation in the Renaissance*, Baltimore and London, The Johns Hopkins Press, 1970.

Celuy qui le premier du voile d'une fable
Prudent enveloppa la chose veritable,
A fin que le vulgaire au travers seulement
De la nuict vist le jour et non realement,
Il ne fut l'un de ceux qu'un corps mortel enserre,
Mais des Dieux qui ne vit des presens de la terre.

(XVIII, 96, vv. 1-6)

Cette occultation originelle (œuvre du divin Homère?[62]) est évidemment dictée par la radicale opposition ontologique qui existe entre les cieux et les hommes: la nature terrestre de ces derniers témoigne assez qu'ils sont issus des pierres de Deucalion. Le chemin des hauteurs célestes est barré par la Lune qui protège les dieux d'une nouvelle gigantomachie ("A fin que des mortels l'imbecille lumiere (...) / N'assemble plus les monts pour espier les Cieux" - vv. 14-16).

Ce partage ontologique est confirmé par la fable antique qui suit cette exposition. Le mythe - "artifice" de "nos devanciers" -, oppose Minos à Tantale, "L'un sage l'autre fol" pour avoir respectivement gardé et révélé les secrets auxquels ils ont été initiés à la table des olympiens. En fait, Minos ne s'est pas limité à respecter le silence, mais il a mis à profit après son retour sur terre la sagesse acquise aux cieux en fondant des lois justes. Son équité l'a même fait considérer par ses concitoyens comme le fils de Jupiter (vv. 37-38).

Pourtant "Jupiter ne fut onc ny Minos en la sorte / Que nos peres l'ont feint"; la fable se rapporte aux rois et à leur conseillers (vv. 41-44). Une telle constatation pourrait annoncer une banale démystification historique ou morale du "mensonge grec", telle que Ronsard en a certainement rencontré plusieurs parmi les mythographes[63]. La démarche de Ronsard n'est cependant pas interprétative. Tout au contraire, au lieu de vouloir déchiffrer le passé mythique pour y retrouver une leçon morale atemporelle, Ronsard fonde la fable dans la réalité historique qui lui est proche: "Des vieux siecles la fable est histoire aujourd'huy" (v. 131). Hurault, à qui le poème est dédié, est précisément le conseiller parfait, vrai homme de bien et non le prétendu dieu qui veut s'engraisser des sucs des

---

[62] Pour la divinité supposée d'Homère v. Pseudo-Héraclite, *Allégories d'Homère*, 3, 1.

[63] Par exemple dans le *De non credendis fabulosis narrationibus* de Palephatus qui faisait partie du recueil de mythographes édité originellement à Bâle en 1535 et qui, selon les dires de Seznec, était utilisé par Dorat (p. 274): C. Iulii Hygini Augusti Liberti, *Fabularum liber...*, Basileae, per Ioannem Hervagium, 1549.

nations. Il n'est pas l'un de ces Phaëtons ou Icares de cour qui tombent d'aussi haut qu'ont su les porter leurs folles ambitions. En la personne du sage conseiller s'évanouissent tous ces subterfuges du paraître et de l'imagination - "C'est autre chose d'estre, et vouloir apparoistre", v. 125 - comme si la dénégation de la fable était la condition préalable à son inscription dans le présent historique.

En fait, c'est plutôt d'une réactualisation qu'il s'agit: "*vray* Minos" des Français, Hurault sera "repeu d'ambrosie à la table royale" de "*nostre* Jupiter" (vv. 190-196). Les qualifications utilisées pourraient suggérer chez Ronsard une récupération du récit mythique similaire à celle qui caractérisait d'abord certains humanistes chrétiens et ensuite les auteurs protestants, soucieux de vider la fable de sa substance païenne et de renouveler les signes littéraires en leur insufflant un contenu idéologique approprié[64]. Il semble cependant que, malgré la critique de l'apparence et de l'imagination dans le poème, Ronsard n'entende point réduire les noms mythologiques au rôle de conventionnelles métonymies du littéraire. En inscrivant "Des vieux siecles la fable" dans l'"histoire d'aujourd'huy" il vise plutôt à continuer son œuvre de sacralisation de la vérité de ce siècle, ce travail de voilement renouvelé de la réalité sociale et politique. Que l'expérience de Minos ne soit plus possible à reproduire (à croire, évidemment, qu'elle s'est jamais produite), Ronsard n'en a aucun doute. Encore dans la *Remontrance* il accuse les théologiens protestants de prétendre à la vérité révélée "comme s'ils avoient (ainsi que dit la fable / De Minos) banqueté des haults Dieux à la table" (vv. 171-172). Mais même si la vraie communion avec le divin demeure impossible, il reste toujours, en réenveloppant la vérité des choses d'ici-bas, la possibilité de sacraliser la réalité qui nous entoure. Cette sacralisation n'a

---

[64] Exemplaires, à cet égard, les *Nouvelle Iuno, Nouvelle Pallas, Nouvelle Vénus*, etc. produites par François Habert dans les années 40. Non moins symptomatique le *Hercule Chrétien* de d'Aubigné, "nous despeignans le Chrestien triomphant sur les monstres de nos pechez" (in *Œuvres*, éd. Eugène Réaume, F. de Caussade, Paris, A. Lemerre, 1873-1892, t. 2, pp. 226-231). Ronsard critique les protestants qui "Tourmentent l'Evangille et en font des chansons" (*Remonstrance...*, v. 698). Le poète semble viser ici la pratique du *contrafactum* qui transformait les chansons profanes en chants religieux, et qui pouvaient choquer Ronsard en mettant dans la bouche du "vulgaire" les paroles sacrées. Il est notable que lorsque Ronsard introduit lui-même dans un fragment de la *Responce* (vv. 427-462) une série de paraboles et allégories bibliques, il le fait non pas tant pour convertir sa poésie en véhicule de la parole divine, mais plutôt pour rappeler la sagesse proverbiale abandonnée par une Eglise livrée aux abus. Du Perron dénonce aussi dans son *Oraison funèbre sur la mort de Monsieur de Ronsard (1586)* la pratique des "chansons spirituelles" par lesquelles les protestants veulent attirer le peuple à leur théologie (éd. Michel Simonin, Genève, Droz, 1985, p. 88).

pas en vue, comme chez Marot, le renouvellement religieux[65], ni une moralisation, comme c'est le cas d'une certaine poétique protestante, mais la fondation poétique d'un sacré de substitution, un sacré d'une importance cruciale pour la culture - politique et lettres conjuguées - de ce siècle.

Le prix qui reste alors à payer est l'abandon de la poésie conçue comme exégèse, interprétation d'un texte autre, réactivation d'une lecture au fil de l'écriture. Puisque le sacré n'est pas à retrouver sous les couches des signes, puisqu'il sera le résultat d'un acte d'énonciation poétique, l'allégorie cesse d'être une pratique herméneutique et n'a de mise que comme figure rhétorique[66].

Il en est ainsi du combat herculéen d'Henri d'Anjou avec l'hydre huguenote[67]. Tour à tour, les batailles de Messignac, de Jarnac et de Montcontour, où les chefs protestants furent tués ou défaits, deviennent les

---

[65] Sur ce programme de renouvellement religieux chez les évangéliques v. les travaux de Gérard Defaux, et particulièrement son "Marot et 'Ferme Amour': Essai de mise au point", in *Anteros*, éd. Ullrich Langer et Jan Miernowski, Caën, Editions Paradigme, 1994, pp. 137-169.

[66] Daniel Ménager parle de l'abandon de l'esthétique du symbole au profit de celle de la représentation (*Ronsard, le roi...*, p. 161). Si l'on regarde dans cette perspective les allégorisations morales que Ronsard reprend à la tradition littéraire, on est surtout frappé par leur caractère conventionnel. Tel est le cas des plaisirs ignobles de Circée et de la béatitude d'Itaque, métaphores moralisantes, dont le poète se plaît à souligner la conformité à la tradition dans l'*Hymne de la Mort*:

> Ne nous faisons donc pas de Circe les pourceaux,
> De peur que les plaisirs et les delices faux
> Ne nous gardent de voir d'Itaque la fumée...

                                                    (VIII, 169, vv. 129-131)

Dans ce texte qui se veut paradoxalement novateur, Ronsard multiplie les références à l'autorité d'Homère, d'abord pour la contester (v. 12), ensuite pour s'y conformer (v. 148), afin de conclure sur la continuité qui préside aux changements des formes ici-bas ("...rien dessous le Ciel ne se void de nouveau: / Mais la forme se change en une autre nouvelle...", vv. 326-327). Sur la moralisation de l'épisode de Circée par Dorat v. Geneviève Demerson, *Dorat en son temps, Culture classique et présence au monde*, Clermont-Ferrand, Adosa, 1983, pp. 181-182, ainsi que ses articles "Qui peuvent être les Lestrygons?", *Vita latina*, 70 (1978) 36 et "Dorat, commentateur d'Homère", p. 228. V. aussi Peter Sharratt, "Ronsard et Pindare: un écho de la voix de Dorat", *Bibliothèque d'Humanisme et Renaissance*, 39 (1977), p. 113. Sur une moralisation similaire chez Du Bellay, v. Gilbert Gadoffre, *Du Bellay et le sacré*, Paris, Gallimard, 1978, p. 124.

[67] Sur la fonction royale conférant le statut de héros dans les hymnes ronsardiens v. Françoise Joukovsky, "'Les nobles fils des dieux' dans les hymnes de Ronsard", *Nouvelle Revue du XVIᵉ siècle*, 12/1 (1994), pp. 7-20.

têtes du monstre vaincu par le jeune prince. Selon un procédé encomiastique bien entériné[68], le mythe cède face à la grandeur et à la vérité de cette réalité nouvelle qui est encensée par le poète. Ainsi le "Serpent contrefaict" vaincu par Hercule n'était long que de sept arpents, et par conséquent incomparablement inférieur à celui qui écrasait plusieurs régions de France et auquel Henri n'a pas hésité à s'attaquer (XV, 382, vv. 95-108). L'éloge de ces exploits militaires est allégorique au sens où il se déploie en une longue métaphore filée par laquelle le poète fonde le mythe du guerrier gaulois et des "vertuz qui demy-dieu le font" (v. 5). En revanche, il n'est certainement pas question de considérer la fable antique comme une préfiguration de l'histoire mouvementée des guerres de religion. Il ne s'agit pas non plus d'interpréter, de lire dans cette réalité politique un sens - moral ou religieux - qui y est inscrit et qui la précède.

La mortalité des dieux

Il en est ainsi car la réalité en elle-même, aliénée par rapport au sacré, reste en quelque sorte au-delà de l'allégorie prophétique. Tout d'abord parce que l'histoire et l'allégorie appartiennent à deux plans temporels nettement distincts. Cela est clairement visible dans la description des protestants comme l'un des fléaux bibliques :

> Tandis vous exercez vos malices cruelles
> Et de l'Apocalypse estes les sauterelles,
> Lesquelles aussi tost que le Puis fut ouvert
> D'enfer, par qui le Ciel des nües fut couvert,
> Avecques la fumée en la terre sortirent,...

(Continuation, XI, 39-40, vv. 71-90)

D'une façon conséquente, Ronsard maintient le présent pour désigner ses adversaires politiques, tandis qu'il emploie le passé simple lorsqu'il s'agit de leur apposer la prophétie scripturaire. Celle-ci, convoquée d'ailleurs par

---

[68] V. Guy Demerson, *La mythologie classique...*, p. 232.

une référence précise au début du fragment, ne vient donc jamais s'amalgamer avec l'histoire de ce siècle pour en révéler le sens caché, inscrit dans le temps par la prescience divine et articulé par la voix du prophète. Tout au plus, il s'agit d'une assimilation métaphorique, tout à fait temporaire ("Tandis...") et qui attend d'être périmée par la punition royale imminente: "...noste Roy vostre maistre / Bien tost à vostre dam le vous fera sentir, / Et lors de vostre orgueil sera le repentir" (vv. 68-70). Cet effet de l'éloquence poétique devient, certes, une puissante stratégie argumentative, mais il ne s'arroge point le statut de vérité révélée.

Mais si la réalité, exilée du sacré, reste désormais au-delà de l'allégorisme prophétique, le risque est qu'elle demeure, alors doublement indigne, aussi en deça de la littérature. De là cet appel lancé non pas au commun des protestants, mais à ce connaisseur des lettres qu'est de Bèze:

> Certes il vaudroit mieux à l'Ausane relire
> Du grand fils de Thetis les proesses et l'ire,
> Faire combattre Ajax, faire parler Nestor,
> Ou reblesser Venus, ou retuer Hector
> En papier non sanglant, que remply d'arrogance
> Te mesler des combats dont tu n'as cognoissance,...
>
> (*Continuation*, vv. 127-132)

Malheureusement la politique n'est point poésie. Elle est affaire du "vulgaire ignorant", de ces prédicants qui, tels les bateleurs d'un tragique carnaval, "Souflent dedans les yeux leur poudre d'Oribus" (vv. 169-173).

La place due à la fiction littéraire est alors occupée par le commun mensonge, le subterfuge de foire. Que la réalité révèle ainsi son insuffisance, et voici fatalement compromis le subtil équilibre revendiqué par le "poète humain" - celui qui balance entre les versificateurs "gelez et glacez" et les Grecs d'antan "remplis de frayeur et de divinité"[69]. L'acte poétique censé fonder le sacré séculier, nomination dont l'importance est vitale pour la communauté politique et l'univers de la nature sublunaire, commence alors à résonner des tonalités ironiques et parodiques qui prouvent assez les désillusions d'un art marqué par son éloignement de la transcendance et, en

---

[69] V. l'élégie à Jacques Grevin (XIV, 193-199, particulièrement les vers 65 et suivants):

> Entre ces deux mestiers, un mestier s'est trouvé,
> Qui, tenant le milieu, pur bon est approuvé,
> Et Dieu l'a concedé aux hommes, pour les faire
> Apparoistre en renom par dessus le vulgaire,...
>
> (vv. 105-108)

même temps, conscient de plus en plus dramatiquement de sa précarité sociale.

Le plaisir et le rire qui forment la noble essence de la fiction littéraire deviennent particulièrement amers et grinçants lorsque la condition du célébrant que s'arroge Ronsard est insuffisamment reconnue. Jeune, le poète ressemble à un vin bouillonnant. Il compose nuit et jour à l'honneur de sa dame ou de son seigneur, "Se faignant quelque Dieu". Ainsi il les érige par sa louange en divinités de son univers émotionnel ou politique[70]. En commençant son chant non pas au nom de Jupiter, mais plutôt par le nom de son roi, il va jusqu'à renoncer à l'antique usage et contredire le précepte de la *Preface sur la Franciade* cité en tête de ce chapitre:

> De Jupiter les antiques
> Leurs escris embellissoient,
> Par lui leurs chants poëtiques
> Commençoient, et finissoient,
> Prenant plaisir d'ouir dire
> Ses louanges à la lire:
> Mais HENRI sera le Dieu
> Qui commencera mon mettre,
> Et que j'ai voué de mettre
> À la fin et au milieu.
>
> (*Le Premier livre des Odes*, I, I, 61-65, vv. 29-38)

Le roi est donc déifié, mais il s'agit d'une déification consciemment et expressément poétique. Il n'est même pas une divinité "Sans nul commencement, sans milieu, ny sans bout", car c'est le poète qui assigne une place à son nom: au commencement, au milieu et à la fin de son poème. Rien d'étonnant, puisque c'est bien le poète qui dispense le Nectar dont il abreuve l'oreille divine de son souverain (vv. 1-10 et 21-28)[71].

Aucune illusion n'est possible. Déjà saint Augustin attribue à Varron le précepte selon lequel les grands hommes politiques devraient pour le bien des États se croire fils des dieux, car cette confiance leur inspirerait de la

---

[70] *Elégie au seigneur l'Huillier*, X, 294, v. 41.

[71] V. cependant la note 7, p. 1494 de l'édition de Jean Céard, Daniel Ménager et Michel Simonin qui démontre par l'analyse des variantes ultérieures comment Ronsard tempère la divinisation des rois.

témérité en leurs entreprises[72]. Il s'agit donc bien des "dieux mortels"[73], des dieux dont le poète ne cesse de rappeler la mortalité afin de raffermir son privilège de la muer en éternité. La grandeur des princes devient un autre avatar de la grandeur artistique:

> Et la Muse jamais en un cœur ne se prit
> Si ardant que le mien, pour celebrer les gestes
> De noz Rois que j'ay mis au nombre des Celestes.
> Et nul n'est aujourd'huy en France grand seigneur
> Dont je n'aye chanté et rechanté l'honneur.
>
> (*Élégie au seigneur l'Huillier*, X, 295-296, vv. 72-76)

Et dans les versions ultérieures, Ronsard renchérit encore sur cette déification toute poétique et séculière: "Par mon noble travail ils sont devenus Dieux, / J'ai remply de leurs noms les terres et les cieux" (vv. 75-76 à partir de l'édition de 1578). Le malheur est cependant que tout ce "noble travail" reste, en dernière instance, vain:

> Et si, de mes labeurs qui honorent la France,
> Je ne remporte rien qu'un rien pour recompense.
>
> (vv. 77-78)[74]

Or, ce néant social dans lequel tombe le poète insuffisamment reconnu conduit à la dépréciation du signe littéraire qui proclame lui-même son impuissance, transformant ainsi la louange poétique en une hyperbole dont le vide amplifie encore les tonalités d'amertume et de désespoir.

Telle est la mise en scène bouffonne de la *Complainte à la Royne Mere du Roy* (XII, 172-188). Ronsard y relate à sa protectrice sa curieuse rencontre au bord de la Seine avec un mystérieux personnage, crasseux et mal peigné, que le poète présente cependant comme un devin ressemblant

---

[72] *De civ. dei*, III, 4, évoqué par Jean Pépin, *Mythe et allégorie. De Philon d'Alexandrie à Dante*, Paris, Etudes Augustiniennes, 1987, p. 282. Il va sans dire qu'Augustin cite Varron pour le critiquer.

[73] V. *Le Cinquiesme Livre des Odes*, III, 105, v. 140. "ô mortelle Déesse" est une variante de 1587.

[74] C'est sur ce vers que Ronsard décide de conclure à partir de 1571.

étrangement à l'un des serviteurs royaux, "à l'heure qu'il vivoit"[75]. Cette allusion fantomatique aidant, l'anecdote se présente d'emblée sous les couleurs du fantasme, puisque la rencontre a lieu non seulement à l'heure où Ronsard dans son "cerveau creux" peignait des "Chimeres" (v. 58), mais aussi au moment où il blâmait son "mestier qui [s]a folie amuse" (v. 38). Dans ses rêveries fantastiques le poète ne cesse donc de réfléchir sur sa propre vocation. Cette préoccupation littéraire doit être partagée par le devin, car celui-ci salue Ronsard par la séquence de questions consacrée par les rencontres épiques d'Ulysse:

> D'où es tu, où vas tu, d'où viens tu à cette heure?
> De quels parens es tu, et où est ta demeure?
>
>   (vv. 65-66)[76]

Les traditionnels *urbs et parentes* n'y sont point oubliés. Ce qui est nouveau toutefois par rapport aux modèles épiques est la multiplication burlesque des points d'interrogations, similaire dans sa tonalité parodique au questionnement subi par Panurge lors de sa première rencontre avec Pantagruel[77].

Ainsi interpellé, le poète assume en conséquence le rôle d'Ulysse et commence à narrer son histoire, à tisser mensonge et vérité, somme toute, à l'exemple de son illustre prédécesseur, le héros grec, ce *mendax aretalogus* réputé, à conter sa fiction[78]. Il n'est point donc étonnant de retrouver, après - nouveau clin d'œil épique - la mention de ses nombreux voyages, l'épisode incontournable de son initiation par les Muses et Apollon qui "me firent dormir sur leur rive segrette, / Me laverent trois fois et me firent poëte,..."

---

[75] "...qui avoit / La face de Rembure" - selon les informations apportées par Jean Dupèbe à l'édition de Jean Céard, Daniel Ménager et Michel Simonin, il s'agirait d'Augier de Haramboure, professeur de mathématiques et de médecine au Collège Royal.

[76] Dans *Le curieux, le glorieux et la Sagesse du monde dans la première moitié du XVIe siècle. L'exemple de Panurge (Ulysse, Démosthène, Empédocle)*, Lexington, Ky., French Forum Publishers, 1982, Gérard Defaux démontre amplement les riches résonances de cette scène homérique.

[77] "Pourtant, mon amy, dictes moy: Qui estes vous? Dont venez vous? Où allez vous? Que quérez vous? Et quel est vostre nom?" - cité d'après l'édition de V. L. Saulnier, Genève, Droz, 1965, p. 49.

[78] Pour cet aspect du personnage d'Ulysse je suis le chapitre 2 du *Le curieux...* de Gérard Defaux.

(vv. 77-78). Dans ce cadre narratif Ronsard reprend encore une fois son credo professionnel. Ce sont les vers qui érigent aux hommes mortels les temples et les autels (vv. 143-144), et le poète rappelle l'origine humaine des dieux de la mythologie auxquels la poésie a conféré une nature divine:

> Les livres seulement, de mortelles Princesses
> (Et non par leurs mestiers) les ont faites Déesses.
> Les livres ont à Mars les armes fait porter,
> Le trident à Neptune, la foudre à Jupiter,
> Les aesles à Mercure, et leur belle memoire
> Sans les vers periroit au fond de l'onde noire.
>
> (vv. 149-154)

Apparemment, il s'agit cette fois de l'évhémérisme traditionnel, insistant cependant d'une façon particulière sur le rôle des livres dans la sanctification des héros[79]. Ceux-ci n'ont pas été déifiés dans l'opinion des hommes grâce à un trait exceptionnel de leur personnalité, grâce à leur "mestier", mais grâce à la littérature. La littérature seule, faut-il ajouter, puisque Ronsard n'oublie pas de contraster les lettres d'avec les monuments de pierre, ces tombeaux de la cathédrale Saint Denis, "escorce" vermoulue qui ne renferme plus rien, un vain débris de la puissance royale passée:

> Et les voyant couchés, n'ayans plus que l'escorce,
> Comme buches de bois sans puissance ny force,
> Je disois à part moy: Ce n'est rien que des Roys,...
>
> (vv. 161-163)

Tout est donc mis en place pour que, selon son usage, Ronsard inverse l'évhémérisme afin d'en faire non pas une modalité herméneutique, mais, comme il est accoutumé de le faire, l'instrument de son art, cet art dont la fin est le sacré séculier. De Catherine de Médicis, à laquelle tout le poème est dédié, il dit: "Je chantay la grandeur de ses nobles ayeux, / Et de terre eslevés je les mis dans les cieux..." (vv. 95-96).

Mais si le fantomatique devin place le poète dans le rôle d'Ulysse, c'est qu'il semble penser moins au héros riche en stratagèmes, mais plutôt

---

[79] Cf. *Orlando furioso*, XXXV, xxv-xxix: "Non fu sí santo né benigno Augusto / come la tuba di Virgilio suona. / L'aver avuto in poesia buon gusto / la proscrizion iniqua gli perdona". Je remercie Ullrich Langer de m'avoir indiqué cette référence. Il est notable qu'en louant la capacité que possède la poésie à immortaliser la renommé des personnages historiques ou des héros homériques, Arioste s'abstient de la considérer comme origine des divinités mythologiques.

au "petit vieux" de la rencontre avec Eumée, étranger en sa propre terre, harassé par l'âge et la misère. En effet, ce n'est pas le jeune poète plein de verve, mais le "vieillard" aux cheveux gris, rongé par l'amertume qui répond aux questions du mystérieux "devin" (vv. 39-44). En outre, tout comme le roi d'Ithaque, vagabond et méconnu des siens, le poète raconte l'histoire fabuleuse de son initiation et expose la grandeur de sa vocation passée juste pour mieux dire l'immensité de son malheur présent. Par ailleurs, tout comme Eumée regrettant les porcs envoyés aux prétendants à la main de Pénélope, de même le poète pleure de voir "les hommes estrangers, / Changeurs, postes, plaisans, usuriers, mensongers" posséder les biens de l'Eglise, tandis que "nous, le sacré tropeau des Muses" vivons en pauvreté.

Pourtant, dans sa rencontre avec son fidèle porcher, Ulysse se présente comme un Crétois, autrement dit, comme un proverbial menteur. Ronsard, en revanche, entend bien fortement souligner la probité de son métier:

> Toy qui viens apres moy, qui voyras en meins lieux
> De mes escris espars le titre ambitieux
> De Francus, Francion, et de la Franciade,
> Qu'égaller je devois à la grecque Iliade,
> Ne m'appelles menteur, pareusseux ny poureux.
> J'avois l'esprit gaillard et le cueur genereux
> Pour faire un si grand œuvre en toute hardiesse,
> Mais au besoing les Roys m'ont failly de promesse:...
>   (vv. 239-246)

Le parallèle homérique a donc des limites. Ronsard ne prétend pas au rôle du roi revenu en son domaine. Le roi d'Ithaque est bien mort: c'était le "docte Roy François" qui, ami des muses, n'a jamais oublié de récompenser aucun poète, ou bien le roi Henri, époux de Catherine, et dont Ronsard a célébré les faits par dessus ceux de tous les preux (vv. 83-90). Il n'est donc point étonnant que par sa complainte adressée à la veuve de son souverain, Ronsard fasse précisément ce dont Eumée accuse tous les vagabonds venus en Ithaque. Il tente de soutirer à Pénéloppe quelque bien abreuvé par les larmes versées sur le sort de son mari: "Il est trop naturel de pleurer un mari qui périt loin des siens!... Et toi aussi, mon petit vieux, tu bâtiras sur-le-champ une histoire, pour avoir les habits, la robe et la manteau. Mais Lui!... voici longtemps, je pense, que les chiens et les oiseaux rapides ont décharné ses os..."[80]. Le poète quémandant à la reine mère quelque bénéfice comme salaire des louanges de son feu époux n'est certes pas meilleur.

Le rôle de l'interlocuteur de Ronsard-Ulysse n'est pas non plus exactement celui d'Eumée. Certes, il ressemble fort à l'un des serviteurs royaux, mais combien alors d'ironie dans le conseil qu'il donne à l'infortuné poète:

> Ce beau siecle est perdu, et nostre age enroillée,
> Qui des pauvres humains la poitrine a souillée
> D'avarice et d'erreur, ne permet que le bien
> Aux hommes d'aujourdhuy vienne sans faire rien.
>   Pource avecques travail il faut que tu l'aquieres,
> Non en faisant des vers qui ne servent de guieres,
> Non à prier Phebus, qui est devenu sourd,
> Mais il te faut prier les grands dieux de la court,...
>
>   (vv. 289-296)

Le silence des dieux démontre amplement la vanité du métier poétique. L'art consiste donc à courtiser les "dieux de la court" qui n'ont que faire de la déification littéraire. L'ironie tourne au sarcasme, puisque, apparemment, le spectre du fidèle serviteur n'a pas su profiter de son vivant de ses propres conseils opportunistes. Une ironie mêlée de rire burlesque, car le fantasque inconnu est un "devin", une sorte d'avatar de Her Trippa, prolixe - comme on le sait - en horoscopes sur le cocuage de Panurge, mais incapable de prévenir l'infidélité de sa propre femme, et qui, dans une nouvelle accumulation parodique, rompt le charme jeté sur le poète par les Muses:

> Trois fois me fit cracher sur la seiche poussiere,
> Trois fois esternuer, et trois fois en arriere
> Me retourna les bras, trois fois les ramena,
> Et trois fois tout autour d'un rond me promena:
> Fit des poincts contre terre: apres il les assemble
> En meres tout d'un rang et en filles ensemble:
> Il en fit un sommaire, et jetant les yeux
> Trois fois devers la terre, et trois fois vers les cieux,
> Me dit à basse voix:...
>
>   (vv. 265-273)

Quelle foi accorder alors au dernier conseil du "devin", celui d'adresser la supplique à Catherine, venue en France pour faire refleurir l'ancienne vertu

---

[80] *Odyssée*, XIV, 121 et suivants; trad. Robert Flacelière, Paris, Gallimard, 1955, p. 739.

et qui n'a jamais laissé un homme des lettres dans le besoin? D'une part, cette recommandation proclame la défaite de l'évhémérisme renouvelé, de l'entreprise de fondation du sacré séculier qui sous-tend la poétique ronsardienne. Ce ne sont plus les lettres qui éternisent les princes. Il n'est plus question d'un noble échange entre le chantre et son souverain, seule la race princière sauve les poètes de l'oubli:

> Sans cette noble race en oubly fut Athenes,
> Et tant de noms fameux sacrés par tant de peines:
> Platon, Socrate, Homere eussent esté occis
> D'une eternelle mort sans ceux de Medicis.
>
> (vv. 329-332)

Mais, d'autre part, il s'agit d'une double défaite. Car non seulement, Ronsard renonce à son grand projet épique pour conter juste l'"Iliade [de ses] maux", sa version de l'*Odysea Malorum* proverbiale[81]; non seulement il essaye d'étonner la reine avec son "conte", occuper son loisir, "Si à plus haut discours" elle n'a prêté l'oreille (vv. 25-26). Dans la version finale du poème il amplifie ces vers introductifs et précise que la complainte adressée à Catherine est aussi un poème écrit pour se plaindre *de* la reine: "Preste moi ton oreille & entends ma parole, / Pour me plaindre de toy & du bien mal donné,..." (variante de 1587). Visiblement la requête a été inefficace et le "petit vieux" n'a pas su par ses racontars soutirer à la reine d'Ithaque les biens espérés.

Le sacré séculier est donc, lui aussi, objet de foi. Ses déités royales sont appelées à accomplir des miracles bien substantiels. Douter de leur omnipotence, "Ce seroit hors du Ciel les Dieux vouloir oster", ce serait dégrader les princes, les spolier de leurs noms royaux, de leurs attributs de magnanimité et de générosité. Bref, ce serait agir en hérétique et en révolté. Mais surtout constater que les divinités ont failli en leurs promesses, avouer que les dieux sont trompeurs, équivaut à miner la fiction littéraire. Profaner le sacré séculier revient à constater que le songe poétique n'est que mensonge, que les glorieux noms divins ne sont que de la pacotille verbale[82].

Le poète ne peut donc commettre ce sacrilège, malgré le silence des dieux, malgré toutes les assurances de leur ingratitude. Il vaut mieux croire et écrire le songe, que dénoncer le mensonge. A Belot, qui apparemment n'a pas envoyé le cheval espéré, Ronsard répondra par *L'ombre du cheval* (XV,

---

[81] Sur cette expression, v. Gérard Defaux, *Le curieux...*, p. 63.

[82] V. *Songe*, XVIII, 63-73, et particulièrement v. 178.

142-147). Cet éloge d'un coursier fait de vent, de songe et de fumée porte aussi sur les montures d'Héra, de Phébus et d'autres déités mythologiques, repus d'air et de Nectar. C'est aussi la louange du cheval poétique par excellence - Pégase (vv. 61-62). Le cheval - inexistant - de Belot est tout aussi vain: engendré par le zéphyr, plus rapide que le vent. Il est cependant supérieur au cheval d'Achille qui, selon le "fantastique Homere", prédit la mort du héros grec. Muet, il ne peut porter mauvais augure sur la maladie prolongée de Ronsard (vv. 81-88).

Cette ombre passagère de la mort qui se pose sur "les vers raillards" adressés à Belot montre assez que le rire n'est plus ici l'éclat de la noble folie poétique, compagne des princes. Il est plutôt la tentative amère de retrouver laborieusement l'équilibre perturbé. "Filz d'un acte vergogneux", ce rire connaît la distance qui le sépare de l'admiration: "On ne rit point d'un geste glorieux / Mais on l'admire..." Pourtant il est aussi un palliatif au mépris: "...d'un fait miserable, / On pleure, on craint qu'on ne tombe semblable..." (vv. 103-106)[83]. Bref, il est cette portion de bonheur impartie à l'homme par Dieu qui a voulu le placer au-dessus des autres créatures dénuées de raison. Dieu, faut-il l'ajouter, aussi lointain que Belot lui-même, qui siège "Haut eslevé au throsne de Justice / Aimant vertu & chatiant le vice". Mais toutefois "Dieu", distinct de Jupiter qui, "sans esgard", déverse dans les derniers vers du poème la gloire et la misère, le bien et le mal sur les mortels[84]. Comme si cette séparation des noms divins devait préserver Dieu et l'interlocuteur du poète du blâme d'indifférence, laisser intact l'ordre et la justice morale, tout en abandonnant Jupiter au rôle de métonymie de la contingence, en le laissant à son destin futur de "machine" littéraire.

Mais ce n'est là, semble-t-il, que l'annonce du développement ultérieur que suivront les "noms divins" de la poésie. Ceux de Ronsard ne sont qu'exceptionnellement des simples étiquettes littéraires. Tout au

---

[83] "Vergogneux" remplace "vitieux" en 1584.

[84] Le "Dieu" juste, dispensateur du rire qui consacre la domination de l'homme sur la création est donc distinct de "Jupiter", fatalité aveugle. Cette différenciation insuffle un certain espoir dans la première version du poème. Elle est cependant oblitérée lorsque Ronsard modifie sa conclusion en 1578. L'opposition entre le rire et les pleurs occasionnés par un acte vergogneux disparaît alors. Privée de sa position intermédiaire, la poésie ne peut alors se situer que par rapport à l'admiration, qui lui est interdite. Dans cette version nouvelle il ne reste à Ronsard qu'à inviter Belot à rire de sa "sottise" de poète et introduire le motif de la compétition d'inanité entre le "cheval" et le "Je ne scay quoy" qu'il vient d'écrire.

contraire, on pourrait voir la poétique ronsardienne comme un immense effort de freiner la fossilisation du langage de la fable, même comme un effort de renverser cette évolution dans la mesure où la sacralisation séculière reste encore possible. Mais c'est aussi un effort dénué d'illusions, lucidement attaché à la réalité culturelle du sacré. Les corrections, rétractions et autorestrictions témoignent assez de cette conscience des limites qui, parfois, frôle dangereusement le désenchantement.

Ronsard n'est donc pas, comme Marot, tenté de ruser avec la réalité, de louvoyer à travers les négations répétées, de mettre en scène son supposé néant, pour mieux se tailler un espace vivable de liberté artistique entre les extrêmes ontologiques absolus. Le nouveau prince des poètes exige d'avance la souveraineté pour son art. Non pas que celle-ci se fonde sur le contact intime avec la transcendance, non pas que le travail poétique soit sanctifié comme exégèse minutieuse des traces de la Vérité. La vérité, c'est le poète qui doit la mettre en forme, ou plutôt la mettre en fable, par un travail qui n'a, en lui-même, rien de sacré, mais qui sacralise néanmoins authentiquement son objet.

Il apparaît ainsi que les points de départ des artistes aussi divers que Marguerite de Navarre et Ronsard semblent curieusement proches, tandis que les conséquences qu'ils en tirent diffèrent radicalement. Dans les deux cas l'Etre, la Vérité restent infiniment loin, inaccessibles. Pour la reine mystique, il importe donc de se rendre compte de son propre néant, d'effacer autant que possible le discours de l'homme devant le mot, la voix, le souffle de l'Esprit; il faut multiplier les contradictions, les inconséquences de son dire, non pas pour s'y réfugier dans l'ironie et le rire amèrement bouffon, comme le ferait Marot, mais pour se fondre, si cela est possible, avec l'Etre-Néant qui est ailleurs. Pour Ronsard, en revanche, la Vérité absolue est tout aussi, sinon plus, lointaine, perdue dans les ténèbres du mythe, disparue avec les poètes "divins", les *vates* dont les prophéties ne nous apparaissent plus que comme d'inquiétantes falsifications. Mais cet éloignement est faste, puisque à défaut de communier avec le sacré, le poète peut le fonder dans le siècle qui est le sien. Il le fera par une polynomie culturellement et historiquement relativisée, mais non moins efficace dans sa fonction de culte profane, culte sincère, car indispensable pour mater les géants monstrueux qui guettent à tout moment l'ordre et la paix. Encore faut-il que la réalité soit digne d'être enveloppée dans le manteau de la fable renouvelée. S'il en est autrement, si le poète se résigne à la mortalité de ses dieux, mortalité à laquelle il aurait dû, précisément, remédier par son chant, la dissimilitude est impudemment, cyniquement mise à nu et le signe poétique risque de tourner au mensonge.

CHAPITRE IV

LA RHETORIQUE DE L'ESOTERISME
GUY LE FEVRE DE LA BODERIE

La rhétorique de l'illumination rationnelle

Ronsard semble avoir bien compris tous les risques que courent les curieux avides de connaître les secrets divins. Les dieux ont toujours sévèrement puni les fils de la terre qui tentaient d'escalader les cieux. Par ailleurs, les temps où le poète communiait librement avec les Muses parmi les prés et les sources d'une nature paradisiaque sont irrémédiablement révolus. Cependant, faute de pouvoir apporter aux hommes la parole sacrée des dieux, le vrai poète demeure capable de sacraliser ceux qui en sont dignes par son verbe, aussi profane soit-il. Les noms divins de Ronsard ne visent donc pas tellement à entrouvrir les voiles de l'allégorie pour y découvrir les mystères cachés des dieux. Ils n'ont pas pour but - ne fût-ce que par leur négativité - d'engager les lecteurs en une ascension spirituelle vers la transcendance. En nommant les dieux mortels qui l'entourent, Ronsard aurait voulu les immortaliser. Cette immortalité poétique est bien plus durable que celle des palais et des statues, dont les ruines trahissent aisément les injures du temps. Elle n'a cependant rien de commun avec la vie éternelle dont rêvait Marguerite de Navarre. Soumis à la Fortune, les noms divins de Ronsard sont muables comme l'est cette déesse sublunaire. Si les dieux de la cour se montrent indignes de célébration, le sarcasme vient ternir les couleurs de l'éloge, tandis que le grand poème national si longtemps attendu dégénère en l'épopée des malheurs du poète, insuffisamment reconnu.

En apparence, rien de plus opposé à cette tentative de fonder le sacré séculier que la poétique de Guy Lefèvre de la Boderie. D'ailleurs ce savant hébraïste, disciple de l'orientaliste illuminé Guillaume Postel, traducteur de Ficin et du cabaliste chrétien Georges de Venise, ne se prive pas de marquer ses distances par rapport à son illustre prédécesseur[1]. "PIERRE DE RONSARD", comme l'anagramme de son nom l'indique assez, a su "REDORER PINDARE", célébrer les vertus des hommes et des dieux à l'instar des Grecs et des Romains. La Boderie, Nouvel Orphée, fidèle à l'Un qui le guide ("GUIDON LE FEVRE" / "L'UN GUIDE ORFEE"), revendique fièrement d'avoir ouvert à ses lecteurs français la connaissance des secrets des Hébreux. Si l'on devait se fier à de telles déclarations, la fiction poétique proposée par La Boderie, loin d'être une tentative de fonder le sacré dans l'univers culturel contemporain du poète, serait une ambitieuse exégèse cabalistique scrutant les noms hébraïques en quête des mystères divins des origines. Si tel est le cas, force est de se demander comment ce représentant du platonisme chrétien, allie son intérêt pour l'ésotérisme cabalistique avec son indéniable connaissance de la tradition dionysienne.

Or, il semble que la théologie négative puisse remplir pour les auteurs ésotériques de la Renaissance deux fonctions opposées: l'une, que l'on pourrait qualifier d'auxiliaire, et l'autre, qu'il faudrait concevoir comme une fonction critique.

Dans le premier cas, sont mises à profit les racines néo-platoniciennes de la pensée de Denys et de ses disciples, ce qui permet d'intégrer la théologie négative dans une vision métaphysique globalement optimiste d'un univers dont les multiples gradations sont traversées par des constants mouvements d'émanation et de reflux. L'intérêt porte alors avant tout sur ces motifs que la tradition dionysienne partage, même de loin, avec d'autres courants intellectuels. Il est possible alors d'évoquer Denys ou Cusanus comme des autorités dont l'orthodoxie sert de garant à l'assimilation des propositions issues des sources païennes ou hébraïques, il est possible de les utiliser comme des intermédiaires qui prouvent l'unisson d'une philosophie pérenne car sacrée, philosophie à retrouver dans des textes fondamentalement divers, au prix de quelques manipulations interprétatives. La littérature est en conséquence appelée à oublier sa dissimilarité et son éloignement par rapport aux valeurs transcendantes, pour

---

[1] Sur les changements dans la poésie philosophique de la fin du siècle v. Isabelle Pantin, *La Poésie du ciel en France dans la seconde moitié du seizième siècle*, Genève, Droz, 1995, surtout pp. 313-314. J'ai eu l'occasion de présenter mon interprétation de la poétique de Guy Le Fèvre de la Boderie au colloque consacré à cet auteur en 1994 à Rouen. Je remercie son organisateur et le rédacteur de ses Actes, François Roudaut, de m'avoir permis de développer ici les conclusions de ma communication.

révéler dans le miroitement de ses couleurs rhétoriques la lumière unique de l'Absolu irradiant richement le discours de l'homme.

Il est toutefois risqué de ramener ainsi la théologie négative au rôle d'instrument d'intégration de divers néo-platonismes, de limiter sa portée pour laisser foisonner leur allégorisme toujours enclin à retrouver partout les signes de l'Omninommable. En réalité, la conviction que Dieu est ineffable et la perception critique du discours humain qui en découle ne sont pas absentes de la poésie ésotérique française. Comme si certains cabalistes chrétiens et certains praticiens de la magie naturelle de la Renaissance finissante partageaient, eux aussi, le sentiment que la poésie est loin d'être une allégorie sacrée, globale et multiforme, qu'elle demeure foncièrement incapable de symboliser le divin. Ce sentiment étant suffisamment fort, la littérature se mue au mieux en une provocation intellectuelle, au pire en un vain amusement verbal, passible d'être mis à profit dans un but de propagande. Privé de toute possibilité de renvoyer vers la Vérité, ne fût-ce que pas sa dissimilarité, le discours littéraire se vide alors pour devenir un emballage attrayant de diverses vérités du jour. Pris en quelque sorte entre guillemets par une distance critique trop grande pour faire place à une quelconque confiance en ses possibilités, le signe se transforme en une sorte de méta-signe, label conventionnel de littérarité ou étiquette d'ésotérisme. Plus même, un tel processus de fossilisation du signe littéraire peut affecter jusqu'aux motifs empruntés à la théologie négative elle-même. Les références à la tradition dionysienne ne doivent alors point pousser le lecteur à désirer l'union mystique avec Dieu, par delà l'infinie distance qui les sépare. Elles sont plutôt des marques intertextuelles qui désignent la théologie négative comme code idéologique, référence littéraire parmi d'autres, à utiliser selon les besoins du moment.

Il semble que la théologie dionysienne joue dans la poésie de Guy Le Fèvre de la Boderie justement ce second rôle. Elle remplit une fonction critique qui transforme les références cabalistiques de ses poèmes en des stratégies littéraires qui feignent inviter le lecteur à une découverte herméneutique, lorsqu'il ne s'agit en fait que de remporter sa conviction par une ingénieuse rhétorique.

En effet, Guy Le Fèvre de La Boderie se veut aussi bien apologète chrétien que poète[2]. En ce qui concerne cette dernière qualification, la

---

[2] L'importance de la visée apologétique de Guy a été reconnue grâce aux travaux de François Roudaut, dont la thèse, *Le Point Centrique. Contribution à l'étude de Guy Le Fèvre de la Boderie*, Paris, Klincksieck, 1992, reste un ouvrage de référence indispensable. Cf. aussi, l'étude de François Secret, *L'ésotérisme de Guy Le Fèvre de La Boderie*, Genève,

prudence est d'ailleurs particulièrement de mise. Certes, La Boderie est l'auteur de deux collections de vers - les *Divers Meslanges Poetiques* (1578) et les *Hymnes ecclesiastiques* (1578) - de même que de deux longs poèmes: *L'Encyclie des Secrets de l'Eternité* (1571) et *La Galliade, ou De la révolution des arts et sciences* (1578)[3]. Toutefois, tour à tour, il refuse l'art poétique pour s'en réclamer à nouveau. Visiblement la poésie de l'Un qu'il revendique comme sienne, demeure pour lui un problème. Le statut qu'occupe dans son œuvre la théologie négative démontre à quel point le retour à l'unité métaphysique et historique en Dieu est mis en doute par les troubles de ce siècle. Il montre aussi la fragilité du signe poétique qui, incapable de charmer le sacré, s'efforce de persuader et d'émerveiller le lecteur par ses artifices.

Si le jugement que La Boderie porte sur la poésie est, pour le moins, ambivalent, sa confiance en le pouvoir de la pensée humaine semble à première vue inébranlable. En des vers où résonne l'éloge de l'intellect dédié par Hermès à Asclépius, et où l'on peut reconnaître le voyage céleste de l'âme humaine ouvrant le *De mundo* pseudo-aristotélicien, La Boderie chante l'étonnante capacité de l'esprit de l'homme à enclore en lui-même la rondeur des cieux (*Encyclie*, V, 80-82). Ainsi étendue aux dimensions cosmiques, l'âme parvient à englober le monde entier, pour le réduire ensuite à Rien, juste en l'espace d'une seule pensée. Libre des attaches qui pourraient la river au corps, elle traverse le firmament pour voguer au-delà de l'espace, dans le vide, au-delà du temps, dans l'éternité et son paradoxal opposé, le "Jamais"[4]. La muse Uranie qui sert de mentor dans *L'Encyclie* s'adresse ainsi à son attentif "Secrétaire":

> Pense que tu contiens tout en ton Ame ronde,
> Pense qu'il est un Rien, et qu'il n'est plus de Monde,
> Quelle immense grandeur peut ton Ame remplir?

Droz, 1969.

[3] Pour *L'Encyclie*, l'édition de référence sera celle de Plantin, de 1571, tandis que pour *La Galliade*, on se rapportera à l'édition critique préparée par François Roudaut (Paris, Klincksieck, 1993) dont les notes, amples et précises, seront grandement mises à profit. Les réferences aux deux poèmes seront suivies du numéro du "cercle" et de ceux des pages (dans le cas de *L'Encyclie*) ou bien du numéro des vers (pour *La Galliade*).

[4] A propos de cette notion, il est intéressant de consulter François comte de Foix de Candale, *Le Pimandre de Mercure Trismegiste de la Philosophie Chrestienne...*, édité à Bordeaux huit dans après *L'Encyclie* (pp. 426-434).

Quelle Idée sans corps ne peut elle accomplir?
Pénetre plus avant: que ton ame qui guide
Ton œil au Firmament, se guinde dans le Vuide:
Outre passe le Temps, sonde l'Eternité,
Recherche l'Infini sur toute extrémité,
Egare-toy dedans, ton Ame s'evertüe,
Et ne cesse d'entrer au Iamais sans issüe...

Ces "égarements" intellectuels peuvent mener très loin, puisque l'esprit humain ainsi encouragé ose "mesurer l'Unité qui n'est point mesurée, / Sondant sa profondeur sans se pouvoir lasser, / Bien qu'il ne puisse pas sa grandeur embrasser". Comme on le voit, la pensée tente à proprement parler l'impossible et ne s'arrête dans cette pénétration de l'inconnaissable qu'aux extrêmes limites de l'orthodoxie.

Cet élan téméraire est possible, car, il s'agit en fait d'un retour vers la transcendance originelle (*Encyclie*, VIII, 126). Comme l'explique ensuite Uranie, l'âme humaine est semblable à la Lune éclipsée par la Terre. Le Soleil de cette métaphore filée serait la Pensée. Du haut du "Ciel de la Raison", elle illumine la rondeur de l'âme qui reste cependant assombrie par l'ombre du corps. Une telle métaphorique de la lumière transforme la pensée rationnelle en un rayon divin émanée par la transcendance et éclairant l'esprit de l'homme. Ou bien, dans un mouvement inverse représenté par une image non moins platonicienne, la raison est le charretier qui conduit l'âme humaine vers la source ultime de l'univers (*Encyclie*, VI, 101). En apparence, cette sorte de pensée rationnelle prend les couleurs d'une mystique néo-platonicienne, où la pensée humaine n'est qu'un éclat d'une Raison supérieure, une passerelle menant vers la transcendance.

Du moins pourrait-on le croire à première vue, ne fût-ce que grâce à l'image de la sonde à laquelle La Boderie revient avec prédilection. Elle illustre l'aspiration à pénétrer les profondeurs en un mouvement qui, paradoxalement, s'avère être dirigé vers le haut. Car connaître revient, précisément, à dévider et enrouler le fil du discours. Ainsi, lorsque Nicolas, le frère de Guy, traduit le fameux passage hermétique de l'*Heptaplus* sur les étonnantes capacités intellectuelles de l'homme-"second dieu", il ajoute à l'image de l'esprit humain comprenant tout, celle d'un esprit qui "pelotonne" toute chose en lui-même[5]. De même, en apostrophant ses

---

[5] *L'Heptaple de Iean Picus Comte de la Mirande translaté par Nicolas Le Fevre de la Boderie*, in *L'Harmonie du monde...*, Paris, Jean Macé, 1578, p. 860. Il s'agit du fameux chapitre V, 6, qui prend chez Pic la forme suivante: "Est autem haec diversitas inter Deum et hominem, quod Deus in se omnia continet uti omnium principium, homo autem in

lecteurs libertins dans l'*Epistre dedicatoire* de *L'Encyclie*, Guy les invite à "tourne[r] de la Raison / Le Rouet esclarcy" et sonder la création, pour y reconnaître la nécessité d'une Cause Première (p. 14). Conséquemment, le poème qui est ainsi introduit devient une sorte de pelote de discours que les lecteurs doivent dévider afin de reconnaître les profondeurs insoupçonnées de la réalité qui les entoure (*Encyclie*, 22). Il n'est pas étonnant qu'ainsi encouragé, le Secrétaire, ambitionne de s'élancer dans les hauteurs de l'Infini, de sonder même le fond de la source pérenne dont découle le mouvement universel du monde[6].

Lorsque, dans l'*Advertissement au lecteur* de *L'Encyclie*, La Boderie se propose "par raison prouver" la toute-puissance et bonté divines, a-t-il à l'esprit un rationalisme tout illuministe? Lorsqu'il conçoit le fil de son discours comme un sonde explorant les profondeurs spirituelles de la réalité, pense-t-il à faire de sa poésie une herméneutique du divin?

Telle semble être du moins la poétique hautement revendiquée par La Boderie, puisque à la montée métaphysique au-delà des cercles célestes correspond aussi une pénétration dans les profondeurs de l'histoire. La Boderie prévient le dédicataire de *L'Encyclie* que la façon de "raisonner de Dieu" dont son poème offre un exemple, prit son commencement aux temps de l'Hercule Gaulois et des druides, avant d'être transférée en Grèce, et,

---

se omnia continet uti omnium medium..." Nicolas traduit cette phrase ainsi: "Mais voicy qu'il y a de difference entre Dieu et l'homme, c'est que Dieu continent toutes choses en soy, comme leur principe: et l'homme les comprend et pelotonne toutes en soy, comme mylieu d'icelles..."

[6] *Encyclie*, 93, 106. *L'Encyclie* reste, visiblement, une œuvre inachevée. Non seulement le poème se termine par la note "FIN de la première partie de l'Encyclie", mais aussi La Boderie revient encore dans les *Divers meslanges poetiques* sur son dessein de le compléter par un exposé des articles de la foi:

> De bas en hault la cheisne j'ay suyvie
> Tant qu'ay trouvé le sourgeon de la vie,
> Et ay prouvé suyvant ma liaison
> Avec raisons l'autheur de la raison.
> Or maintenant je voudrois entreprendre
> Si je pourrois de hault en bas descendre,
> Et encheisner aux cercles de mes vers
> De nostre foy les articles divers,...

Discours présenté à Monsieur frere du Roy..., éd. Rosanna Gorris, Genève, Droz, 1993, p. 153, vv. 47-54. Cf. aussi, une note similaire dans l'*Advertissement au lecteur* de *L'Encyclie*, p. 7. La partie existante du poème correspond donc au mouvement ascensionnel vers Dieu qui devait être complété par un exposé doctrinal "descendant".

ensuite, à Rome, en attendant de retourner en France grâce aux soins du duc d'Alençon auquel le poème est dédié (p. 23). Mais les secrets de l'Eternité dont le poème de La Boderie est un "plan et simulacre" sont en fait les dépouilles des Hébreux, avant d'être celles des Romains et des Grecs. Ainsi le retour des arts et des sciences en France, parcours que les entrelacs de *L'Encyclie* se proposent de renouer, ferait partie d'une filiation beaucoup plus ancienne, tirant son origine dans la régénération du monde après le déluge. Comme le démontre l'ensemble de *La Galliade*, que ce soit l'architecture, la poésie ou la musique, toutes les disciplines furent fondées en Gaule par les descendants de Noé, désignés par le patriarche pour peupler cette contrée. Noé leur transmit non seulement l'antique savoir astronomique et naturel, mais aussi l'art de l'interprétation de l'Ecriture. Il leur apprit de même...

> Au nom de l'Eternel d'évoquer les Genies
> De cité en cité, et par celebres vœus
> Les rendre bien-vueillans à ses fils et néveus:
> Et du nom des Citez extraire en tout silence
> Du Genie le nom, par l'obscure science
> Des caracteres saints tracez du doigt de Dieu
> Au Tableau de l'Esprit, Caballe de l'Hebrieu.
>
> (*Galliade*, I, 146-152)

Ainsi les druides dévoués à cultiver les sciences héritées de Noé prirent leur nom de la racine hébraïque דרש signifiant la recherche de la vérité et non, comme le voulaient les Grecs menteurs, des chênes à l'ombre desquels ils aimaient à enseigner. Par ailleurs, tout en révélant son origine hébraïque, l'appellation des druides demeure bien "gauloise", puisqu'elle est aussi tirée du nom de Drius, l'un des descendants gaulois de Noé, prince fondateur de la ville de Dreux[7]. En outre, comme si la dissémination des générations postdiluviennes ne suffisait pas encore pour asseoir le droit de la France à l'héritage hébraïque, La Boderie recourt aussi à une version plus traditionnelle de transmission de la *prisca sapientia*. Cette fois-ci la révélation divine reçue par Jacob et transmise à Mercure Trismégiste par Moïse, devint le butin des Grecs, pour aboutir enfin en France:

> Comme de l'Infiny de la Coronne ronde
> Decoule la Sagesse au sourgeon eternel,

---

[7] *Galliade*, III, 24-26; 377-400. Sur la *translatio imperii et studii* chez La Boderie, v. François Roudaut, *Le Point Centrique*..., pp. 77-111.

Tout ainsi par rondeurs son ruisseau perennel
Es siecles retournez se retorne en ce Monde.
  En Luz Israël beut de sa source feconde,
Moyse en arrousa le terroir solennel
Qui est baigné du Nil, le grand Mercure isnel
L'y puisa, et depuis Orfee encor l'y sonde:
  Puis le divin Platon d'Egipte la derive
En la ville où Pallas feist naistre son Olive,
Et d'Athenes Denis sur Seine la borna:
  Si que Paris sans pair de la ville à Minerve,
De Thrace, Egipte, et Luz fut faite la reserve,
Où le Rond accomply des Sciences torna.[8]

Ce sonnet liminaire à la *Galliade* met donc clairement en parallèle le devenir
métaphysique et le devenir historique: la procession de la sefira *Hokmah*
(Sagesse) à partir de la sefira *Kether* (qui semble ici identifiée à l'*En-Sof*, le
"sans-fin" - l'inconnaissable et l'inexprimable principe divin de la cabale)
est assimilée aux pérégrinations de la connaissance des mystères sacrés à
travers l'histoire de l'humanité. Par sa poésie, La Boderie semble vouloir
resserrer ce parallélisme, lui, qui prétend être le premier à avoir chanté les
dix noms de Dieu et qui veut introduire ses lecteurs au Tabernacle ombragé
par les dix "courtines" des sefirot[9]. En effet, l'aboutissement, et en même
temps le point culminant de l'*Encyclie*, le Saint des saints compositionnel
du poème, est un hymne où tout - les noms divins, les hiérarchies des anges,
les cieux et les étapes particulières de la création - retrouve ses exactes
correspondances:

  O Toy אהיה qui es, qui fus, et qui seras,
Tu fais les Serafins, tu les feis, et feras,
Tu affermis le tour de la Sfére Empirée,
Dedans u lieu sans lieu enclose et assurée:
Et ne delaisses point le Rien dedans son Rien,

---

[8] Sonnet 8 adressé au duc d'Alençon, *Galliade*, pp. 146-147 de l'édition de
François Roudaut.

[9]   Premier avec dis doigts sur dis cordes tendues
l'ay fait ouyr dix vois que par dis Cieus tendus
Phebus et les neuf Seurs, nous font estre entendues,
Et premier tes dis Noms des Anges entendus
En Cercles i'ay chanté, lors que sont descendues
Dis Courtines sur nous de merveille éperdus;
Entrez au Pavillon où la saincte Uranie
LUMIERE ARCHE DIVINE est enclose et unie. (*Encyclie*, 25)

Ançois le mesme Rien tu combles de ton Bien:
  O יה les Cherubins comme enfans tu enfantes,
Tu meus le premier Ciel des neuf Sféres mouvantes,
Et ne cesses iamais de traiter et mollir
Le non formé Chaos afin de le pollir.
  יהוה tu assieds les Thrones en leur ordre,
...

Encyclie, 153

Ainsi, Guy Le Fèvre jouerait en France le même rôle qu'Orphée a déjà rempli en Grèce, en y accommodant la sagesse juive aux mythes helléniques: il n'est donc pas étonnant qu'il puisse retranscrire son nom en "L'UN GUIDE ORFEE" (Gui Le Fevre). Mais surtout, il importe de noter qu'en ramenant les mystères divins dans son pays natal, La Boderie reproduit le geste de Denys qui fut le premier à les y apporter. En effet, en réunissant Athènes et Paris, Denys a transmis à la France l'héritage du savoir mosaïque reformulé par Hermès et grécisé par Orphée et Platon. De là l'importance de l'Aréopagite pour la mystique nationale de La Boderie: de même que l'apôtre gallique est la cheville ouvrière de l'histoire culturelle de l'Europe, de même son sanctuaire demeure le cœur de la France - centre vital de la monarchie, mais peut-être aussi, source de Sagesse dont le *Leb* cabaliste détient les voies:

Cependant que le cœur respire en l'Animant,
Quoy que ja la chaleur soit des membres ravie,
On ne despere point qu'il n'aye encor la vie,
Et que donner ne puisse aux membres mouvement.
  Monsieur, le Cœur de Gaule, où Christ premierement
Soufla son Esprit sainct et parole assouvie,
Est Sainct Denis en France, et où Seine suivie
Enceint Paris sans pair en son contournement.[10]

---

[10] *Galliade*, sonnet 9, p. 147. Sur l'importance du cœur comme centre vital de l'organisme humain v. Guillaume Postel, *De la Restitution de la Verité Demonstrative des temps courants...*, Bibliothèque Nationale ms. lat. 3398 f° 43 r° -v° (chap: "Que le Cœur humain manifestement et non pas sans cause est le premier vivant et dernier mourant"). Cf. aussi le court traité d'herméneutique allégorique composé par Nicolas, le frère de Guy: *Le Cœur לב LEB, ou les 32 sentiers de la sapience. Discours fort utile pour entendre et exposer les sainctes Escriptures* publié comme préface à la traduction de *L'Harmonie du Monde* de François Georges de Venise (Paris, Jean Macé, 1578). Sur Denys v. aussi *Galliade*, I, 1555; II, 323; III, 751. Sur Orphée, disciple d'Hermès et hériter des secrets hébraïques v. *Galliade*, V, 299.

Cette attention portée sur la pénétration au cœur de la réalité, la volonté de sonder l'infini métaphysique, de même que celle de retourner aux sources de l'histoire révèlent la préoccupation de La Boderie par ce qu'il considère être la nature des choses. Car, à l'opposé de l'art humain, capable uniquement de travailler les surfaces, l'art de la nature opère dans les profondeurs:

> Ainsi que tout Ouvrier demeure par dehors
> Pour pourtraire, pollir, ou graver quelque corps:
> Aussi quelque couleur, quelque trait qu'il y face,
> L'ornement apparoist sans plus en la surface:
> Si que la profondeur où l'Art ne peut entrer,
> Rien sinon sa durté, en soy ne peut monstrer.
> Mais de Nature l'art au dedans se reserre,...
>
> (*Encyclie*, V, 76)

Contrairement à l'image dionysienne de la théologie négative, le sculpteur ne creuse plus hardiment le bloc de la matière à la recherche de l'Absolu qui échappe. Il est, en revanche, condamné à entailler à peine la surface des choses. L'art de la nature, cependant, reste occulté dans les profondeurs. Inimitable à l'homme, objet d'admiration, il révèle la nature comme instrument de Dieu.

Une telle opposition entre la nature et l'art est très importante. Elle dessine la première fissure qui fracture l'univers apparemment illuministe de La Boderie. Elle marque une impossibilité qui va précisément à l'encontre du rêve que partagent bien des auteurs ésotériques et qui consiste à vouloir mettre l'art humain au diapason des harmonies naturelles pour former une seule symphonie sacrée. Il importe de noter en outre qu'Uranie s'attache aussi à distinguer la nature de son Créateur. La question du Secrétaire est pressante: "Tu redis tant de fois de Nature le nom, / Que tu me fais douter si c'est ton Dieu, ou non" (*Encyclie*, V, 75). La muse y répond en gardant, symptomatiquement, l'équivoque du nom, mais en y apportant aussi une opposition conceptuelle: "L'une Nature est Dieu, mais elle est infinie. / L'autre, son instrument, est ainsi définie..." Evidemment, l'exposition rationnelle ne peut s'appliquer qu'à la nature naturée et non à la nature naturante. Cependant, l'utilisation par Uranie d'un seul et même mot pour désigner le Créateur et son "instrument", conjuguée avec les distinctions conceptuelles apportées en réponse à la confusion du Secrétaire, semble témoigner d'une sorte de malaise du poète, face à cette pratique d'apparenter par des termes identiques des réalités ontologiquement différentes. Comme si La Boderie voulait marier, du moins en paroles, le ciel et la terre, en se rendant en même temps compte que l'union qu'il opère n'est que verbale.

Il apparaît ainsi que le rayon de la pensée qui devait mener la raison humaine vers le Ciel de la Raison subit une sorte de diffraction. Les distinctions et les restrictions conceptuelles perturbent la fluidité du mouvement de la sonde par lequel *L'Encyclie* se proposait de pénétrer les profondeurs de la réalité. En fait l'illuminisme rationaliste de La Boderie s'avère un rayonnement beaucoup plus saccadé, intermittent que cela n'apparaît à première vue.

En effet, tout en se proposant d'élever son lecteur vers Dieu en partant de la réalité d'ici-bas, le poète prend un soin méticuleux d'éviter tout reproche de panthéisme. Celui-ci équivaudrait à nier totalement l'existence d'un Dieu créateur et irait donc directement à l'encontre de l'objectif apologétique de La Boderie. C'est donc en jouant l'avocat du diable que, dès le premier cercle de *L'Encyclie*, le Secrétaire défend la totale immanence de la raison: "S'il est aucune chose, au Monde elle est comprise. / Si raison n'y estoit, hé! d'ou l'auroy-je prise?" (*Encyclie*, I, 32). Ainsi conçue, la raison serait définie comme l'harmonie des qualités élémentaires, un "consonance et composition" parfaite des "quatre imparfaicts". Cette thèse, attribuée aux naturalistes tels que Pline, est discréditée immédiatement par une note marginale qui accompagne le texte poétique. Uranie n'a d'ailleurs aucun mal à tirer les conséquences dangereuses de la proposition du Secrétaire. Dans une argumentation classique, elle démontre qu'une telle affirmation supposerait l'existence de la raison chez les animaux et menerait à diviniser la nature. Or celle-ci "envers Dieu est une Ombre qui fuit / La Raison est l'Image ou le Ray divin luit" (*Encyclie*, 41-43). Seul l'homme est illuminé dès sa naissance par cette lumière divine, tandis que les animaux n'en suivent qu'une ombre obscure.

Le Secrétaire reviendra encore plusieurs fois à la charge. Dans le Cercle V, il tente de confondre Dieu et la nature en discutant les modalités de la présence divine au monde: "Si Dieu, comme tu dis, est par tout épandu, / N'est il pas donc brouillé, conjoint et confondu / Avecques la Matiere?" (*Encyclie*, 78). C'est là qu'Uranie expose la puissance de la pensée humaine, capable en un instant de mesurer les cieux et de s'élancer dans l'Infini. La fonction de cet éloge n'est donc pas l'exaltation de l'homme, mais l'apologie de Dieu. Si le pouvoir de l'intellect humain est aussi impressionnant, comment ne point croire en la capacité divine d'englober l'univers entier?

Ne pouvant diviniser la nature entière, le Secrétaire essaye au début du Cercle suivant de limiter son panthéisme au ciel uniquement:

Puis qu'il est tout en tous, et n'admet point dévuide
En soymesme, ou sera le Moteur qui devuide?
Si du Monde tu sors, et tu le cherches bien,
Qu'y pouras-tu trouver? rien que le mesme Rien.
                                        (*Encyclie*, VI, 93)

C'est à ce moment précis que la muse réplique en invitant son interlocuteur à sortir du clos de l'Univers et à sonder l'Infini. De nouveau donc, il s'agit non pas d'un geste de défiance téméraire, mais, plutôt, d'une stratégie argumentative qui répond aux provocations immanentistes du Secrétaire. En escaladant les cieux, Uranie y découvre les divers esprits qui meuvent chacune des sphères célestes. Ensuite, en sortant "Hors les faubours du Ciel", elle rencontre l'immense fleuve de la "grand'Ame" dont les âmes particulières ne sont que les divers courants (*Encyclie*, VI, 102). Tout cet orgue hydraulique de l'esprit ne peut cependant fonctionner sans un "Moteur plus caché" qui est Dieu. A la différence de l'Ame omniprésente, il est le "Cercle Spirituel à nul corps attaché / Dont le Centre est par tout, et la Circonférence / N'en est en lieu qui soit (telle est la différence / De l'Ame avecques luy)..." (*Encyclie*, VI, 103-104). L'argumentation d'Uranie vise donc à révéler au Secrétaire qu'il est fautif de réduire l'Etre au monde naturel, que la transcendance n'est point le néant, que l'univers est un admirable mécanisme de sons, d'images et de moments, traversé par de complexes flux spirituels, mus, tous, par cette Raison suprême qu'est Dieu, omniprésent et n'occupant aucun lieu particulier:

                    ...l'Eternelle Pensée
Du tout en tout sans lieu, et en lieu dispersée,
Fait sourdre, bouillonner, se respandre, et ialir,
L'Ame dont le sourgeon ne peut iamais faillir:
Et pénetre, et s'infond le Principe des Vies
Aus Sereines qui sont deça, de là ravies:
Les Sereines, ie di, Anges non ocieus
Qui glissent tout avant les grans Vases des Cieus...
                                        (*Encyclie*, VI, 104-105)

Ainsi Uranie termine sa démonstration en extase. Visiblement, elle entre en harmonie avec l'Ame qui s'épand comme une Voix pour faire résonner les âmes particulières. Toutefois elle semble la seule à entendre ces sonorités sublimes. Le Secrétaire, lui, est comme ces habitants mythiques des cataractes du Nil, assourdis par le fracas qui les entoure: il est bien trop empêché par son corps et le "brouillement" de ses sens pour être sensible aux accents si hauts. Il n'est pas encore cet homme "du Monde le lien", ce grand miracle d'*Asclépius* que La Boderie évoquera dans *La Galliade*, justement à propos de l'âme humaine "accordee" avec les harmonies célestes[11]. Un tel individu serait disposé à rompre et à refaire la liaison de l'Art, de la Nature et du Destin, autrement dit réunir ce qui est issu de la raison sublunaire de l'homme avec l'ordre céleste. Conjoint à Dieu, il pourrait "commander jusqu'à la Providence" (*Galliade*, III, 826). Le Secrétaire n'en est pas capable. Hésitant et éperdu sur le seuil du Saint des saints où l'invite l'extatique Uranie, il s'embrouille dans les paradoxes du premier moteur.

Cette perplexité est évidemment un élément de la stratégie compositionnelle du poème. Contrairement à ce que peut indiquer son nom, l'interlocuteur d'Uranie n'est pas en cette fin du Cercle VI de *L'Encyclie* le dépositaire des secrets divins. *Alter ego* incrédule du poète, il représente les lecteurs libertins qui doivent être convaincus de l'évidence: l'existence du Dieu créateur. Comme le veut la démarche apologétique du poème définie dans son *Advertissement*, cette démonstration "en l'une et l'autre part" ne peut être que rationnelle, c'est-à-dire reposant sur les raisons rhétoriques capables de convaincre les sceptiques. C'est justement la rationalité de l'argumentation, et non l'illumination par la Raison transcendante, que La Boderie garde à l'esprit lorsqu'il se propose "par raison prouver" la bonté divine. L'instrument rhétorique de cette démonstration est, entre autres, une ventriloquie tout oratoire, grâce à laquelle le poète contrôle parfaitement le jeu de l'argumentation:

> Et combien que i'aye prins le masque et le manteau de l'incredule curieus pour mieux iouer son rolle, si osay-je dire que comme le fil de l'œuvre m'a conduit ie n'ay laissé obiection aucune dond ie me sois peu souvenir, laquelle ie n'aye essayé de dissouldre par plus fort argument, et ayant comme on dict, la pelotte en la main, ne m'en suis point pourtant fait plus beau ieu.
>
> (*Encyclie*, 5-6)

Avant donc d'être la sonde de l'Infini, le fil du texte est un parcours argumentatif qui ne doit laisser intacte aucune objection, un fil d'Ariane guidant le lecteur à travers le labyrinthe idéologique. Le rouet que le poète enroule et tire à soi pour se hisser vers les hauteurs de la transcendance, est la balle d'un jeu où La Boderie est en même temps juge et partie. L'enjeu de cette joute oratoire est la persuasion des lecteurs.

---

[11] V. tout le développement qui suit dans *La Galliade*, III, 759.

L'hésitation et les doutes du Secrétaire marquent donc la fin d'une étape compositionnelle du poème et annoncent le Cercle VII à suivre. Les glissements terminologiques qui s'opèrent au fil du texte semblent avoir, eux aussi, avant tout une fonction rhétorique. Ainsi, au cœur de débat sur la divinité des cieux, Uranie argumente en faveurs des "âmes" particulières à chaque sphère céleste (dans l'esprit du *Timée* signalé dans une note marginale). Toutefois sa conclusion s'accorde avec les considérations thomistes sur les moteurs des cieux: ce sont les anges, soumis à l'"Eternelle Pensée" de Dieu, qui s'occupent à mouvoir les orbes[12]. Les termes à résonance platonicienne peuvent donc être utilisés comme des figures de l'éloquence destinées à être interprétées avec une certaine réserve critique. Celle-ci s'appliquerait aussi à l'image de l'âme du monde dont les rapports avec le Saint-Esprit demeurent difficiles à préciser[13]. En effet, le poète prévient ses lecteurs dès l'*Advertissement* que ce vocabulaire platonicien ne peut être reçu dans son sens originel:

> D'advantage tu pourras trouver en cest Œuvre quelques poins tirez du sacraire de la philosophie principalement Platonique: comme de l'Ame du Monde, des Intelligences mouvantes les Sféres, de l'Harmonie des Cieus, et autres semblables; Lesquels ie ne veus ni entens estre autrement receus de moy, que comme l'Eglise Romaine et universelle en aura determiné...
>
> (*Encyclie*, 7)

Cette note de réserve idéologique transforme en fait les éléments de la pensée platonicienne en des expressions guillemetées, ramène les concepts philosophiques au rôle de métaphores poétiques. Un tel changement du statut rhétorique du vocabulaire intellectuel qui constitue l'un des leitmotifs de l'œuvre de La Boderie correspond au caractère médiat et réservé de son rationalisme. Bien qu'exprimée par les images de l'illumination, la raison humaine n'est point une présence directe de la Raison divine. Elle consiste,

---

[12] *Encyclie*, VI, 96 et 105. V. Pierre Duhem, *Le système du monde. Histoire des doctrines cosmologiques de Platon à Copernic*, Paris, A. Hermann et fils, 1917, t. 5, pp. 557-558. Comme le note Maurice de Gandillac, Ficin décrit les anges moteurs des cieux aussi plutôt en termes aristotéliciens que platoniciens ("Astres, anges et génies chez Marsile Ficin", in *Umanesimo e esoterismo*, Padova, Cedam, 1960, pp. 85-109 et surtout p. 101).

[13] La meilleure discussion de ce problème se trouve chez François Roudaut, *Le point centrique...*, p. 192.

tout au plus, en l'innéisme de certains principes généraux qui peuvent servir de lieux à l'argumentation rhétorique[14].

Telle est la conclusion que l'on peut tirer de la manière dont Uranie réfute le sensualisme épistémologique du Secrétaire:

> Croy que les premiers traits (qui sont les fondemens
> De tous les Ars certains en tous entendemens)
> Naissent avecques vous engravés dedans l'Ame,
> Ainsi que petis feux qui sont encor sans flame...
>
> (*Encyclie*, II, 49)

Parmi ces principes divins et naturels, la Muse énumère les lois dialectiques, mathématiques et physiques telles que : "chascune part est moindre que son tout", "D'un Globe tournoyant stable est le centre et point. / Quelcun est, ou n'est pas. [D]e rien, rien ne peut naistre", etc.[15]. Lorsqu'elle arrive au chapitre de l'éthique, son discours tente de se hisser aux hauteurs d'une sorte de légifération originale, renouant avec les temps mythiques où les premières lois furent écrites en vers, et où les rimes poétiques étaient appelés "lois": "Or soient vers nombreus sans nombre ceste fois, / Et qu'ilz soient ordonnés seulement par les Lois" (*Encyclie*, III, 57). Cette assimilation primitive de la poésie et des principes éthiques ne dure que le temps d'une liste de banalités morales, pour laisser rapidement la place au dialogue argumentatif habituel. Elle témoigne cependant du rêve qui hante le rationalisme de La Boderie: celui de refondre la réalité qui l'entoure selon les axiomes de la raison, étincelles que la Divinité nous a léguées en héritage.

La rationalité de l'ordre social postulée par le poète fournit un clair exemple de cette aspiration vers la Raison divine, aspiration qui s'exprime

---

[14] Il s'agirait donc ici des lieux oratoires au sens aristotélicien du terme, comme le précise Francis Goyet, "les premiers principes reconnus comme probables et qui serviront à faire reconnaître la probabilité d'autres propositions" ["La preuve par l'anagramme. L'anagramme comme lieu propre au genre démonstratif", *Poétique*, 46 (1981), p. 231]. Sur les classifications des lieux communs v. aussi du même auteur *Le sublime du "lieu commun". L'invention rhétorique dans l'Antiquité et à la Renaissance*, Paris, Champion, 1996.

[15] Par ailleurs, elle mobilise les arguments sceptiques classiques - tels les couleurs indescriptibles du col du pigeon ou l'aviron qui paraît cassé lorsqu'il est plongé dans l'eau - pour démontrer la faiblesse des sens humains et la nécessaire existence des principes rationnels qui leur sont supérieurs (*Encyclie*, II, 53-54).

toutefois dans le poème par des raisons toutes rhétoriques. Voici comment la Muse motive le respect dû aux vieillards:

> L'Heure dedans le Iour, le Iour est dans le Mois,
> Le Mois de L'an compris, et l'An du Siécle à sa fois:
> Mais une Eternité en sa rondeur embrasse
> Le Siécle, l'An, le Mois, le Iour et l'Heur basse:
> Et Nature est dessous, qui mesme vous apprend,
> Que moindre est le compris que celuy qui comprend:
> Partant il s'ensuit bien que l'Homme de grand aage
> Doibt estre le patron d'un Iune parentage:
> Car le Temps qui poursuit l'Ombre d'Eternité,
> Apporte à vos Esprits quelque Divinité.

(Encyclie, IV, 74)

Il est facile de reconnaître dans ce fragment le lieu oratoire que La Boderie a cité déjà parmi les axiomes de la raison naturelle: "chascune part est moindre que son tout". Cette prémisse admise, il suffit de comprendre "moindre" non seulement dans le sens de différence quantitative, mais aussi dans celui de l'infériorité sociale, pour conclure que le jeune homme doit se soumettre à l'homme âgé. La semence divine de la raison est donc intégrée à un raisonnement enthymématique. Ce n'est qu'à travers une telle argumentation rhétorique que le lecteur peut accéder à l'image idéale de l'ordre social informé par une nature qui n'est rien d'autre que l'harmonie rationnelle d'origine divine. C'est "par nature" que l'homme s'assemble à la femme, c'est "par nature" que l'enfant ressemble à ses parents, "par nature" le serviteur est l'outil de son maître, unité familiale dont la cohérence se répercute dans l'opulence des cités et dans la paix du royaume. Toutefois, force est d'avouer que cette "nature" doit encore être entérinée par l'art de l'éloquence.

L'ordre social n'est donc certainement pas l'effet d'une révélation directe de la Vérité. Il résulte de la "raison naturelle" qui, loin de frapper par l'évidence d'une illumination, cherche au contraire à persuader par l'argumentation fondée sur le probable. Certes, les vieillards personnifient le temps en quête de "l'Ombre d'Eternité". De même la nature demeure un "instrument" de Dieu qui est "Nature surpéme" et qui "Peut dire qu'il est tout, et Un-seul par soyméme". Toutefois, aussi bien la vieillesse que la nature sont des objets qu'il faut imiter par l'art sans se donner trop d'illusions sur le succès d'une telle entreprise. Cet art par lequel La Boderie tend à éclairer l'obscurité de l'immanence, à rallumer les semences divines de la raison humaine chez ses lecteurs "libertins" est l'art de l'éloquence poétique. Il orchestre le dialogue d'Uranie et du Secrétaire, met entre guillemets les motifs platoniciens qui pourraient suggérer la spiritualisation directe de la réalité en les convertissant en moyens de persuasion. Mais tout art, La Boderie, l'a bien dit, est un travail de surface, incapable de pénétrer au cœur des choses.

C'est peut-être pourquoi la muse encourage son interlocuteur à "doler", fourbir et aplanir les tables de l'esprit. Ce polissage doit transformer la surface opaque de l'intellect humain en miroir où puisse se refléter le Soleil divin[16]. Grâce à cette réflexion, la surface plane pourrait peut-être donner un aperçu des profondeurs métaphysiques et historiques. En attendant ce moment révélateur, il faut cependant se résigner à polir l'apparence extérieure du discours, travail ardu qui est en fait rhétorique.

La "rencontre d'allusion" dans le "Rond plein de Sécrets"

En apparence, cependant, la poursuite du sens métaphysique et historique se résumerait pour La Boderie à retrouver la "Caballe de l'Hebrieu", cette science "Des caracteres saints tracez du doigt de Dieu / Au tableau de l'Esprit". C'est aussi la science grâce à laquelle Noé savait scruter

---

[16] *Encyclie*, 109, 140-141. La philosophie païenne peut contribuer à ce travail de polissage de l'esprit. La Boderie prend soin de souligner que la pensée des Anciens remplit avec profit cette fonction didactique, sans pour autant prétendre égaler la Révélation. Voici comment le poète motive sa traduction du *De natura deorum*: "Car la lumiere naturelle qui se descouvre en la Philosophie des auteurs Ethniques et Gentils, comparee auvecques la lumiere divine et infuse de l'esprit de Dieu au cœur des Apostres et hommes Apostoliques, ne donne pas plus de clarté, ny de iour aux esprits, que feroit à noz yeux la lueur de la Lune, blanche et argentee en comparaison de celle du tout voyant et doré Soleil. Mais aussi par ce que l'œil de nostre entendement en la consideration et recherche de Dieu, Soleil de iustice, s'esbloyt et rebouche comme celuy du hibou, vis à vis des rayons du grand œil de ce monde, ainsi que dit Aristote, pourtant il semble que noz esprits debiles sont plus aptes à remirer la lumiere naturelle de la Philosophie, que non pas la divine des escritures saintes, et oracles des Prophetes. Et pour cest cause i'ay pensé que ie ne consommerois du tout en vain le temps, ny les heures à traduire ce traité..." (*De la Nature des Dieux de Marc Tul. Ciceron...*, Paris, Abel l'Angelier, 1581, fᵒ iij vᵒ).

les noms des cités afin d'en extraire leur "Genie" particulier (*Galliade*, I, 146-152).

De prime abord, telle semble la démarche de La Boderie. A la fin de *L'Encyclie*, Uranie introduit le Secrétaire dans le Tabernacle que Moïse fit préparer pour l'arche et qui est, en fait, similaire au macrocosme et au microcosme:

> SACHES donc pour certain, si tu en as douté,
> Que ce bel Ornement, ce grand Monde vouté,
> Mesme le Corps humain, le Temple à l'arche ronde,
> L'Abregé du grand Tout, et vrayment Petit Monde,
> Tant cestuy, que celuy, tant aus membres, qu'au Corps,
> Et tant par le dedans, comme par le dehors,
> N'est rien que le Portrait du luisant Tabernacle,
> Où la gloire de Dieu recéle son Oracle:
> Dessus lequel iadis Moyse patronna
> Celuy que Béselel de sa main façonna
> DEDANS l'OMBRE DE DIEU...
>
>   (*Encyclie*, VIII, 134)

En détaillant les diverses parties du sanctuaire, le poète parcourt aussi le monde élémentaire, tout en pénétrant en même temps dans le corps humain. Ces analogies sont possibles, car, comme l'atteste la tradition talmudique, le constructeur du tabernacle, Bézalel, possédait la science de combiner les lettres qui servirent à créer le ciel et la terre[17]. Conformément donc à la cosmologie cabaliste, la quête des sympathies métaphysiques se résume à une recherche linguistique. Celle-ci débouche, sans surprise, sur l'hymne final où le Secrétaire épelle les dix noms hébraïques de Dieu, en les associant aux hiérarchies angéliques, aux sphères célestes et aux divers stades de la création.

La quête linguistique des origines sous-tend aussi tout le projet poétique de *La Galliade*. Déjà le titre même du poème résume le postulat du retour aux sources hébraïco-gauloises des arts et des sciences, fondés par les descendants de Noé sur le sol français. Tout comme le nom du pays que La Boderie se propose d'illustrer, le poème dérive son appellation de la racine hébraïque *galal*, signifiant précisément la révolution, le retour au point de

---

[17] V. *Ex.*, 35, 30. La tradition talmudique est citée par Gershom Scholem, "Le nom de dieu ou la théorie du langage dans la Kabbale. Mystique du langage", in *Le Nom et les symboles de Dieu dans la mystique juive*, Paris, Éd. du Cerf, 1983, p. 64.

départ qu'est la Gaule, où débuta et où s'achèvera l'histoire de la civilisation humaine.

Or, renouer les arts et les sciences avec leurs sources hébraïco-gauloises revient, à proprement parler, à "remarier" le ciel et la terre, séparés par les péchés. En effet, tout en punissant les hommes, le déluge...

> .... avoit aussi noyé,
> Les noms des regions du monde tournoyé,
> Et tousjours du depuis la Terre ainsi forcee
> Estoit sterile, veuve, et du Ciel divorcee.
>
> (*Galliade*, I, 653-656)

C'est pour y remédier donc, pour renouer l'union rompue, que Noé accorde les terres habitables à ses descendants, en les distribuant selon les divers signes zodiacaux et planétaires. Comme l'annonce La Boderie dans l'*Advertissement* à *La Galliade*, la tâche du poète consiste en conséquence à refaire le geste de Noé, en reconstituant les destinées de sa postérité selon l'ordre providentiel qu'elles ont suivi:

> Donques au premier Cercle j'ay tasché de comprendre au vray les 72. premiers descendans du bon Pere Noach ou Janus, qui depuis le Deluge universel menerent Colonies en diverses provinces de la Terre habitable, pour repeupler de nouveau habitateurs le Monde desert et vague. En quoy faisant j'ay mis peine de remarier le Ciel avec la Terre, c'est à dire d'attribuer à chasque region terrestre le propre et peculier signe celeste, qui luy commande: et par l'etymologie et vertu du nom de chascun des fondateurs susdits, donner quelque atteinte au destin et entresuite des peuples et nations qu'ils ont fondez et restaurez...

Guy rêve de remarier Ciel et la terre, projet qui est au cœur de la théorie de l'allégorie proposée par son frère Nicolas[18]. Il n'est pas moins important de le voir associé à l'étymologie, ou plutôt, à l'"émithologie" prônée par leur maître commun, Guillaume Postel[19].

---

[18] Cf. *Le Cœur* בל *LEB*...

[19] V. à ce sujet, François Secret, "L'émithologie de Guillaume Postel", in *Umanesimo e esoterismo*, éd. Enrico Catelli, Padova, CEDAM - Casa Editrice Dott. Antonio Milani, 1960, pp. 381-437; Jean-François Maillard, "L'autre vérité: le discours émithologique chez les kabbalistes chrétiens de la Renaissance", in *Discours éthymologiques*, éd. Jean-Pierre Chambon, Georges Lüdi, Tübingen, Max Niemeyer, 1991, pp. 1-19; mais surtout les excellentes pages de Marie-Luce Demonet, *Les Voix du signe. Nature et origine du langage à la Renaissance (1480-1580)*, Paris, Champion, 1992, particulièrement p. 369 et suivantes.

Cette dernière invention témoigne à merveille de l'aisance avec laquelle l'illuminisme postélien retrouve le sacré mythique dans l'histoire et dans la langue. Pour Postel, l'"émithologie", c'est l'"étymologie" remise, en quelque sorte, à l'endroit: les Grecs menteurs ont forgé leur mot en occultant, par une traîtresse métathèse (étymo- / émitho-), sa véritable origine hébraïque. Celle-ci repose en effet sur *emeth*, qui désigne "vérité" en hébreu[20]. Retrouver l'"émithologie" des mots revient donc à en dégager le noyau de langue divine qu'ils recèlent, processus qui, comme c'est le cas avec "émithologie" lui-même, peut nécessiter des transpositions de lettres ou de syllabes rappelant l'art combinatoire de la *themura* cabaliste. Ainsi la permutation anagrammatique devient, elle-même, une savante recherche étymologique qui soustrait les mots à l'aléatoire des changements historiques ou à la malice des hommes. En conjuguant l'étymologie et l'anagramme, l'"émithologie" entend prouver la "fatalité" des noms, leur adéquation parfaite à l'essence des choses et à l'orientation eschatologique de l'histoire[21]. "Révolution" du temps à son origine transcendante, une telle manipulation du langage permet de remotiver les parlers vernaculaires, puisque tous sont issus de l'hébreu des descendants de Noé.

Conformément aux déclarations de son *Advertissement*, *La Galliade* recourt abondamment à cette pratique. Par exemple, les Phrigiens ont vécu prospères en suivant "leur nom fatal" qui, provenant du chaldéen *pherag*, signifie "abonder en délices"; Sicile était riche en hommes particulièrement illustres, en accord avec le "nom bien convenable au Destin de ce lieu", qui est *Sechel Iah*, ou "intelligence de Dieu" (*Galliade*, I, 958, 1165, etc.). Les marges du poème sont ponctuées par des notes explicatives à l'usage des

[20] Georges de Venise glose ce mot hébreu d'une façon intéressante. La vérité, qui est le Christ, accorde le commencement, le milieu et la fin. "C'est pourquoy par un tresgrand mystere en la langue tres antique, qu'on appelle saincte, la verité est descripte en ceste maniere [אמת] *Emeth*. En laquelle diction la premiere lettre de l'Alphabet, la moyenne, et la derniere ensemblement liées conviennent (...) Par les quelles lettres est signifiée toute la liaison des choses, à sçavoir l'issue hors du Principe en la chose mesme, et le retour d'icelle à sa fin" (*L'Harmonie du monde...*, Paris, Jean Macé, 1578, p. 442, le premier chapitre de la section intitulée "Que cest que vérité"). Jean-François Maillard renvoie à ce fragment, p. 16, n. 19.

[21] Sur cette identification de l'anagramme et de l'étymologie v. l'article fondamental de Francis Goyet, "La preuve par l'anagramme. L'anagramme comme lieu propre au genre démonstratif", surtout pp. 236-238. v. aussi Carlo Ossola, "Les devins de la lettre et les masques du double: la diffusion de l'anagrammatisme à la Renaissance", in *Devins et charlatans au temps de la Renaissance*, éd. M. T. Jones-Davies, Paris, Touzot, 1979, pp. 127-157.

lecteurs qui seraient moins illuminés par l'évidence des "émithologies". Une telle motivation touche particulièrement la langue et l'histoire de la France, cette Gaule mythique destinée dans son nom même à la "révolution" du savoir et du pouvoir. Ainsi le roi Magus, ou Magog le bâtisseur, laissa l'empreinte de son nom dans maints toponymes:

> ... encor maintenant plusieurs villes fameuses
> Es Gaules nous font foy, de son nom glorieuses,
> Cesar-mag ou Beauvois, Néomag ou Nemours,
> Noviomag ou Nymeghe entre villes et bourgs
> De Gheldres renommée, et Vindomag encore,
> Et celle qui l'honneur de nos villes decore
> Roan grande et superbe, où Seine serpentant
> S'enfle dans son canal meint gros vaisseau portant.
>
> (*Galliade*, II, 11-18)

La poésie, elle-même, est aussi d'origine hébraïco-gauloise. Elle apparaît, de concours avec sa sœur Musique, aux temps du cinquième roi de Gaule, nommé, comme on pourrait s'y attendre, Bardus. Les deux nymphes apprennent aux bardes à chanter la gloire du Tout-Puissant par des hymnes et des odes. Un apprentissage où l'inspiration divine se conjugue avec une nature libre de tout artifice:

> Ensemble quelques ans ceste couple bien-nee
> Dans le sacré pourpris de nostre Gaule ornee
> Feist son heureux sejour: puis y ayant appris
> Par nature et sans art à meints bien-nez espris
> Le moyen de chanter des Odes et des Hymnes,
> Et se faire ravir par ces fureurs divines
> Qui desrobent nostre Ame,...
>
> (*Galliade*, V, 119-125)

En ces temps mythiques les deux sœurs respiraient la simplicité naturelle. Elles n'étaient pas encore corrompues par les dieux multiples des fables égyptiennes, grecques et romaines, ou plutôt, par ces démons aussi nombreux que les vices du monde. De Gaule, elles vinrent sur les bords du Nil, où elles rencontrèrent Moïse. Elles lui empruntèrent les noms de Muse et de Musique. Leur séjour auprès du peuple élu donna lieu à la riche lignée des chantres bibliques: Débora, David, Salomon, etc.

Mais après trois cents ans de cette communion, la Poésie et la Musique révélèrent les secrets du Ciel à Orphée, venu spécialement en Egypte pour goûter les doctrines d'Hermès et de Zoroastre. C'est à partir de lui que commence la grande entreprise de la mystification de la vérité par le mythe, c'est grâce à lui que la Poésie change sa robe blanche et sobre en un vêtement bigarré. Car Orphée représente une rupture capitale dans l'histoire de la translation de cet art:

> Mais luy à qui de Dieu la doctrine celee
> Secrette avoit esté en secret revelee
> Sous le sacré silence, ainsi que les descrets
> Secretaires divins reveloient les secrets,
> Les traitant par-apres en poëtiques nombres
> Les peignit et voila de nuanges et d'ombres,
> Afin entre les siens de se rendre admiré,
> Et qu'on ne sceust l'autheur dont il avoit tiré
> Ses beaux traits rayonnans sous l'escorce des fables,
> Comme sous les berceaux des Jardins delectables
> Le raisin violet, et les citrons dorez
> Luisent aux bois fueillus de verdeur colorez.
>
> (*Galliade*, V, 319-330)

L'image traditionnelle des fruits entrevus à travers le feuillage est suffisamment explicite: elle désigne l'allégorie, qui constitue simultanément la faute et le mérite d'Orphée[22]. La faute, car Orphée est le premier à avoir trahi le secret observé jusqu'alors par tous ceux qui bénéficiaient des révélations divines dont la Poésie était l'héritière. Le mérite, car tout en occultant l'origine sacrée de ses "poëtiques nombres", il l'indique aussi à ses auditeurs: "Si est-ce toutefois que tant il ne desguise / Sa Muse, qu'il ne parle en un lieu de Moïse" (331-332):

> En son parler Gregeois il desguisa les noms
> Et des Anges benins, et des malins Demons,
> En cachant toutefois tousjours dessous l'escorce
> De ses vers, quelque trait de leur secrete force.
>
> (*Galliade*, V, 349-352)

Orphée résume donc le paradoxe typique pour l'allégorie: l'image qui cache en révélant, la vérité qui se manifeste en s'occultant. Seulement, dans la conception traditionnelle de l'allégorie, ce paradoxe se résout en une stratégie de réception individualisée selon les capacités des lecteurs: les

---

[22] *Proverbes*, 25, 11. V. mon article "La Poésie scientifique française à la Renaissance: littérature, savoir, altérité", in *What is Literature? France 1100-1600*, éd. François Cornilliat, Ullrich Langer, Douglas Kelly, Lexington, Ky., French Forum, 1993, pp. 85-99.

esprits communs vont se plaire à goûter l'écorce du discours, tandis que les plus avertis ne seront satisfaits que par le noyau du sens. Dans la poésie orphique, en revanche, le paradoxe de l'occultation et de la révélation propre à l'allégorie serait maintenu, selon La Boderie, dans toute son acuité. Grâce à une transposition originaire, Orphée -"Or-pé" [אור-פה] est la "Bouche de Lumière", tout en étant le premier Grec menteur (*Galliade*, I, 1147, note marginale).

Tout porte à croire que le paradoxe d'Orphée prophète et falsificateur affecte directement la poétique de La Boderie. En effet, le poète français n'est-il pas "L'UN qui GUIDE ORFEE", c'est-à-dire "Guidon Le Fevre"? Encore faut-il savoir à quel point cette anagramme se veut-elle prophétique et "révolutive" comme la théologie dont La Boderie se réclame[23]...

En apparence, il peut sembler que les anagrammes soient multipliées par le poète pour révéler au lecteur les vérités profondes cachées sous l'écorce du langage. Ainsi, pour prendre encore un exemple dans les démonstrations de l'éthique sociale, c'est grâce à une transposition des lettres que l'on comprend le mieux la nature morale supérieure de la noblesse:

> ...tourne NOBLE au rebours, tu trouveras LEBON
> Voy combien ce beau nom convient bien à la chose!
> Sous le voile du mot l'essence se repose.
> Vrayment les Noms certains ne sont point composés
> Par opinion d'homme, et par homme imposés:
> Mais Nature a caché dessous leurs Caractéres
> Ne sçay quelle vigueur pleine de grans Mystéres.
>
> (*Encyclie*, IV, 73)

L'exclamation du poète semble traduire l'émerveillement devant l'aisance avec laquelle on peut découvrir dans le langage même la confirmation de l'ordre social idéal. Il suffit de lever "le voile du mot" pour retrouver l'essence de la chose. Preuve tangible que les "Noms certains" échappent à l'arbitraire humain, mais sont œuvre de la Nature même, c'est-à-dire restent tributaires de la divinité, ne fût-ce qu'indirectement. Et même si cette motivation reste limitée aux "noms *certains*", la restriction n'est point trop

---

[23] V. *L'Epistre en forme de Preface sur la version de l'Harmonie du Monde par Guy Le Fevre de la Boderie*: "Doncques en la concorde de l'œconomie de la maison de Iacob et Eglise d'Israel, avec la maison et famille Apostolique se decouvre, à quiconque y voudra regarder de bien pres, le secret de la Theolgoie revolutive et Prophetique, en laquelle sur tous autres on tient avoir excellé l'Abbé Ioachim..."

sévère. La Nature semble veiller sur un mot français et commun, tout aussi bien que sur les noms propres d'origine, prétendument, hébraïque.

Mais La Boderie ne paraît pas toujours aussi convaincu de pouvoir retrouver les origines sacrées dans le langage. Tout au contraire, il proclame cette conviction en une figure de l'éloge rhétorique qui la transforme en antiphrase:

> Non je ne croyois point par cy devant, Madame,
> Que naturellement le nom fust imposé
> Convenant au Subjet, ne qu'il fust composé
> Charactere vivant engravé dedans l'ame.
>   Mais voyant vos beautez que seules je reclame
> Estre le Temple saint auquel s'est reposé
> L'amour fidelle et vray, et l'honneur proposé
> Au chaste et saint desir de quoy vostre œil m'enflame,
>   En voyant luyre en vous les graces à l'envy
> De voz rares vertus dond vous m'avez ravy
> Et l'Esprit et le cœur navré d'un dart pointu,
>   Je soustiendray tousjours, qui que soit qui s'oppose,
> Que vostre nom tant beau convient bien à la chose
> LA VERTU HA CE NID, CE NID HA LA VERTU.[24]

La rencontre de la Dame fut un moment de conversion soudaine: incrédule jusqu'alors, le poète avait douté du lien naturel entre le nom et la chose, de ce que le signifiant soit un "charactere" vivant et spirituel. Mais tout a changé lorsqu'il a connu les grâces de la Belle. L'amour qui le ravit alors en extase l'a convaincu que juste le nom de la Dame convient parfaitement à sa personne, puisque, retourné anagrammatiquement, il démontre assez qu'elle est un "nid de vertu".

La permutation en chiasme qui marque la pointe du sonnet dit assez de son statut de pièce d'épidictique amoureuse. La conversion du poète au "cratylisme" fait clairement partie du scénario de la séduction: l'anagramme élogieuse est bien plus le signe rhétorique de l'hommage que le chiffre occulte révélateur de l'essence. D'ailleurs, tel qu'il s'insère dans les *Divers meslanges* de La Boderie, le poème ne prétend aucunement être un discours de vérité. Dès son titre, il s'annonce comme pièce de circonstance où le poète prête complaisamment sa voix à l'un des seigneurs familiers du duc d'Alençon: "*Sur le nom retourné d'une Demoyselle. En faveur de Monsieur*

---

[24] *Divers meslanges poetiques*, éd. Rosanna Gorris, Genève, Droz, 1993, p. 335.

de la Bordesiere"[25]. Placé dans un tel cadre rhétorique, la motivation naturelle de l'art de combinaison des lettres se révèle être une manœuvre littéraire par rapport à laquelle le poète prend explicitement ses distances.

Comment concilier une telle réserve avec la quête émithologique des origines sacrées dans les noms de *La Galliade* et de *L'Encyclie*?

Evidemment il est toujours possible de donner une réponse négative à cette question: peut-être, est-il justement vain de vouloir réconcilier le jeu arbitraire sur les noms avec l'exégèse qui y cherche les noyaux de vérité? Peut-être faut-il les concevoir comme deux attitudes qui coexistent pacifiquement non seulement dans la culture renaissante en général, mais aussi dans l'œuvre d'un écrivain particulier?

L'une des hypothèses qui autoriseraient cette sorte de dualisme consisterait à supposer que la recherche des essences originaires ne s'applique qu'à certains noms spécifiques[26]. La Boderie pourrait sombrer dans la folie de l'émythologie postélienne en rêvant sur les toponymes de sa patrie ou sur les noms mythiques de ses rois, mais il retrouverait sa raison linguistique face à une demoiselle de court pour laquelle il serait chargé d'écrire une déclaration d'amour versifiée. Une telle dualité qui confine le "cratylisme" cabaliste au domaine exceptionnel de l'histoire biblique permet certainement de juger avec nuance la sémiotique renaissante en général, mais paraît toutefois difficilement applicable à l'œuvre de Guy Le Fèvre en particulier.

Et cela non seulement parce que ce poète prolonge, semble-t-il, librement, le mythe de l'histoire biblique dans l'histoire qui lui est contemporaine. Somme toute, une Dame de court n'est ni un souverain, ni l'un de ces représentants illustres des arts et des sciences dont les litanies des noms terminent les Cercles de *La Galliade*, en démontrant que la

---

[25] Comme l'explique la note de Rosanna Gorris, il s'agit de Georges Babou Seigneur de La Bordesière. Dans le titre du poème le nom de ce personnage apparaît déformé par une coquille.

[26] Marie-Luce Demonet souligne ainsi à juste titre qu'il faut distinguer différents degrés dans le "naturalisme" linguistique: celui qui, par exemple, est limité aux noms divins, laisse les autres mots aux soins de l'étymologie scientifique (*Les Voix...*, p. 68-80, 227). Dans cette perspective, à la transmission initiatique, et donc forcément limitée, de l'occultisme, correspond son impact réduit sur une théorie linguistique essentiellement rationaliste: "...la croyance en l'existence d'une certaine catégorie de signes, de mots efficaces et divinement créés n'ébranle pas la base aristotélicienne du signe linguistique..." (p. 542). Seuls le Mot poétique et le Nom divin échapperaient au rationalisme linguistique (p. 577).

"révolution" du savoir et du pouvoir sur le sol français est imminente. On pourrait donc supposer, certainement non sans raison, que le poète n'est pas prêt à confondre le destin historique de l'humanité avec les aléas d'une historiette d'amour.

Ce qui, au contraire, jette l'ombre sur la coexistence pacifique de l'arbitraire de la nomination et de sa motivation naturelle chez La Boderie n'est pas la limitation de la recherche des origines sacrées à certains noms privilégiés, mais, la haute proclamation par le sonnet de La Boderie du caractère exceptionnel de la motivation naturelle du nom, proclamation dont l'ironie transparaît à travers la rhétorique élogieuse du poème.

Car le nom de la Dame du poème est bien présenté comme une exception confirmant la règle de la nomination arbitraire. Ce sont *ses* beautés et *ses* grâces, c'est *son* nom qui révèlent - dans le cas de ce dernier grâce à une permutation agrammatique - toute la vertu cachée en son cœur. Rien en cela d'étonnant, puisque la destinataire du poème est "*le* Temple saint" de l'amour. Evidemment toute l'éloge n'aurait aucun sens si ce sanctuaire de l'honneur n'était qu'un cas parmi d'autres, une occurrence dans une série. C'est précisément parce que la Dame n'a pas de pareille que le "poète" - voix du poème - commence à douter de sa conviction passée, à savoir celle que "*le* nom" est imposé arbitrairement: au moins "*vostre* nom tant beau convient bien à la chose".

Mais l'apparente assurance du "poète" est immédiatement troublée par le doute du lecteur des *Divers meslanges poetiques*. En effet, ce sonnet n'est nullement exceptionnel dans le recueil, ni dans l'œuvre poétique de La Boderie en général. Au contraire, il est assez typique de l'aisance avec laquelle le poète agence des anagrammes en les distribuant avec libéralité parmi d'autres "demoiselles" ou parmi les personnages importants de sa connaissance. L'anagramme multipliée à outrance ne peut prétendre au rôle de l'étymologie révélatrice de vérité[27], tout comme le sacré cesse d'être sacré, subit une profanantion, dans la mesure où il est simplement partout, sans jamais être nulle part. Clairement, si la coexistence du "cratylisme" et de l'"arbitraire" des signes fait problème chez La Boderie, c'est parce que cette dernière attitude tend à se généraliser en menaçant l'herméneutique de l'histoire et de la création[28].

---

[27] V. Francis Goyet, p. 241 et suivantes.

[28] L'opposition entre le "cratylisme" et l'"arbitraire" est à prendre ici au sens que pourrait lui donner La Boderie. Le "cratylisme" désignerait donc une relation entre le mot et la chose qui serait "naturelle", autrement dit, émanant directement ou indirectement de

La juxtaposition pacifique du "cratylisme" et de l'"arbitraire" des signes n'est pas non plus assurée par la divergence de deux types de discours. L'un serait voué aux questions religieuses et philosophiques et reposerait sur l'interprétation des traces des essences sacrées, traces qui annonceraient en même temps l'accomplissement eschatologique de la destinée collective de l'humanité; l'autre consisterait en la poésie de circonstance, destinée à l'aléatoire de l'existence privée du poète. Non pas que Postel lui-même n'envisage une telle séparation des compétences:

> Ce que j'appelle de nouveau vocable Sextessence, j'espere avec le temps que je feray advouer par les Grammariens Latins et Gaulois, car à nouvelles ou nouvellement connues choses il faut vocables neufs, et nous ou Celtes ou Galathes ou Gauloys jadis premier que les Hebires [Hiberes?] surnommez et que principalement avant que les Grecs, plus de 2000 ans eusmes, et Characteres et Langue et Escripture propre, comme tres veritablement en la *Galliade* de Faber se prouve combien qu'en vers à mode poetique subject à discussion. Car le vray consone au vray.[29]

Symptomatiquement, Postel se permet de proposer un vocable "nouveau" en se référant à l'antériorité du "gaulois" par rapport aux autres langues, comme si même les néologismes en français jouissaient déjà du privilège d'ancienneté grâce à l'antiquité de leur langue-mère. Mais ce qui importe surtout est la référence à *La Galliade*, comme caution de la thèse soutenue, argument, dont la force est cependant amoindrie quelque peu par le "mode poétique" dans lequel ce livre savant est écrit. Visiblement, Postel aurait préféré que les thèses du poème soient exposées dans un traité philosophique en prose, ce qui leverait tout ombre de doute, neutraliserait toute "discussion" de leur véracité.

Le fait est, cependant, que *La Galliade* est indubitablement aux yeux de son auteur et de ses lecteurs un poème, certes, d'un ordre différent que les sonnets ou autres pièces courtes des *Divers meslanges*, mais, néanmoins, un poème. Force est donc de se demander selon quelles modalités le discours poétique de La Boderie peut réunir, en même temps, d'une part la recherche

la divinité, relevant de la Nature suprême ou de la nature-instrument de Dieu. L'"arbitraire" désignerait tout ce qui échappe à une telle relation "naturelle". Sur l'"arbitraire" des signes dans la théorie linguistique renaissante, v. Marie-Luce Demonet, p. 67 et suivantes.

[29] *De la restitution de la vérité Demonstrative des temps courants...*, BN ms. lat. 3398, f° 46 r°. Ce passage est cité par François Secret, "Notes sur Postel", *Bibliothèque d'Humanisme et Renaissance*, 21 (1959), p. 456.

des essences et des sources sacrées des choses dans leurs noms, et de l'autre, en exaspérant la pratique de l'anagramme, faire preuve que les noms sont indéfiniment maniables et que ces manipulations linguistiques peuvent être librement mises au service des objectifs rhétoriques immédiats.

La question vise en fait la nature de ce que Guy Le Fèvre de la Boderie conçoit comme poésie. Or, son rapport envers la poésie semble non moins ambivalent que son utilisation de l'anagramme, "émithologie" de la vérité d'une part, et compliment rhétorique de l'autre.

Parfois le lecteur peut avoir l'impression que La Boderie refuse nettement de qualifier son œuvre de poétique:

> Mon Toustain, tu m'escris desormais qu'il est temps
> Que je quite du tout la vaine Poësie:
> Sois certain qu'en cest Œuvre une fable moisie
> (Bien que j'escrive en vers) n'est point mon passetemps.
>   La Muse, mon Toustain, qui me ravit les sens,
> Et mon Ame repaist de céleste Ambrosie,
> La seule Eternité pour subjet à choisie,
> Et pour un plus bas ton ma Lyre je ne tens.
>   Mais si j'escry de Dieu et de Nature encore
> Les merveilles en vers: Orfée, et Pythagore,
> Parménide, Mélisse, et Empédocle Grecs
>   Le semblable ont bien fait; pourtant d'un vain Poëte
> Aucun d'eus n'a le nom, et moy je ne souhaite
> Qu'on nomme Poësie un Rond plein de Sécrets.

(Encyclie, 319)

Certes, ce sonnet traduit le refus d'une *certaine* poésie: celle de la mythologie périmée, de la "fable moisie", celle qui n'est qu'une distraction creuse et insignifiante. La Boderie condamne ainsi souvent ces œuvres trop soignées, enjolivées par les mythes, fruits de l'éloquence - "bouche ronde" - des Latins et des Grecs (*Encyclie*, 255). L'*Advertissement* de *La Galliade* commence par le rejet du vraisemblable fabuleux propre au poème épique, au profit de l'utilité et de la vérité. A moins de servir Dieu, "le Vers n'est animé que d'Ombre" (*Encyclie*, 249). Il n'est donc pas étonnant que l'inspiration dont La Boderie se réclame est toute céleste et extatique.

Mais il y a plus: le sonnet à Toustain exprime, semble-t-il, un refus encore plus radical que le simple choix - commun aux poètes des réformes catholique et protestante - de la poésie religieusement inspirée, au détriment de celle de l'amour mondain. En se réclamant d'une lignée de philosophie symbolique, La Boderie rejette la poésie en tant que telle et préfère désigner son écriture par le mot "vers". C'est là un geste exactement opposé aux prises de positions de Ronsard, toujours prompt à écarter les "versificateurs" de la troupe des gentils poètes. Il est peu probable qu'un écrivain de la génération de La Boderie ignore cette distinction. En prenant partie en faveur des vers, La Boderie entend donc sortir en quelque sorte du domaine poétique.

En fait, en citant ses prédécesseurs philosophiques, le poète semble opter non pas pour une "théologie allégorique" telle que Ronsard la concevait à l'origine mythique de la poésie, mais plutôt pour une allégorie théologique. Celle-ci répondrait aux temps révolus où les lois de l'ordre universel et les nombres poétiques étaient des expressions synonymes. Il reste toutefois curieux d'observer que pour évoquer cette harmonie primitive, La Boderie ne trouve rien de mieux que ces mêmes Grecs honnis pour leur mystifications. Parmi eux l'on retrouve Orphée, qui, bien qu'héritier de la sagesse mosaïque, fut le premier à divulguer et, somme toute, à trahir ses secrets.

Il y a là une nette indication de la tension qui sous-tend la poésie de La Boderie, poésie qui se nie elle-même en tant qu'art, tout en restant bien consciente, c'est-à-dire *rhétoriquement* consciente, qu'elle ne peut être rien d'autre qu'un art. De nouveau, l'*Advertissement* de *La Galliade* en fait clairement état. La Boderie se sent quelque peu embarrassé d'avoir traité de la poésie dans le cinquième Cercle de ce poème consacré à la "révolution" des arts. Gêne bien compréhensible si l'on admet avec le poète que, quoique "mise entre les Arts et sciences, [la poésie] semble toutefois estre plustost une saincte fureur et elevation d'esprit, que non pas une doctrine acquise par industrie et puissance humaine". Si la Muse n'apportait qu'un ravissement sacré, pourquoi conter son histoire comme celle d'une discipline humaine? Malheureusement, la nymphe que La Boderie accueille après les pérégrinations qui l'on menée chez les Grecs et les Romains ressemble bien plus à une femme du monde qu'à la simple vierge gallo-hébraïque qu'elle était à ses origines.

Cette perte d'innocence apparaît, en dépit des protestations et des fantasmes qui veulent dire le contraire, comme une inéluctable fatalité. "Si Pégase est ailé, Pégase peut voler", s'excuse le Secrétaire de *L'Encyclie*, en opposant à Uranie encore une autre thèse panthéiste[30]. Comme s'il voulait dire par là qu'il n'est qu'un figurant de la fiction poétique, appelé à

---

[30] Impossible de ne pas penser à la mauvaise foi (conjuguée avec la compétence logique et rhétorique) de Panurge: "Si mon mulet Transalpin voloit, mon mulet Transalpin auroit æsles" (*Tiers Livre*, XXX).

contredire la vérité seulement pour être défait par l'implacable argumentation du poète (*Encyclie*, V, 78). La licence poétique se réduit ainsi à la liberté d'avancer des contre-vérités, dans la pieuse intention de fournir un prétexte rhétorique au déploiement d'une doctrine qui devrait être acceptée sans qu'aucune persuasion soit nécessaire.

· La Boderie refuse donc à ses écrits le caractère poétique pour, d'autre part, le réclamer immédiatement après. Il en est ainsi parce que chassée comme fable mensongère - ce qui revient presque à l'éliminer totalement -, la poésie revient comme art oratoire.

Ainsi, en justifiant les racines gauloises des sciences par des autorités mieux famées que le suspect Annius de Viterbe, La Boderie proteste de dire la vérité: "afin qu'il ne semble que poëtisant j'aye seulement voulu conter des bourdes et plaisanteries, comme si j'avoye voulu sonner une Gaillarde, qu'escrire une Galliade". C'est ainsi qu'est introduite la question des étymologies des noms des descendants de Noé, évoquée pour indiquer les destins des peuples respectifs. Mais quelques lignes plus loin, à la fin du même *Advertissement* de *La Galliade*, La Boderie n'oublie point de prévenir son lecteur:

> Je ne veux omettre à vous advertir, bienveillants Lecteurs, que j'ay noté à la marge de cest Œuvre quelques etymologies Hebraïques et Chaldees, tant des personnes que des lieux, entre lesquelles je sçay tresbien que j'en ay cotté aucunes, où il y a plustost rencontre d'allusion, qu'autrement: à fin qu'aucun de vous n'estime, que par ignorance, ou de propos deliberé, à la mode d'aucuns, je leur aye voulu tordre le nez, pour les faire servir à mon propos: estimant que cela me doit estre aussi tost concedé, mesmement en ouvrage Poëtique, pour illustration et ornement de mon païs, comme les Anciens, non seulement les Poëtes, mais aussi les Philosophes et Orateurs tant Gregeois que Rommains, l'ont bien osé pratiquer pour marques de leur antiquité, et honneur de leurs devanciers...

Que signifie cet avertissement final? Pourquoi La Boderie tient-il à prévenir tout reproche d'ignorance et de mystification qui pourrait porter ombre sur les étymologies hébraïques et chaldéennes dont sont ponctuées les marges de *La Galliade*[31]? Visiblement, en dépit de tous les refus de "poëtiser", malgré la haute conception de la Poésie comme inspiration sacrée, la vérité

---

[31] C'est précisément le reproche que lui adresse Dudley Wilson: "What in all this is poetic trickery, what is mysticism and what mystification, what the result of a concern with magic in its different manifestations we cannot tell"- v. "The Quadrivium in the Scientific Poetry of Guy Lefèvre de la Boderie", in *French Renaissance Studies (1540-70)*, éd. Peter Sharratt, Edingurgh, The University Press, 1976, p. 105.

dont le poète se réclame au début de l'*Advertissement* va paraître aux lecteurs - et La Boderie en est parfaitement conscient - comme fort douteuse. Cette vérité n'est peut-être pas aussi vraie qu'elle est utile, utile pour l'"illustration et ornement" du païs et pour l'honneur des aïeux...

Et pour se justifier de cette infraction à la vérité La Boderie évoque la "rencontre d'allusion" particulièrement permise aux poètes. La référence devait paraître claire aux lecteurs de *La Galliade*. Elle plaçait le poème théologique et révolutif dans la tradition des *allusions*, formes de jeu rhétorique particulièrement adaptées à la louange.

Tabourot des Accords leur consacrera tout un chapitre de ses *Bigarrures*[32]. Chapitre bien distinct, car, comme l'assure le poéticien, il importe de ne pas confondre l'allusion avec d'autres figures, et surtout avec l'étymologie. Cette dernière "regarde la vraye source du mot", tandis que l'"Allusion est seulement un demy Equivoque à plaisir" (f° 121 r°). Car la "vérité" de l'allusion est tout à fait ludique: son étymologie latine en fait suffisamment foi (*allusio, adludere*). Prendre ces jeux de mots pour des étymologies véritables, c'est risquer les railleries des philologues. Non pas qu'il n'existe des étymologies "alludantes (s'il faut user de ce mot) avec les noms": telles que "Cicéron" de *cicere*, "Agrippa" de *aegro partu*, etc. Toutefois ces quelques étymologies authentiques, vraies non seulement par leur origine, mais aussi par le jeu de sens qu'elles imposent aux noms, ne signifient point qu'il faille "se vouloir rompre la teste, pour dériver tous noms, et leur trouver des Etymologies". Il y aurait là une "subtilité" excessive, une curiosité maniaque, dont l'exemple est fourni par Goropius, le pendant anversois de Postel et le grand défenseur de l'antiquité du flamand. Bien entendu, c'est comme "passetemps" et pour le plaisir de collectionneur des tours du langage, que Tabourot accumule ces "folastres" que sont les allusions (f° 121v° - 122r°). Sa motivation est donc bien plus désintéressée que ne fut celle de Du Bellay et de son ami flamand, Charles Utenhove, tous les deux auteurs de recueils d'*Allusiones* brodées sur les noms des personnages illustres de leurs temps. L'appartenance de ces deux collections à la rhétorique épidictique reste évidente dès leurs titres, puisque

---

[32] Les références à cet ouvrage portent sur l'édition critique établie par Francis Goyet sur le texte de 1588 (Genève, Droz, 1986). Je suis aussi naturellement redevable aux riches notes de cette édition.

les deux volumes se présentent comme des *Xenia*, autrement dit des présents poétiques[33].

La "rencontre d'allusion" par laquelle La Boderie justifie certaines de ses émithologies résonne en écho aussi avec le traité d'exégèse allégorique que son frère Nicolas place comme introduction à leur édition française de l'*Harmonie du monde* de Georges de Venise et de l'*Heptaplus* de Pico. En présentant les méthodes herméneutiques spécifiques aux Hébreux et fondées sur le caractère exceptionnel de leur langue, Nicolas cite en premier lieu la transposition appelée par les Grecs "métathèse"...

> ... semblable du tout à l'inversion des noms et anagrammes, enquoy à l'imitation de Lycophron aucuns de noz poëtes ont de coustume de se iouer: ce que i'aurois aussi pour ieu et passetemps en cest affaire, comme fortuit et rencontreux, si ie n'apprenois des secrets monuments des vieux Hebrieux qu'une infinité de choses belles et serieuses viennent au iour par ce moyen.
>
> *Le Cœur* ⅃ᗑ*LEB*..., f° i iiij r°

Les exemples qui suivent et qui ne portent que sur les fragments bibliques en hébreu semblent suggérer que Nicolas veuille opposer la combinatoire cabalistique des lettres à l'anagramme poétique grecque[34]. Contrairement aux figures des poëtes, les anagrammes faites à partir de l'idiome sacré ne sont un vain jeu qu'en apparence. En fait elles révèlent bien des vérités théologiques "sérieuses".

Il n'est pas clair dans quelle mesure cette opposition reste pour Nicolas absolue. Juste avant d'évoquer les anagrammes grecques et hébraïques, il rêve de la restitution de l'"Idiome et parler esleu" dont les

---

[33] Non moins évident est le caractère ludique de ces deux collections. Le premier poème de Du Bellay fournit trois "allusions" au nom d'Henri II, chacune tirée d'une autre langue. Cette multiplicité interprétative rend à l'avance impossible toute tentative de lire "mystiquement" le nom du roi. V. *Ioachimi Bellaii Andini poetae clarissimi Xenia, seu illustrium quorundam nominum Allusiones*, Paris, Federic Morel, 1569, édition critique présentée par Geneviève Demerson, Paris, Nizet, 1985 (v. aussi Henri Chamard, *Histoire de la Pléiade*, Paris, Didier, 1961, t. 2, p. 344), de même que Charles Utenhove, *Xenia, seu Ad illustrium aliquot Europae nomina, allusionum...*, Basileae, Thomas Guarinus Nervius, [1568]. Le sous-titre du recueil d'Utenhove indique sa relation à celui de Du Bellay: "Ad illustrium aliquot Europae hominum nomina, Allusionum, (intertextis alicubi Ioach. Bellaij eiusdem argumenti versibus) Liber primus".

[34] La métathèse et la *themura* ne sont pas explicitement identifiées par Claude Duret, mais présentées sur une même page parmi les diverses méthodes cabalistiques (*Thresor de l'histoire des langues de cest univers...*, Cologny, Matthieu Berjon, 1613, p. 56).

autres langues - et particulièrement la grecque - sont les versions dégénérées. Il serait difficile de juger à quel point les jeux de mots de Lycophron puissent à ses yeux contribuer à cette tâche. Quoi qu'il en soit, confrontée aux permutations des lettres dans l'interprétation cabalistique de la Bible, l'explication des étymologies de *La Galliade* par la "*rencontre* d'allusion" semble placer le poème de Guy sous le signe de la contingence du jeu poétique, "fortuit et rencontreux"[35].

Les anagrammes et les étymologies hébraïques dans lesquelles Guy Le Fèvre de la Boderie semble retrouver les essences et les racines sacrées des choses s'approchent ainsi de la pseudo-cabale d'un Jean Thenaud. En présentant l'art cabalistique à François Ier, ce franciscain apprenti cabaliste n'oublie point d'exposer les techniques de la combinatoire des lettres. Au cœur de ce chapitre, il discute la "permutation qui se faict quant on mue toutes les lettres dune sentence tellement que sans addicion ne diminucion lon y trouve une aultre perfaicte sentence"[36]. Et comme exemples de cette méthode "cabalistique", Thenaud cite les allusions aux noms des Angoulême qui ornent les vers initiaux de son traité: "François par la grace de dieu roy de france" qui se convertit en "par. f.[François] leage dor durera a. C.[cent] roys en france"; "Marguerite seur du roy" devenu "G.[grand?] vray tresor de marie", etc. Manifestement, les techniques "cabalistiques" énumérées dans ce chapitre du traité n'ont rien à voir avec la mystique juive, mais proviennent de l'arsenal poétique des Grands rhétoriqueurs[37]. Ainsi sont cités les jeux de mots qui, grâce à un nouveau regroupement de syllabes, permettent de lire un sens différent sous la phrase primitive, tel cet exemple latin-français sur les malheurs de Ludovic Sforza: "*Ora perduces consors terres gens et posses syon Ludovica qui fui de milana germanie*" et qui devient "Or a perdu ses consors terre gens et possession Ludovic qui a fuy de milan a germanie". Ailleurs, à l'exégèse biblique par la *gematrie*, méthode exégétique fondée sur l'équivalence numérique des lettres hébraïques, Thenaud juxtapose cette "prophétie" courtisane qui a prédit le

---

[35] Sur les anagrammes dans le contexte de la mantique grecque mensongère, opposée à la divination des druides v. *Galliade*, III, 1019-1040.

[36] *La Cabale et l'estat du monde angélic ou spirituel*, ms. 5061 de l'Arsenal, probablement de 1521-1522, f° lxxiv v° - lxxvi r°.

[37] V. la vogue de cette "pseudo-cabale", présentée par Anne-Marie Lecoq, *François Ier imaginaire. Symbolique et politique à l'aube de la Renaissance française*, Paris, Macula, 1987, pp. 152-157, 302-303.

début du règne de François Ier en 1515, puisque le titre "Franciscus francorum M.d.v.x" le signale manifestement par la configuration des dernières lettres, converties, pour la tâche, en numéraux latins. Clairement, pour que la poétique des Grands Rhétoriqueurs puisse se substituer ainsi à la cabale, pour que la mystique juive cède la place aux jeux de mots, Thenaud a dû refuser à l'hébreu toute sa spécificité de langue sacrée dont les signes, par leur origine et nature propre, participeraient d'une façon privilégiée à la transcendance. Il en est ainsi parce que dans la perspective de l'allégorisme propre aux évangéliques de son milieu, les symboles doivent apparaître comme fondamentalement distants de l'Etre absolu sans qu'il y ait de signes qui soient restés dans un état de communion primitive avec le divin.

Serait-ce là la solution de Guy Le Fèvre de la Boderie, le savant hébraïsant et disciple de Guillaume Postel? Sa poésie ne serait-elle pas le "vers" légiférant l'ordre primordial et essentiel de l'univers, mais juste un jeu, un "passetemps" servi aux lecteurs sous couleur de les initier à une infinité de "choses belles et serieuses"? A moins que le jeu lui-même soit sérieux...

C'est précisément ainsi que La Boderie intitule l'un des poèmes qui suivent *L'Encyclie* et qui peut être considéré comme son manifeste poétique: "GUIDON LE FEVRE DE LA Boderie aus Poetes de ce Temps, se jouant à bon escient sur l'Anagrammatisme de son nom, L'UN GUIDE ORFEE" (*Encyclie*, 189-201). Le poète prévient donc explicitement ses lecteurs - les "Poetes de ce Temps" - que le jeu anagrammatique qui ponctue les refrains de ce cantique est fait "à bon escient", c'est-à-dire qu'il est conscient et sérieux. Encore faudra-t-il s'entendre sur le sens de cette qualification[38]. Le poème repose sur l'identification de La Boderie à Orphée dont les hymnes à Jupiter, les chants dédiés à Jason et à Hercule, ne s'adressent en fait - comme assure le poète français - qu'au Dieu chrétien. Les premières strophes se terminent par le refrain: "Comme Orfée est unique, aussi L'UN GUIDE ORFEE", fière déclaration qui traduit la haute visée de la poésie de La Boderie: "oui, je suis poète, mais je le suis comme ce premier Grec dont le chant vise la gloire du Tout-Puissant". A ce stade du cantique, Orphée peut être encore compris non comme le falsificateur qui a divulgué la

---

[38] Dans son excellente thèse, François Cornilliat démontre combien de distinctions indispensables sont à apporter à la notion de "sérieux" dont on qualifierait les figures du discours s'étendant entre l'étymologie et le jeu de mots (*"Or ne mens". Couleurs de l'Eloge et du Blâme chez les "Grands Rhétoriqueurs"*, Paris, Champion, 1994, pp. 85-129). Je suis grandement redevable à ces réflexions.

sagesse mosaïque, mais dans un sens beaucoup plus positif, ficinien, comme le maillon essentiel de la translation du savoir sacré, comme le garant de la communion profonde entre les images de la mythologie païenne et les dogmes essentiels du christianisme. Dans cette perspective, le "sérieux" du jeu langagier rapprocherait le poème d'une incantation, d'un rituel dont la force magique conjurerait les sens religieux enfouis sous les mots: "Et Jupiter est Un, un Pluton, Baccus Un, / Un Soleil, Un Dieu Seul à tous ces nons commun" (*Encyclie*, 191)[39].

Mais bientôt le refrain change: "Si L'UN guide David, aussi L'UN GUIDE ORFEE". Certes, c'est là constater l'étroit parallélisme entre le chantre grec et le psalmiste. La Boderie s'y attarde longuement, mais en même temps son expression se transforme. Il insiste maintenant à dire l'excellence d'Orphée "sans plus poëtiser". Le poète grec est le scrutateur de la Nature: il "sceut si bien de Dieu les ouvrages priser, / Et Nature sonder en toute chose infuse, / Que plus grand que Nature on feint l'art de sa Muse" (*Encyclie*, 195). En revanche la poésie spirituelle est réservée à David. C'est le psalmiste qui a su chanter "en esprit" l'hymen de l'Eglise et du Christ. Il est donc naturel qu'en poète de la réforme catholique, La Boderie sente plus de connivence avec le chantre hébreu qu'avec le poète grec. "Si L'UN guide David, aussi L'UN GUIDE ORFEE" signifierait alors : "si L'UN guide David, Il guide aussi Guy Le Fèvre". Aux paraphrases des hymnes orphiques adressés à Jupiter fait place une parole plus directe et qui refuse explicitement les "contes monstrueus d'Hésiode et d'Homère", pour choisir comme inspiration le Christ:

> Arriére le fauls Dieu qui au leit d'une chévre
> Succe les meurs d'un Bouc, et jamais ne se sévre;
> Ou bien estant sévré, comme salle faquin,
> Toute Gréce honnit d'une odeur de bouquin.
> Christ est né chastement d'une chaste Pucelle,...
>
> (*Encyclie*, 197-198)

En même temps le refrain change de nouveau. Il abandonne la forme de la fière constatation par laquelle La Boderie revendique sa place dans la lignée des antiques *vates* (si...David, aussi...Guy Le Fèvre). Un tel postulat serait

---

[39] Sur ce "sérieux" ficinien attribué à la figure d'Orphée, v. John Warden, "Orpheus and Ficino", in *Orpheus. The Metamorphoses of a Myth*, éd. John Warden, Toronto - Buffalo - London, University of Toronto Press, 1982, particulièrement pp. 87-88, 93. V. aussi Jean-François Maillard, "Le Roi-prophète: David et Orphée sous le règne de Henri III", *Revue de la Bibliothèque Nationale*, 25 (1987), pp. 32-44.

encore à expliquer par la poétique des réformes religieuses de la fin du siècle, cette poétique dévotionnelle qui rejette le manteau de la fable pour adopter souvent le carcan de la moralisation. Contrairement à ce ton ferme, le nouveau refrain sonne comme un appel, ou même une supplique: "Que l'UN nous guide tous comme L'UN GUIDE ORFEE". Certes, le modèle d'Orphée-La Boderie est toujours présent, mais, dorénavant, la phrase adopte la modalité du désir. En effet, il s'agit de démontrer aux autres poètes que par delà le multiple et l'aléatoire qui les entoure se trouve L'UN de Dieu: "Ce qui par accidens a nom de multitude / Revient par le sujet à L'UN et solitude" (*Encyclie*, 200). Il faut convaincre le lecteur que "L'UN est par tout". Et c'est peut-être pour faciliter cette persuasion que l'Un est présenté moins comme le principe métaphysique transcendant connu du néo-platonisme, mais plutôt comme l'instance de l'ordre hiérarchique dans le règne naturel et même social: "Aus hameaus épandus commande un seul Seigneur, / Aus Seigneur un Baron, aus Barons un greigneur / En titre de Marquis ou en titre de Comte, / Et un Duc dessous soy beaucoup de Comtes conte /(...)/ Et brief L'UN est par tout" (*Encyclie*, 199).

      L'orphisme a subi donc d'importantes modifications au cours du poème. Tout d'abord posé comme prémisse spécifique de la poésie de Le Fèvre ("Comme Orfée est unique..."), il s'est rapidement avéré un voile qui doit être déchirée pour qu'on accède à son sens judéo-chrétien ("Si L'UN guide David..."). Enfin de constatation, il s'est mué en prière ("Que L'UN nous guide tous..."). Et c'est dans cette perspective qu'il faut comprendre l'anagramme finale du poème:

> Somme L'UN est sur tout, et sans nombre et calcul,
> Si vous rentournez L'UN, vous y trouverez Nul,
> Et qui veut nu à nu L'UN admirable entendre,
> Faut qu'il soit Nul en soy pour en soy L'UN comprendre:
> On ne connoist point L'UN fors par privacion
> De matiere, de sens, et toute passion.
>
>   (*Encyclie*, 200)

On reconnaît aisément le postulat d'auto-annihilation de l'homme face à Dieu, si caractéristique des versions mystiques de la théologie négative et qui clôt déjà les *Prisons* de Marguerite de Navarre. Toutefois, contrairement à la reine, qui préfère parler du "Tout" et du "Rien", La Boderie choisit "L'UN" et "Nul", manifestement pour pouvoir "retourner" anagrammatiquement l'un en l'autre. Selon Marguerite, Dieu est le Tout dans lequel se fond le Rien de l'homme; cette fusion est cependant possible parce que le Tout de Dieu se penche sur le néant humain, parce que le Tout divin se fait, Lui-même, Rien, en la figure du Christ. En revanche, le jeu anagrammatique choisi par La Boderie ne laisse supposer aucune union mystique entre l'homme et Dieu. Entités séparées, ils apparaissent plutôt comme les "revers" l'un de l'autre. Le "retour" de "L'Un" en "Nul" doit apporter moins la communion que la conviction ("entendre", "comprendre", "connoist"). Ainsi se manifeste le caractère oratoire du jeu poétique chez La Boderie. A la place de la dialectique du Tout et du Rien, La Boderie offre à ses lecteurs une permutation ludique des lettres. Le discours poétique de Marguerite se dissout pour laisser place à la conversion mystique du croyant. Celui de La Boderie met en valeur son ingéniosité technique, reconvertit ses signes poétiques l'un dans l'autre, pour mieux convaincre le lecteur en faveur d'un contenu doctrinal.

L'anagramme finale de ce cantique n'est pas une recherche occulte de la nature divine des choses cachée dans le langage. Tout le poème débute par un avertissement adressé aux poètes qui se plaisent à imiter les Grecs: l'"Ame de la chanson" ne gît pas dans la "douceur du son", mais dans le "subjet", sujet éternel, comme cela s'entend. Or ce "sujet", c'est-à-dire Dieu, est à proprement parler inimitable: "O parfaite Unité qui te peut limiter? / O parfaite Unité qui te peut imiter?" (*Encyclie*, 200). A défaut de pouvoir entrer en communion avec l'Un, on peut toujours réduire sa poésie à l'exposition doctrinale, tout en feignant de la mettre au diapason des harmonies célestes tant admirées: "Les Cieux vont racontant de l'Eternel la gloire, / Et le Ciel estellé rend son œuvre notoire. / Reployez donc vos vers, et leurs tons imitez, / Et au vray poinct de l'UN tous vos traits limitez" (*Galliade*, IV, 1475-1478). Ce qui reste donc est la persuasion rhétorique. Sa finalité morale suffit pour donner au jeu du langage le "sérieux" qui le sauve de la pure futilité. Elle n'a cependant point l'ambition de conférer au ludisme verbal le pouvoir d'une incantation magique. La vérité visée n'est pas la Vérité absolue, mais la vérité "convenable"[40], une vérité régie par le *decorum* propre à la situation de l'énonciation dans laquelle se trouve le poète et ses lecteurs.

Les jeux anagrammatiques de La Boderie se conforment donc à la nature rhétorique de son rationalisme. Ni la parole, ni la raison ne sont l'effet de l'illumination qui convertirait le discours en l'exégèse de la Vérité absolue, encodée dans les analogies du monde naturel et du langage. Une telle Vérité sacrée semble définitivement obscurcie par les mystifications

---

[40] Cette distinction est faite par François Cornilliat à propos de la poétique des Grands Rhétoriqueurs (p. 95).

d'Orphée, dont les mensonges révèlent pourtant l'intime connaissance des mystères de Dieu. De là l'ambivalence avec laquelle La Boderie regarde la poésie. D'une part il accueille avec joie son retour dans la Gaule des origines, mais en même temps il ne peut oublier que dans ses pérégrinations séculaires, la Muse sacrée a perdu sa virginité primitive. Il ne reste donc plus qu'à l'accepter comme art de l'éloquence. De même que, à défaut de communier avec la Raison transcendante, l'on doit se résigner à fourbir les tables de l'esprit par les arguments rationnels, de même il reste toujours utile de mettre à profit l'allusion rhétorique, si la quête émithologique des origines demeure plus problématique. L'allusion révèle justement à quel point la poésie de Guy Le Fèvre de la Boderie est un jeu, un jeu dont le sérieux n'est pas celui d'une incantation ficinienne, mais plutôt celui d'une intention rhétorique. Le traitement que La Boderie réserve à la théologie négative révèle combien cette intention est affectée par la conscience de la précarité du signe poétique.

La théologie négative entre guillemets

La Boderie se tourne vers la théologie négative au Cercle VII de *L'Encyclie*, c'est-à-dire à un moment stratégique de la composition du poème. Les doutes panthéistes avancés par le Secrétaire dans les Cercles précédents comme des provocations rhétoriques sont déjà effectivement dispersés par les arguments d'Uranie. Le novice quitte son attachement au monde sensible, mais il n'est pas encore prêt à accéder au "Tabernacle" des correspondances et des sympathies qui harmonisent l'univers spirituel et corporel et qui couronnera la fin de *L'Encyclie*. Il est à peine sorti "Hors les faubours du Ciel" et ne parvient pas à débrouiller les contradictions qui obscurcissent le Premier Moteur. Apories inextricables pour la logique humaine aristotélicienne, fondée sur le principe de non-contradiction: si les âmes particulières sont mues par l'Ame du monde qui, elle, prend son mouvement du Premier Moteur, quel est le principe qui l'ébranle à son tour? Mais si l'on doit continuer ainsi la chaîne des causes, le Premier Moteur ne sera pas premier. Pour l'être, il faut donc qu'il soit immobile. S'il en est ainsi toutefois, comment peut-il être la source de mouvement? etc. (*Encyclie*, VII, 106-108).

A cette cascade de questions Uranie réplique par l'image de la grotte platonicienne, l'"Antre mondain" dans lequel le Secrétaire a été trop longtemps enchaîné par les passions. Lorsqu'il en est sorti, son âme ne peut voir le Soleil suprême sans "loucher"; la flamme obscurcie de son regard n'est pas suffisamment pure afin de supporter une clarté si profonde. La Muse se tourne donc vers l'"Œil infini", pour implorer les rayons qui puissent ensemencer l'esprit du Secrétaire. Cette fécondation, qui est en même temps un jeu d'images réfléchies dans des miroirs, se fait toutefois à travers un intermédiaire: l'"Œil moyenneur", cette "Lune" immaculée, "alliée" à la sphère de l'"Œil infini" et à qui Uranie demande l'illumination.

Voilà donc comment débute le Cercle où La Boderie traitera de la théologie négative. A la série des questions du Secrétaire, la Muse répond par une avalanche de métaphores. Certaines sont explicites, telles les images de la grotte ou du char de l'âme, l'image de l'accord des luths qui résonnent à l'unisson en illustrant la communication des âmes avec les ordres de l'au-delà. D'autres le sont moins, comme cette distinction entre l'"Œil infini"-"Soleil immense" d'une part, et de l'autre l'"Œil moyenneur"-Lune, opposition qui s'éclaircira ultérieurement, dans les développements sur la Sapience divine. Ces images optiques, musicales et astronomiques forment le corps de la fiction du dialogue, marquent poétiquement l'ascension spirituelle du Secrétaire. Elles s'empilent ainsi, comme si le poète voulait différer encore la révélation ultime de leur sens théologique et chrétien, qui est pourtant clairement annoncé par la visée apologétique du poème.

Accumulation métaphorique qui ne traduit pas l'excroissance des signifiés contradictoires et qui doivent indiquer aux lecteurs, comme c'est le cas chez Marguerite de Navarre, la nécessité de l'union avec l'Etre. Tout au contraire, de l'aveu même du poète, la vérité de *L'Encyclie*, taillée sur la mesure des libertins auxquels elle s'adresse, demeure d'une évidente banalité: il s'agit tout simplement de l'existence d'un Dieu créateur. Par conséquent, loin de s'entrechoquer dans des contradictions destinées à être transgressées par l'élévation mystique, les images du poème frappent par leur insistante redondance. Comme si leur répétition devait indiquer au novice Secrétaire la bonne voie à suivre, en ménageant toutefois la révélation finale de la vérité, la retardant juste assez pour laisser à Uranie l'occasion de déployer son irréfutable argumentation. Au besoin, c'est le Secrétaire lui-même qui, de plus en plus illuminé, fournit les réponses à ses propres doutes.

Tel est le cas du fragment du *Parménide* de Platon, que le Secrétaire cite pour parer ses propres contradictions sur le Premier Moteur. Cette fois-ci, cependant, la réponse est négative:

> "Et pource n'est-il point ni son Tout, ni sa Part,
> "La part est part du tout, le tout en pars s'espard:
> "Reste donc qu'il soit L'UN. or s'il est sans partie,
> "Sans entrée est aussi, sans demeure, et sortie:
> "Car le commencement, le milieu, et le bout
> "Seroient par d'iceluy, luy non plus L'UN, mais Tout. etc...
>
> <div align="right">(<i>Encyclie</i>, VII, 116)</div>

L'Un ne peut être composé de parties, il est sans commencement, sans milieu et sans fin, il est infini et sans forme, il est "en nul endroit", il ne peut ni comprendre autrui ni être par autrui compris, il n'est ni en mouvement ni en repos. Ainsi La Boderie remplit presque deux pages par la traduction assez fidèle du *Parménide*, 137c-139b[41]. Prise en elle-même, la citation n'est donc pas intéressante. En revanche, restent fort significatifs le choix et le découpage du fragment dans le dialogue platonicien, les altérations et le contexte dans lequel il s'insère dans *L'Encyclie*, et surtout le statut qui lui est conféré par La Boderie.

Or, le fragment du *Parménide* choisi par le poète représente pour la tradition néo-platonicienne dont La Boderie est parfaitement conscient l'une des sources païennes majeures de la théologie négative. Il s'agit du début de la troisième partie du dialogue platonicien, et plus précisément du passage où Parménide expose les conséquences de sa première hypothèse, notamment celle que l'Un existe (137b). L'hypothèse inverse - celle de la non-existence de l'Un - sera discutée plus loin (160b), en conférant ainsi au dialogue son caractère d'exercice aporétique: en proposant ses hypothèses, Parménide se demande lui-même s'il doit s'engager dans ce "jeu laborieux" (*negotiosus ludus*, selon la traduction de Ficin)[42]. Ses conclusions absurdes

---

[41] Il semble que ce soit Dudley Wilson qui ait été le premier à identifier ce fragment (p. 104). Dans sa partie finale, la citation devient une sorte de rapide paraphrase. La critique de l'auto-engendrement de l'Un semble un écho du commentaire de Proclus au *Parménide*, 138 ab [*Proclus' Commentary on Plato's 'Parmenides'*, 1145-1146, trad. Glenn R. Morrow et John M. Dillon, introd. John M. Dillon, Princeton, N.J., Princeton University Press, 1987, pp. 501-502).

[42] *Omnia divini Platonis Opera tralatione Marsilii Ficini, emandatione et ad Graecum codicem collatione Simonis Grynaei...*, Basileae, in Officina Frobeniana, 1546, p. 66.

mais déduites par un raisonnement logique rigoureux, poussent le lecteur de Platon à interroger la valeur des prémisses du débat[43].

En coupant court sa citation bien avant que la seconde hypothèse ne soit abordée, La Boderie évite le jeu aporétique du texte de Platon et en même temps il peut faire l'économie des tentatives néo-platoniciennes de la résoudre. Ce qui ne veut pourtant pas dire que ces tentatives lui sont inconnues. En effet, afin de désarmer les propositions contradictoires qui s'empilent dans le *Parménide* de Platon, les néo-platoniciens supposent qu'elles portent sur des sujets différents: l'Un doit, tour à tour, être pris au sens de celui qui surpasse l'Etre, de celui qui lui est coordonné, ou bien de celui qui lui est inférieur. De même le Non-Etre peut être compris comme absolu ou bien comme relatif. Une telle solution permet à Proclus de dire que Parménide ne s'engage point dans le vain divertissement [ἀθυρεῖν] d'un futile exercice logique, mais poursuit un "jeu sérieux"[44]. Grâce à cette redistribution du dialogue platonicien, l'Un de la première hypothèse est identifié au "Dieu principal", "Dieu lui-même" et non pas à un "dieu particulier", tel qu'est le Père ou le Démiurge[45]. Plus près de La Boderie, cette lecture sera reprise par Ficin qui la mettra à profit afin d'insister sur sa préoccupation métaphysique particulière, la supériorité de l'Un par rapport à l'Etre[46].

La tradition néo-platonicienne considère donc *Parménide* comme un traité théologique. Tout particulièrement, les déductions que le personnage titulaire du dialogue tire de l'existence de l'Un - fragment dont la partie initiale est précisément insérée par La Boderie dans *L'Encyclie* - forment un discours de théologie négative, une énumération des qualités qu'il est

---

[43] Pour une édition et une interprétation modernes du *Parménide* v. R. E. Allen, *Plato's 'Parmenides'. Translation and Analysis*, Minneapolis, University of Minnesota Press, 1983.

[44] Proclus, commentaire au *Parménide*, 1039-1041 et 1052, éd. Morrow et Dillon, pp. 400-401 et 410.

[45] Proclus, commentaire au *Parménide*, 1053-1054 et 1096. R.E. Allen renvoie aussi à ce propos aux *Ennéides*, V, iv, 1.

[46] Ficin, commentaire au *Parménide*, LIII, in *Opera omnia*, Basileae, 1576, p. 1167.

impossible d'attribuer à Dieu[47]. C'est dans le commentaire à ce passage que Proclus placera la distinction classique entre les négations "suréminentes", propres à la divinité, et celles qui ne sont que privatives, distinction reprise par toute la tradition dionysienne, y inclus les lecteurs directement intéressés par Proclus, tels que Ficin.

Lorsqu'il prélève les déductions de la première hypothèse de Parménide, La Boderie sait donc très bien qu'il fournit au Secrétaire les négations de l'Un divin comme réponses à ses contradictions du Premier Moteur. Il insiste même dans sa traduction sur cette interprétation négative du texte platonicien. La citation est déclenchée par l'extase du Secrétaire entrant dans "Le non-encerclé Cercle encerclant l'Encyclie":

> Outre luy n'y a rien, outre le Nul il est,
> NUL se retourne en L'UN, de L'UN le [n]ombre naist.
>
> (*Encyclie*, VII, 116)

Ainsi, dans un mouvement discursif qui rappelle le *De Nihilo* de Bovelles, le vide dans lequel est pendu l'univers s'avère en fait l'Unité divine recueillant la Création en son sein[48]. Grâce à l'accumulation des négations et grâce au jeu de l'anagramme, La Boderie parvient en l'espace de deux vers à dire le néant du Rien et à concentrer tout l'Etre en L'Un de Dieu. Le Nul s'y convertit en une image qui n'a pas seulement une valeur cosmologique mais, peut-être aussi, conformément à l'appel du cantique "Aus Poetes de ce Temps", morale et individuelle. Conversion réversible, que le poète introduit dans le corps même de sa traduction en altérant légèrement le texte platonicien:

> "..........................*Or voion à cest heure*
> "*Si L'UN qui est NUL, tant il est simple et nu,*
> "*Peut ainsi reposer ou plutost estre mu?*
>
> (*Encyclie*, VII, 117 - souligné J.M.)

Est-ce à dire que le retournement anagrammatique de L'UN en NUL boucle la parole poétique en une mystique apophasie? Ou plutôt s'agit-il, encore,

---

[47] Ficin, commentaire au *Parménide*, LV, p. 1169: "Atque cum de uno negatur hic omnia, quando Parminides hic ait, se à suo illo uno facturum disputationis exordium, non debemus intelligere proprie ab uno ente, sed ab ipso simpliciter uno..."

[48] V. *L'Encyclie*, pp. 81-82, de même que Bovelles, *De Nihilo*, VI et VII (éd. Pierre Magnard, Paris, Vrin, 1983).

d'une élogieuse allusion, d'un ingénieux artifice rhétorique qui reconvertit les signes poétiques l'un dans l'autre, afin de mieux convaincre le lecteur en faveur d'un contenu doctrinal?

Il semble que la seconde interprétation soit plus conforme au vrai fonctionnement de la poétique de La Boderie. Comme on le sait, la théologie négative du *Parménide*, n'est point l'aboutissement du parcours métaphysique de *L'Encyclie*: le Cercle VII ouvre la voie au "Tabernacle" mosaïque du Cercle VIII, aux dix sefirot et à l'hymne final des noms hébraïques de Dieu. Il ne semble cependant pas que la fonction de la théologie négative soit de purifier le Secrétaire avant de le préparer à la Révélation vétérotestamentaire. Dans le cas des motifs platoniciens comme dans celui des motifs hébraïques, il s'agit des signes dont le sens est manifestement chrétien et dont le fonctionnement rhétorique est clairement apologétique[49].

En effet, ayant terminé sa citation du *Parménide*, le Secrétaire s'épanche en louanges de l'Un indivisible. Mais tout à coup, sa vision s'altère:

> Mais qu'est-ce, qu'est-ceci? plus i'ay l'Esprit tendu
> Devers L'UN primerain, moins il m'est entendu,
> Et pour un i'en voi deus...
>
> (*Encyclie*, VII, 118)

Heureusement au secours de la perplexité spirituelle du Secrétaire, vient sa connaissance des mécanismes naturels de la vision. Il se rappelle que du temps où il croupissait dans la caverne platonicienne du monde et cherchait la vérité dans le puits de Démocrite, il lui arrivait de presser du doigt un œil et dédoubler ainsi la vision de ce qui en réalité était unique. Cette simple expérience illustrant le phénomène de la double vision est bien connue des

---

[49] Il devrait donc être clair que La Boderie ne croit nullement en la valeur magique des signes, contrairement à ce qu'affirme D. P. Walker, en se référant précisément au passage qui, en introduisant les noms hébraïques du Tabernacle, previent le lecteur contre leur utilisation abusive: "Et vous tous qui lirez les hauts Noms en ce livre, / Gardez, gardez vous bien que ne veniez ensuivre / Par curieuse erreur le vice audacieus / Du magique Sorcier importunant les Cieus. / Ne reclamez le saint pour faire chose impure, / Et d'icy ne tirez ni lettre, ni figure". (*Encyclie*, VIII, 152; cf. D. P. Walker, *The Ancient Theology. Studies in Christian Platonism from Fifteenth to the Eighteenth Century*, London, Duckworth, 1972, p. 103, n. 1).

traités d'optique[50]. Dans le poème de La Boderie, elle signale la réinterprétation chrétienne de l'hymne platonicien à l'Un.

Voici comment la Muse explique le dédoublement de la vision spirituelle du Secrétaire:

> Ne t'émerveilles pas que ta Raison fichée
> D'ici à l'Unité, te reviene fourchée.
> Certes le doigt de Dieu, ou Splendeur du Soleil
> Est ce qui vient couper la pointe de ton Œil.
> Car le rayon qui part de toy, FIGURE ELUE,
> Rencontre un Moteur meu sous la Clarté non mue,
> Et ne peus discourant sur tout temps et tout lieu
> Trouver l'extrémité sinon par ce milieu...
>
> (*Encyclie*, VII, 118-119)

C'est donc le doigt divin qui presse l'œil spirituel du poète - FIGURE ELUE étant encore une autre anagramme de Gui Le Fèvre - pour lui révéler que "L'UN est en Deus divisé". Entre lui et le Premier Moteur immobile s'interpose le "Moteur Moyenneur", intermédiaire indispensable menant de la multitude vers l'Unité Première. Ce médiateur, annoncé déjà par l'image de l'"Œil moyenneur" des vers précédents, participe aussi bien du Temps que de l'Eternité. Ciel des cieux, mais aussi colonne de feu qui nous permet de quitter la terre de servitude qu'est ce monde, il unit les motifs cosmologiques et bibliques, en contribuant au sens apologétique du dialogue.

Car le "Moteur moyenneur" est aussi la Sagesse divine, présente avant la Création, la seule qui connaisse l'essence du Père. Visiblement, La Boderie tisse dans la trame de ses vers le passage si souvent cité des *Proverbes*, où l'exégèse chrétienne voit traditionnellement l'annonce du Christ:

---

[50] V. par exemple, Roger Bacon, *Perspectiva*, II, 1, 3; II, 2, 2; II, 3, 8. Je remercie le prof. David C. Lindberg de m'avoir communiqué le manuscrit de son édition de la *Perspectiva* de Bacon (à paraître aux Oxford University Press) et de m'avoir guidé dans la recherche des sources de ce motif. L'expérience en question est aussi rapportée dans le *De aspectibus* d'Alhazen. Il faut admettre cependant qu'elle est décrite plus clairement dans l'original arabe que dans la traduction latine (respectivement: I, 6, 70, trad. A. I. Sabra, London, The Warburg Institute, 1989, p. 85 et, I, 27, Basileae, per Episcopios, 1572, p. 16). Sur la vision double v. Ptolémée, *Optica*, II, 28-45 (éd. Albert Lejeune, Leiden - New York - Kobenhavn - Köln: E. J. Brill, 1989, pp. 27-34); Galien, *De usu partium*, X, 13 (éd. Margaret Tallmadge May, Ithaca, Cornell University Press, 1968, pp. 493-494).

Ia des le Siécle avant que la Terre ait esté,
Ia dy-je tu avois chez Dieu principauté:
Et ni avoit encor lors que tu fus creée
Nul Abisme des eaus, ni fontaine sacrée:
Tu as esté formée avant que les haus mons
Et les petits coutaus là bas eussent pris fons.
Alors qu'il compassoit des dis Cercles la Boule
Illecques tu estois pour luy servir de Moule.

(Encyclie, VII, 122)[51]

La Sagesse est à son tour décrite comme "Parolle / Fille du Souverain", la première voix de Dieu qui résonne par le monde naturel et que le poète invite à se faire entendre dans son œuvre. Elle est "le fidelle interpréte / Du Silence divin en parolle secréte". La Boderie l'invoque en annonçant l'imagerie hébraïque du Cercle suivant. Il la supplie d'inscrire dans le tableau de son poème le "Nom quatre-lettré". De nouveau, le lecteur est clairement invité à reconnaître dans la symbolique du texte la figure du Christ, le Verbe vivant dont le nom - Jésus-Josua - rend le Tétragramme IAHV enfin prononçable, conformément à la tradition établie par saint Jérôme et rappelée avec tellement d'insistance par le De verbo mirifico de Reuchlin .

La direction interprétative à suivre est donc nettement indiquée. Grâce à une nouvelle anagrammatisation, incorporée, cette-fois-ci, dans une longue métaphore alchimique, le Secrétaire sublime sa curiosité intellectuelle en amour divin ("amour" étant équivalent à "em-or", אם-אור, ou "MERE DU FEU ou bien DE LA LUMIERE"). Celui-ci devient la corde dionysienne, image si commune de la prière, par laquelle l'interlocuteur d'Uranie sera hissé vers le Premier Moteur, tout en ayant l'impression de l'abaisser vers lui-même[52]. Il n'est donc pas étonnant qu'ayant pénétré dans le Tabernacle, le Secrétaire comprenne que tous les signes signifient le Christ:

Or s'est evanouy l'ombrage de la Loy
Devant le seul Soleil de Iustice grand Roy,
Iesus-Christ vostre chef, que l'Estant environne
Non de Couronne d'or, mais de la grand'couronne
De sa divinité...

(Encyclie, VIII, 149)

---

[51] Pr., 8, 22-31. Pour d'autres lieux scripturaires de cette identification v. Eccl., 1, 4 et 24, 8; Pr., 9, 1-6; Jn., 17, 5 et 17, 24, ainsi que Col., 1, 15-20.

[52] Encyclie, VIII, 133. Cf. Noms divins, 680C.

Longtemps différé, mais aussi clairement annoncé dès l'*Advertissement* du poème, le dévoilement chrétien de ces images ne fonde ni leur originalité, ni leur spécificité. Bien que la Muse encourage le Secrétaire à revêtir les habits du Grand Prêtre de l'*Exode*, elle n'oublie par de préciser qu'elle entend parler de l'Agneau mort pour les péchés des hommes[53]. La Boderie est prêt à couronner le Christ par la sefira *Kether* (Couronne), mais il rappelle en même temps la couronne d'épines[54]. Certes, sa Sagesse des *Proverbes* ne se réfère pas aussi ouvertement à l'Etre conféré au monde par le Verbe, comme le fait la paraphrase correspondante de Marguerite de Navarre[55]. Le sens christique de l'image n'en est pas moins clair pour le lecteur[56].

---

[53] Evidemment l'allégorisation du Grand Prêtre de l'*Exode* n'a en elle-même rien de cabaliste. Elle provient de *l'Epître aux Hébreux*, 4, 14-15.

[54] *Encyclie*, VIII, 146; *Galliade*, IV, 858-860.

[55] Cf. *Pr.*, 8, 22-31, paraphrasé par Marguerite de Navarre dans le *Triomphe de l'Agneau* (*Marguerites de la Marguerite des Princesses*, Lyon, Iean de Tournes, 1547, t. 3, pp. 45-46):

> Verbe divin, sapience profonde,
> De Deïté plenitude feconde,
> En qui du tout gist l'Estre et la vigueur,
> En qui de vie est la veine et le cœur,
> Verbe par qui le luysant firmament,
> Par qui le Ciel et tout son ornement
> Feut acomply, estendu, compassé
> Et en son tour de toutes parts haulsé;
> Qui as aussi de la terre asseuré
> Les fondemens, le Gouffre mesuré,
> La Mer emply et reiglé ses finages,
> Formé les vents, tempestes et orages;
> Verbe tressaint, vive Image du Pere...

Ce fragment est cité partiellement par Robert Griffin, "Du Bellay's Wisdom: Judgment and Desire", in *Writing the Renaissance. Essays on Sixteenth-Century French Literature in Honor of Floyd Gray*, éd. Raymond C. La Charité, Lexington, Ky., French Forum, 1992, p. 128, n. 12.

[56] Marie Thérèse d'Alverny indique d'intéressantes distinctions à faire entre les conceptions de la Sagesse propres à l'Ecriture, Ficin, Postel et celles que l'on peut observer dans l'iconographie renaissante ("Quelques aspects du symbolisme de la 'Sapientia'", in *Umanesimo e Esoterismo*, Padova, Cedam, 1960, pp. 321-333). Pour d'autres identifications entre la Sagesse divine et le Christ faites par La Boderie à l'occasion de ses traductions de Ficin, v. François Secret, *L'ésotérisme de Guy Le Fèvre de La Boderie...*, pp.

Mais si l'interprétation des signes poétiques demeure ainsi nettement tracée, force est de se demander pourquoi La Boderie s'ingénie ainsi à les accumuler, à faire télescoper la théologie négative du *Parménide* et les motifs cabalistiques, les métaphores optiques et alchimiques. Pourquoi n'avoir pas fait confiance, à l'instar de Marguerite de Navarre, à la simple allégorie vétérotestamentaire de la Sagesse divine, qui, à elle seule déjà, demeure clairement lisible pour l'exégèse chrétienne? Pourquoi avoir multiplié les symboles, comme si chacun d'entre eux, pris séparément, restait trop peu fiable pour transmettre au lecteur le contenu doctrinal auquel ils se réfèrent tous?

La richesse symbolique de *L'Encyclie* révèle en fait une exaspération du signifiant qui semble exactement opposée à la sémiotique propre au discours ésotérique. Les signes sont multipliés non pas parce qu'ils renvoient, tous avec une égale aisance, à la Vérité absolue, mais parce qu'ils sont tous également insuffisants, inefficaces spirituellement. Leur accumulation est donc une manière de les renforcer rhétoriquement. Les signes poétiques ne sont donc point acceptés, assumés par un discours qui repose sur le pansémantisme d'un univers où Dieu, Tout dans tout, demeure omninommable, avant d'être ineffable. Au contraire, ils sont traités avec un criticisme qui les rend incapables de déclencher la transgression mystique ou de servir de fondement pour la construction du sacré séculier.

Cette distance critique est clairement visible dans le traitement éditorial que La Boderie réserve à la théologie négative du *Parménide*.

Comme l'on sait, cette partie du texte platonicien est, dans sa version originale, un dialogue entre Parménide et le jeune Aristote. Les répliques de ce dernier se limitent à de courts signes d'acquiescement. Elles permettent pourtant aux déductions du texte de Platon de garder leur caractère d'exercice dialectique[57]. Conformément à la tradition néo-platonicienne qu'il suit en identifiant l'Un du dialogue à Dieu, La Boderie efface le caractère dialogique du fragment et en fait un exposé doctrinal, un court traité théologique relancé par des questions rhétoriques.

Toutefois, il est clair que le poète n'accepte pas la lecture néo-platonicienne du *Parménide* pour autant. Il en est ainsi, parce que la distance

---

77 et 85-86. Le passage du livre des proverbes est aussi évoqué par Postel dans ses propres divagations sur la Sagesse: *Les authorites de divers docteurs et Autheurs touchant la premiere creature ou la sapience creee*, Bibliothèque Nationale, ms. fr. fonds ancien 5734, f° 134 r° - 136 r° et particulièrement 135 r°.

[57] C'est R. E. Allen qui souligne cet aspect du *Parménide* (pp. 197-198).

au texte, abolie par la conversion du dialogue en suite démonstrative continue, est réintroduite grâce aux marques de la citation que La Boderie prend soin d'apposer à ce fragment de son poème. Non seulement la théologie négative du *Parménide* est une citation - il n'y aurait en cela rien d'exceptionnel en une œuvre tissée de souvenirs textuels -, mais en plus cette citation se signale comme telle. Elle le fait grâce à une note marginale correspondante ("Voyez le Parmenide de Platon" - *Encyclie*, VII, 116), et grâce aux guillemets maintenus tout au long des deux pages où le texte platonicien est allégué. La conjonction de ces deux marques éditoriales confère à la citation du *Parménide* le caractère d'une longue sentence. Contrairement aux autres, rares occurrences des guillemets dans le poème, elle demeure associée à une source philosophique précise et ne peut donc pas jouir du statut de vérité anonyme et universelle. Les guillemets et la référence marginale sont ici d'autant plus exceptionnels, que La Boderie a prévenu son lecteur dans l'*Advertissement*, et cela juste avant de marquer ses réserves envers les motifs platoniciens de son œuvre, qu'il n'entend pas signaler ses emprunts dans le texte poétique de *L'Encyclie*[58]. Manifestement le poète ne néglige rien pour montrer à son lecteur que la théologie négative du *Parménide* n'est pas assumée par le Secrétaire, *alter ego* de l'auteur. Elle n'est qu'une autre image platonicienne à considérer avec distance, une image poétique dont la fonction, le "sérieux", est celui du jeu rhétorique du poème[59].

Il est toutefois symptomatique que ce soit justement la théologie négative qui est ainsi isolée par les guillemets, fossilisée par les marques de la citation. Par là même elle cesse d'être ce point d'aboutissement où le pouvoir de symboles, mis en doute, se mue en apophasie. Elle devient une référence parmi d'autres, perdue dans une foule de signes divers, également précaires. Délimitée dans le texte du poème comme symbole culturel particulier, au même titre que la cabale, l'alchimie ou le néo-platonisme, la

---

[58] "Ie ne veus omettre de t'advertir, Lecteur, que ie n'allegue en cest Œuvre aucun autheur, par ce que ie sçay que telle maniere de gents à qui i'ay affaire, reiettent et se moquent de toute authorité, demandans à chasque mot raison, de laquelle ils n'ont pas une once; et par ce aussi que telles allegations ne convienent pas au vers comme à la prose. D'advantage tu pourras trouver en cest Œuvre quelques poins tirez du sacraire de la philosophie principalement Platonique..." -*Encyclie*, 6-7.

[59] Il est tout aussi significatif, et tout aussi probant pour la distance que le poète entend maintenir par rapport à ce fragment du poème, que, pour exposer la théologie négative, il ne recourt pas à un auteur chrétien - ne fût-ce que Denys - mais à une source païenne.

théologie négative devient l'objet du jeu poétique de La Boderie, jeu sérieux, certes, car voué à convaincre, mais qui transforme cependant les signes poétiques en éclats d'érudition destinés à fasciner le lecteur par les scintillements verbaux de leurs allusions et de leurs métaphores.

Tel est, clairement, le sort que La Boderie réserve à la théologie négative, en transformant l'image du Créateur-verrier, empruntée à Cusanus, et dont Bovelles orne le frontispice de son *De Nihilo* (fig.1). Dans le texte de *L'Encyclie*, elle s'insère à la suite de l'apostrophe à la Sagesse des *Proverbes*:

> En toy le premier grain de Matiere fut faict,
> Puis tu l'espanoüis en un Globe parfaict:
> Dans toy s'ouvrit en rond la Matiere soufflée
> La semence du Tout par la Parolle enflée,
> Parolle unie en toy, comme est tout à la fois
> Le parler de l'Esprit avec l'Air de la vois,
> Et de laquelle aussi toy fécondement pleine
> Nous enfantas le Monde auvec plaisir sans peine.
> ....
> ...ainsi qu'on void que de cendre, ou de pierre
> Par la flame épurgée, on façonne le verre
> Clair, poly, transparent, maintenant rebondi
> En coupe, maintenant en Fiole arrondi
> A la forme du Ciel, selon que l'Ouvrier mesle
> De son haleine au feu qu'il anime en la fesle.

(*Encyclie*, VII, 122-123)

Ensemencé par la Parole, l'Univers germe comme s'il était gonflé par l'Esprit divin. L'image du Dieu-verrier provient de l'*Idiota de mente*, 13, 146. Très symptomatiquement, elle y sert précisément à discréditer la conception platonicienne de l'Ame du monde. Interrogé par le Philosophe sur l'existence de cette entité qui contient les modèles de toutes choses et qui meut la réalité, le Profane réplique que Dieu n'a aucun besoin d'un exécuteur de sa volonté qui lui serait étranger. Dans son omnipotence, le Créateur est comme le verrier pour qui la décision volontaire et l'exécution coïncident: "il insuffle un esprit qui réalise son vouloir et cet esprit contient le verbe, c'est-à-dire la conception et la potentialité"[60]. En Dieu, l'art et l'artisan se confondent.

Toutefois entre la Sagesse divine où germe la matière de l'univers et l'image cusienne du Dieu-verrier, La Boderie place encore une autre similitude, celle des souffleurs des bulles:

> Ne plus ne moins qu'on void (si on peut par raison
> De plus petit au grand faire comparaison)
> Que des hommes les fils, où tu prens tes delices,
> Font d'un grain de savon par ioyeus artifices
> Mille Mondes luisans dans un tuyau fermez
> Et du vent de la bouche en bullettes formez...

Grâce au pouvoir des similitudes poétiques, la matière ensemencée par le Verbe devient le parler intérieur de l'homme uni au mouvement volatil de la voix ("Parolle unie en toy, comme et tout à la fois / Le parler de l'Esprit avec l'Air de la vois"). Cette parole, toute humaine, se transforme à son tour en bulles de savon, "joyeux artifices", amusements enfantins.

Que dirait Bovelles de ces "bullettes" qui démultiplient en mondes coloriés l'image philosophique de la création divine qui repousse le Néant? Manifestement, La Boderie modifie radicalement l'alchimie de la Parole créatrice; il ajoute à la solidité cristalline des voûtes célestes la maniabilité de l'aléatoire.

Et que dirait Ronsard de ces métaphores si éventées et boursouflées? Ne serait-il pas déçu qu'au lieu de s'appliquer à construire le sacré, aussi profane soit-il, la fiction poétique prolifère ludiquement dans le jeu des symboles dont le "sérieux" consiste à émerveiller le lecteur, tandis que la vérité doctrinale, évidente, reste connue d'avance? En effet, le déferlement systématique et la conséquente relativisation des images poétiques

---

[60] "Sed cum voluntati omnipotenti omnia necessario oboediant, tunc voluntas dei alio exsecutore opus non habet. Nam velle cum exsequi in omnipotentia coincidunt. Quasi ut dum vitrificator vitrum facit. Nam insufflat spiritum, qui exsequitur voluntatem eius, in quo spiritu est verbum seu conceptus et potentia; nisi enim potentia et conceptus vitrificatoris forent in spiritu, quem emittit, non oriretur vitrum tale". Il est aussi intéressant de noter que l'Ame du monde ainsi critiquée se confond, pour le Profane, avec la Nature d'Aristote. Ce traitement de la création est à contraster avec les conceptions néo-platoniciennes d'un Georges de Venise. En citant les passages obligés de l'*Epître aux Colossiens* et des *Proverbes*, le cabaliste chrétien interprète l'Ecriture dans le sens d'une création double: premièrement, celle des "raisons ideales et exemplaires qui estoient dans le Verbe et Fils", création accomplie en la Pensée ou Sapience de Dieu, et, deuxièmement, la "sortie exterieure" des choses (p. 347).

empêchent d'y voir des signes privilégiés de communion avec la transcendance. Plus même, bulles multicolores, elles compromettent d'avance les possibilités d'une énonciation symbolique.

Verrier qui unit la volonté à l'acte en insufflant son Esprit dans le globe de l'univers, Dieu se transforme ainsi en un joyeux gamin, éparpillant au vent "Mille Mondes luisans". Tout cela, évidemment, sous la réserve d'une restriction oratoire montrant bien que la "raison" autorisant cette similitude est la persuasion rhétorique. Raison suffisante sans doute, à défaut de communier avec la Raison transcendante du Créateur. Raison qui donne aux jeux poétiques de La Boderie leur "sérieux", non pas celui des incantations qui conjurent l'harmonie universelle, mais celui des artifices discursifs permettant de convaincre le lecteur. Toutefois aussi ingénieuses que soient les allusions-anagrammes et aussi frappants qu'apparaissent les souvenirs néo-platoniciens, alchimiques ou cabalistes, il semble que La Boderie sache bien qu'il s'agit là des bulles poétiques, attrayantes par leur miroitement et par les cascades de leurs images, mais qui, de même, trahissent leur fragilité.

Ces jeux poétiques sont le fruit d'un siècle et d'un langage corrompus[61]. Ils manifestent aussi l'ardent désir de transformer le présent, afin de le conformer au passé du rêve idéal, afin de précipiter l'avènement d'un avenir tant soit peu meilleur.

"Soyez en Babel de Sion recordez" (*Galliade*, IV, 1530). Ce rappel que La Boderie lance aux poètes de son temps entend à tout prix les convaincre que la confusion apocalyptique dont ils sont les témoins n'est que le pendant obligé d'une genèse glorieuse, l'annonciation d'une victoire eschatologique imminente. Pour le moment, cependant, le bruit des guerres qui déchirent la France empêche de capter les harmonies cosmiques originelles. Saint Denis, cœur de la Gaule, n'est pas le *Leb* cabaliste détenteur des 32 sentiers de la sagesse. C'est le dernier bastion de l'unité de la monarchie saccagée par l'hérésie, le cœur d'un corps mystique de l'Etat dépecé. Le sonnet liminaire 9 de *La Galliade* se termine ainsi par une note d'espoir, mais qui révèle en fait toute la détresse du poète:

> La rage et cruauté en nostre Gaule esprise
> A, presque en tous endroits, saccagé chasque Eglise,
> Bannissant pour un temps la vivante liqueur

---

[61] Jean-François Maillard est beaucoup plus réservé lorsqu'il commente l'avertissement de La Boderie sur la "rencontre d'allusion" comme le signe de la "préconscience d'une fracture du sens" ("L'autre vérité...", p. 9).

> Et le Corps sainct de Christ, fors du seul poinct Centrique:
> Dont j'ay un ferme espoir que maugré l'heretique
> Les membres revivront, puis qu'encor vit le CŒUR.

Par ailleurs, il apparaît clairement que les noms ont beau être "fatals", la désolante division transforme leur vérité émithologique profonde en postulat, en désir qu'est l'allusion rhétorique.

Ainsi, il est vrai que Noé a remarié le ciel et la terre après le déluge, en distribuant les terres parmi ses descendants, en conformité avec les signes célestes. En particulier, la Gaule fut le lot de Gomer dont le nom reflète la perfection divine [גומריה] et...

> ...duquel le nom chery
> Reste encore aujourd'huy dedans Mongommery
> Gommerique Cité, dont les vieilles murailles
> Ou fossez d'alentour nous servent d'antiquailles.
> (*Galliade*, I, 674-676)

La Boderie est fier que "Le Temps qui ronge tout" n'ait point affecté ce nom, gloire de sa Normandie natale. Et c'est pourquoi il est d'autant plus déçu que la réalité qui lui est contemporaine ne soit visiblement pas à la hauteur de cette vérité idéale que le poète aurait voulu retrouver dans le langage:

> Et me desplaist vrayment que l'habitation
> Qui du premier auteur de nostre nation
> Porte le nom fameux, antique et memorable,
> Ait eu de nostre temps un Seigneur miserable
> Qui luy a commandé, qui par son puissant bras
> Et sa lance brisee en meints menus esclats,
> Lors qu'il ouvrit la porte à tout mal et outrance,
> Eclipsa le Soleil et le seul-œil de France,
> Non par propre malice, ains par propre malheur,
> Mal pour France et pour luy esprouvant sa valeur.
> (*Galliade*, I, 681-690)

Visiblement, Gabriel de Montgomery, qui blessa mortellement Henri II en enfonçant la lance dans l'œil du roi, et qui est ensuite devenu l'un des chefs protestants normands, dément douloureusement par ses actes la perfection divine contenue dans son nom. Il devient de lors urgent de prier, afin que son lieu éponyme recouvre l'honneur antique qui lui est dû, ne fût-ce que "Sous un meilleur Genie, et plus heureux Seigneur".

Ce bon génie princier est, pour La Boderie, Hercule François de Valois, duc d'Alençon, frère du roi et son successeur potentiel. Le nom de ce nouveau Hercule Gaulois est richissime en possibilités anagrammatiques[62]. Le poète le met à profit dans des cascades d'allusions: ALCIDE HEVREVS, DE FACON SUIS ROYAL, LOY D'UN CESAR, SA FOY... Certes, ces boursouflures poétiques s'inscrivent dans le prophétisme biblique du retour de l'empire en Gaule[63], mais elles le font plus comme les expressions rhétoriques d'une frustration douloureuse et d'une aspiration, que comme signes d'une exégèse allégorique de l'histoire.

Car l'éloquence poétique doit démontrer que les bulles de ses images peuvent acquérir la solidité cristalline des créations du Dieu-verrier; elle doit faire ses preuves, tout comme le duc doit "monstrer que [s]on nom convient bien à la chose" (*Encyclie*, 182). Cette démonstration est nécessaire, puisque la vérité sur laquelle elle porte, n'est point assurée. Mais elle n'est accessible que dans le domaine du vraisemblable et du possible[64]. La Boderie reprend en épigraphe à *La Galliade* le verset XXV, 2 du livre des *Proverbes*: "Gloria Dei est celare verbum, et gloria regum investigare sermonem". Mais il ne suit pas sa traduction postélienne qui confère aux rois la fonction d'"exposer", d'"expliquer" la parole divine cachée. Tout au plus, La Boderie les encourage à la "chercher"[65]. Cette quête est aussi conditionnelle que la réussite du poète désireux d'être le Virgile *redivivus*:

[62] Jean-François Maillard remarque qu'Hercule Gaulois signifie pour Postel la "cité-univers", mais que La Boderie ne reprend pas cette émithologie dans *La Galliade* ("L'autre vérité...", p. 7 et n. 48).

[63] V. la démonstration de François Roudaut, *Le point centrique...*, p. 78.

[64] Il en est ainsi aussi de l'anagramme NOBLE / LE BON. Bien que preuve - rhétorique - de la nature cachée du langage, il est un postulat, un appel, et non la constatation de la réalité des choses:
Heureus qui par beaus faicts s'est soy-mesme anobli,
Tirant ses devanciers hors de l'obscur oubli:
Et mal-heureus celuy qui mille parens nombre
Tous luisans de clarté, desquelz il n'est que l'ombre.
                                          (*Encyclie*, IV, 73)

[65] Cf. Les derniers vers de la pièce liminaire "A Monseigneur. Pour Estrennes de l'An 1578" (éd. François Roudaut, p. 159) avec les citations de Postel alléguées par François Secret, *L'ésotérisme de Guy Le Fèvre de La Boderie...*, pp. 127-128.

Que mon nom tourne au sien
J'auray los et renom:
Mais si l'Ame du nom
De l'honneur ancien,
Se retourne en mon chef
Ombre de FEU VIRGILE;
Luy vivra de rechef
D'une aile autant agile.

(*Encyclie*, 211)

Métempsycose pytagoricienne et *gilgul* cabalistique non moins "poétiques"
que le retournement du FEU VIRGILE en GUI LE FEVRE. Ces
phénomènes montrent cependant à quel point les besoins de l'harmonie, de
l'union et du retour à l'ordre sont dramatiques et à quel point ils sont
insatisfaits. Insatisfaction qui, malgré l'attirail poétique de la mystique du
langage prend souvent la forme d'une supplique personnelle bien concrète.
Dans l'un des sonnets anagrammatiques adressés au duc d'Alençon, La
Boderie anticipe le moment où sa Muse prophétique sonnera la victoire du
prince, devenu roi d'un domaine taillé sur les Infidèles. Pour que cet avenir
radieux se réalise, il faut cependant ...

        ... qu'un trait de plus agile
Me couche en vostre estat: et ne soit délié
De vostre nom le mien, puisque Dieu a lié
SA FOY, LOY D'UN CESAR aveques FEU VIRGILE.

(*Encyclie*, 182)

C'est alors que la Raison rejoindra la foi, que les hommes retrouveront les
vérités fondamentales inscrites en leur esprit par le Créateur, que les mots
reprendront leurs sens originels et l'histoire, au lieu de témoigner d'un
monde renversé, s'accomplira dans le retour du mythe. Si la poétique de La
Boderie est orphique, c'est dans ce rêve d'une parole poétique unifiant et
pacifiant le monde déchiré, non pas par l'envoûtement magique de ses
lecteurs, mais par leur ralliement face à une éloquence civilisatrice et
persuasive. Mais avant qu'il en soit ainsi, la poésie ne peut être qu'un
souhait:

Que voulust l'Eternel qui preside aus armées,
Donner tant de pouvoir à mes vers et à moy,

Que ie peusse apaiser les troupes animées
Qu'or à mon grand regret en la France ie voy
D'une rage et furie à la guerre allumées;
Et que tous dessous luy, sous son Roy, et sa Loy,
Nous peussions vivre en pais; trompes, tambours, bombardes
Cedans aus dous accords de la Lyre des Bardes.

(Encyclie, 24)

EPILOGUE

LE RIEN ET SES PARTIES:
JEAN DEMONS

Fruits d'un art tout humain, et donc incapables par eux-mêmes d'atteindre les profondeurs de la Nature et les hauteurs de l'Esprit, la cabale, l'hermétisme, l'alchimie et la théologie négative païenne deviennent dans les vers de La Boderie des bulles multicolores de l'éloquence. Il n'est cependant pas indifférent que Guy puise les constellations métaphoriques de son poème précisément dans des sources ésotériques et néo-platoniciennes, propices à la communion de l'homme avec le sacré, préoccupés à multiplier les noms de l'Innommable. Ce choix témoigne assez du rêve qui hante la rhétorique de La Boderie: l'aspiration à retourner vers la sainte pureté des origines, à interpréter la réalité de la création, de l'histoire et de la langue pour y retrouver les noms divins oblitérés par le temps et le péché des hommes.

De tels rêves sont totalement absents des étranges écrits de Jean Demons, quoique ceux-ci, à première vue, paraissent tout aussi saturés d'ésotérisme et de théologie négative comme le sont les poèmes de La Boderie. Pour Jean Demons, la recherche des noms divins devient un pur amusement oratoire. Une telle mise à distance, pour ne pas dire une telle parodie du discours ésotérique et théologique prouve clairement que les signes poétiques sont traités par cet auteur comme une sorte de quincaillerie verbale.

A ce titre, les "poèmes" de Jean Demons peuvent servir d'utile épilogue à l'histoire que ce présent livre tente d'esquisser: celle de l'abandon progressif par la poésie française de la Renaissance de l'ambition à nommer l'Ineffable. J'ai tenté de tracer cette conjoncture séculaire en ponctuant ses étapes essentielles: la mise à l'écoute du "mot", de la "voix" du Seigneur chez Marguerite de Navarre, quitte à multiplier les contradictions et les lacunes de la prose de ce monde, pour mieux l'oublier dans la poursuite de la transcendance; le refus de la fusion mystique du Rien et du Tout par Marot, afin que par sa poétique oblique le "moi" - ce rien-chose littéraire - puisse se justifier, s'affirmer, se tailler un espace minimal de liberté artistique; la tentative ronsardienne de sacraliser les dieux mortels par une nomination bien de ce siècle, tentative qui trahit la claire conscience de la condition "sublunaire" de la littérature, aussi bien que l'espoir, tantôt serein, tantôt chancelant, que le poète place en les pouvoirs de son métier; enfin, la réduction par La Boderie de l'herméneutique ésotérique, surtout cabaliste, à une rhétorique de l'apologétique chrétienne, fossilisation du pansémantisme du Dieu omninommable qui témoigne néanmoins par la fébrile multiplication de ses stratégies persuasives de la nostalgie des temps où toute chose était signe sacré.

Conçu dans la perspective d'un tel mouvement, le travail de Jean Demons apparaît comme une œuvre rhétorique proche de celle de La Boderie à condition toutefois qu'on la dépouille de ses nostalgies et de ses rêves. La curieuse construction littéraire qui résulte d'une telle opération de dénudation est un Signe dissimilaire au point d'être parfaitement vide, libre de toute ambition métaphysique. Autrement dit, il s'agit d'une sophistique allègrement cynique et par conséquent prête à être réutilisée dans un but de propagande politique.

L'œuvre majeure de Jean Demons a l'honneur douteux d'occuper, à elle seule, le rayon que Charles Nodier consacre dans sa petite bibliothèque aux "livres qui ont été composés par des Fous". Elle est intitulée: *La Sextessence diallactique et potentielle, tirée par une nouvelle façon d'alambiquer suivant les preceptes de la saincte magie et invocation de Demons*[1]. Le jeu de mots auquel Jean Demons, livre son propre nom dans le titre de son ouvrage dit assez de sa visée ludique[2]. C'est à sa ville natale qu'il dédie en 1594 deux poèmes: *La Demonstration de la quatriesme partie*

---

[1] Charles Nodier, *Mélanges tirés d'une petite bibliothèque...*, Paris, Crapelet, 1879, pp. 243-248. Je reprends dans ce chapitre la plupart de mes analyses des ouvrages de Jean Demons présentées au colloque *Logique et littérature à la Renaissance* et publiées dans les actes (Paris, Champion, 1994).

[2] Jean Demons est sieur d'Hédicourt et, en 1587, conseiller au bailliage et présidial d'Amiens. Toujours grâce à un laborieux jeu de mots, il insère dans son poème le nom de son précepteur Jean de Merliers, lecteur royal ès mathématiques (*La Sextessence...*, pp. 68-71). V. aussi la *Biographie universelle ancienne et moderne*, Paris, G. Michaud, 1814, t. 11, p. 52.

de Rien, et Quelque chose, et Tout, éditée ensemble avec *La Quintessence tiree du quart de Rien & de ses dependances contenant les precptes de la saincte Magie & devote invocation De Demons*. Ces deux opuscules sont destinés, comme le précise le sous-titre, à "trouver l'origine des maux de la France et les remedes d'iceux". C'est justement le deuxième poème, *La Quintessence*, qui est repris l'année suivante chez Estienne Prevosteau dans le volume décrit par Nodier comme le parfait exemple de folie littéraire. La différence majeure qui sépare *La Sextessence* de *La Quintessence*, outre un changement de dédicataire et quelques variantes - significatives, comme on le verra - est le très vaste commentaire français qui remplace et amplifie le commentaire latin de la première édition. Dans les deux cas les commentaires sont complétés par des notes marginales en latin, grec et hébreu, le tout, selon l'aveu même de l'auteur, donnant un assemblage monstrueux, une œuvre "desguisée et contrefaicte" (*Quintessence*, 25).

Il n'est donc pas étonnant que ce rarissime et précieux livret, faussement rangé auparavant parmi les ouvrages de théologie mystique et de poésie, fasse rêver Nodier d'une *Bibliographie des Fous*, qui serait une mine littéraire d'une richesse fabuleuse et où l'on pourrait retrouver, "toutes proportions gardées, la plus grande masse relative d'idées raisonnables". En effet, les ouvrages de Jean Demons reflètent, comme en un miroir déformateur, une riche érudition. Déjà le long poème qui forme l'axe compositionnel du commentaire délirant de la *Quintessence* et de la *Sextessence* paraît extrêmement intéressant et mystérieux. Il est constitué par une apostrophe à la Muse, la "nymphe" pour laquelle le poète brûle d'un ardent amour. Pourtant après une brève introduction consacrée aux cataclysmes qui s'abattent sur la France, la prière du poète se double d'une description de complexes cérémonies magiques et de conjurations qui doivent faire songer le lecteur à la cabale. Enfin, vaincu par l'inutilité de ses sortilèges, le poète entre en une extatique agonie. Il en est délivré par la Muse qui lui indique les herbes indispensables pour guérir les malheurs de la France et qui s'unit avec le poète en une prière exaltant le Nom divin. Ainsi, malgré son style laborieux et sa tortueuse composition, le poème désigne clairement les trois niveaux de sa lecture, systématisés et hiérarchisés par le méticuleux commentaire qui l'accompagne. L'isotopie magique qui informe ces vers serait en fait une couverture allégorique enveloppant l'analyse de la situation politique de la France et menant, en dernière instance, vers la contemplation silencieuse de l'ineffable et pluriel Nom de Dieu.

Le miroir déformateur des textes de Jean Demons laisse donc apercevoir les reflets, certes troubles et pervertis mais non moins distincts, de trois sémiotiques différentes.

Tout d'abord Demons semble offrir à ses lecteurs des conseils de magie naturelle. Celle-ci neutralise l'opposition entre l'Etre de Dieu et la déficience de la Création. En manipulant une matière animée et spiritualisée, le Mage atteint le sacré occulte. Cette pratique épistémologique se traduit par une rhétorique de la réification de la métaphore, la mise en équivalence du signifiant symbolique et de son référent[3]. Cependant la magie naturelle s'avère être une allégorie politique, métaphore filée à travers le texte du poème. Celle-ci présuppose une série de correspondances morales entre le discours et la réalité, qui demeurent ainsi en quelque sorte proportionnels, mais non identiques. Enfin l'allégorie semble aboutir à la contemplation silencieuse des Noms divins. A la connaissance proportionnelle des vérités morales fait place l'extase devant la transcendance, les analogies de l'allégorie paraissent céder devant l'apophasie et la mise à l'écoute de la Parole divine.

En fait toutes ces traditions sémiotiques vivantes à la Renaissance viennent échouer et dégénérer dans la pathologie littéraire de Jean Demons, broyées par le mécanisme rhétorique et politique construit par le fou épigone. Pour apprécier à sa juste valeur ce processus de la fossilisation des signes littéraires, il importe de suivre le parcours interprétatif que Jean Demons impose à son lecteur.

Ce programme de lecture commence par la magie, et plus particulièrement par la pharmacopée magique. En invoquant les démons, le poète vante les vertus de la graine d'asperge, de l'hysope et du ricin, dit vulgairement "Palme de Christ", plantes qui lui auraient attiré auparavant les faveurs de sa "nymphe" (*Quintessence*, 50-53; *Sextessence*, 234-242). On retrouve ces herbes médicinales chez Dioscorides, parmi les purgatifs et les

---

[3] V. par exemple le lien des corps et de l'âme du monde à travers la quintessence chez Marsile Ficin, *De Triplici Vita*, III,3; Joannes de Rupescissa, *La vertu et proprieté de la quinte essence de toutes choses*, Lyon, Jean de Tournes, 1549. Sur les risques théologiques d'une telle attitude v. Wayne Shumaker, *The Occult Sciences in the Renaissance. A study in Intellectual Patterns*, Berkeley, Los Angeles, London, University of California Press, 1972, pp. 202-207. La réification de la métaphore a été décrite, entre autres, par Brian Vickers, "Analogy versus Identity: the Rejection of Occult Symbolism, 1580-1680", in *Occult and Scientific Mentalities in the Renaissance*, éd. Brian Vickers, Cambridge, Cambridge University Press, 1984, pp. 95-163.

remèdes contre les inflammations, plaies et maux de reins[4]. Pourtant le médecin grec n'est pas la source directe de Demons. A l'encontre de Dioscorides le poète amiénois semble pencher en faveur de la génération des asperges à partir des cornes de béliers concassées, solution adoptée par Corneille Agrippa sur la foi de l'expérience et du lien qui unit cette plante au Bélier zodiacal[5]. C'est aussi chez Agrippa que le juriste amiénois vient chercher les références qui le guident parmi les méandres de la philosophie occulte: Ovide, Apulée et la huitième églogue de Virgile. Ainsi, lorsqu'il entreprend de charmer sa Muse, de "nouer" ses faveurs, il ne recourt point au rite stérilisant de l'aiguillette, décrit par exemple dans *Le Grand Albert* (qu'il connaît d'ailleurs), mais il suit de près les pratiques magiques de l'Amaryllis virgilienne conjurant l'amour de son Daphnis (*Sextessence*, 91-132). Il se montre en cela lecteur attentif des chapitres sur les vertus des enchantements, imprécations et inscriptions de *La Magie Naturelle*[6].

La référence au mage réputé ne peut d'ailleurs échapper au lecteur. Celui-ci est prévenu que la Curiosité nourrit dans ses cheveux "Mille petits serpents & LESARTS venimeux" et que "CORNE'LLE [elle] AGRIPPE / Les mortels esgarez" (*Sextessence*, 69)[7]. En outre, une note marginale réprobatrice rappelle la mauvaise réputation du magicien à l'intention de ceux à qui échapperait le cryptogramme de son nom[8]. Décidément, la magie est une œuvre maléfique: si, faute de cornes de béliers, le poète est prêt à se servir des raclures des cornes diaboliques, c'est que le magicien

---

[4] Mais pas parmi les aphrodisiaques, à l'exception peut-être des asperges pour Pline *Hist. nat.*, l. XX, chap. 10. Comme le note Pietro Andrea Matthioli, La Palme de Christ est aussi semblable par la forme de ses racines à l'herbe nommée d'une façon assez explicite "couillon de chien" (*Commentaires de M. P. André Matthiolus (...) sur les six livres de Pedacius Dioscoride, Anazarbeen De la matière medicinale*, Lyon, la veuve de feu Gabriel Cotier, 1572, pp. 199, 268, 335, 448). Je voudrais remercier M. Jean Céard pour cette précieuse référence.

[5] Henri Corneille Agrippa, *La magie naturelle*, Paris, Berg International, 1982, p.104.

[6] V. *Le Grand et le Petit Albert*, éd. Bernard Husson, Paris, Pierre Belfond, 1970, p. 197; Virgile, *Bucoliques*, VIII, surtout v. 64 et suivants; Corneille Agrippa, pp. 197-200.

[7] Le mauvais augure du chant de la corneille est signalé par Agrippa à la suite de Virgile (Corneille Agrippa, p. 160; *Bucoliques*, I, 18).

[8] Réprobation qui va d'ailleurs grandissant d'une édition à l'autre. "Infoelix Cornelii Agrippae memoria notatur" de la *Quintessence* (p. 37) devient dans la *Sextessence*: "Cornelii Agrippae merito ab Ecclesia reprobati doctrina fugienda monstratum" (p. 69).

"équipolant" les corps naturels ne peut être que jugé sévèrement par le chrétien qui rejette les tentations démoniaques.

D'ailleurs, grâce aux notes marginales, les plantes médicinales révèlent immédiatement leur identité symbolique. "*Asperges* me domine *hyssopo* et mundabor"(*Ps.*, 50, 9): l'asperge vraiment salutaire est en fait la grâce prévenante dont Dieu *aspergeait* la France avant qu'elle n'ait sombré dans le chaos politique; l'hysope est l'humilité dont elle était "arrosée". L'identification magique des réalités distinctes, fondée sur leurs occultes sympathies, fait donc place à la proportion qui respecte les oppositions logiques; à l'allégorisme hautement proclamé par le commentaire de Demons. En effet, si en conclusion du poème, la Muse conseille au poète de recourir à l'action salutaire de la "Grâce de Dieu", elle désigne, conformément à l'isotopie magique du poème, une herbe utilisée comme un vulgaire purgatif et comme remède contre la morsure du serpent. Mais, aussi, en vertu de la transposition allégorique postulée, elle prend le nom de la plante au sens littéral, pour insister sur la nécessité de la bénédiction du Seigneur (*Quintessence*, 12; *Sextessence*, 366)[9].

En effet, la grâce de Dieu a abandonné la France entre autres à cause des progrès des sciences maléfiques. Cependant elle peut y retourner par les préceptes mêmes de la magie, pourvu que celle-ci soit "alambiquee au feu de l'amour divin et sainement entendue" (*Sextessence*, 42). Cette perception du discours magique comme signe allégorique, couverture d'un sens caché, pousse Demons à réinterpréter les emprunts virgiliens d'Agrippa dans le sens d'une exégèse chrétienne. Cependant, la motivation théologique de la huitième églogue est fort hasardeuse: grâce à l'étymologie de son nom évoquant le laurier éternel, l'inconstant Daphnis représente Dieu découragé par les infidélités des âmes humaines; les trois cordons dont Amaryllis noue son sort amoureux, sont les trois vertus théologales, etc. En outre, l'interprétation spirituelle se double d'une lecture politique. La "fiction" virgilienne de l'épouse désolée désigne certainement les royaumes voués à la misère, en absence de leurs rois légitimes. Tel est le cas de la France dont l'union avec son monarque a été rendue stérile par une ligature magique (*Sextessence*, 99-100).

Grâce à l'allégorisation spirituelle et politique de la magie, Demons perturbe l'efficacité immédiate des sortilèges et les pose comme signes allégoriques. Les incantations magiques de Demons ne tirent pas leur efficacité de ce type d'imitation que conçoit Ficin, lorsqu'il postule que les

---

[9] V. *Commentaires de M. P. André Matthiolus*, p. 269.

sons des prières captent les influences astrales par leur mise en accord avec des harmonies célestes spécifiques[10]. Les "charmes" du conseiller amiénois veulent être, tout simplement, des "carmes". Ces vers, hymnes ou psaumes ont pour but d'"enchanter" le Seigneur, autrement dit, comme s'empresse de le préciser Demons dans son commentaire, "faire venir en chantant les louanges de son Nom" (*Sextessence*, 57-62). La distinction du "charme" et du "carme", qui convertit la sémiotique magique en celle de l'allégorie, est parallèle à la différence qui sépare, selon Demons, les tromperies diaboliques des magiciens modernes de la vraie sagesse des anciens mages (*Quintessence*, 20). Cette dernière équivaut simplement à l'antique théologie allégorique qui se communiquait couverte du voile d'obscurité et dont la compréhension s'est perdue avec le temps, tout comme la portée théologique de la poésie virgilienne. Ce que les contemporains perçoivent faussement comme des enchantements magiques est en fait de la pure vérité chrétienne, essentielle pour comprendre les maux politiques de la France. Pour la saisir, Demons s'ingénie à passer le discours magique à travers son alambic interprétatif (nommé "le pharmac Catholic" - *Sextessence*, 316, 42-50) et, tel un nouvel Esdras, lit la grande allégorie divine de l'histoire de son temps. Ainsi la dérive allégorique transgresse les limites des vers et submerge le commentaire lui-même qui, surtout vers la fin de la *Sextessence*, devient un assemblage de paraphrases scripturaires.

Il n'en est pas moins vrai que l'exégèse à laquelle se livre le *poeta sacer* épigone semble fâcheusement arbitraire. Passe encore la christianisation - à force de références aux psaumes - des sentiments d'Amaryllis pour son Daphnis (*Sextessence*, 121). Les transformations magiques du poète en salamandre, cygne ou arbre fruitier paraissent déjà être des métamorphoses poétiques assez laborieuses pour signifier les changements spirituels des âmes à la fin des temps (*Sextessence*, 157-178). Mais lorsque Demons invite son lecteur à "succer la moëlle" et à voir la corde d'un pendu - ustensile magique traditionnel - comme le symbole de la Passion du Christ, le succès de la motivation de l'allégorie devient douteux[11]. Il est manifeste que la métaphore, poussée aux limites de l'arbitraire, se résout en contradiction, que la proportionnalité éclate en disproportion.

---

[10] *De Triplici vita*, III, 21.

[11] Pour l'utilisation magique de la corde d'un pendu v. par exemple *Le Grand et le Petit Albert*, pp. 128-129.

Le même doute s'applique aux noms divins dont Demons fait le centre compositionnel et le prétexte idéologique majeur de son œuvre (*Quintessence*, 46-55; *Sextessence*, 209-219, 243-256). Apparemment, ce sont là les "chariots de la toute-puissance", les "honorificentissimes qualitez de Dieu vivant" trouvées par les anciens Hébreux grâce à l'inspiration divine et à leur science "Cabalistique ou notariaque" (*Sextessence*, 204-206). Les lettres hébraïques sont porteuses d'une signification originaire qui révèle leur "proximité et simpathye" aux choses saintes (*Sextessence*, 212-213). Ainsi, adoptant la logique de l'identification du signe et de la chose, Demons semble user des noms divins comme d'incantations magiques tout en creusant leur motivation originelle par des recherches étymologiques périlleuses.

En réalité, les noms divins hébreux et grecs célébrés par le conseiller d'Amiens sont, eux aussi, largement puisés dans la magie céleste et cérémonielle d'Agrippa[12]. Ils sont donc entachés par le même opprobre qui pèse sur le magicien allemand ou sur le "noir Petre d'Abanne" au nom duquel ils sont associés[13]. Il s'agit donc de nouveau d'allégories. Ainsi, par exemple, si Demons adjoint au premier des noms divins - *Eheié* - le nom de la sefirot correspondante - *Kether* (la Couronne) -, c'est parce qu'il entend la traiter comme le symbole de la monarchie française et donc, de nouveau, remplacer l'herméneutique ésotérique par la proportionnalité de l'allégorie religieuse et politique (*Sextessence*, 210).

Toutefois, à cause de la corruption du siècle, le lecteur est incapable de saisir de ses propres forces la motivation originelle des noms divins, ni même leur relation proportionnelle à la réalité historique de son temps[14].

---

[12] V. surtout *La magie cérémonielle*, XI-XII et l'échelle du dénaire dans *La magie céleste*, Paris, Berg International, 1981, pp. 102-103. Il est fort probable que Demons ne connaît point l'hébreu.

[13] Pour les références à Pierre de Abano v. *Sextessence*, 186, 192 et 116 où il condamne l'*Heptameron ou pricipes & Elements magiques*. Il s'agit de deux opuscles *Elucidarium magicum* et *Heptateucon* attribués à Pierre de Abano et édités avec *La Philosophie Occulte* d'Agrippa à Paris en 1565 (v. Lynn Thorndike, *A History of Magic and Experimental Science*, New York, The Macmillan Compagny, 1929, t. 2, p. 925 et Eugenia Paschetto, *Pietro d'Abano, medico e filosofo*, s.l., Nuovedizioni Enrico Vallecchi, 1984, p.45). Agrippa se réfère d'ailleurs lui-même à Pierre de Abano (*La magie cérémonielle*, p.110).

[14] Surtout si le commentaire ne vient pas à son secours, comme c'est le cas de la *Quintessence* où les notes explicatives de Demons sont bien plus lapidaires que dans la *Sextessence*.

C'est pourquoi, découragé par l'inefficacité de ses "charmes" et de ses "carmes", le poète tombe en une mortelle agonie et vision contemplative de Dieu. En s'appuyant sur l'autorité de Denys l'Aréopagite et sur les passages adéquats du *Pimandre*, le commentaire souligne le caractère ineffable de la divinité, sa disproportion par rapport à la Création et vante les mérites de la théologie négative (*Sextessence*, 289-294). La contradiction douloureuse de Dieu et du Néant se double d'une coïncidence de contraires typique pour la mystique apophatique: le non-être est proclamé proche à l'Etre divin, le silence, la meilleure des prières. Est-ce à dire que l'apophasie représente le point d'aboutissement des ces "charmes" pseudo-magiques, le sens ultime de ses "carmes" allégoriques?

En fait la vision de Demons ne se résout pas en une extase mystique. Elle n'est qu'une fiction semblable à celle du poète "simulant", "contrefaisant" le magicien (*Sextessence*, 47, 207, 279):

> Or l'auteur de ce poëme desirant en toute modestie et humilité se spacier en ce beau champ de contemplation, a proposé en cet endroit *par fiction*, quasi comme une forme de la Divinité...
>
> (*Sextessence*, 293-294 - souligné J.M.)

Appuyé sur le programme de théologie naturelle proposé par du Bartas, sur "l'Analogye ou raison proportionnelle des œuvres de Dieu", Demons entend fournir à son lecteur "une forme de ceste informe divinité" (*Sextessence*, 294-304). Il en résulte une "feinte vision" orphique du monde comme corps divin, elle aussi, empruntée à *La philosophie occulte* d'Agrippa[15]. Mais si Demons s'attache à récuser d'avance tout soupçon de panthéisme magique, il ne parvient pas à convaincre de la valeur allégorique de l'image. Tout au contraire, la fiction transparaît avec une force égale à travers les "charmes" pseudo-magiques, les "carmes" moralisateurs et l'extase mystique. Ces trois niveaux de lecture du texte, au lieu de renvoyer chacun à sa manière vers Dieu, manifestent tous dans une commune mesure l'arbitraire du jeu oratoire.

En effet, si l'on replace les textes de Demons dans la tradition du divertissement épidictique auquel ils appartiennent, il s'avère que la Muse invoquée par le poète amiénois n'est point la bénédiction divine comme il

---

[15] *La magie cérémonielle*, p. 33. Le fragment de du Bartas allégué par Demons provient de la *Sepmaine ou Creation du monde*, jour I, vv. 129-134, éd. Yvonne Bellenger, Paris, Nizet, 1981.

ne cesse de le postuler, mais qu'inversement, la grâce de Dieu n'est qu'une muse rhétorique, prétexte à l'amplification du discours.

Ainsi, dès les premières pages de l'édition de 1594, le lecteur est prévenu du sens ultime des textes qu'il aborde. Demons renchérit sur la fameuse image horacienne: à la place de la souris ridicule, les monts donnent naissance au Rien[16]:

> Hic non parturiunt montes ut ridiculus mus
> Nascatur, sed mure minus NIL scilicet ipsum.
>
> (*Quintessence*, 7)

L'objet de la délirante éloquence de Demons n'est point l'Etre de Dieu conjuré par des invocations magiques, sondé par de prudentes exégèses ou contemplé dans le mystère de ses Noms ineffables. Demons parle du Rien, non pas du Néant métaphysique, mais du *concetto* de l'ingéniosité rhétorique.

En effet, la *Sextessence* qui fournit le titre au dernier ouvrage de Demons n'a rien à voir avec le sens spirituel que Postel donne à ce terme[17]. La sixième essence des "philosophes Alchimistes", "le sens mistic profondément caché" en la *Sextessence*, se résume au fait que c'est là le *sixième* texte d'une série, greffé sur l'ouvrage précédent qu'est la *Quintessence du quart de Rien*. Celle dernière ne relève pas, non plus, de la recherche alchimique, ni de la piété chrétienne cachée sous l'écorce de l'allégorie. Elle n'est que la suite de la *Demonstration de la quatrieme partie de Rien*, c'est-à-dire la continuation du jeu rhétorique inauguré par la publication du poème de Jean Passerat intitulé *Nihil*, paru chez le même Prevosteau, en 1587. Puisque le *Rien* de Passerat a été depuis traduit en français et suivi par des louanges anonymes de *Quelque chose* et du *Tout*, Demons entend rejoindre ce "Triot [sic!] musical"[18]. Il semble d'ailleurs y

---

[16] V. *Ars poetica*, 139.

[17] Guillaume Postel, *De la restitution de la vérité Demonstrative des temps courants...*, Bibliothèque Nationale, ms. lat. 3398, f° 45 v°, chap. 4: "De la tresadmirable Nature de la SextEssence, qui en soy contient aussi bien la quinteEssence [comme] Les quatre elementz inferieurs, et quelle chose en Verite cest". Apparemment, la "Sextessence" est l'arche de l'Ancien Testament, et aussi le lieu où la croix du Christ a été plantée en terre.

[18] Le recueil le plus complet de cette série des jeux poétiques semble avoir été publié en 1597 chez Estienne Prevosteau sous le titre *Nihil. Nemo. Aliquid. Quelque chose. Tout. Le moyen. Si peu que rien. On. Il.* La vogue du *Rien* de Passerat peut être encore attestée par son imitation offerte par Marie de Romieu au Maréchal de Retz et à sa femme

être invité par Passerat lui-même dans cette pointe lancée contre les alchimistes:

> Combien a il de gens qui avecque grand cure
> Fondent les mineraux a l'ayde de Mercure,
> Et apres longs travaux dilapidans leur bien
> Par infinies nuitz reduisent tout a Rien?[19]

Les poèmes de Passerat et de ses compagnons forment une sorte de concours d'étrennes littéraires qui blasonnent les mots les plus inattendus. L'objectif de cette compétition oratoire est de faire montre d'une maximale efficacité rhétorique: à partir d'un "rien" linguistique - le plus souvent un pronom -, il s'agit d'aboutir à la plénitude de l'éloge total. Cette *creatio ex nihilo* littéraire s'implante résolument dans le désert thématique laissé par les illustres prédécesseurs. Au début de son poème, Passerat se plaint de ce que rien ne reste qui ne soit déjà traité par les Anciens. Ce vide - le Rien du discours pris comme centre de l'éloge poétique - génère potentiellement une infinité de textes[20]. Ainsi l'existence même du poème devient une sorte de preuve *a contrario* de la fécondité illimitée du poète.

La démarche de Demons est exactement similaire et expressément tributaire de l'ingéniosité de Passerat et de ses amis:

> Ie sçaurois volontiers le secret de ce point,
> Dis le moy (Muse) ou bien tu ne *passeras* point:

(Marie de Romieu, *Les Premières Œuvres Poétiques*, éd. André Winandy, Genève, Droz, 1972, pp. 75-79). Je remercie Ullrich Langer pour cette dernière référence.

[19] Cité d'après la traduction française du *Nihil* de Passerat fournie par Philippe Girard, auteur du *Quelque chose*.

[20] Evidemment, cette production textuelle potentiellement infinie doit être arrêtée arbitrairement:
> Icy nous mettrons fin a ces subtils discours
> De peur que si j'employe maints feuillets et maints iours
> A discourir de RIEN, qui n'est chose cr[e]ée,
> Mes vers comme de RIEN s'en aillent en fumee.

Pur artifice rhétorique, le Rien de Passerat perd l'ambivalence morale et ontologique du Rien carnavalesque du début du siècle, présent encore dans la poésie de Marot. Il s'apparente bien plus aux jeux littéraires de Casparus Dornavius, *Amphitheatrum sapientiae socraticae joco-seriae*, Hanoviae, typis Wechelianis, 1619.

RIEN ny est inutil, TOUT y sert, QUELQUE CHOSE
Digne de ton sçavoir en ceste enigme est close.

(Quintessence, 12 - souligné J.M.)

Les transparents jeux de mots insèrent les textes de Demons dans la tradition du divertissement littéraire illustré par Passerat et ses continuateurs. Le conseiller d'Amiens entend y apporter une trouvaille personnelle. Le loisir vient visiter en songe le poète et lui présente une "plaisante Idée": l'éloge du Nom divin, un sujet de louange bien plus digne que le Rien des prédécesseurs:

QUELQUE CHOSE qui soit RIEN de TOUT ne me plaist,
Tant que le los du nom de celuy là QUI EST.

(Quintessence, 14)

En préférant Dieu comme objet de louange, Demons s'oppose à Passerat, qui affirmait, mettant à profit les ressources de la négation latine: "*NIHIL est Iove denique maius*" ("Rien passe la grandeur du Dieu tout puissant"). Cependant, bien qu'apparemment contredisant les plaisanteries de ses prédécesseurs, les poèmes de Demons obéissent aux règles du débat facétieux et en gardent le même caractère ludique. L'exaltation de l'ineffable divin ne correspond ici à aucune ascension spirituelle. La prémisse essentielle de la théologie négative, selon laquelle Dieu est fondamentalement dissemblable par rapport à tout ce qui est créé, devient prétexte à la surenchère publicitaire du poème, supérieur à ceux des concurrents (*Quintessence*, 14).

Si donc Demons choisit d'écrire "RIENTIFIQUEMENT" il se réfère, malgré la nouveauté de l'adverbe qu'il forge, à un genre de jeu rhétorique consacré. Dans sa passion d'apprenti poète, il témoigne avec force de la dégradation que subissent à la fin du siècle les grandes questions et métaphysiques du discours renaissant. Demons se veut "singe et imitateur" de celui qui de RIEN créa toutes choses. Mais en fait il réduit la genèse des êtres au statut de production textuelle: en ajoutant la quatrième, la cinquième et la sixième partie aux œuvres de ses prédécesseurs, il ne vise pas le sabbat spirituel mais la maîtrise d'une forme d'éloquence (*Sextessence*, 23-24). Dieu lui-même est invité à prendre part au jeu: "Vous avez magnifié ô Seigneur vostre sainct nom par dessus TOUT". Le verset du psaume 137 placé en exergue de *La Demonstration* n'est point l'objet d'une exégèse spirituelle. Grâce au subterfuge graphique des majuscules, il ramène le divin Créateur au rôle d'un ingénieux littérateur jouant avec les ressources du langage. D'ailleurs le poète lui-même ne subit aucune recréation mystique.

Tout au contraire, c'est Dieu qui est, très manifestement, le sujet de la création poétique (*Sextessence*, 14).

Ainsi cette "admirable alluvion et accroissement de RIEN" est une recherche exaspérée de *loquacitas*, version dégradée de la *copia* renaissante[21]. En effet l'allégorisme de Demons ne cache aucun sens occulte, spirituel ni mystique. Ce n'est qu'une métaphore filée ne dédaignant point les ressources du calembour. L'énigme à laquelle se réduisent les textes de Demons ne peut d'ailleurs être trop ardue. Même s'il essaye de différer l'explication complète jusqu'à la *Sextessence*, le poète s'empresse de rassurer ses lecteurs dès l'ouverture de son premier livret qu'aucune initiation ésotérique ni compétence particulière ne sont nécessaires pour la compréhension de son texte[22]. Par les abondants commentaires qui accompagnent ses vers, Demons joue à une sorte de cache-cache interprétatif embrouillant les pistes pour ménager le mystère, mais en même temps suggérant les solutions à l'avance.

Il en résulte une écriture "ironique", comme il l'appelle lui-même. Apparemment, en signifiant l'exact opposé du poème, le commentaire prétend discréditer les superstitions magiques pour servir au lecteur la moëlle du sens pieux[23]. Toutefois l'antiphrase n'est pas ici cette forme de communication subtile par laquelle l'auteur entre en connivence avec ses lecteurs. En contredisant le sens des vers, les insertions commentatives démontrent par leur arbitraire l'absolue liberté du jeu rhétorique. Elles consacrent ainsi la totale souveraineté du poète sur des signes aliénés de leurs références originaires, ramenés au statut de simples labels culturels et arrangés en une ingénieuse devinette. Le démoniaque graphomane n'est ni un herméneute dévoilant l'allégorie, ni un mage conjurant les forces occultes. Ce n'est qu'un cryptographe soucieux de ne pas décourager ses

---

[21] V. Terence Cave, *The Cornucopian Text: Problems of Writing in the French Renaissance*, Oxford, Clarendon, 1979.

[22] "Chacun ne pouuant estre Œdippus pour entendre & interpreter toute enigme proposée, il est icy besoin de tirer le rideau soubz l'obscurité duquel est cachée celle qui se presente au frontispice & intitulation de ce brief & petit poëme, De crainte que le lecteur demourant trop long temps en suspens & se sentant inexpert aux dimensions geometriques (qu'il pourroit imaginer estre icy necessaires) ne dedaigne & reiette la lecture du surplus" - (*Quintessence*, 8).

[23] "Quoniam pleraque arcana in naturæ thesauris delitescunt occlusa defectu experientiæ, ideo dicunt Magi investigare et experiri nos oportere rerum virtutes, per viam sumptam a similitudine, ut sit in hoc loco iocose et per Ironiam" - (*Quintessence*, 53)

lecteurs en brouillant trop despotiquement les cartes d'un jeu dont il contrôle l'issue.

La négation n'est pas ici, comme elle l'est chez Marguerite de Navarre, un geste métaphysique, le ressort de l'ascension spirituelle. L'opposition entre l'Etre et le Néant perd son caractère ontologique puisqu'elle traite toutes les tentatives de son dépassement - la réification de l'incantation magique, la proportionnalité savante de l'exégèse allégorique ou la transgression mystique de la théologie négative - comme autant de codes littéraires, débris d'une culture en déclin. En revanche une opposition rhétorique s'instaure exclusivement dans le discours, entre le poème et son commentaire qui, livrés simultanément au lecteur, exaltent l'adresse de l'éloquent prestidigitateur.

Cette dextérité oratoire reçoit une confirmation suprême dans l'ultime distorsion que Demons impose à ses poèmes. Les signes poétiques, dont la dissimilarité se trouve ainsi impudemment dévoilée, se trouvent remotivés, en quelque sorte *in extremis*, par la rhétorique de l'éloge courtisan: les variantes qui distinguent la *Sextessence* de la *Quintessence* permettent de remarquer qu'entre 1594 et 1595 le conseiller d'Amiens va se tourner vers le nouveau pouvoir politique pour conférer un sens au jeu arbitraire de sa faconde.

En effet, comme le suggère déjà l'allégorisme spirituel et politique dont se joue Demons, l'écriture "RIENTIFIQUE", la convention stylistique qu'il adopte, doit aussi symboliser l'état de la France. Le royaume coupable d'avoir trahi les valeurs qui le fondent, ayant condamné le nom divin, "vient au neant pour estre RIEN TIFIQUE" (*Quintessence*, 16). C'est pourquoi une nouvelle création *ex nihilo* aurait été nécessaire. La France aurait dû subir une seconde genèse. Le jeu rhétorique de Demons s'ingénie à la postuler, comme si parfaire le travail rhétorique de Passerat et de ses amis en ajoutant une quatrième, une cinquième et une sixième suite de leurs jeux rhétoriques reviendrait à mener le lecteur vers la pacification de la France tiraillée par les guerres de religion (*Quintessence*, 23-24):

> Il faut entendre par ceste antifrasique alluvion de RIEN, il sera permis d'adiouster cest' epithete, par ce qu'à proprement parler, on le peut aussi bien appeler decourt ou diminution de Rien, c'est à dire, par ceste augmentation & amplification en vertu & puissance des merveilleux effects de RIEN (dont toutes choses sont crées) est signifié & demonstré que ce Royaume de France ne peut veoir le iour de son repos & fin de tant de maux, si tous ensemblément ne nous monstrons singes et imitateurs de celuy qui de RIEN crea toutes choses,...

La confusion graphique entre le RIEN et le Rien, tantôt objet de louange oratoire, tantôt réalité ontologique originaire, aurait permis au discours poétique d'imiter la recréation spirituelle et politique. Toutefois écrire "rientifiquement" revient aussi à avouer "l'impuissance des moyens humains à la guarison de noz maux" (*Quintessence*, 21). Le conseiller d'Amiens a beau rêver sur les calembours que l'on peut extraire de son nom, le profit qu'il en tire ne peut être que langagier. Si les montagnes de son éloquence accouchent d'un Rien, il est fort douteux qu'il en sorte *"Des mons d'argent"* et la paix générale du royaume (*Quintessence*, 7). L'efficacité politique du texte étant donc condamnée à l'avance, il faut se résigner à une sorte de mimétisme négatif. Demons adopte intentionnellement une écriture énigmatique

> ...pour depeindre au naïf la depravée corruption d'une grande partie des François de ce siecle, dont les cœurs, langues, consciences, & religion parlent si diversement & sont si contraires, qu'a iuste cause on les peut appeler non seulement enigmatiques, obscurs, desguisez, contrefaicts & masquez, comme sont les vers de ce poëme, mais aussi ennemis de toute Iustice...
>
> (*Quintessence*, 18-19)

L'imbroglio des ouvrages de Demons reflète donc fidèlement le chaos ténébreux dans lequel a sombré la France (*Sextessence*, 10). Demons reconnaît que le plurilinguisme babélien de ses gloses fait de son œuvre une grotesque monstruosité. Le lecteur peut trouver ses commentaires encore plus obscurs que le texte qu'ils sont censés expliquer. Ce n'est là que l'image de l'état désespéré du royaume auquel aucun remède n'a pu jusque-là apporter d'éclaircissement, ajoutant encore, tout au contraire, à la confusion.

Seul un miracle peut donc illuminer les ténèbres sémantiques des textes de Demons, ainsi que les obscurités politiques de la France. Ce miracle survient pour le conseiller d'Amiens entre les deux publications de ses opuscules: il est visible dans les modifications que la *Sextessence* apporte au fonctionnement rhétorique de l'édition précédente.

Dans son premier poème - *La Demonstration de la quatrième partie de rien* -, Demons se présente comme l'"humble ministre au sainct temple d'Astrée". Cette allégeance à la vierge de la Justice s'explique aisément par sa qualité de conseiller au présidial d'Amiens, ville à laquelle il dédie l'édition de 1595. Elle signifie cependant aussi que Demons voit son temps comme une période de dégénérescence et de calamité. La Muse à laquelle il s'adresse dans ce poème s'enfuit au ciel avec Astrée, en abandonnant le séjour des hommes, et la France en particulier, aux malheurs de l'âge de fer

(*Quintessence*, 13 et 16)[24]. Cependant, il ne faut pas oublier que l'intérêt du jeu rhétorique du conseiller amiénois consiste à différer le dévoilement du sens de ses énigmes ou du moins à feindre une telle initiation herméneutique de son lecteur: *La Demonstration* se termine par la devise *omnia in tempore*. En fait, les premiers lecteurs de ces facéties rhétoriques devaient soupçonner déjà qu'Astrée désigne la justice royale ramenée en France par Henri IV. Le retour de l'âge saturnien était en effet l'un des motifs préférés de la propagande monarchique du nouveau roi[25]. Il n'est donc point étonnant que c'est à lui qu'est dédié le commentaire final des énigmes de Demons (*Sextessence*, 12). En mettant à profit l'image du roi comme Hercule gaulois, Demons ajoute le nom du monarque à l'un des vers de son poème, afin d'accomplir d'autant plus efficacement sa propre prophétie de la pacification du royaume. Dans la *Quintessence* Demons prédit que l'hydre ravagera la France tant qu'elle ne sera terrassée par "un genereux Hercule". Dans l'édition suivante du texte, il modifie ce vers et n'hésite plus à nommer le libérateur: "HENRY nostre Hercule" (*Quintessence*, 31; *Sextessence*, 23).

La recréation de la France, le miracle politique accompli par le nouveau roi arrive opportunément pour remplir le vide de la sophistique du conseiller d'Amiens. La paix prodigieuse instaurée par Henri IV rétablit l'analogie, la proportion entre le ciel et la terre, Dieu et la Création, en conférant ainsi un sens à la rhétorique nihiliste de Demons:

> Certes ces choses sont merveilleuses devant noz yeux, & purement œuvres de Dieu qui les a faict & engendré aux entrailles de sa misericorde par voye analogique & proportion reglée au niveau des causes naturelles & ordinaires de generation pour ne les faire desesperer aux hommes, mais plustost comprendre, prevoir, & desirer, par le discours & raison de leur seul iugement.
>
> (*Sextessence*, 7)

Ainsi, par une récupération politique *in extremis*, les énigmes rhétoriques de Demons sont sauvées de la gratuité et mises au service de la propagande. L'éloge du Nom divin n'était qu'un exploit oratoire, au même titre que les enchantements magiques ou les allégories spirituelles forcées. L'éloge du nom royal renoue les proportions rompues. Il ne s'agit toutefois plus des analogies philosophiques qui étaient familières à la Renaissance. L'écriture

---

[24] V. *Métamorphoses*, I, 1-151.

[25] V. Frances A. Yates, *Astrea. The Imperial Theme in the Sixteenth Century*, London and Boston, Routledge & Kegan Paul, 1975; Corrado Vivanti, "Henri IV, the Gallic Hercules", *Journal of the Warburg and Courtauld Institutes*, 30 (1967), pp. 176-197.

"rientifique", la rhétorique nihiliste de Demons a efficacement détruit toute motivation ontologique du Rien. En dégradant les codes de la culture renaissante, elle a laissé une forme rhétorique vide et parfaitement disponible aux récupérations oratoires potentielles. A la place de l'enchantement magique, du clair-obscur de l'allégorie, du silence de la contemplation, reste le clinquant de la métaphore usée par le jeu de Passerat et de ses émules, passible de toute application idéologique opportune. Pour qu'il en soit ainsi il a fallu que la littérature renonce à son ambition d'être une exégèse de l'Etre-Néant, un signe, même dissimilaire, de Dieu.

Les jeux "rientifiques" de Demons marquent un point d'aboutissement dans l'histoire des noms divins comme signes dissimilaires[26]. En sautant allégrement de la magie naturelle vers l'allégorie morale et politique, abandonnée, à son tour, en faveur de la mystique apophatique des noms divins, ce littérateur fou offre à ses lecteurs un plaisant pastiche des grandes conceptions poétiques de la Renaissance. Mais, surtout, il rompt avec insouciance l'équilibre fragile qui poussait la poésie à se définir par rapport à la Vérité transcendante, et à cultiver en même temps la conscience critique de sa nature historique et linguistique. Visiblement, ce paradoxe fondamental se désintègre au profit de son terme négatif. Les signes dissimilaires ne sont plus perçus comme signes des valeurs absolues, mais ils sont vus avant tout comme dissimilaires, aliénés de leurs significations transcendantes et libres donc d'être totalement reconvertis en des usages plus immédiats. Leur dissemblance, cette monstruosité que la théologie négative intégrait auparavant dans sa sémiotique sacrée, demeure seule, objet d'un curieux amusement. Le dévoilement herméneutique du sens se transforme en temporisation, suspens rhétorique; le rire sérieux, engagé dans les polémiques du temps, mais engagé précisément à cause des valeurs qui dépassent les débats du jour, se désintègre pour séparer ce qui est risible de ce qui est sérieux. Peut-on s'imaginer, en cette fin du siècle, un autre *Heptaméron*, où la farce, le sexe

[26] A noter le déclin du nombre des éditions de Denys au XVIIᵉ siècle. Le corpus dionysien devient de plus en plus l'enjeu du débat confessionnel sur l'importance de la tradition en matière de théologie. V. *l'Apologie pour les œuvres de s. Denys l'Areopagite, apostre de France* qui préface la traduction française de 1629.

et le tumulte des passions soient un préambule à la spiritualité la plus élevée?

Evidemment, on pourrait dire qu'il est facile de contraster la subtile exégèse à laquelle Marguerite de Navarre invite ses lecteurs avec les énigmes contournées de Demons. Le changement général dans le statut ontologique et rhétorique des signes littéraires avait dû être probablement plus délicat, peut-être même, parfois, imperceptible pour les contemporains[27]. Ainsi, encore en 1661, l'universitaire hollandais Martin Schoock avait pu placer en appendice à son *Tractatus philosophicus de Nihilo* les éditions commentées du *De Nihilo* de Bovelles et du *Nihil* de Passerat[28]. Association, semble-t-il, des plus surprenantes, car rien ne lie la métaphysique négative de Bovelles à la plaisanterie poétique de Passerat, si ce n'est l'aisance avec laquelle Schoock accueille les sources diverses pour appuyer ses propres spéculations sur le Rien négatif et le Rien privatif. En fait, plus que le syncrétisme d'un esprit attardé, le livre de Schoock manifeste la rupture de la tension paradoxale qui caractérise la poétique renaissante; il témoigne de ce que, aux temps de Schoock, les signes dissimilaires ne sont plus possibles, qu'il faut choisir entre leur capacité d'être des concepts métaphysiques et leur monstruosité poétique, leur négativité. Visiblement, Schoock opte pour la première solution, en traitant le *Nihil* de Passerat comme le prolongement de ses propres développements philosophiques. Tout étant traité avec un égal sérieux, il n'y a plus de place pour l'ambiguïté de Monsieur Rien, fou diabolique et défenseur des valeurs primordiales pour la communauté, il n'est plus possible d'imaginer, comme l'avait fait Marot, un éloge non moins sarcastique qu'il est sincère.

Cela ne veut certainement point dire que l'ironie soit, désormais, impossible. Sa pointe n'est pourtant plus dirigée, comme cela était bien le

---

[27] Il semble ainsi difficile de décider de la nature facétieuse ou philosophique des éloges du Rien publiés à Venise en 1634 et analysés par Carlo Ossola ("Elogio del Nulla", in *Il Segno Barocco. Testo e metafora di una civiltà*, éd. Gigliola Nocera, Roma, Bulzoni Editore, 1983, pp. 109-134).

[28] *Tractatus de nihilo: accessit ejusdem argumenti libellus Caroli Bovilli, atque Johannis Passeratii accuratissimum Poema de nihilo cum annotationibus necessariis ejusdem Schoockii*, Groningae, typis Viduae Edzardi Agricole, 1661. Schoock compte dans son œuvre des ouvrages fort divers: par exemple un traité sur le Décalogue y côtoie un autre, consacré à la Poule et à l'Œuf. Il est connu surtout pour avoir participé, aux rangs d'autres aristotéliciens hollandais, à l'attaque lancée contre Descartes au début des années 40 du XVIIe siècle. V. à ce propos *La Querelle d'Utrecht: René Descartes et Martin Schoock*, textes établis, traduits et annotés par Theo Verbeek, préface Jean-Luc Marion, Paris, Les Impressions Nouvelles, 1988.

cas dans la tradition dionysienne, contre l'incapacité humaine à signifier l'ineffable. Les signes dissimilaires étaient ironiques parce que leur tératologie même désignait la transcendance. Plus le discours poétique de Marguerite se désintégrait dans la dialectique du Tout et du Rien, mieux il laissait entendre le Mot, la Voix du Verbe Abrégé, le souffle de l'Esprit. Le pastiche de Demons montre clairement que l'ironie a changé d'orientation. La dissemblance des signes n'est plus son instrument dans la dénonciation des incapacités du discours humain. La négativité peut, elle-même, être figée en un label culturel de la théologie négative et, enfin, dénoncée par antiphrase. Il devient alors possible de réutiliser les références à la théologie négative en leur imposant des usages qui ont peu en commun avec la spiritualité chrétienne dont elles sont issues. Tel est le cas de la mystique des noms divins, mise à profit par le jeu rhétorique de Demons. Tel semble être aussi le cas de la théorie des signes dissimilaires qui sert d'argument en faveur du naturalisme philosophique de Giordano Bruno dans sa *Cabale du cheval pégaséen*. En apparence cet ouvrage se présente comme la louange de la "sainte asinité" qui désigne clairement l'abandon du mystique voué à Dieu et fuyant la sagesse de ce monde. Eloge hyperbolique, où l'on retrouve le condensé des topoï essentiels de l'humilité spirituelle: l'ivresse apparente des apôtres de la Pentecôte, références bibliques appuyées par l'autorité de saint Paul, saint Augustin et celle de Denys. Eloge ironique cependant, car placée toute entière sous le signe de la *declamatio*, clairement désignée par ce terme dès le début de l'ouvrage[29]. Ce que Bruno entend défendre, n'est pas la "sainte sottise et pieuse dévotion", mais "l'âne idéal" qui n'est rien d'autre que l'âme du monde, espèce primordiale, "tout en tout et tout en chaque partie"[30].

Dans la perspective de cette visée philosophique particulière à Bruno, la théologie négative tombe victime de la critique générale de la spiritualité chrétienne. Si Bruno rejette la mystique, il en garde pourtant la

[29] Giordano Bruno, *Cabale du cheval pégaséen*, éd. Giovanni Aquilecchia, Nicola Badaloni, Tristan Dagron, Paris, Les Belles lettres, 1994. L'ouvrage est composé essentiellement d'une "Déclamation au studieux, dévot et pieux lecteur", suivie de quatre dialogues dont le dernier est intitulé "L'âne cyllénique". V. Nuccio Ordine, *La cabala dell'asino. Asinità e conoscenza in Giordano Bruno*, Napoli Liguori Editore, 1987, surtout p. 66 et suivantes. Avec la mystique négative Bruno rejette le scepticisme et l'aristotélisme qui s'opposent, de même, au développement de la connaissance. V. aussi Hélène Védrine, *La conception de la nature chez Giordano Bruno*, Paris, Vrin, 1967, surtout p. 336 et suivantes.

[30] V. pp. 26-29 et 16-17.

notion des signes dissimilaires en la détournant, toutefois, vers ses propres fins. En effet, pour défendre sa conception de la Sagesse représentée par l'"âne idéal et cabalistique", il évoque clairement l'enseignement dionysien sur Dieu symbolisé par des images animales les plus basses[31]. Pour Bruno, les images métaphoriques repoussantes ne doivent cependant point inviter le fidèle à la contemplation de la transcendance. Ils ne servent que les besoins d'un raisonnement par analogie: tout comme l'Ecriture peut désigner le Saint des saints par des métaphores monstrueuses, de même Bruno entend signifier sa vision de la Sagesse en de termes "asiniens". La "sainte asinité" de la mystique chrétienne n'est donc qu'une figure rhétorique à interpréter allégoriquement, figure "dissimilaire" du naturalisme philosophique de Bruno, mise à profit par l'éloge antiphrastique du renoncement dévot.

Schoock et Bruno représentent deux usages des signes dissimilaires qui sont diamétralement opposés, mais qui trahissent dans une commune mesure la sémiotique particulière à la théologie négative de Denys. Attaché à ses spéculations métaphysiques et logiques, Schoock néglige le caractère dissimilaire du Rien, jusqu'au point de se montrer aveugle au jeu oratoire du poème de Passerat. En revanche, Bruno cultive la dissemblance dionysienne, mais juste pour la mettre au service de sa déclamation, pour en faire la figure, toute rhétorique, de son naturalisme.

Les exemples de Schoock et de Bruno semblent indiquer qu'à la fin de la Renaissance il est devenu de plus en plus difficile à la littérature de concilier les deux exigences si admirablement synthétisées dans les symboles dissimilaires de l'Aréopagite: l'aspiration à signifier l'Absolu transcendant et la conscience de la précarité des signes qui sont, par leur négativité même, le mieux appelés à cette tâche. Pourtant tout a commencé au début du siècle, dans la génération des écrivains évangéliques français, par la gigantesque entreprise de la reconversion de la littérature, qui, tout en restant littérature, devait mener ses lecteurs vers la Vérité la plus haute. Entreprise menée avec plus ou moins de succès artistique. Elle a poussé Rabelais à adopter les chroniques gigantales pour y insuffler l'esprit de l'évangile de même que le rire de l'humanisme érudit. Mais elle a aussi encouragé François Habert à baptiser promptement les divinités mythologiques après avoir pris soin d'assourdir toutes leurs résonances

---

[31] "Voyez, voyez donc pourquoi, sans qu'il faille l'entendre comme un blâme, non seulement on appelle le saint des saints lion, unicorne, rhinocéros, vent, tempête, aigle et pélican, mais lui refusant le nom d'homme, on le qualifie d'opprobre des homes, d'abjection de la plèbe, de brebis, d'agneau, de vermisseau, le comparant à une faute au point de l'appeler péché, et pire encore" (pp. 26-29).

mythiques originelles. C'est sur le fond de ce mouvement artistique et religieux qu'il importe de comprendre l'œuvre de Marguerite de Navarre, une œuvre qui demeure littéraire dans le sens le plus humain, pour ne pas dire le plus profane de ce terme, et qui, en cela même, se montre profondément mystique. L'objectif artistique de la reine semble être la destruction des formes consacrées de la poésie qui, comme l'allégorie des *Prisons*, sont patiemment construites pour être d'autant mieux pulvérisées. Ou bien il s'agit, comme c'est le cas de l'*Heptaméron*, d'amplifier le brouhaha polyphonique du dialogue, multiplier les lacunes et les contradictions de la fiction, tout en signalant au lecteur, souvent à travers des détails textuels infimes, que la Vérité dépasse ce texte infiniment. Une telle désintégration, un tel brouillage conscient du discours illustre la métaphysique proposée par le courant radical de la tradition dionysienne, celui qui accentue le gouffre ontologique séparant Dieu de sa créature, gouffre qui ne peut être franchi que dans l'expérience mystique d'auto-annihilation. Perçu à la lumière de cette métaphysique négative, le discours littéraire doit multiplier ses contradictions, puisque celles-ci n'appartiennent qu'au niveau de la raison humaine et se résorbent en une parfaite coïncidence au niveau ontologique supérieur; il doit se désintégrer, puisque c'est là le signe de l'anéantissement du moi qui imite ainsi d'autant mieux le sacrifice du Tout divin, devenu Rien par amour des hommes.

Marguerite de Navarre cultive donc savamment la dissemblance des signes littéraires afin qu'ils puissent d'autant plus efficacement renvoyer le fidèle au-delà de toute littérature. Clément Marot, pourtant proche de la reine, s'écarte déjà de cette poétique exigeante. Non point qu'il renonce à l'anéantissement du moi face à la divinité. Tout au contraire, il y insiste particulièrement en s'adressant à l'image de Dieu qu'est le Prince, en implorant son "mot" créateur qui puisse le tirer du néant de sa basse existence. A première vue cela paraît être l'ébauche d'une mystique monarchique conforme à celle que la France a particulièrement bien développée comme héritage de la pensée dionysienne. Toutefois cette apparente religion politique tourne court, lorsqu'il s'avère que le roi est une image fort imparfaite de la déité. Dès lors, la divinisation et l'anéantissement ne servent pas l'exaltation mystique de la monarchie, mais permettent plutôt d'exposer les êtres relatifs et déficients du roi et de son poète. Les contradictions et les négations s'accumulent donc, mais non pas pour projeter le lecteur vers la transgression mystique du discours, mais plutôt pour donner au poète une marge d'autonomie. Mis en fiction, le rien permet de déjouer les angoisses, de remédier à la précarité de l'existence, du moins dans l'univers poétique de l'ironie et de l'obliquité qui est celui de Marot.

Car la vraie foi n'est pas apportée par la littérature qui demeure, cependant, capable de convaincre, ne fût-ce que par le rire qu'elle suscite.

En comparaison avec la mystique littéraire de Marguerite, la poétique de Marot accuse un premier déplacement dans le fonctionnement littéraire des noms divins comme signes dissimilaires. Le discours humain est perçu comme fondamentalement dissemblable par rapport à la transcendance. Pourtant son caractère négatif ne doit pas être transgressé pour favoriser l'union avec l'Etre absolu, mais plutôt cultivé artistiquement pour confirmer le poète dans la maîtrise de son dire. La souveraineté poétique est encore plus importante pour Ronsard. En apparence, elle semble résulter de la capacité exceptionnelle du poète à nommer le divin. Toutefois, l'ascension des cieux s'avère une entreprise sacrilège dictée par l'orgueil de l'homme et vouée, d'avance, à l'échec. Dès lors nommer la divinité ne témoigne pas de la participation du poète à des mystères sacrés qui appartiennent à un passé mythique et définitivement révolu. Il s'agit bien plutôt d'un travail sanctifiant, mais d'une façon tout à fait humaine, l'objet auquel il se rapporte. Travail qui n'est pas celui de l'exégète dévoilant patiemment la Vérité des origines, mais plutôt celui d'un artisan de la fable, attaché à modeler une image vraisemblable à l'usage de ses lecteurs. Le signe poétique s'accommode donc de sa dissemblance par rapport au sacré transcendant, il épouse les contradictions et la fragmentation du monde sublunaire, pour les élever non par l'interprétation allégorique, mais par la fictionnalisation de la métaphore. L'on comprend donc les raisons pour lesquelles Ronsard insiste tellement sur sa souveraineté poétique. Seul le Prince des poètes est capable d'envelopper à nouveau les choses du manteau de la fable, de les transformer en mythes vivants. C'est parce qu'elle demeure exilée du sacré transcendant désormais inaccessible, que l'énonciation poétique doit être dotée d'une dignité suffisante pour fonder le sacré de ce siècle. A défaut de garantir cette reconnaissance, les dieux nouveaux dénudent, d'une façon navrante, leur mortalité et laissent ainsi peser sur la poésie le soupçon de mensonge.

Après Ronsard, le Nom de Dieu ne peut plus être l'objet d'une patiente exégèse; il ne peut plus être recherché à travers l'allégorie, même dissimilaire, de la littérature. Posé à l'avance comme doctrine, il devient l'enjeu d'une rhétorique. Par là même les codes littéraires fondés sur l'herméneutique de la Vérité semblent en quelque sorte mis à distance. Aliénation d'autant plus curieuse qu'il s'agit, comme c'est le cas chez Guy Le Fèvre de La Boderie, de la cabale, de l'hermétisme et de l'alchimie, qui, justement, insistent sur la communion ésotérique avec le sacré. La théologie négative est, elle-même, touchée par cette réserve, mise entre guillemets à l'instar des autres motifs néo-platoniciens qui commencent à perdre leur caractère de symboles pour devenir de simples métaphores. Cette tendance, à peine perceptible chez La Boderie, devient pleinement manifeste dans les jeux rhétoriques de Jean Demons. L'émule de Passerat exploite la dissemblance des signes au point de les transformer non plus en allégories de la Vérité, même pas en allusions oratoires, mais juste en cryptogrammes des conventions culturelles fossilisées.

Ainsi l'intrigue de ce livre parcourt une suite de choix particuliers, pourrait-on dire ponctuels: Marguerite de Navarre, ajoutant une précision lexicographique à une histoire facétieuse empruntée ailleurs et lui conférant ainsi un sens spirituel capital; Marot, magnifiant son roi par un terme qui écrase l'éloge sous le poids de son sens métaphysique; Ronsard, qui, de variante en variante restreint la portée de son chant; La Boderie, qui exalte l'Un-Nul, mais n'oublie pas d'y apposer les signes de citation; enfin Demons, servant à son lecteur une quintessence de la vérité sacrée qui s'avère être juste le cinquième épisode d'un feuilleton poétique. Additionnés, ces gestes offrent le bilan des dissemblances d'une poésie, qui se sait dissimilaire.

BIBLIOGRAPHIE

AGRIPPA, Henri Corneille, *La magie naturelle, La magie cérémonielle, La magie céleste*, Paris, Berg International, 1982.

AHMED, Ehsan, "Marguerite de Navarre's *Chansons spirituelles* and the Poet's Passion", *Bibliothèque d'Humanisme et Renaissance*, 52 (1990), pp. 37-52.

ALHAZEN [IBN AL-HAYTHAM], *De aspectibus*, trad. A. I. Sabra, London, The Warburg Institute, 1989.

ALHAZEN [IBN AL-HAYTHAM], *De aspectibus*, Basileae, per Episcopios, 1572.

ALLEN, Don Cameron, *Mysteriously Meant. The Rediscovery of Pagan Symbolism and Allegorical Interpretation in the Renaissance*, Baltimore and London, The Johns Hopkins Press, 1970.

ALLEN, Michael J. B., *Icastes: Marsilio Ficino's Interpretation of Plato's 'Sophist'*, Berkeley, Los Angeles, Oxford, University of California Press, 1989.

ALLEN, Michael J. B., "Marsile Ficin et le *Corpus Hermeticum*", in *Cahiers d'Hermétisme. Présence d'Hermès Trismégiste*, Paris, Albin Michel, 1988, pp. 111-119.

ALLEN, R. E., *Plato's 'Parmenides'. Translation and Analysis*, Minneapolis, University of Minnesota Press, 1983.

ALTENSTAIG, Joannes et TYTZ, Joannes, *Lexicon Theologicum*, Coloniae Agrippinae, Petrus Henningius, 1619.

ANEAU, Barthélemy, [préface à] *Trois premiers livres de la Metamorphose d'Ovide...*, Lyon, Guillaume Rouville, 1556.

ANEAU, Barthélemy, *Quintil Horatian*, Paris, la Veuve Regnault, 1555.

APOLLONIOS DE RHODES, *Les argonautiques*, éd. R. C. Seaton, London - Cambridge, Mass., William Heinemann - Harvard University Press, 1912.

ARRATHON, Leigh A., "The 'Compte en viel langage' behind *Heptaméron*, LXX", *Romance Philology*, 1 (1976), pp. 192-199.

AUGUSTIN, saint, *Commentaire sur la première épître de Saint Jean*, Paris, Ed. du Cerf, 1961.

AUGUSTIN, saint, *La Trinité*, in *Œuvres de Saint Augustin*, Paris, Desclée de Brouwer et Cie, 1955.

AUGUSTIN, saint, *Le Magistère Chrétien*, in *Œuvres de Saint Augustin*, Paris, Desclée de Brouwer et Cie, 1949.

AUGUSTIN, saint, *Les Confessions*, in *Œuvres de Saint Augustin*, Etudes Augustiniennes, 1992.

BARGEDE, Nicolle, *Les Odes penitentes du Moins que Rien*, Paris, Iehan Longis, 1550.

BEDOUELLE, Guy, *Lefèvre d'Etaples et l'intelligence des écritures*, Genève, Droz, 1976.

BEDOUELLE, Guy, *Le 'Quincuplex Psalterium' de Lefèvre d'Etaples. Un guide de lecture*, Genève, Droz, 1979.

BIDEAUX, Michel, "Du 'bruit' à la 'tapisserie'", *Cahiers Textuel*, 10 (1991), pp. 113-131.

BIDEAUX, Michel, *Marguerite de Navarre, "L'Héptaméron", de l'enquête au débat*, Mont-de-Marsan, Editions InterUniversitaires, 1992.

BLANCHARD, Joël et PANTIN Isabelle, "Culture scientifique et langage vernaculaire: la 'Moralité à six personnages', une alliance unique dans le théâtre médiéval", in *Bibliothèque d'Humanisme et Renaissance*, 55 (1993), pp. 287-299.

BLUM, Claude, *La représentation de la mort dans la littérature française de la Renaissance*, Paris, Champion, 1989.

BOCCACCIO, Giovanni, *Genealogie deorum gentilium libri XV*, éd. Vicenzo Romano, Bari, Gius. Laterza & figli, 1951.

BOLTE, Johannes, "Die Legende vom Heiligen Niemand", "Sermo de pauperis Henrici de sancto Nemine...", *Alemannia*, 16 (1888), pp. 193-201.

BOUREAU, Alain, *Le simple corps du roi. L'impossible sacralité des souverains français. XVe-XVIIIe siècle*, Paris, Les Editions de Paris, 1988.

BOVELLES, Charles de, *Ars oppositorum*, éd. et trad. Pierre Magnard, Paris, Vrin, 1984.

BOVELLES, Charles de, *Commentarius in primordiale evangelium divi Ioannis...*, Paris, J. Badius, 1514.

BOVELLES, Charles de, *Divinae caliginis liber...*, Lyon, A. Blanchard, 1526.

BOVELLES, Charles de, *De Nihilo*, éd. et trad. Pierre Magnard, Paris, Vrin, 1983.

BOVELLES, Charles de, *De Sapiente*, éd. Pierre Magnard, Paris, Vrin, 1982.

BOVELLES, Charles de, *Liber de differentia vulgarium linguarum et Gallici sermonis varietate*, éd. et trad. Colette Dumont-Demaizière, Amiens, Musée de Picardie, 1972.

BOVELLES, Charles de, *Questionum Theologicarum libri septem...*, Paris, J. Badius, 1514.

BOWEN, Barbara C., "*Nothing* in French Renaissance Literature", in *From Marot to Montaigne: Essays on French Renaissance Literature*, éd. Raymond C. La Charité, *Kentucky Romance Quarterly*, 19 (1972), suppl. I, pp. 55-64.

BRIÇONNET Guillaume et MARGUERITE DE NAVARRE, *Correspondance (1521-1524)*, éd. Christine Martineau, Michel Veissière, Henry Heller, Genève, Droz, 1975.

BRODEAU, Victor, *Poésies*, éd. Hilary M. Tomlinson, Genève, Droz, 1982.

BRUNO, Giordano, *Cabale du cheval pégaséen*, éd. Giovanni Aquilecchia, Nicola Badaloni, Tristan Dagron, Paris, Les Belles lettres, 1994.

BUFFIERE, Félix, *Les mythes d'Homère et la pensée grecque*, Paris, Les Belles Lettres, 1956.

CALMANN, Gerta, "The Picture of Nobody. An Iconographical Study", *Journal of Warburg and Courtault Institutes*, 23 (1960), pp. 60-104.

CAPELLO, Glori, "Nicolò Cusano nella corrispondenza di Briçonnet con Margherita di Navarra", *Medioevo*, 1 (1975), pp. 97-128.

CARTARI, Vicenzo, *Imagini delli dei de gl'antichi*, Venetia, presso il Tomasini, 1647.

CAVAZZA, Silano, "Platonismo e riforma religiosa: la 'Theologia vivificans' di Jacques Lefèvre d'Etaples", *Rinascimento*, 22 (1982), pp. 99-149.

CAVE, Terence, "Scève's *Délie*: Correcting Petrarch's Errors", in *Pre-Pléiade Poetry*, éd. Jerry C. Nash, Lexington, French Forum, 1985, pp. 112-124.

CAVE, Terence, *The Cornucopian Text. Problems of Writing in the French Renaissance*, Oxford, the Clarendon Press, 1979.

CAZAURAN, Nicole, "Les citations bibliques dans l'*Heptaméron*", in *Prose et prosateurs de la Renaissance. Mélanges offerts à M. le Professeur Robert Aulotte*, Paris, Sedes, 1988.

CEARD, Jean, "Cosmologie et politique: la paix dans l'œuvre et dans la pensée de Ronsard", in *Ronsard et Montaigne. Ecrivains engagés?*, éd. Michel Dassonville, Lexington, Ky., French Forum, 1989, pp. 41-55.

CEARD, Jean, "De Babel à la Pentecôte: la transformation du mythe de la confusion des langues au XVIe siècle", *Bibliothèque d'Humanisme et Renaissance*, 3 (1980), pp. 577-594.

CEARD, Jean, "Dieu, les hommes et le poète: Structure, sens et fonction des mythes dans les *Hymnes* de Ronsard", in *Autour des "Hymnes"de Ronsard*, éd. Madeleine Lazard, Genève, Slatkine, 1984, pp. 83-101.

CEARD, Jean, "La disposition des livres des *Hymnes* de Ronsard", in *Cahiers Textuel 34/44*, 1 (1985), pp. 83-99.

CEARD, Jean, *La nature et les prodiges. L'insolite au XVIe siècle, en France*, Genève, Droz, 1977.

CEARD, Jean, "La révolte des géants, figure de la pensée de Ronsard", in *Ronsard en son IVe centenaire. L'art de poésie*, éd. Yvonne Bellenger, Jean Céard, Daniel Ménager, Michel Simonin, Genève, Droz, 1989, pp. 221-232.

CEARD, Jean, "Les mythes dans les *Hymnes* de Ronsard", in *Les mythes poétiques du temps de la Renaissance*, éd. M. T. Jones-Davies, Paris, Jean Touzot, 1985, pp. 21-34.

CEARD, Jean, "'Loüer celluy qui demeure là-haut': la forme de l'hymne ronsardien", *Renaissance and Reformation / Renaissance et Réforme*, 1 (1987), pp. 1-14.

CEARD, Jean, "Muret, commentateur des 'Amours' de Ronsard", in *Sur des vers de Ronsars, 1585-1985*, éd. Marcel Tetel, Paris, Aux Amateurs de Livres, 1990, pp. 37-50.

CERTEAU, Michel de, *La Fable mystique. XVIe - XVIIe siècle*, Paris, Gallimard, 1982.

CHAMARD, Henri, *Histoire de la Pléiade*, Paris, Didier, 1961.

La Chastelaine de Vergi, éd. F. Whitehead, Manchester, Manchester University Press, 1951.

La Châtelaine de Vergi, éd. René Stuip, Paris, Union générale des éditions, 1985.

COGNET, Louis, *Introduction aux mystiques rhéno-flamands*, Paris, Desclée, 1968.

COLIE, Rosalie L., *Paradoxia Epidemica. The Renaissance Tradition of Paradox*, Princeton, Princeton University Press, 1966.

CONTI, Natale, *Mythologie c'est à dire Explication des Fables*, Paris, Pierre Chevalier, 1627.

COPENHAVER, Brian P., "Lefèvre d'Etaples, Symphorien Champier, and the Secret Names of God", *Journal of the Warburg and Courtauld Institutes,* 40 (1977), pp. 189-211.

CORNILLAT, François, *"Or ne mens". Couleurs de l'Eloge et du Blâme chez les "Grands Rhétoriqueurs"*, Paris, Champion, 1994.

CORNILLIAT, François et Ullrich LANGER, "Naked Narrator: *Heptaméron*, 62", in *Critical Tales: New Studies of the Heptaméron and Early Modern Culture*, éd. John D. Lyons, Mary B. McKinley, Philadelphia, University of Pennsylvania Press, 1993, pp. 123-145.

CORSINI, Eugenio, *Il Trattato De Divinis Nominibus dello Pseudo-Dionigi e i commenti neoplatonici al Parmenide*, Turin, G. Giappichelli, 1962.

COTTRELL, Robert D., "Le déplacement d'*Eros* par *Anteros* dans *L'Amye de Court* de La Borderie", in *Anteros*, éd. Ullrich Langer, Jan Miernowski, Orléans, Paradigme, 1994, pp. 117-137.

COTTRELL, Robert D., "Marguerite Porete's Heretical Discourse; or Deviating From the Model", *Modern Language Studies*, 21 (1991), pp. 16-21.

COTTRELL, Robert D., *The Grammar of Silence. A Reading on Marguerite de Navarre's Poetry*, The Catholic University of America Press, 1986.

COULTER, James A., *The Literary Microcosm. Theories of Interpretation of the Later Neoplatonists*, Leiden, E. J. Brill, 1976.

COURCELLES, Pierre de, *La Rhétorique*, Paris, Sébastien Nyvelle, 1557.

CRANZ, F. Edward, "Saint Augustine and Nicholas of Cusa in the Tradition of Western Christian Thought", *Speculum*, 28 (1953), pp. 297-316.

CYRILLE D'ALEXANDRIE, *Contre Julien,* Paris, Editions du Cerf, 1985.

DAGENS, Jean, "Hermétisme et Cabale en France depuis Lefèvre d'Etaples à Bossuet", *Revue de Littérature Comparée*, 35 (1961), pp. 5-16.

D'ALVERNY, Marie Thérèse, "Quelques aspects du symbolisme de la 'Sapientia'", in *Umanesimo e Esoterismo,* Padova, Cedam, 1960, pp. 321-333.

DAUVOIS, Nathalie, *Mnémosyne. Ronsard, une poétique de la mémoire*, Paris, Champion, 1992.

DEFAUX, Gérard, "Clément Marot: une poétique du silence et de la liberté", in *Pre-Pléiade Poetry*, éd. Jerry C. Nash, French Forum Monographs, 57, Lexington, French Forum, 1985, pp. 44-64.

DEFAUX, Gérard, "Les deux amours de Clément Marot", *Revue d'Histoire Littéraire de la France*, 1 (1993), pp. 3-29.

DEFAUX, Gérard, "Marot et 'Ferme Amour': essai de mise au point", in *Anteros*, éd. Ullrich Langer, Jan Miernowski, Orléans, Paradigme, 1994, pp. 137-169.

DEFAUX, Gérard, *Marot, Rabelais, Montaigne: l'écriture comme présence*, Genève, Slatkine, 1987.

DEFAUX, Gérard, "Marot, traducteur des psaumes: du nouveau sur l'édition anonyme (et genevoise) de 1543", *Bibliothèque d'Humanisme et Renaissance*, 56 (1994), pp. 59-82.

DEFAUX, Gérard, "Rhétorique, silence et liberté dans l'œuvre de Marot", in *Bibliothèque d'Humanisme et Renaissance*, 46 (1984), pp. 299-322.

DEIMIER, Pierre de, *L'Academie de l'art poëtique françois*, Paris, Jean de Bordeaulx, 1610.

De la transformation metallique, trois anciens traictez en rithme Françoise..., Paris, Guillaume Guillard, 1561.

DEMERSON, Geneviève, "Dorat, commentateur d'Homère", in *Etudes seiziémistes offertes à M. le professeur V.-L. Saulnier*, Genève, Droz, 1980, pp. 223-234.

DEMERSON, Geneviève, *Dorat en son temps, Culture classique et présence au monde*, Clermont-Ferrand, Adosa, 1983.

DEMERSON, Geneviève, "L'attitude religieuse de Dorat", *Humanistica Lovaniensia. Journal of Neo-Latin Studies*, 23 (1974), pp. 145-187.

DEMERSON, Geneviève, "Qui peuvent être les Lestrygons?", *Vita latina*, 70 (1978), pp. 36-42.

DEMERSON, Guy, *La mythologie classique dans l'œuvre lyrique de la "Pléiade"*, Genève, Droz, 1972.

DEMERSON, Guy, "La mythologie des Hymnes", in *Autour des "Hymnes" de Ronsard*, éd. Madeleine Lazard, Genève, Slatkine, 1984, pp. 103-143.

DEMONET, Marie-Luce, *Les Voix du signe. Nature et origine du langage à la Renaissance (1480-1580)*, Paris, Champion, 1992.

DEMONS, Jean, *La Demonstration de la quatriesme partie de Rien, et Quelque chose, et Tout. Avec la Quintessence tiree du quart de Rien & de ses dependances contenant les preceptes de la saincte Magie & devote invocation De Demons*, S.l., 1594.

DEMONS, Jean, *La Sextessence diallactique et potentielle, tirée par une nouvelle façon d'alambiquer suivant les preceptes de la saincte magie et invocation de Demons*, Paris, Estienne Prevosteau, 1595.

DENIFLE, Heinrich, "Die Ursprung der Historia des Nemo", *Archiv für Kirchen und Literaturgeschichte*, 4 (1888), pp. 330-348.

DENYS L'AREOPAGITE, *Dionysiaca*, éd. Dom Chevallier, S.l., Desclée de Brouwer, 1937 et 1949, 2 vol.

DENYS L'AREOPAGITE, *Œuvres complètes*, éd. et trad. Maurice de Gandillac, Paris, Aubier, 1943.

DENYS L'AREOPAGITE, *Opera*, éd. Jacques Lefèvre d'Etaples, Paris, Jean Higman, 1498/99.

DENYS L'AREOPAGITE, *Seconde traduction des œuvres de S.Denys Areopagite par le R. P. Iean de S.Francois* [Jean Goulu], Paris, chez la veufve Nicolas Buon, 1629.

Devotio Moderna. Basic Writings, éd. John Van Engen, New York, Mahwah, Paulist Press, 1988.

DES PLACES, Edouard, S.J., "La théologie négative du Pseudo-Denys, ses antécédents platoniciens et son influence au seuil du Moyen Age", *Studia Patristica*, 17 (1982), pp. 81-92.

DODAINE, H. F., O.P., *Le corpus dionysien de l'université de Paris au XIIIe siècle,* Roma, Edizioni di Storia e Letteratura, 1953.

DORNAVIUS, Casparus, *Amphitheatrum sapientiae socraticae joco-seriae*, Hanoviae, typis Wechelianis, 1619.

DRONKE, Peter, *Fabula. Explorations into the Uses of Myth in Medieval Platonism*, Leiden und Köln, E. J. Brill, 1985, première éd. 1974.

DU BELLAY, Joachim, *Ionachimi Bellaii Andini poetae clarissimi Xenia, seu illustrium quorundam nominum Allusiones*, éd. Geneviève Demerson, Paris, Nizet, 1985.

DU CHESNE, Joseph, *Le Grand Miroir du Monde*, Paris, Pierre Mettayer, 1595.

DUHEM, Pierre, *Le système du monde. Histoire des doctrines cosmologiques de Platon à Copernic*, Paris, A. Hermann et fils, 1917.

DULL, Olga Anna, *Folie et rhétorique dans la Sottie*, Genève, Droz, 1994.

DUNS SCOTUS, Johannes, *Questiones in lib. I Sententiarum, cum comm, F. Lycheti, tomi quinti pars secunda*, Lugduni, sumptibus Lavrenti Durand, 1639 (fac-similé: Hildesheim, Georg Olms Verlagsbuchhandlung, 1968).

DU PERRON, Jacques Davy, *Oraison funèbre sur la mort de Monsieur de Ronsard (1586)*, éd. Michel Simonin, Genève, Droz, 1985.

DURANTEL, J., *Saint Thomas et le Pseudo-Denys*, Paris, Félix Alcan, 1919.

ECKHART, *Commentary on Exodus, in Meister Eckhart, Teacher and Preacher*, éd. Bernard McGinn et al., New York, Mahwah, Toronto, Paulist Press, 1986.

ECKHART, *Expositio S. Evangelii S. Joannem*, éd. Alain de Libera, Edouard Weber O.P., Emilie Zum Brunn, Paris, Editions du Cerf, 1989.

ECKHART, *Le Commentaire de la Genèse. Précédé des Prologues*, éd. Alain de Libera et al., Paris, Ed. du Cerf, 1984.

ECKHART, *Sermons*, introd. et trad. de Jeanne Ancelet-Hustache, Paris, Ed. du Seuil, 1974.

ECO, Umberto, *The Limits of Interpretation*, Bloomington and Indiana: Indiana University Press, 1991.

ECO, Umberto, RORTY Richard, CULLER Jonathan et BROOKE-ROSE Christine, *Interpretation and Overinterpretation,* Cambridge - New York - Port Chester, Cambridge University Press, 1992.

ENGELS, J., "Notice sur Jean Thenaud", *Vivarium*, 8 (1970), pp. 99-122; 9 (1971), pp. 138-156; 10 (1972) pp. 107-123.

EPINEY-BURGARD, Georgette, "Jean Eck et le commentaire de la *Théologie mystique* du Pseudo-Denys", *Bibliothèque d'Humanisme et Renaissance*, 34 (1972), pp. 7-29.

ERASME, Désiré, *In Annotationes Novi Testamenti*, in *Opera omnia*, Lugduni Batavorum: Petrus Vander, 1705, t. 6.

ERASME, Désiré, *Paraphrasis in Acta Apostolorum*, in *Opera omnia*, Lugduni Batavorum, Petrus Vander, 1705, t. 7.

EUSEBE DE CESAREE, *La Préparation évangélique*, éd. Jean Sirinelli, Edouard des Places, S. J., Paris, Ed. du Cerf, 1974-1987.

FAES DE MOTTONI, Barbara, *Il 'Corpus Dionysianum' nel Medioevo. Rassegna di studi: 1900-1972*, S.l., Società Editrice il Mulino, 1977.

FAISANT, Claude, "Le sens religieux de l'*Hercule Chrestien*", in *Autour des "Hymnes" de Ronsard*, éd. Madeleine Lazard, Genève, Slatkine, 1984, pp. 243-257.

FAISANT, Claude, "L'herméneutique du sens caché dans les discours préfaciels de Ronsard", *Versants*, 15 (1989), pp. 99-117.

Farce joyeuse et récréative à trois personnages, à sçavoir: Tout, Chascun et Rien, in *Mélanges publiés par la Société des Bibliophiles français*, Genève, Slatkine Reprints, 1970, t. 6.

FERGUSON, Gary, *Mirroring Belief: Marguerite de Navarre's Devotional Poetry*, Edinburgh, Edinburgh University Press for the University of Durham, 1992.

FESTIGIERE, A. J., *La Révélation d'Hermès Trismégiste, II, Le Dieu cosmique*, Paris, Librairie Lecoffre, 1949.

FICINO, Marsilio, *Opera omnia*, Basileae, 1576 (fac-similé publié par Paul Oskar Kristeller, Torino, Bottega d'Erasmo, 1959).

FONTAINE, Charles, *Epistres, chantz royaulx, ballades, rondeaulx et dixains faictz à l'honneur de Dieu (Cod. vat. Reg. lat. 1630)*, éd. Raffaele Scalamandrè, *Un poeta della Preriforma: Charles Fontaine*, Rome, Edizioni di Storia e Letteratura, 1970.

FORD, Philip, "Conrad Gesner et le fabuleux manteau", *Bibliothèque d'Humanisme et de Renaissance*, 47 (1985), pp. 305-320.

FORD, Philip, "Ronsard and Homeric Allegory", in *Ronsard in Cambridge. Proceedings of the Cambridge Ronsard Colloquium, 10-12 April 1985*, Cambridge, Cambridge French Colloquia, 1986, pp. 40-54.

FORD, Philip, "Ronsard and the Theme of Inspiration", in *The Equilibrum of Wit. Essays for Odette de Mourgues*, éd. Peter Bayley, Dorothy Gabe Coleman, Lexington, Ky., French Forum, 1982, pp. 57-69.

FORD, Philip, "Ronsard et l'emploi de l'allégorie dans le *Second Livre des Hymnes*", *Bibliothèque d'Humanisme et Renaissance*, 43 (1981), pp. 89-106.

FRAGONARD, Marie-Madeleine, "'Les trente-deux sentiers de sapience' de Nicolas Le Fèvre de la Boderie: une théorie de l'interprétation polysémique au XVIe siècle", in *Mélanges sur la littérature de la Renaissance: à la mémoire de V.-L. Saulnier* Genève, Droz, 1984, pp. 217-224.

GADOFFRE, Gilbert, *Du Bellay et le sacré*, Paris, Gallimard, 1978.

GANDILLAC, Maurice de, *Genèse de la modernité*, Paris, Ed. du Cerf, 1992.

GANDILLAC, Maurice de, "Lefèvre d'Etaples et Charles de Bouelles, lecteurs de Nicolas de Cues", in *L'Humanisme français au début de la Renaissance. Colloque International de Tours (XIVe stage)*, Paris, Vrin, 1973, pp. 155-171.

GERSH, Stephen, *From Iamblichus to Eriugena. An Investigation of the Prehistory and Evolution of the Pseudo-Dionysian Tradition*, Leiden, E. J. Brill, 1978.

GERSON, Jean Charlier, *De mystica theologia*, éd. André Combes, Lucani, in aedibus Thesauri Mundi, s.d..

GEORGES DE VENISE, François, *L'Harmonie du monde, divisee en trois cantiques. Œuvre singulier, et plain d'admirable erudition: Premierement composé en Latin par Francois Georges Vénitien, et depuis traduict et illustré par Guy Le Fevre de la Boderie ...plus L'Heptaple de Iean Picus Comte de la Mirande translaté par Nicolas Le Fevre de la Boderie*, Paris, Jean Macé, 1578.

GILSON, Etienne, *Le Thomisme. Introduction à la philosophie de saint Thomas d'Aquin*, Paris, Vrin, 1947.

GIRALDUS, Lilius Gregorius, *Operarum quae extant omnium*, Basileae, per Thoma Guarinum, 1580.

GOMEZ-GERAUD, Marie-Christine, "Fortunes de l'infortunée demoiselle de Roberval" in *La Nouvelle. Définitions, transformations*, Lille, Presses Universitaires de Lille, 1990, pp. 181-192.

GOYET, Francis, "La preuve par l'anagramme. L'anagramme comme lieu propre au genre démonstratif", *Poétique*, 46 (1981), pp. 229-246.

GOYET, Francis, *Le sublime du "lieu commun". L'invention rhétorique dans l'Antiquité et à la Renaissance*, Paris, Champion, 1996.

GRIFFIN, Robert, "Du Bellay's Wisdom: Judgment and Desire", in *Writing the Renaissance. Essays on Sixteenth-Century French Literature in Honor of Floyd Gray*, éd. Raymond C. La Charité, Lexington, Ky., French Forum, 1992, pp. 115-129.

GUARNIERI, Romana, *Il movimento del Libero Spirito*, Rome, Archivo Italiano per la Storia della Pietà IV, 1965.

HABERT, François, *Deploration poetique de feu m. Antoine du Prat, en son vivant Chancellier et legat de France. Avec l'exposition morale de la Fable des trois Deesses, Venus , Iuno, et Pallas*, Lyon, Jean de Tournes, 1545.

HABERT, François, *La Nouvelle Pallas (...) La Nouvelle Iuno (...)*, Lyon, Jean de Tournes, 1545.

HABERT, François, *La Nouvelle Vénus. Par laquelle est entendue pudique Amour*, Lyon, Jean de Tournes, 1545.

HARRIES, Karsten, "The Infinite Sphere: Comments on the History of a Metaphor", *Journal of the History of Philosophy*, 13 (1975), pp. 5-15.

HERMES TRISMEGISTE, *Deux livres de Mercure Trismegiste Hermés (...) Avecqu'un Dialogue de Loys Lazarel, poëte Chrestien intitulé le Bassin d'Hermés. Le tout traduit de Grec en francoys par Gabriel du Preau...* Paris, Estienne Groulleau, 1557.

Histoire de l'édition française, éd. Henri-Jean Martin, Roger Chartier, S.l., Promodis, 1982.

HOFFMANN, Manfred, *Rhetoric and Theology: the Hermeneutic of Erasmus*, Toronto - Buffalo - London, University of Toronto Press, 1994.

HOLBAN, Marie, "Autour de Jean Thenaud et de Frère Jean des Entonneurs", *Etudes Rabelaisiennes,* 9 (1971), pp. 49-65.

HOMERE, *Iliade. Odyssée*, éd. et trad. Robert Flacelière, Victor Bérard, Jean Bérard, Paris, Gallimard, 1955.

HOPIL, Claude, *Les œuvres chrestiennes* Paris: Matthieu Guillemot, 1603.

HUGHES, Philip Edgcumbe, *Lefèvre, Pioneer of Ecclesiastical Renewal in France,* Grand Rapids, William B. Eerdmans Publishing Company, 1984.

HUTTEN, Ulrich von, *Poemata,* éd. Edvardus Böcking, Lipsiae, in aedibus Teubnerianis, 1862.

HYGINUS, C. Iulius, *Fabularum liber...,* Basileae, per Ioannem Hervagium, 1549.

IDEL, Moshe, *Kabbalah. New Perspectives,* New Haven and London, Yale University Press, 1988.

INNOCENT EGARE [Gilles d'Aurigny], *Fictions Poëtiques colligées des bons et meilleurs autheurs...,* Lyon, Benoist Rigaud, Jean Saugrain, 1557.

INSTITORIS, Henricus, et Jacob SPRENGER, [*Malleus Maleficarum*] *Le marteau des sorciers,* éd. et trad. Amand Danet, Paris, Plon, 1973.

JANKELEVITCH, Vladimir, *Le je-ne-sais-quoi et le presque-rien,* Paris, Puf, 1957.

JAUJARD, Georges, *Essai sur les libertins spirituels de Genève d'après de nouveaux documents,* Paris, Imprimerie des Ecoles, 1890.

JEAN SCOT ERIGENE, *Expositiones Joannis Scoti super Ierarchiam Caelestem S. Dionysii,* in *Patrologia Latina,* t. 122.

JEAN SCOT ERIGENE, *Periphyseon (De Divisione Naturae),* éd. I. P. Sheldon-Williams, Dublin, The Dublin Institute for Advanced Studies, 1968.

JEANNERET, Michel, "Les tableaux spirituels d'Agrippa d'Aubigné", *Bibliothèque d'Humanisme et Renaissance,* 35 (1973), pp. 233-245.

JEANNERET, Michel, "*Les Tragiques*: mimesis et intertexte", in *Le signe et le texte. Etudes sur l'écriture du XVIe siècle en France,* éd. Lawrence D. Kritzman, Lexington, Ky., French Forum, 1990, pp. 101-113.

JORDAN, James, "Jacques Lefèvre d'Etaples: Principles and Practice of Reform at Meaux", in *Contemporary Reflections on the Medieval Christian Tradition. Essays in Honor of Ray C. Petry,* éd. par George H. Shriver, Durham, N.C., Duke University Press, 1974, pp. 95-115.

JOUKOVSKY, Françoise, *Le Feu et le Fleuve. Héraclite et la Renaissance française,* Genève, Droz, 1991.

JOUKOVSKY, Françoise, *Le regard intérieur. Thèmes plotiniens chez quelques écrivains de la Renaissance française,* Paris, Nizet, 1982.

JOUKOVSKY, Françoise, "'Les nobles fils des dieux' dans les hymnes de Ronsard", *Nouvelle Revue du XVIe siècle,* 12/1 (1994), pp. 7-20.

JOUKOVSKY, Françoise, "Thèmes plotinins à la Renaissance: Lefèvre et Champier commentateurs de textes néo-platoniciens", in *Studi di letteratura francese*, 5 (1979) pp. 5-10.

JOURDA, Pierre, *Marguerite d'Angoulême, Duchesse d'Alençon, Reine de Navarre (1492-1549)*, Paris, Champion, 1930.

KALLENDORF, Craig, "From Virgil to Vida: the *Poeta Theologus* in Italian Renaissance Commentary", *Journal of the History of Ideas*, 1 (1995), pp. 41-62.

KANTOROWICZ, Ernst H., *The King's Two Bodies. A Study in Medieval Political Theology* Princeton, Princeton University Press, 1957.

KLUSTEIN, Ilana, "Marsile Ficin et Hermès Trismégiste. Quelques notes sur la traduction du Pimandre dans la Vulgata de Ficin", *Renaissance and Reformation / Renaissance et Réforme*, 3 (1990), pp. 213-222.

KOOPMANS, Jelle et Paul VERHUYCK, *Sermon joyeux et truanderie (Villon - Nemo - Ulenspiègle)*, Amsterdam, Rodopi, 1987.

KRISTELLER, Paul Oskar, "Marsilio Ficino e Lodovico Lazzarelli. Contributo alla diffusione delle idee ermetiche nel Rinascimento", in *Studies in Renaissance Thought and Letters*, Roma, Edizioni di Storia et Letteratura, 1956, pp. 221-243.

KRISTELLER, Paul Oskar, *The Philosophy of Marsilio Ficino*, Gloucester, Mass., Peter Smith, 1964.

LAFEUILLE, Germaine, *Cinq hymnes de Ronsard*, Genève, Droz, 1973.

LA GARANDERIE, Marie-Madeleine de, *Le dialogue des romanciers. Une nouvelle lecture de "L'Heptaméron" de Marguerite de Navarre*, Paris, Minard, 1977.

LAJARTE, Philippe de, "*L'Heptaméron* et la naissance du récit moderne. Essai de lecture épistémologique d'un discours narratif", in *Littérature*, 17 (1975), pp. 31-42.

LAMBERTON, Robert, *Homer the Theologian. Neoplatonist Allegorical Reading and the Growth of the Epic Tradition*, Berkeley - Los Angeles - London, University of California Press, 1986.

LANCRE, Pierre de, *Tableau de l'inconstance des mauvais anges et démons...*, éd. Nicole Jacques-Chaquin, Paris, Aubier, 1982.

LANDINO, Cristoforo, *P. Virgilii Aeneidos Libros allegoriae platonicae...*, Basileae, per Sebastianum Hernicpetri, 1577.

LANGER, Ullrich, *Divine and Poetic Freedom in the Renaissance. Nominalist Theology and Literature in France and Italy*, Princeton, Princeton University Press, 1990.

LANGER, Ullrich, *Perfect Friendship. Studies in Literature and Moral Philosophy from Boccacio to Corneille*, Genève, Droz, 1994.

LE BOSSU, René, *Traité du poème épique*, fac-similé de l'édition de 1714, Hamburg, Helmut Buske Verlag, 1981.

LE CARON, Louis, *La philosophie*, Paris, Guillaume le Noir, 1555.

LECOINTE, Jean, *L'idéal et la différence. La perception de la personnalité littéraire à la Renaissance*, Genève, Droz, 1993.

LECOQ, Anne-Marie, *François Ier imaginaire. Symbolique et politique à l'aube de la Renaissance française*, Paris, Macula, 1987.

LECOQ, Anne-Marie, "La symbolique de l'Etat. Les images de la monarchie des premiers Valois à Louis XIV", in *Lieux de mémoire, II, La Nation*, Paris, Gallimard, 1986, t. 2, pp. 145-192.

LE DIGNE, Nicolas, *Recueil des premieres œuvres chrestiennes*, Paris, Ieremie Perier, 1600.

LE FEVRE DE LA BODERIE, Guy, *De la nature des Dieux de Marc Tul Ciceron...*, Paris, Abel L'Angelier, 1581.

LE FEVRE DE LA BODERIE, Guy, *Divers meslanges poetiques*, éd. Rosanna Gorris, Genève, Droz, 1993.

LE FEVRE DE LA BODERIE, Guy, *Hymnes ecclesiastiques, cantiques spirituelz et autres Meslanges poétiques...*, Paris, Robert le Mangnier, 1578.

LE FEVRE DE LA BODERIE, Guy, *La Galliade (1582)*, éd. François Roudaut, Paris, Klincksieck, 1993.

LE FEVRE DE LA BODERIE, Guy, *L'Encylie des Secrets de l'Eternité*, Anvers, Christofle Plantin, 1571.

LEFEVRE D'ETAPLES, Jacques, *Epistolae Beatissimi Pauli, adiecta intelligentia ex Graeco, cum commentariis Jacobi Fabri Stapulensis*, Paris, Henri Estienne, 1512.

LEFEVRE D'ETAPLES, Jacques, *Quincuplex Psalterium* [Fac-similé de l'édition de 1513], Genève, Droz, 1979.

LEFEVRE D'ETAPLES, Jacques, et ses disciples, *Epistres et Evangiles pour les cinquante et deux dimanches de l'an*, éd. Guy Bedouelle et Franco Giacone, Leiden, E. J. Brill, 1976.

LEMAITRE, Nicole et VEISSIÈRE, Michel, "Lefèvre d'Etaples, Marguerite de Navarre et les évêques de leur temps", in *Marguerite de Navarre. 1492-1992. Actes du colloque international de Pau (1992)*, éd. Nicole Cazauran et James Dauphiné, Mont-de-Marsan, Editions InterUniversitaires, 1995, pp. 109-134.

LERNER, Robert E., *The Heresy of the Free Spirit in the Later Middle Ages*, Berkeley - Los Angeles - London, University of California Press, 1972.

LEVAO, Ronald, *Renaissance Minds and their Fictions. Cusanus, Sidney, Shakespeare*, Berkley - Los Angeles - London, University of California Press, 1985.

LIBERA, Alain de, *Introduction à la mystique rhénane d'Albert le Grand à Maître Eckhart*, Paris, O.E.I.L., 1984.

LOFSTEDT, Lena, "*Rien* et *chose*. Etude lexicographique sur la base de trois traductions", *Studia Neophilologica. A Journal of Germanic and Romance Philology*, 44 (1972), pp. 326-344.

LOMBARD, Pierre, *Sententiae,* Roma, Editiones Collegii S. Bonaventurae ad Claras Aquas, 1971.

LOSSKY, Vladimir, "Les éléments de 'Théologie négative' dans la pensée de saint Augustin", in *Augustinus Magister. Congrès International Augustinien. Paris, 21-24·septembre 1954*, Etudes Augustiennes, supplément à l'"Année Theólogique Augustinienne", pp. 575-581.

LOSSKY, Vladimir, *Théologie négative et connaissance de Dieu chez Maître Eckhart*, Paris, Vrin, 1960.

LUBAC, Henri de, *Exégèse médiévale*, Paris, Aubier , 1959-.

LYONS, John D., *Exemplum. The Rhetoric of Example in Early Modern France and Italy*, Princeton, New Jersey, Princeton University Press, 1989.

MAILLARD, Jean-François, "L'autre vérité: le discours émithologique chez les kabbalistes chrétiens de la Renaissance", in *Discours étymologiques. Actes du Colloque international organisé à l'occasion du centenaire de la naissance de Walter von Warburg*, éd. par J.-Pierre Chambon et Georges Lüdi, Tübingen, Max Niemeyer, 1991, pp. 1-19.

MAILLARD, Jean-François, "Le Roi-prophète: David et Orphée sous le règne de Henri III", *Revue de la Bibliothèque Nationale*, 25 (1987), pp. 32-44.

MANN PHILLIPS, Margaret, "Marguerite de Navarre et Erasme: Une Reconsidération", *Revue de Littérature Comparée*, 52 (1978), pp. 194-201.

MARCEL, Raymond, *Marsile Ficin (1433-1499)*, Paris, Les Belles Lettres, 1958.

MARCZUK-SZWED, Barbara, *L'inspiration biblique dans l'œuvre de Marguerite de Navarre. Poésie - Théâtre*, Kraków, Towarzystwo Autorów i Wydawców Prac Naukowych "Universitas", 1992.

MARGOLIN, Jean-Claude, "Le *Nemo* d'Ulrich von Hutten. Crise de langage, crise de conscience, crise de société?", in *Virtus et Fortuna. Zur Deutschen Literatur zwischen 1400 und 1720*, éd. Joseph P. Strelka, Jörg Jungmayr, Bern - Frankfurt/M - New York, Peter Lang, 1983, pp. 118-163.

MARGOLIN, Jean-Claude, "Le rationalisme mystique de Charles de Bovelles", *Nouvelle Revue du XVIe siècle*, 13/1 (1995), pp. 87-103.

MARGOLIN, Jean-Claude, "Science et nationalisme linguistiques ou la bataille pour l'étymologie au XVIe siècle. Bovelles et sa postérité critique", in *The Fairest Flower. The Emergence of Linguistic National Consciousness in Renaissance Europe*, Firenze, Presso l'Accademia [della Crusca], 1985, pp. 139-165.

MARGUERITE DE NAVARRE, *Chansons spirituelles*, éd. Georges Dottin, Genève, Droz, 1971.

MARGUERITE DE NAVARRE, *Heptaméron*, éd. Michel François, Paris, Garnier, 1950.

MARGUERITE DE NAVARRE, *Heptaméron*, éd. Renja Salminen, Helsinki, Suomalainen Tiedeakatemia, 1991.

MARGUERITE DE NAVARRE, *Heptaméron*, éd. Yves Le Hir, Paris, Puf, 1967.

MARGUERITE DE NAVARRE, *Le Miroir de l'ame pecheresse. Discord etant en l'homme par contrariete de l'esprit et de la chair*, éd. Joseph L. Allaire, München, Wilhelm Fink, 1972.

MARGUERITE DE NAVARRE, *Les dernières poésies*, éd. Abel Lefranc, Paris, Armand Colin, 1896.

MARGUERITE DE NAVARRE, *Les Marguerites de la Marguerite des Princesses*, l'édition de 1547 reproduite par Félix Frank, Genève, Slatkine Reprints, 1970.

MARGUERITE DE NAVARRE, *Les Prisons*, éd. Simone Glasson, Genève, Droz, 1978.

MARGUERITE DE NAVARRE, *Théâtre profane*, éd. Verdun-L.Saulnier, Paris, Droz, 1946.

MAROT, Clément, *Œuvres poétiques*, éd. Gérard Defaux, Paris, Bordas, 1990-1993.

MARTIN, Robert, *Le mot "rien" et ses concurrents en français (du XIVe siècle à l'époque contemporaine)*, Paris, Klincksieck, 1966.

MARTINEAU, Christine, "La voix de l'évangélisme dans l'*Heptaméron* de Marguerite de Navarre", in *Mélanges J. Larmat*, Paris, Les Belles Lettres, 1983, pp. 385-391.

MASSAUT, Jean-Pierre, *Critique et tradition à veille de la réforme en France*, Paris, Vrin, 1974.

MATHIEU-CASTELLANI, Gisèle, *La conversation conteuse. Les nouvelles de Marguerite de Navarre*, Paris, Puf, 1992.

MATTHIOLI, Pietro Andrea, *Commentaires de M. P. André Matthiolus (...) sur les six livres de Pedacius Dioscoride, Anazarbeen De la matière medicinale*, Lyon, la veuve de feu Gabriel Cotier, 1572.

MEIER-OESER, Stephan, *Die Präsenz des Vergessenen. Zur Rezeption der Philosophie des Nicolaus Cusanus vom 15. bis zum 18. Jahrhundert*, Münster, Aschendorff, 1989.

MELLINGHOFF-BOURGERIE, Viviane, "Echange épistolaire entre Marguerite d'Angoulême et Guillaume Briçonnet: discours mystiques ou direction spirituelle?", in *Marguerite de Navarre. 1492-1992. Actes du colloque international de Pau (1992)*, éd. Nicole Cazauran et James Dauphiné, Mont-de-Marsan, Editions InterUniversitaires, 1995, pp. 135-157.

MENAGER, Daniel, "Ordre et variété dans les *Hymnes* mythologiques", in *Cahiers Textuel 34/44*, 1 (1985), pp. 101-112.

MENAGER, Daniel, *Ronsard, le Roi, le poète et les hommes*, Genève, Droz, 1979.

MIERNOWSKI, Jan, "In Search of a Context for Rabelaisian Hermeneutics: 'Enigme en prophetie' or How to Combine the Unnameable with the Omninameable", in *Rabelais in Context. Proceedings of the 1991 Vanderbilt Conference*, éd. Barbara C. Bowen, Birmingham, Alabama, Summa Publications, Inc., 1993, pp. 67-77.

MIERNOWSKI, Jan, "L'"alchimie" du *Roman de la Rose* et les limites de l'allégorie", in *Conjunctures: Medieval Studies in Honor of Douglas Kelly*, éd. par Keith Busby, Norris J. Lacy, Amsterdam, Atlanta, Rodopi, 1994, pp. 343-357.

MIERNOWSKI, Jan, "La Poésie scientifique française à la Renaissance: littérature, savoir, altérité", in *What is Literature? France 1100-1600*, éd. François Cornilliat, Ullrich Langer, Douglas Kelly, Lexington, Ky., French Forum, 1993, pp. 85-99.

MILLET, Olivier, *Calvin et la dynamique de la parole. Etude de rhétorique réformée*, Genève, Slatkine, 1992.

MONFASANI, John, "Pseudo-Dionysius the Areopagite in Mid-Quattrocento Rome", in *Supplementum Festivum. Studies in Honor of Paul Oskar Kristeller*, éd. James Hankins, John Monfasani, Frederick Purnell, Jr., Binghamton, New York, Medieval and Renaissance Texts and Studies, 1987, pp. 190-219.

MURET, Marc-Antoine de, *Commentaires au Premier Livre des "Amours" de Ronsard*, éd. Jacques Chomarat, Marie-Madeleine Fragonard et Gisèle Mathieu-Castellani, Genève, Droz, 1985.

La muse chrestienne, Paris, Gervais Malot, 1582.

NICOLAS DE CUSA, *Haec Accurata Recognitio Trium Voluminum, Operum Clariss. P. Nicolai Cusae*, éd. Jacques Lefèvre d'Etaples, (Paris: Badius Ascensius, 1514) [reprod. photographique Frankfurt-am-Main, Minerva GmbH., 1962].

NICOLAS DE CUSA, *Nicholas of Cusa on Learned Ignorance. A Tanslation and an Appraisal of De Docta Ignorantia*, éd. Jasper Hopkins, Minneapolis, The Arthur J. Banning Press, 1981.

NICOLAS DE CUSA, *Œuvres choisies*, éd. Maurice de Gandillac, Paris, Aubier, 1942.

NICOLAS DE CUSA, *Werke*, éd. Paul Wilpert, Berlin, Walter de Gruyter et Co, 1967.

NODIER, Charles, *Mélanges tirés d'une petite bibliothèque...*, Paris, Crapelet, 1879.

OCKHAM, Guillaume, *Opera Philosophica et Theologica, Opera Theologica*, St. Bonaventure, N.Y., Editiones Instituti Franciscani, Universitatis S. Bonaventurae, 1977.

OCKHAM, Guillaume, *Summa Logicae [Ockham's Theory of Propositions. Part II od the Summa Logicae]*, éd. Alfred J. Freddoso, Henry Schuurman, Notre Dame - London, University of Notre Dame Press, 1980.

OCKHAM, Guillaume, *Summa Logicae [Ockham's Theory of Terms. Part I od the Summa Logicae]*, éd. Michael J. Loux, Notre Dame - London, University of Notre Dame Press, 1974.

OCKHAM, Guillaume, [attribué à], *Tractatus de principiis theologiae*, éd. L. Baudry, Paris, Vrin, 1936.

ONG, Walter J., S.J., *Ramus. Method and the Decay of Dialogue. From the Art of Discourse to the Art of Reason*, Cambridge, Mass., Harvard University Press, 1958.

ORDINE, Nuccio, *La cabala dell'asino. Asinità e conoscenza in Giordano Bruno*, Napoli, Liguori Editore, 1987.

ORIGENE, *Contre Celse*, éd. Marcel Borret, S. J., Paris, Ed. du Cerf, 1967-1969.

O'ROURKE, Fran, *Pseudo-Dionysius and the Metaphysics of Aquinas*, Leiden, New York, Köln, E. J. Brill, 1992.

O'ROURKE BOYLE, Marjorie, *Erasmus on Language and Method in Theology*, Toronto and Buffalo, University of Toronto Press, 1977.

OSSOLA, Carlo, "Elogio del Nulla", in *Il Segno Barocco. Testo e metafora di una civiltà*, éd. Gigliola Nocera, Roma, Bulzoni Editore, 1983, pp. 109-134.

OSSOLA, Carlo, "Les devins de la lettre et les masques du double: la diffusion de l'anagrammatisme à la Renaissance", in *Devins et charlatans au temps de la Renaissance*, éd. M. T. Jones-Davies, Paris, Touzot, 1979, pp. 127-157.

OVIDE, *Les métamorphoses*, éd. Georges Lafaye, Paris, Les Belles Lettres, 1969.

OZMENT, Steven, "Mysticism, Nominalism and Dissent", in *The Pursuit of Holiness in Late Medieval and Renaissance Religion*, éd. Charles Trinkaus, Heiko A. Oberman, Leiden, E. J. Brill, 1974, pp. 67-92.

PANTIN, Isabelle, *La poésie du ciel en France dans la seconde moitié du seizième siècle*, Genève, Droz, 1995.

PANTIN, Isabelle, "Les 'commentaires' de Lefèvre d'Etaples au *Corpus Hermeticum*", in *Cahiers de l'Hermétisme. Présence d'Hermès Trismégiste*, Paris, Albin Michel, 1988, pp. 167-183.

PANTIN, Isabelle, "L'Hymne du Ciel", in *Autour des "Hymnes" de Ronsard*, éd. Madeleine Lazard, Genève, Slatkine, 1984, pp. 189-214.

PASCHETTO, Eugenia, *Pietro d'Abano, medico e filosofo*, s.l., Nuovedizioni Enrico Vallecchi, 1984.

PASSERAT, Jean, *Nihil. Nemo. Aliquid. Quelque chose. Tout. Le moyen. Si peu que rien. On. Il.*, Paris, Estienne Prevosteau, 1597.

PAULUS VENETUS, *Logica Parva*, éd. Alan R. Perreiah, München, Philosophia Verlag GmbH, 1984.

PELLETIER, Francis Jeffry, *Parmenides, Plato, and the Semantics of Not-Being*, Chicago - London, The University of Chicago Press, 1990.

PEPIN, Jean, *La tradition de l'allégorie. De Philon d'Alexandrie à Dante*, Paris, Etudes Augustiniennes, 1987.

PEPIN, Jean, *Mythe et allégorie. Les origines grecques et les contestations judéo-chrétiennes*, Paris, Aubier, éditions Montaigne, 1958.

PEROUSE, Gabriel-André, "Les nouvelles 'vrayes comme evangile'. Réflexions sur la présentation du récit bref au XVIe siècle", *La nouvelle. Définitions, transformations*, Lille, Presses Universitaires de Lille, 1990, pp. 89-99.

PEROUSE, Gabriel-André, "L'*Heptaméron* dans l'histoire de la narration brève en prose au XVIe siècle", in *Cahiers Textuel*, 10 (1991), pp. 27-34.

PIC DE LA MIRANDOLE, Jean, *De hominis dignitate. Heptaplus. De ente et uno*, éd. Eugenio Garin, Firenze, Vallecchi Editore, 1942.

PICOT, Emile, *Théâtre mystique de Pierre du Val et des libertins spirituels de Rouen au XVIe siècle*, Paris, Damascène Morgand, 1882.

PIERRE D'ESPAGNE, *Language in dispute (trad. des Summulae logicales)*, trad. Francis P. Dinneen, S.J., Amsterdam - Philadelphia, John Benjamins Publishing Comapny, 1990.

PISTORIUS, Joannes, *Artis Cabalisticae. Hoc est, reconditae theologiae et philosophiae scriptorum: tomus I. In quo praeter Pauli Ricii Theologicos et Philosophicos libros sunt Latini penè omnes et Hebraei nonnulli praestantissimi Scriptores, qui artem commentarijs suis illustrarunt...ex D. Ioannis Pistorii Nidani med. D. et Marchionum Badensium Consiliarij Bibliotheca...*, Basileae, per Sebastianum Henricpetri, s. d. [1597].

PLINE, *Histoire naturelle*, éd. H. Rackham, W. H.S. Jones, D. E. Eichholz, London - Cambridge, Mass., William Heinemann - Harvard University Press, 1951 - 1975.

PORETE, Marguerite, *Le miroir des âmes simples et anéanties*, éd. Max Hust de Longchamp, Paris, Albin Michel, 1984.

POSTEL, Guillaume, *De la restitution de la vérité Demonstrative des temps courants...*, Bibliothèque Nationale, ms. lat. 3398.

POSTEL, Guillaume, *Les authorites de divers docteurs et Autheurs touchant la premiere creature ou la sapience creee*, Bibliothèque Nationale, ms. fr. fonds ancien 5734, f° 134 r° - 136 r°.

POT, Olivier, *Inspiration et mélancolie. L'épistémologie poétique dans les "Amours" de Ronsard*, Genève, Droz, 1990.

POT, Olivier, "Ronsard et Panurge à Ganabim", in *Etudes Rabelaisiennes*, 22 (1988), pp. 7-26.

PROCLUS, *Commentaire sur la République*, éd. A. J. Festugière,Paris, Vrin, 1970.

PSEUDO-ARISTOTE, *De mundo liber, ad Alexandum cum versione latina Gulielmi Budaei*, trad. Guillaume Budé, Glasguae, in aedibus Academicis, 1745.

PSEUDO-HERACLITE, *Allégories d'Homère*, éd. Félix Buffière, Paris, Les Belles Lettres, 1962.

PTOLEMEE, *Optica*, éd. Albert Lejeune, Leiden - New York - Kobenhavn - Köln, E. J. Brill, 1989.

PY, Albert, *Ronsard*, Paris, Desclée de Brouwer, 1972.

QUAINTON, Malcolm, *Ronsard's Ordered Chaos. Visions of Flux and Stability in the Poetry of Pierre de Ronsard*, Manchester, Manchester University Press, 1980.

Querelle de Marot et Sagon, éd. Emile Picot et Paul Lacombe, Rouen, Albert Lainé, 1920.

La Querelle d'Utrecht: René Descartes et Martin Schoock, textes établis, traduits et annotés par Theo Verbeek, préface Jean-Luc Marion, Paris, Les Impressions Nouvelles, 1988.

RANDALL, Michael, *Building Resemblance. Analogical Imagery in the Early French Renaissance*, Baltimore, The Johns Hopkins University Press, 1996.

Receuil de poésies françoises des XVe et XVIe siècles..., éd. Anatole de Montaiglon, James de Rothschild, Paris, Paul Daffis, 1876, t. 11.

Recueil de Sermons Joyeux, éd. Jelle Koopmans, Genève, Droz, 1988.

Recueil général des Sotties, éd. Emile Picot, Paris, Librairie de Firmin Didot et Cie, 1904-1912.

RENAUDET, Augustin, *Préréforme et Humanisme à Paris pendant les premières guerres d'Italie (1494-1517)*, Paris, Champion, 1916.

REUCHLIN, Johannes, *De arte cabalistica* [1517], éd. Martin et Sarah Goodman, New York, Abaris Books, 1983.

REUCHLIN, Johannes, *De verbo mirifico* (1494), fac-similé, Stuttgart - Bad Cannstatt, Friedrich Frommann Verlag, 1964.

REVEL, Jacques, "La Royauté sacrée. Eléments pour un débat", in *La Royauté sacrée dans le monde chrétien*, Paris, Ecole des Hautes Etudes en Sciences Sociales, 1992, pp. 7-15.

RICE, Eugene F., "Jacques Lefèvre d'Etaples and the Medieval Christian Mystics", in *Florilegium Historiale. Essays Presented to Wallance K. Ferguson*, Toronto, Toronto University Press, 1971, pp. 89-124.

RICE, Eugene F., éd., *The Prefatory Epistles of Jacques Lefèvre d'Etaples and Related Texts*, New York, London, Columbia University Press, 1972.

RIGOLOT, François, *Poétique et onomastique: l'exemple de la Renaissance*, Genève, Droz, 1977.

ROMIEU, Marie de, *Les Premières Œuvres Poétiques*, éd. André Winandy, Genève, Droz, 1972.

RONSARD, Pierre de, *Hymnes*, Genève, Droz, 1978.

RONSARD, Pierre de, *Les Œuvres*, Paris, Nicolas Buon, 1623.

RONSARD, Pierre de, *Les Œuvres de Pierre de Ronsard. Texte de 1587*, Paris, Didier, 1966.

RONSARD, Pierre de, *Œuvres complètes*, éd. Jean Céard, Daniel Ménager, Michel Simonin, Paris, Gallimard, 1993-1994.

RONSARD, Pierre de, *Œuvres complètes*, éd. Paul Laumonier, Paris, Didier, 1914-1974.

ROQUES, René, *L'univers dionysien. Structure hiérarchique du monde selon le Pseudo-Denys*, Paris, Aubier, 1954.

ROQUES, René, "Symbolisme et théologie négative chez le Pseudo-Denys", *Bulletin de l'Association Guillaume Budé*, 1 (1957), pp. 97-112.

ROQUES, René, "Tératologie et théologie chez Jean Scot Erigène", in *Mélanges offerts à M.-D. Chenu*, Paris, Vrin, 1967, pp. 419-437.

ROUDAUT, François, *Le Point centrique. Contribution à l'étude de Guy Lefèvre de la Boderie (1541-1598)*, Paris, Klinckseick, 1992.

ROUSSE, Michel, "L'appropriation populaire d'un texte théâtral: le *Dialogue de deux amoureux de Marot*", in *Aspects du théâtre populaire en Europe au XVIe siècle*, éd. Madeleine Lazard, Paris, Sedes-Cdu, 1989, pp. 31-41.

RUPESCISSA, Joannes de, *La vertu et proprieté de la quinte essence de toutes choses*, Lyon, Jean de Tournes, 1549.

RUYSBROECK, *Œuvres choisies*, éd. J.-A. Bizer, Paris, Aubier, 1946.

SALLEY, C. Louise, "Jacques Lefèvre d'Etaples: Heir of the Dutch Reformers of the Fifteenth Century", in *The Dawn of Modern Civilization. Studies in Renaissance, Reformation and Other Topics. Presented to Honor Albert Hyma*, Ann Arbor, University of Michigan Press, 1962, pp. 75-124.

SAULNIER, Verdun-L., "Des vers inconnus de Ronsard. Ronsard et les Lavardin", *Bibliothèque d'Humanisme et Renaissance*, 39 (1977), pp. 229-223.

SAULNIER, Verdun-L., "L'évangélisme de Pierre du Val et le problème des libertins spirituels", *Bibliothèque d'Humanisme et Renaissance*, 14 (1952), pp. 205-218.

SAULNIER, Verdun-L., "Marguerite de Navarre aux temps de Briçonnet", *Bibliothèque d'Humanisme et Renaissance*, 39 (1977), pp. 467-468.

SCHOOCK, Martinus, *Tractatus de nihilo: accessit ejusdem argumenti libellus Caroli Bovilli, atque Johannis Passeratii accuratissimum Poema de nihilo cum annotationibus necessariis ejusdem Schoockii*, Groningae, typis Viduae Edzardi Agricole, 1661.

SCHMIDT, C., *Les Libertins spirituels. Traités mystiques écrits dans les années 1547-1549*, Bale - Genève - Lyon, Henri Georg, 1876.

SCHMITT, Christian, "Bovelles linguiste", in *Charles de Bovelles en son cinquième centenaire. 1479-1979*, éd. Guy Trédaniel, S.l., Ed. de la Maisnie, 1982, pp. 247-263.

SCHOLEM, Gershom, *Kabbalah*, Jerusalem, Keter Publishing House Jerusalem Ltd., 1974.

SCHOLEM, Gershom, *Le Nom et les symboles de Dieu dans la mystique juive*, Paris, Les Editions du Cerf, 1983.

SCHOLEM, Gershom G., *Les origines de la Kabbale*, Paris, Aubier-Montaigne, 1966.

SCREECH, Michael Andrew, "Clément Marot and the Face in the Gospel", in *Pre-Pléiade Poetry*, éd. Jerry C. Nash, Lexington, Ky., French Forum Publishers, 1985, pp. 65-75.

SCREECH, Michael Andrew, *Ecstasy and the Praise of Folly*, London, Duckworth, 1980.

SCREECH, Michael Andrew, "L'humanisme évangélique du *Riche en pauvreté*, poème attribué quelquefois à Marot", in *L'Humanisme français au début de la Renaissance*, Paris, Vrin, 1973, pp. 241-251.

SCREECH, Michael Andrew, *Marot évangélique*, Genève, Droz, 1967.

SECRET, François, "Annotations de G. Postel à une *Arithmetica* de Boèce, commentée par Gérard Roussel", in *Bibliothèque d'Humanisme et Renaissance*, 39 (1977), pp. 115-132.

SECRET, François, *Les Kabbalistes Chrétiens de la Renaissance*, Milano, Archè Arma Artis, 1985.

SECRET, François, "Notes sur Postel", *Bibliothèque d'Humanisme et Renaissance*, 21 (1959), pp. 453-467; 22 (1960), pp. 377-392; 39 (1977), pp. 115-132.

Sefer ha-Bahir, traduction de Guillaume Postel, in *Postelliana*, éd. François Secret, Nieuwkoop, B. de Graaf, 1981.

Sefer Yetsira, éd. Aryeh Kaplan, York Beach, Maine, Samuel Weiser, Inc., 1993.

SEIGEL, Jerrold E., "Ideals of Eloquence and Silence in Petrarch", *Journal of the History of Ideas*, 2 (1965), pp. 147-174.

SEZNEC, Jean, *La survivance des dieux antiques: essai sur le rôle de la tradition mythologique dans l'humanisme et dans l'art de la Renaissance*, London, The Warburg Institute, 1940.

Les Signes de Dieu, éd. Geneviève Demerson, Bernard Dompnier, Clermont-Ferrand, Faculté des Lettres et Sciences Humaines de l'Université Blaise Pascal, 1993.

SHARRATT, Peter, "Ronsard et Pindare: un écho de la voix de Dorat", *Bibliothèque d'Humanisme et Renaissance*, 39 (1977), pp. 97-114.

SHUMAKER, Wayne, *The Occult Sciences in the Renaissance. A Study in Intellectual Patterns*, Berkeley - Los Angeles - London, University of California Press, 1972.

SILVER, Isidor, *Ronsard and the Hellenic Renaissance in France* II *Ronsard and the Grecian Lyre,* part III, Genève, Droz, 1987.

SILVER, Isidor, *Ronsard's Philosophic Thought. I. The Evolution of Philosophy and Religion from their Mythical Origins*, Genève, Droz, 1992.

SIMONIN, Michel, *Pierre de Ronsard*, Paris, Fayard, 1990.

SKENAZI, Cynthia, "Les annotations en marge du *Miroir de l'ame pecheresse*" in *Bibliothèque d'Humanisme et Renaissance*, 2 (1993), pp. 255-270.

SMITH, Malcolm C., "The Hidden Meaning of Ronsard's *Hymne de l'Hyver*" in *French and Renaissance Studies in Honor of Isidor Silver*, éd. Frieda S. Brown, Lexington, Ky., *Kentucky Romance Quarterly*, 1974, pp. 85-97.

STABLER, Arthur, *The Legend of Marguerite de Roberval*, Seattle, Washington State University Press, 1972.

STAUB, Hans, *Le Curieux désir. Scève et Pelletier, poètes de la connaissance,* Genève, Droz, 1967.

STUIP, René, "L'istoire de la Chastelaine du Vergier", *Actes du IVe Colloque International sur le Moyen Français*, éd. Anthonij Dees, Amsterdam, Rodopi, 1985, pp. 337-359.

SUSO, Henri, *Œuvres complètes*, éd. Jeanne Ancelet-Hustache, Paris, Seuil, 1977.

TABOUROT, Etienne, seigneur des Accords, *Les Bigarrures*, éd. Francis Goyet, Genève, Droz, 1986.

TAULER, Jean, *Sermons de Tauler*, éd. Hugueny, Théry, Corin, Paris, Desclée, s.d.

THENAUD, Jean, *Cabale et l'estat du monde angélic ou spirituel*, Bibliothèque de l'Arsenal, ms. 5061.

THENAUD, Jean, *Cabale métrifiée*, Bibliothèque Nationale, ms. fr. 882.

THENAUD, Jean, *La "Lignée de Saturne ou le Traité de Science poétique", suivi du "Traité de Poésie"*, éd. G. Mallary Masters, Genève, Droz, 1973.

THOMAS D'AQUIN, *In librum beati Dionysii de divinis nominibus commentaria*, in *Opera omnia*, New York, Musurgia Publishers, 1950, t. 15.

THOMAS D'AQUIN, *Summa contra gentiles*, éd. et trad. Anton C. Pegis, F.R.S.C., Notre Dame - London, University of Notre Dame Press, 1975.

THOMAS D'AQUIN, *Summa theologiae*, London - New York Blackfriars, Eyre & Spottiswoode, McGraw-Hill Book Company, 1964.

THORNDIKE, Lynn, *A History of Magic and Experimental Science*, New York, The Macmillan Compagny, 1929.

TORY, Geoffroy, *Prosopopeia Neminis*, éd. J. Porcher, "Un poème inconnu de Geoffroy Tory", *Bibliothèque d'Humanisme et Renaissance*, 1 (1934), pp. 151-155.

TOURNON, André, "'Ignorant les premieres causes...' Jeux d'énigmes dans l'*Heptaméron*", *Cahiers Textuel*, 10 (1991), pp. 73-92.

Les Triomphes de l'abbaye des Conards, sous le resveur en decimes Fagot abbé des Conards (...) Plus l'ingenieuse lessive qu'ils ont conardement monstree aux iours gras de l'an M.D.XL., Rouen, Nicolas Dugord, 1587.

UTENHOVE, Charles, *Xenia, seu Ad illustrium aliquot Europae nomina, allusionum...*, Basileae, Thomas Guarinus Nervius, [1568].

VEDRINE, Hélène, *La conception de la nature chez Giordano Bruno*, Paris, Vrin, 1967.

VEISSIERE, Michel, *L'évêque Guillaume Briçonnet (1470-1534)*, Provins, 1986.

VEYNE, Paul, *Les Grecs ont-ils cru à leurs mythes? Essai sur l'imagination constituante*, Paris, Ed. du Seuil, 1983.

VICKERS, Brian, "Analogy versus Identity: the Rejection of Occult Symbolism, 1580-1680", *Occult and Scientific Mentalities in the Renaissance*, éd. Brian Vickers, Cambridge, Cambridge University Press, 1984, pp. 95-163.

VICTOR, Joseph, M., *Charles de Bovelles .1479-1553. An Intellectual Biography*, Genève, Droz, 1978.

VILLEY, Pierre, *Les sources et l'évolution des Essais de Montaigne*, Paris, Hachette, 1933.

VIRET, Pierre, *La métamorphose chrestienne*, Genève, Jean le Preux, 1592.

VIRGILE, *Ecloguae*, éd.H. Rushton, Cambridge, Mass. - London, Harvard University Press - William Heinemann, 1960.

VIVANTI, Corrado, "Henri IV, the Gallic Hercules", *Journal of the Warburg and Courtauld Institutes*, 30 (1967), pp. 176-197.

WALKER, D. P., *The Ancient Theology. Studies in Christian Platonism from Fifteenth to the Eighteenth Century*, London, Duckworth, 1972.

WALTER, Robert, *Beatus Rhenanus. Citoyen de Sélestat, ami d'Erasme. Anthologie de sa correspondance*, Strasbourg, Librairie Oberlin, 1986.

WARDEN, John, "Orpheus and Ficino", in *Orpheus. The Metamorphoses of a Myth*, éd. John Warden, Toronto - Buffalo - London, University of Toronto Press, 1982, pp. 85-110.

WATTENBACH, W. (éd.), "Historia Neminis", "Nemo vir perfectus", "Sermo plurimum utilis ex diversis collectus. De Nihil", *Anzeiger für Kunde der Deutschen Vorzeit*, 11, 12, 14 (1866-1867), pp. 361-367, 393-398, 205-207, 342-344.

WATTS, Pauline Moffitt, *Nicolas Cusanus. A Fifteenth-Century Vision of Man*, Leiden, E. J. Brill, 1982.

WATTS, Pauline Moffitt, "Pseudo-Dionysius the Areopagite and Three Renaissance Neoplatonists. Cusanus, Ficino and Pico on Mind and Cosmos", in *Supplementum Festivum. Studies in Honor of Paul Oskar Kristeller*, éd. James Hankins, John Monfasani, Frederick Purnell, Jr., Binghamton, New York, Medieval and Renaissance Texts and Studies, 1987, pp. 279-298.

WILSON, Dudley, "The Quadrivium in the Scientific Poetry of Guy Lefèvre de la Boderie", in *French Renaissance Studies (1540-70)*, éd. Peter Sharratt, Edingurgh, The University Press, 1976, pp. 95-108.

WIRSZUBSKI, Chaim, *Pico della Mirandola's Encounter with Jewish Mysticism*, Cambridge, Mass.- London, Harvard University Press, 1989.

WIRTH, Jean, *L'image médiévale. Le sens et développements (VIe-XVe siècles)*, Paris, Méridiens Klincksieck, 1989.

WIRTH, Jean, "Théorie et pratique de l'image sainte à la veille de la Réforme", *Bibliothèque d'Humanisme et Renaissance*, 2 (1986), pp. 319-358

YATES, Frances A., *Astrea. The Imperial Theme in the Sixteenth Century*, London and Boston, Routledge & Kegan Paul, 1975.

YATES, Frances A., *Giordano Bruno and the Hermetic Tradition*, Chicago, The University of Chicago Press, 1964.

ZINN, Grover A., Jr., "Suger, Theology and the Pseudo-Dionysian Tradition", in *Abbot Suger and Saint-Denis. A Symposium*, éd. Paula Lieber Gerson, New York, The Metropolitan Museum of Art, 1986, pp. 33-40.

ZUM BRUNN, Emilie, *Le Dilemme de l'Etre et du Néant chez saint Augustin. Des premiers dialogues aux "Confessions"*, Paris, Etudes Augustiniennes, 1969.

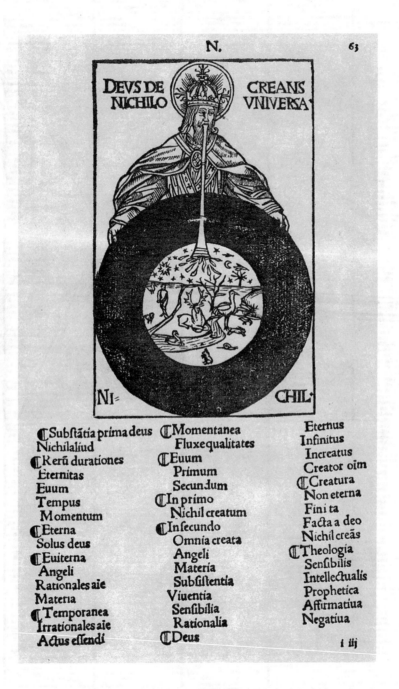

Fig. 1 Frontispice du *De Nihilo* de Charles de Bovelles, in *Que hoc volumine continentur: Liber de intellectu; Liber de sensu; Liber de nichilo…*, Parisiis, ex officina Henrici Stephani, 1510, exemplaire de la Memorial Library, University of Wisconsin-Madison, 798206.

Fig. 2 «Les triangles de gloire et triumphe royale», in Jean Thenaud, *Troys résolutions et sentences*, cliché Österreichische National Bibliothek, Cod. 2645, f° 2.

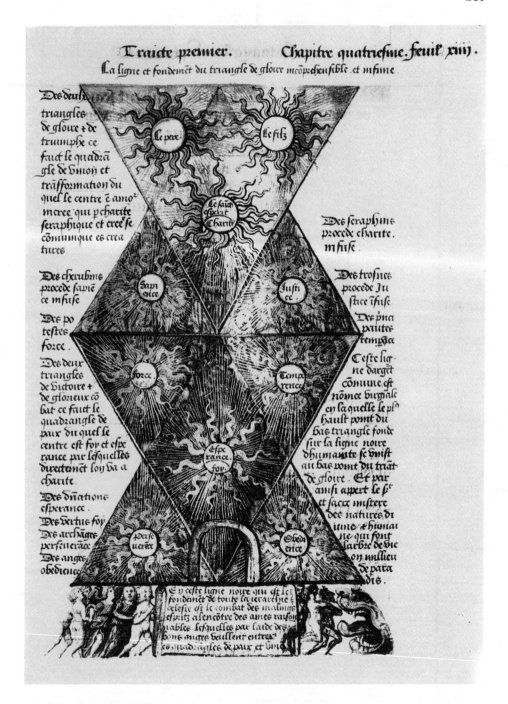

Fig. 3 Jean Thenaud, *Cabale métrifiée*, cliché Bibliothèque Nationale de France - Paris, BN, ms. fr. 882, f° 21.

INDEX NOMINUM

Les noms des personnages littéraires et mythologiques, de même que les noms faisant partie des titres des ouvrages et des citations ne sont pas inclus dans cet index.

INDEX DES REFERENCES BIBLIQUES

TABLE DES MATIERES

Impression:
Imprimerie de Prado
CH-1217 Meyrin